Alain Felkel

Louis Nicolas Davout

Alain Felkel

Louis Nicolas Davout

Das Genie hinter Napoleons Siegen

Osburg Verlag

Erste Auflage 2013

www.osburgverlag.de

Lektorat: Bernd Henninger, Heidelberg
Satz: Dörlemann Satz, Lemförde
Druck und Bindung: GGP Media GmbH, Pößneck
Printed in Germany
ISBN 978-3-95510-026-1

Meinen Eltern und Susann

INHALT

VORWORT

Schauen Sie sich Davout an, wie er manövriert!
Er wird mir noch diese Schlacht gewinnen!
Napoleon zu den Marschällen Lannes und Masséna am 22. April 1809 in der Schlacht bei Eckmühl

Der lange Trauerzug in Begleitung von 1500 Soldaten bahnte sich seinen Weg durch Paris, nachdem die letzten Worte der Totenmesse in der Kirche von Sainte-Valère beim Invalidendom verklungen waren. Die Spitze der andächtig schreitenden Kolonne bildete eine Abteilung Gendarmen, gefolgt von Musikern und Fahnenträgern des 43. und 59. Linienregiments, denen sich eine Abordnung von Veteranen der Napoleonischen Kriege anschloss. Hinter diesen rollte der Leichenwagen vorbei, auf dem der fahnengeschmückte Katafalk von Marschall Louis Nicolas Davout lag, der im Alter von 53 Jahren an einer Lungenentzündung gestorben war. Als sich der Sarg auf Höhe der Invaliden befand, ging ein Ruck durch die Kriegskrüppel, die unter Davout in so vielen Schlachten siegreich gefochten hatten. Obwohl ein königliches Verbot ihnen den Besuch der Begräbnisfeierlichkeiten untersagte, waren sie trotz ihrer Behinderungen über die Mauer des Invalidenhospitals gestiegen und durch Gräben gekrochen, um Davout das letzte Geleit zu geben. Mit Tränen in den Augen salutierten sie, als der Leichenwagen an ihnen vorbei fuhr. Ein letztes Mal bewunderten sie das an den Zügeln geführte Schlachtpferd des Marschalls, dem vier Soldaten folgten. Diese trugen samtene Kissen, auf denen Davouts Orden gebettet waren; Ehrenzeichen jener blutigen Siege, welche die Invaliden am Straßenrand mit abgerissenen Gliedern, zerschmetterten Hüften und zerschlagenen Gesichtern bezahlt hatten. Hinter den Kissenträgern schritt die Familie, allen voran der erst zwölfjährige Sohn Davouts, Louis-Napoleon, einher. Dann gewahrten die Schaulustigen des Trauerzugs Marschälle, Generäle, Senatoren und Abgeordnete beider Regierungskammern, denen schweigend der Abgesandte des Königs folgte. Das Zugende bildeten die Musiker und Infanteristen des 20. Linienregiments sowie eine Abteilung Gendarmen.

Langsam wand sich der Trauerzug vom Invalidendom durch die Straßen von Paris zum Friedhof Père-Lachaise. Dort wurde der Marschall neben dem Grab seiner geliebten Tochter Josephine bestattet, während Marschall Jourdan, der Sieger von Fleurus, für seinen Kameraden eine halbstündige Grabrede hielt. Diese endete nach einem Abriss der Verdienste des Marschalls mit folgenden Worten:

> Aber, meine Herren, ein großer Mann stirbt nicht ganz. Von unserem berühmten Marschall, dem Fürsten von Eckmühl, bleiben uns das Beispiel seiner Tugenden, die Erinnerung seiner großen Qualitäten und seine hervorragenden Dienste, die er dem Vaterland erwiesen hat …[1]

Soweit die Worte des Marschalls Jourdan an jenem 4. Juni 1823, welche der damals weit verbreiteten Ansicht Ausdruck verliehen, dass der Mensch durch unsterblichen Ruhm zur Ewigkeit findet. Leider irrte sich Jourdan hinsichtlich Davouts. Das Andenken des Fürsten von Eckmühl – einer der Ehrentitel, die der Tote neben dem des »Herzogs von Auerstedt« trug – hat sich weder in der Geschichtswissenschaft noch im Bewusstsein der europäischen Völker eingegraben.

Als ich Anfang 2013 das Archiv des »Service Historique de la Défense« im Schloss von Vincennes aufsuchte, um mit der Aktenrecherche für mein Buch zu beginnen, stieß ich gleich bei meinen ersten Gehversuchen auf ein unerwartetes Hindernis. Nachdem ich mein Anliegen auf Französisch vorgetragen hatte, schockierte mich eine Bibliothekarin damit, dass sie den Gegenstand meiner Anfrage nicht kannte. Dieser Suchbegriff bestand aus sechs Buchstaben und las sich »Davout«.

Wäre ich auf der Straße, im Bistro oder in einem Pariser Restaurant gewesen, hätte mich diese Reaktion nicht weiter erstaunt. In einem kriegsgeschichtlichen Archiv, in dem Akten der Napoleonischen Kriege einen wesentlichen Bestandteil ausmachen, hatte ich dies jedoch nicht vermutet.

Doch es sollte noch besser kommen. Liebenswürdig wie meine Ansprechpartnerin war, bat sie einen weiteren Bibliothekar um Hilfe, der zuerst wissend nickte, als er erfuhr, um was es ging. Kurze Zeit später jedoch wirkte er ratlos. Eifrig bemüht, sich dies nicht anmerken zu lassen, blätterte er durch ein Findbuch.

»Wie, sagten Sie, hieß Ihr Marschall noch gleich?«, fragte er in beiläufiger Harmlosigkeit.

»Davout«, antwortete ich.

»Davout, Davout ... Davout, sagten Sie?«

»Ja«.

Es folgte eine gedankenschwere Pause, dann die Frage: »Welche Epoche ist das?«

Die Antwort, die ich ihm gab, liegt auf der Hand. Jetzt, da der genaue Zeitraum bekannt war, zeigte sich die Tüchtigkeit des Mannes, und es wurde das richtige Findbuch samt entsprechendem Eintrag sofort gefunden, sodass ich die Akten in den Lesesaal bestellen konnte.

Trotzdem gab mir der Vorfall zu denken. Während der Vorrecherchen in Deutschland hatte ich oft die Erfahrung gemacht, dass außerhalb eines engen Kreises von Historikern und auf die napoleonische Epoche spezialisierten Reenactern viele Menschen nichts mit dem Namen »Davout« anzufangen wussten. Doch stets hatte mich der Gedanke getröstet, dass dies in Frankreich anders sei.

Ich wurde eines Besseren belehrt. Die verhältnismäßig geringe Anzahl französischer Sachbuchpublikationen und Biografien über Davout ließ erahnen, wie schlecht es selbst westlich des Rheins um das öffentliche Gedenken an den Fürsten von Eckmühl bestellt ist. Abgesehen von zwei eher als Raritätenkabinette zu bezeichnenden Museen und einem Standbild in Auxerre erinnert nur noch ein 63 Meter hoher Leuchtturm an der bretonischen Küste an jenen Kriegshelden Frankreichs, der für kurze Zeit im Sommer 1815 das Schicksal der Grande Nation in den Händen hielt.

Noch heute gibt es in ganz Paris, das sonst mit Straßennamen französischer Schlachtenerfolge nicht eben geizt, weder eine Straße oder Brücke noch einen Platz, der an den Sieg Davouts bei Auerstedt erinnert. Nicht einmal der Triumphbogen, jener für die Ewigkeit gebaute Siegestempel, weist den Namen Auerstedt auf. Dass dies so ist, liegt an Napoleon Bonaparte. Beständig wob er noch zu Lebzeiten dank kaiserlicher Bulletins, Moniteur-Artikeln und Memoiren an der eigenen Übermenschenlegende.

Als besonders zäh erwies sich damals wie heute der napoleonische Mythos vom unbesiegbaren Schlachtengott, den nur eigene Krankheit, Naturkatastrophen, feindliche Übermacht oder die Unfähigkeit der eigenen Marschälle besiegen konnten. Doch der Kaiser war als Feldherr nicht unfehlbar, wie seine Niederlagen in den Schlachten von Aspern-Essling, Leipzig und Waterloo sowie der gescheiterte Russlandfeldzug beweisen.

Es ist keine Frage, dass Napoleon eine der wichtigsten historischen Persönlichkeiten der Neuzeit und einer der bedeutendsten Strategen der Kriegsgeschichte ist. Mehr als ein Jahrhundert vor Hitler erfand er den Blitzkrieg, die alles umfassende Operation, deren Zielsetzung nicht das Gewinnen einzelner Schlachten, sondern die Vernichtung der feindlichen Armee innerhalb weniger Wochen war. Seine Feldzugspläne waren kühn, die Schnelligkeit seiner Manöver atemberaubend.

Und trotzdem: Der Nimbus des unbezwingbaren Kaisers war selbst in seinen siegreichen Jahren nicht in allererster Linie das Produkt seines Feldherrngenies, sondern seines propagandistischen Talents.

Geschickt wurden Beinahe-Katastrophen – wie der im Jahr 1799 gescheiterte Feldzug nach Syrien – zu Erfolgen umgedeutet. Skrupellos schrieb sich Napoleon wie im Fall der Schlacht von Marengo die Siege anderer zu oder redete deren Triumphe klein. Mit Stillschweigen überging er eigene Irrtümer. Im Fall des Russlandfeldzugs lastete er seinen Generälen und Marschällen jene Misserfolge an, die er selbst zu verantworten hatte. Schon Napoleons größter Rivale, der republikanische General Moreau, wusste um dessen größte Schwäche und urteilte im Jahr 1800 treffend über ihn:

> Was die Entwicklung von Plänen, die Leitung großer Militäroperationen und die Kriegspolitik anbetrifft, ist er unser aller Meister. Was aber die methodische Kriegsführung auf einem abgesteckten Kriegsschauplatz oder ein Schachspiel angeht, verhält es sich anders; hier glaube ich, ihm überlegen zu sein.[2]

Die Schachspiel-Metapher von Napoleons Rivalen wirkt auf den ersten Blick etwas bemüht, doch sie trifft den Kern des Problems: Denn als Stratege war Napoleon kaum zu schlagen, aber als Taktiker hatte er seine Schwächen. Es ist ein Fakt, dass Napoleon sich 1805 in Böhmen in eine äußerst prekäre Lage manövriert hatte und während des polnischen Feldzugs von 1807 mehrfach auf eine sichere Niederlage zusteuerte. Dass er dieser jedes Mal entging, verdankte er den Fehlern seiner Kontrahenten, der außerordentlichen Tapferkeit seiner Soldaten und dem taktischen Geschick seiner Marschälle.

Zu ihnen zählte Davout, ein prinzipientreuer Mann, der zu Beginn der Offizierslaufbahn Anführer einer der ersten Truppenmeutereien der Revolutionszeit gewesen war. Während des 1. Koalitionskriegs von 1792–1797 hatte er sich zum Brigadegeneral hochgedient, dann am Ägyptenfeldzug Napoleons teilgenommen. Obwohl der Feldzug scheiterte, hatte Davout Glück. Zurück in Frankreich stieg er unter Napoleon vom Brigadegeneral zum jüngsten Marschall Frankreichs auf. Bald rechtfertigte er das Vertrauen, das der Kaiser in ihn gesetzt hatte.

Durch Davouts taktisches Geschick gewann Napoleon die Schlachten von Austerlitz, Eylau, Eckmühl und Wagram. Mit seinem entscheidenden Triumph bei Auerstedt über die Hauptarmee der Preußen stellte der junge Marschall sogar seinen Kaiser in den Schatten, der am selben Tag bei Jena die Preußen schlug.

Was den Russlandfeldzug anbetrifft, so kam Davout beim Vormarsch und beim Rückzug eine tragende Rolle zu. Das Debakel dieses Feldzugs wäre vielleicht vermieden worden, hätten alle Marschälle ein so vorbildlich gerüstetes Armeekorps wie Davout gehabt und wäre er mit seinen strategischen Vorstellungen beim Kaiser erfolgreich gewesen. Doch das Gegenteil war der Fall. Der Marschall fiel während des Russlandfeldzugs beim Kaiser in Ungnade. Der Bruch mit Davout beraubte Napoleon seines fähigsten Offiziers. Der Kaiser detachierte den Fürsten von Eckmühl nach Norddeutschland, um Hamburg zu verteidigen, wo sich der diskreditierte Feldherr erneut auszeichnete.

Aber Davout war nicht nur ein hervorragender General, sondern auch ein großartiger Verwalter der besetzten Gebiete. Mehrfach bekleidete er das Amt eines Militärgouverneurs: 1807/1808 in Polen, 1810–1812 und 1813/1814 in Deutschland, bevor er 1815 während der »Hundert Tage« Kriegsminister wurde. Mit dieser Ernennung trug Napoleon einer weiteren Stärke des Marschalls Rechnung: der Fähigkeit Davouts, einen Feldzug logistisch vorzubereiten.

Historische Bedeutung erwarb der Fürst von Eckmühl jedoch nicht nur durch seine kriegerischen Tugenden, sondern auch dadurch, dass er sich in den Tagen nach Waterloo gegen Napoleon stellte und diesen dazu nötigte, Frankreich zu verlassen. Wenig später schloss er unter der Bedingung einer Generalamnestie für alle Soldaten und Offiziere, die Napoleon gefolgt waren, einen Waffenstillstand mit den Alliierten, der die Kampfhandlungen abschloss. Damit ermöglichte Davout trotz persönlicher Antipathie gegen die Bourbonendynastie die Rückkehr König Ludwigs XVIII. an die Macht und beendete einen Weltkrieg, der, von einigen kurzen Unterbrechungen abgesehen, 23 Jahre gedauert hatte.

Anschließend führte er die Reste der kaiserlichen Armee über die Loire, wo sich das Heer auflöste. Kurz darauf trat Davout vom Amt des Kriegsministers zurück und schied aus der Armee aus.

Diese Tat wurde von vielen Zeitgenossen als Verrat gewertet und fand nicht den Beifall der Öffentlichkeit. Zumal sie von einem Mann ausging, der für seinen Jähzorn und seine angebliche Neigung zur Grausamkeit nicht nur in der französischen Armee, sondern auch in Deutschland berüchtigt war.

Dort hatte sich während der Belagerung von Hamburg eine schwarze Legende verbreitet, die Davout zum Henker Hamburgs stilisierte, der aus nichtigem Grund Hunderte erschießen ließ. Diese Behauptungen sind hinsichtlich ihrer Monstrosität grotesk, knüpfen jedoch daran an, dass Davout während der Hamburger Belagerung einige wenige Todesurteile vollstrecken ließ. Sicher trug zu seinem Negativimage bei, dass er in der französischen Armee wegen seines Hangs zu drakonischen Maßnahmen gefürchtet war.

Gemäß seinem selbstgewählten Motto »Justum et tenacem« (»Hart, aber gerecht«) konnte die Prinzipientreue des Marschalls durch seine Unerbittlichkeit bisweilen grausame Züge annehmen.

Wenn es sein musste, ließ er überführte Mörder, Plünderer, Marodeure, Vergewaltiger und vermeintliche Spione sofort vor das Standgericht stellen und erschießen. Sicher war er nicht der einzige unter Napoleons Marschällen, der dies tat, doch der konsequenteste in der Anwendung jenes Strafmaßes. Und vor allem unternahm er nichts dagegen, dass ihn die Gräuelpropaganda der Alliierten als zweiten Herzog von Alba schilderte, der im 16. Jahrhundert während des Freiheitskampfes der Niederlande ganze Landstriche der Halsgerichtsbarkeit unterzogen haben soll. Populärhistoriker wie Bleibtreu trieben die Kolportage sogar so weit, Davout die Erschießung des Buchhändlers Palm anzudichten, obwohl diese auf Veranlassung Napoleons von Davouts Intimfeind Berthier befohlen worden war.

Betrachtet man das Ausmaß der damals üblichen Kriegsgräuel an der Zivilbevölkerung, so verwundert es jedoch, dass es unter Davout, abgesehen vom Ägyptenfeldzug, kaum zu Übergriffen kam. Diejenigen, die den Marschall am meisten zu fürchten hatten, waren seine eigenen Soldaten, nicht die Unterworfenen.

Doch Verleumdungen und Vorurteile sind hartnäckig. Bis heute verzerren sie das Bild eines der redlichsten Marschälle des Empire. Mit Recht moniert Stendhal in seinen »Denkwürdigkeiten über Napoleon«, dass der Marschall der am meisten missverstandene Charakter der napoleonischen Epoche sei und in seiner historischen Bedeutung völlig unterschätzt werde.

Dies hat sich bis heute kaum geändert, wie allein die Anzahl der Publikationen über ihn beweist. Bücher über Napoleon sind Legion, Abhandlungen über den Marschall gibt es nur wenige.

Aus der Feder des Marschalls selbst existieren drei Hauptwerke, das »Journal des Opérations du 3ᵉ Corps«, die Verteidigungsschrift »Mémoire de Mr. Le Maréchal Davout au Roi« und die bei Vigier abgedruckte Version eines handgeschriebenen Memoirenfragments »Souvenirs du Maréchal Prince D'Eckmühl sur les Cent Jours«. Darüber hinaus befinden sich in den Archiven Frankreichs unzählige Briefe Davouts an seine Frau, Napoleon und diverse Dienststellen.

Von den im 19. Jahrhundert verfassten Biografien zeichnen sich die Bücher von Chenier, Joly und Vigier durch detailreiche Kenntnis der Originalquellen aus. Die vierbändige Biografie der Tochter des Marschalls, Adélaïde-Louise, Princesse d'Eckmühl et Marquise de Blocqueville, stammt aus den Jahren 1879/1880. Sie besteht aus bis dahin unveröffentlichtem Quellenmaterial – zumeist Briefe – aus dem Nachlass des Marschalls.

In den Siebzigerjahren des 20. Jahrhunderts erschienen gleich drei Buchpublikationen auf dem Markt. »The Iron Marshal« von John J. Gallaher (die einzige englische Biografie über den Marschall), »Davout le terrible« von François-Guy Hourtoulle und die gründliche Studie »Davout et l'Art de la guerre« von Daniel Reichel. Letztere ist, anders als der Titel vermuten lässt, nicht eine bloße Studie zu den Taktikgrundsätzen des Marschalls, sondern enthält auch viele biografische Informationen zum Werdegang Davouts. Bei den zu Beginn dieses Jahrhunderts veröffentlichten Büchern Frédéric Hulots und Pierre Charriers handelt es sich bei ersterem Werk um ein populäres Sachbuch, bei letzterem um ein zur Polemik neigendes Porträt mit wissenschaftlichem Anspruch.

Was Deutschland anbetrifft, existiert bis zum heutigen Tag keine einzige deutsche Biografie.

Das vorliegende Buch basiert in erster Linie auf dem Studium oben genannter biografischer Sekundärliteratur und der Auswertung von Akten- und Briefsammlungen. Zwecks Quellenstudium begab sich der Autor ins »Service Historique de la Défense« des französischen Verteidigungsministeriums. Darüber hinaus kamen kontextbezogen Memoiren und Briefe beteiligter Zeitzeugen Davouts und themenrelevante Sekundärliteratur zur Verwendung.

Was die Gliederung des Buches anbetrifft, möchte ich dem Leser kurz erläutern, welche Erzählstrategie ich angewandt habe.

Manche Biografen neigen dazu, die Geschichte ihres Protagonisten in die ordnenden Bahnen einer Chronologie zu lenken, die vom ersten Geburtsschrei bis zum letzten Todesseufzer zur Ordnungsmaxime wird. Diese Vorgehensweise erschien mir jedoch angesichts des Ereignisreichtums von Davouts Leben als unangemessen.

Diese Biografie ist anders strukturiert. Sie verfolgt einen fiktionalen Erzählansatz. Und so beginnt dieses Buch nicht im Jahr 1770, sondern 1815, auf dem Höhepunkt der Auseinandersetzung zwischen Davout und dem Kaiser, um in einen Rückblick zu münden, der das Leben des Marschalls erzählt.

Es ist der Versuch der Rehabilitation eines Verkannten, der viel zu lange von der historischen Zunft als Nachtschattengewächs Napoleons wahrgenommen wurde; ein Abenteuerroman der Geschichte, der nicht erfunden werden musste, weil er auf Fakten beruht.

I
DER GESTÜRZTE KRIEGSGOTT

Am Abend des 16. Juni 1815 ereignete sich über dem belgischen Örtchen Ligny unweit von Namur ein grandioses Naturschauspiel. Während Franzosen und Preußen in mannshohen Getreidefeldern erbittert um den Sieg rangen, wuchsen am Himmel urplötzlich riesige Wolkenberge zu einer tiefschwarzen Gewitterfront zusammen, deren unheilschwangerer Schatten sich wie Nacht über die Walstatt legte. Dann brach das Inferno über die Schlacht herein. Blitze zuckten über den lichterloh brennenden Dörfern der Hauptkampflinie, sintflutartige Regengüsse nahmen den Kämpfenden die Sicht und verwandelten die zerfahrenen Straßen sofort in undurchdringlichen Morast, auf dem sich die Züge der berittenen Artillerie reihenweise festfuhren. Flinten und Kanonen versagten ihren Dienst, weil das Zündpulver nass wurde. Wo nicht im mörderischsten Nahkampf Säbel und Bajonett wüteten, erstarben die Gefechte.

Doch anstatt das Gemetzel abzubrechen, nutzten Preußen wie Franzosen die eingetretene Gefechtspause fieberhaft, den letzten Waffengang vorzubereiten. Während der preußische Feldherr Blücher seine Truppen für den Entscheidungsangriff auf seiner rechten Flanke konzentrierte, ließ Napoleon im Schutze des Regenschleiers seine Alte Garde aufmarschieren, um mit einem letzten Angriff das preußische Zentrum zu zertrümmern.

Der Aufmarsch der Franzosen war gerade beendet, als das Gewitter sich legte. Für einen Augenblick herrschte Stille. Dann riss der Himmel auf und eine majestätische Abendsonne drang durch die Wolken. Dies war der Moment, in dem die Schlacht von Neuem erwachte. Mit begeistertem »Vive L'Empereur!« stürzte sich die Alte Garde auf die Preußen und schlug sie nach heftigen Nahkämpfen vollständig. Fluchend erkannte Blücher seinen Fehler, doch es war zu spät. Bei einem Gegenangriff erhielt sein Schimmel einen Kopfschuss und begrub ihn im Todeskampf unter sich, wobei der Feldmarschall schwere Quetschungen erlitt.

Aber Blücher hatte Glück. Während die Reiterschlacht um ihn herum tobte, zog sein Adjutant Nostitz den Feldmarschall kaltblütig mithilfe eines Ulanen unter seinem toten Pferd hervor und barg ihn, als es dunkel wurde, vom Schlachtfeld.

Im Schutz der Nacht irrte Nostitz stundenlang mit dem Verletzten umher, bis er bei Gentinnes auf die preußischen Linien stieß. Jetzt erst konnten die Fliehenden aufatmen. Nostitz nahm mit Blücher in einem Bauernhof Quartier, wo dieser endlich einige Stunden Schlaf fand. Der Feldmarschall war gerettet, die Schlacht verloren.

Napoleon hatte einen beachtlichen Sieg errungen und glaubte die Preußen vernichtend geschlagen. Jetzt konnte er sich völlig auf die vereinigte britisch-holländische Armee unter dem Herzog von Wellington konzentrieren. Dieser war am Tage unweit von Ligny bei Quatre Bras von den Truppen Marschall Neys angegriffen worden und hatte sich nach heftigen Gefechten auf die Höhen des Mont St. Jean bei Waterloo zurückgezogen. Und dieser Umstand stimmte Napoleon optimistisch, die Armee Wellingtons in der kommenden Auseinandersetzung zu vernichten. Wenn er ihn entscheidend schlug, sah er eine Chance, dass England aus der übermächtigen Allianz der Verbündeten ausscherte, die sich nach seiner Flucht aus Elba gegen ihn gebildet hatte.

Am 1. März 1815 war Napoleon in Südfrankreich gelandet und hatte nach einem Triumphzug durch Frankreich die bourbonische Herrschaft gestürzt. Daraufhin hatten England, Russland, Preußen, Österreich und Schweden ihn zum Aggressor gegen den Weltfrieden erklärt und am 25. März gemeinsam beschlossen, 700000 Mann unter der Führung des Fürsten von Schwarzenberg gegen Napoleon ins Feld zu stellen. Um die Finanzierung einer derartig gewaltigen Armee zu gewährleisten, war Großbritannien die Verpflichtung eingegangen, mithilfe der Rothschilds fünf Millionen Pfund Sterling zur Verfügung zu stellen.

Schied also England aus, so schien es Napoleon nicht unwahrscheinlich, dass Österreich von einem Kampf gegen Frankreich Abstand nahm, was seine Siegeschancen gegenüber Preußen und dem Zarenreich schlagartig erhöht hätte.

Aber Napoleon verrechnete sich. Statt sich, wie er zu Unrecht vermutete, übereilt nach Lüttich zurückzuziehen, zog Blücher mit seiner geschlagenen Armee Wellington entgegen, um sich mit ihm bei Waterloo zu vereinen.

Von all dem ahnte Napoleon nichts. In bester Siegeslaune schickte er noch am Abend der Schlacht eine erste Depesche nach Paris, die den Franzosen den Sieg über die Preußen verkündete.

Zwei Tage später, am 18. Juni 1815 pünktlich um 6 Uhr morgens, weckten 101 Kanonenschüsse Paris auf und stürzten es in einen Freudentaumel. Verschlafen strömten Tausende auf die Place Vendôme, die Champs-Elysées und zum Invalidendom, wo Zeitungsverkäufer gratis Flugblätter verteilten, die den Triumph von Ligny verklärten. Tränen des Glücks stiegen den Anhängern des Kaisers in die Augen. Im Überschwang der Gefühle verbreiteten sich Gerüchte, dass Blücher gefallen und der Herzog von Wellington gefangen sei. Und so blühten an jenem herrlichen Pariser Sommersonntag des 18. Juni 1815 trügerische Illusionen hinsichtlich eines zukünftigen Friedens, die nur wenig mit den politischen und militärischen Realitäten der Gegenwart zu tun hatten.

Denn am selben Tag, an dem in Paris die Rauchwolken von 101 Triumphschüssen in den Himmel stiegen, verlor Napoleon die Schlacht von Waterloo gegen die vereinigten Armeen Wellingtons und Blüchers. Als die Sonne unterging, wälzte sich die Masse des französischen Heeres in panischer Flucht unaufhaltsam nach Süden. Fassungslos sah Napoleon, wie er von einem widrigen Schicksal binnen einer Stunde um die Früchte eines sicher geglaubten Sieges betrogen wurde, der den Feldzug entschieden hätte. Verzweifelt suchte er inmitten eines der letzten, noch intakt gebliebenen Karrees der Alten Garde den Tod. Nur unter Aufbietung aller Kräfte gelang es seinen Getreuen Soult und Bertrand, ihn vom Schlachtfeld zu zerren. Mit einer kleinen Eskorte, bestehend aus seinem Generalstab und einigen Gardejägern zu Pferd, ließ der gestürzte Kriegsgott die Trümmer seiner Armee hinter sich. Im gestreckten Galopp ritt Napoleon nach Philippeville, wo er am 19. Juni um 9 Uhr im Gasthof »Le Lion d'Or« endlich Rast machte.

Trotz Erschöpfung fand er keine Ruhe. Fern davon, sich von den Strapazen zu erholen, diktierte er seinem Sekretär zwei Briefe:

einen für den Ministerrat, der das Ausmaß der Niederlage herunterspielte, und einen anderen für seinen Bruder Joseph, in dem er ihm schonungslos die Größe des Desasters offenbarte. An die 24000 Mann waren bei Waterloo entweder gefallen, verwundet oder in Gefangenschaft geraten, 114 Kanonen unwiederbringlich verloren und die Armee in völliger Auflösung. Aber Napoleon hatte keine Zeit für Zahlenspiele. Nachdem er die Briefe an Joseph abgeschickt hatte, ritt er mit seinem Gefolge weiter nach Laon, wo er einige Stunden rastete und Soult die Reorganisation der geschlagenen Nordarmee übertrug. Obwohl ihm dieser davon abriet, nach Paris weiterzureisen, machte er sich von Neuem auf den Weg. Der Kaiser wusste: Er musste unter allen Umständen in die Hauptstadt seines Reiches eilen, wollte er an der Macht bleiben und seinen Feinden nicht wie 1814 erneut Gelegenheit geben, ihn zu stürzen.

In Paris ahnte man von alldem nichts. Am 19. Juni wiegte sich die Seinemetropole in trügerischer Sicherheit. Obwohl der Feldzug noch nicht beendet war, suchten an jenem herrlichen Sommertag Tausende unbeschwert ihr Vergnügen auf den Boulevards und in den Cafés. Der Krieg, so schien es, war weit weg und der endgültige Sieg nah. Wozu sich also sorgen?

Und trotzdem gab es Franzosen, die an jenem Tag ein ungutes Gefühl hatten, einen untrüglichen Instinkt, dass etwas nicht stimmte. Einer von ihnen war der Kriegsminister von Frankreich, Louis Nicolas Davout, Herzog von Auerstedt und Fürst von Eckmühl.

Grund dieser Beunruhigung war eine Depesche, die Davout im Laufe des Tages zugestellt bekommen hatte. Die Nachricht enthielt die dringende Aufforderung, alles an Waffen, Ausrüstungsgegenständen und verfügbarer Munition sofort in die Magazine der Nordarmee zu schicken und den Ausbau der Pariser Befestigungen voranzutreiben. Dies ließ Davout aufhorchen. Als Kriegsminister wusste er die Arsenale der Nordarmee bestens ausgerüstet. Waren diese Vorräte etwa in die Hände der Alliierten gefallen? Wenn ja, konnte das nur bedeuten, dass der Kaiser eine Niederlage erlitten hatte. Davout brauchte Gewissheit. Befolgte er den Befehl blindlings, drohten die Munitionstransporte in die Hände des Feindes zu fallen. Mit banger Erwartung wartete er auf Nachrichten aus dem Louvre. Hier befand sich der Anfangs- und Endpunkt des optischen Telegrafennetzes Frankreichs, die Schaltzentrale des Kaiserreichs, befehligt von Joseph Bonaparte, dem älteren Bruder Napoleons. Kam eine Nachricht an, entschlüsselten Telegrafisten die Botschaften, welche die Signalflügelarme des Balkentelegrafen anzeigten, und gaben diese an Depeschenreiter weiter, die sie zu ihrem Bestimmungsort beförderten.

Doch so sehr der Kriegsminister auch auf die erlösende Nachricht hoffte, der Louvre blieb stumm. Davout beschloss, seine düsteren Ahnungen vorerst zu verdrängen. Aber Gästen eines gemeinsamen Abendessens entging an diesem Tag nicht, dass der fast 1,80 Meter große, kahlköpfige Mann mit dem feingeschnittenen Gesicht äußerst nervös war. Der Kriegsminister wirkte fahrig, beinahe geistesabwesend und beteiligte sich kaum an den Gesprächen bei Tisch.

Die Antwort auf seine Fragen sollte der Marschall schon am nächsten Morgen erhalten. Als Davout im Norden von Paris die Befestigungsarbeiten bei Villette leitete, fiel ihm eine Kutsche auf, die in Begleitung eines Adjutanten geradewegs aus Belgien kam. Der Fürst von Eckmühl beschloss, sich mit dem Offizier zu unterhalten, der den Leichnam eines gefallenen Generals nach Hause brachte. Was der Adjutant erzählte, bestätigte seine schlimmsten Befürchtungen. Der Offizier berichtete ihm, von flüchtigen Soldaten gehört zu haben, dass die französische Armee vernichtet und auf der Flucht sei. Dies reichte, um den Kriegsminister davon zu überzeugen, dass seine Anwesenheit beim Ausbau der Befestigungen überflüssig war und er sofort andere Prioritäten zu setzen hatte. Eine Nachricht von derartigem politischen Sprengstoff bedurfte der Überprüfung, zumal der Bericht des Adjutanten in den Augen des argwöhnischen Kriegsministers nicht vollkommen glaubwürdig war. Schließlich hatte jener Adjutant weder bei Waterloo gekämpft, noch die Flucht der Truppen vom Schlachtfeld selbst beobachtet. Was der Mann berichtete, fußte auf den Aussagen flüchtiger Soldaten, die er in Avesnes getroffen hatte. Diese konnten jedoch noch während der Kämpfe desertiert sein und aus Angst vor Strafe ihre Flucht mit dem Gerücht einer Niederlage bemäntelt haben. Nein, der Marschall musste sich selbst überzeugen und erteilte einem vertrauenswürdigen Offizier, Colonel Michelet, den Befehl, die Lage zu sondieren.

Davout brauchte noch nicht einmal einen Tag zu warten. Noch am Abend des 20. Juni bestätigte Michelet die Aussage des Adjutanten in allen Punkten. Davout war erschüttert und verlor für einen Augenblick die Fassung, dann fügte er sich in das Unvermeidliche. Verhielt es sich so, wie Michelet berichtete, galt es, sofort energische Maßnahmen zu ergreifen. Noch stand der Feind nicht in Frankreich, noch waren die Grenzfestungen unbezwungen. In seiner Funktion als Kriegsminister schickte der Marschall zwei telegrafische Depeschen zum Gouverneur von Lille und zum Generalkommandanten des 16. Militärbezirks, in denen er sie dazu aufforderte, ihre Plätze standhaft zu verteidigen und auf weitere Anweisungen zu warten. Dann begab er sich in den Élysée-Palast, wo der Ministerrat unter Joseph Bonaparte schon zusammengetreten war und der Bruder des Kaisers den Brief vorlas, den Napoleon ihm geschickt hatte. Der Rat war wie Davout geschockt. Einzig Polizeiminister Fouché behielt die Fassung, da die Niederlage ihm in die Karten spielte und er im Geheimen den Sturz Napoleons vorbereitete.

Joseph Fouché war der verkörperte Gegensatz zu Davout, weshalb ihn dieser aus tiefstem Herzen verabscheute. Seinen Feinden galt der schmächtige, äußerlich wenig einnehmende Polizeiminister als der geborene Opportunist und Intrigant. Die Ranküne war sein Metier, Verschwörungen und Bespitzelungen sein Lebenselixier. 1793 hatte er als radikaler Jakobinerführer für den Tod König Ludwigs XVI. gestimmt, dann Robespierre unterstützt, um diesen kurz darauf mit der bürgerlichen Opposition zu stürzen und aufs Schafott zu bringen. Während der folgenden Zeit des Direktoriums war Fouché zum Polizeiminister aufgestiegen und hatte sich mit dem korrupten Regime arrangiert. In einer weiteren Volte schloss er sich Napoleon Bonaparte an, der am 18. Brumaire 1799 gegen das Direktorium putschte und sich selbst zum 1. Konsul der Republik ernannte. In den folgenden Jahren des Konsulats und des Kaiserreichs hatte Fouché Napoleon als Polizeiminister gedient, bis er Hochverrat beging und mit England Geheimverhandlungen führte, was ihm die Verbannung auf seine Güter einbrachte.

Danach war es lange Zeit still um ihn gewesen, bis Napoleon Fouché wieder begnadigte und ihm die Verwaltung Illyriens übertrug [3], wo er bis zur ersten Abdankung Napoleons blieb. In der folgenden Zwischenzeit der ersten Restauration hatte es Fouché nicht geschafft, ein wichtiges Amt zu bekommen. Erst als Napoleon Elba verließ und in Frankreich landete, war es ihm gelungen, die Gunst des Kaisers wiederzuerlangen. Doch zu seiner Enttäuschung hatte ihm Napoleon erneut nur das Amt des Polizeiministers in Aussicht gestellt, was den Ehrgeizigen sehr verbitterte, da er sich zu Höherem berufen glaubte.

Jetzt, nach Waterloo, witterte Fouché seine Chance, sich für all die durch Napoleon erlittenen Erniedrigungen zu rächen und den Despoten endgültig zu stürzen. Dies erforderte jedoch eiserne Verstellung und so gab sich der Altmeister der Intrige seinen Kollegen gegenüber zutiefst betrübt über die Niederlage von Waterloo. Scheinheilig kam er mit Davout und seinen Ministerkollegen darin überein, dass es besser sei, vorerst keine übereilten Schritte zu tätigen und die Ankunft Napoleons abzuwarten.

Dieser Beschluss, mit dem sich der Ministerrat selbst zur Untätigkeit verdammte, kam Fouché wie gerufen. Noch in derselben Nacht schürte er die Angst der Abgeordneten, indem er gezielt Gerüchte streuen ließ, dass Napoleon nach Paris käme, um die Kammern aufzulösen und die Diktatur auszurufen.

Dies konnten die Liberalen, allen voran der Marquis de Lafayette, nicht zulassen. Als der Morgen dämmerte, waren er und seine Gefolgsmänner bereit, sich dem Kaiser zu stellen und im Sinne Fouchés jene historischen Entscheidungen zu treffen, die letztendlich zur Entmachtung Napoleons führen sollten.

Der Kaiser kam um 9 Uhr völlig erschöpft und ausgelaugt in einer schäbigen zweispännigen Kalesche in Paris an. Napoleon, so viel wurde auf den ersten Blick klar, war nur noch ein Schatten seiner selbst und stand körperlich wie seelisch kurz vor dem Zusammenbruch. Schwer atmend, mit wächsernem Gesicht, stieg er aus dem Wagen. Keuchend quälte er sich die Treppen des Palastes hoch, wo er von seinem Außenminister Caulaincourt empfangen wurde. Seine einst durchdringenden blauen Augen waren leblos, der Blick stumpf. Mit brüchiger Stimme befahl er den Lakaien, ihm ein Bad zu bereiten. Dann beklagte er sich lauthals bei seinem Außenminister über den Verlauf der verlorenen Schlacht, bis er sich der erneuten Hoffnung hingab, mithilfe der beiden Kammern eine neue Armee zu erschaffen.

Caulaincourt war diesbezüglich weniger optimistisch. Er wusste, dass die Abgeordnetenkammer unter Führung La Fayettes diesem Vorhaben keine Zustimmung gäbe. Aber Napoleon winkte nur müde ab und ließ seinen Außenminister im Flur stehen, um ein Bad zu nehmen. Er saß kaum in der Badewanne, als ihm der Fürst von Eckmühl gemeldet wurde. Obwohl der Kaiser vor allem dringend Ruhe gebraucht hätte, konnte er es sich nicht versagen, Davout zu empfangen. Audienzen dieser Art waren am Hofe Napoleons nicht ungewöhnlich. Der Korse hatte schon oft seine Marschälle, Minister und Generäle beim Bad empfangen, doch an jenem Tag waren die Umstände so gewichtig, dass Davout diese Episode schriftlich festgehalten hat.

»Da haben wir's, Davout, da haben wir's!«

Bei diesen Worten hob Napoleon beide Arme zum Himmel und ließ sie sogleich wieder kraftlos ins Wasser klatschen, sodass die Uniform des Marschalls nass wurde. Der Kriegsminister überspielte diesen peinlichen Vorgang und kam zur Sache.

»Majestät, ich erwarte Ihre Befehle!«

Es waren Worte, die in den Wind gesprochen waren. Napoleon wirkte fahrig, hörte nicht zu. Stattdessen beklagte er sich über Marschall Ney, der seiner Ansicht nach bei Waterloo versagt hatte. Wenn der Kaiser hoffte, bei Davout Verständnis zu finden, sah er sich getäuscht. Seine Worte mussten für den Fürsten von Eckmühl bitter klingen. Wie Ney hatte er sein Leben für Napoleon aufs Spiel gesetzt, als er sich auf seine Seite stellte und das Amt des Kriegsministers annahm. »Er hat sich für Sie die Schlinge um den Hals gelegt, Sire«, bemerkte Davout bitter.

Napoleon überhörte den anklagenden Unterton in Davouts Stimme, driftete schon wieder in seinen Gedanken ab.

»Was soll aus all dem werden, Davout?«

Der Fürst hatte darauf eine klare Antwort. Er setzte dem Kaiser auseinander, dass nichts verloren sei, wenn er sofort von seinem Recht als Souverän Gebrauch machte und die Kammern beurlaubte, um Frankreich diktatorisch zu regieren, bis der Feind geschlagen war. Nur so war Davouts Meinung nach das Vaterland zu retten.

Napoleon überlegte kurz und lehnte den Ratschlag seines Kriegsministers ab, was er auch in der anschließenden Ministerkonferenz noch einmal unterstrich.

So leicht jedoch ließ sich Davout nicht abschütteln. Eindringlich beschwor er seinen Souverän, seinen Vorschlag noch einmal sorgfältig zu prüfen.

Aber Davout scheiterte. Napoleon wollte die von ihm geschaffene, erst wenige Wochen alte Verfassung nicht gleich brechen, indem er sie durch die Errichtung einer Diktatur außer Kraft setzte.

An jenem 21. Juni 1815 wähnte er sich noch sicher, Davouts Ratschlag nicht befolgen zu müssen. Doch der Kaiser unterschätzte seine innenpolitischen Feinde. Jetzt rächte es sich bitter, La Fayette in all den vergangenen 20 Jahren den Weg zur Politik verbaut zu haben. Noch einmal zeigte sich die einzigartige Beredsamkeit des alten Mitkämpfers George Washingtons, der bei Yorktown für die Unabhängigkeit der Vereinigten Staaten gestritten und 1789 zusammen mit Mirabeau das Panier der Revolution ergriffen hatte. Wenn auch Fouché hinter den Kulissen die Fäden zog, so darf die Bedeutung La Fayettes beim Sturz Napoleons nicht unterschätzt werden.

Es waren sein Einfluss, sein Mut und sein rhetorisches Talent, die den Kaiser dazu brachten, für immer der Macht zu entsagen. Ein zynischer Drahtzieher wie Fouché allein hätte dies nicht fertig gebracht. Dafür bedurfte es des inneren Feuers und des Charismas von La Fayette. Nur dieser konnte in den Kammern den Mut wecken, einem Titanen wie Napoleon die Stirn zu bieten.

Es waren La Fayette und seine Gefolgschaft, welche die Nationalgarde zum Schutz beider Kammern mobilisierten. Und es war der unermüdliche Marquis, der die Abgeordneten und Pairs dazu brachte, eine Erklärung zu verabschieden, in der sie verkündeten, dass Senat und Abgeordnetenhaus unauflösbar seien und jeder Versuch der Zuwiderhandlung als Hochverrat bestraft würde.

Mit diesem genialen Schlag, der einem Staatsstreich gleichkam, hatte das Parlament die Gesetzesinitiative vollkommen an sich gerissen und den Kaiser in eine Sackgasse manövriert. Von nun an diktierten die Kammern Napoleon das Geschehen, ganz so wie Fouché und La Fayette es geplant hatten. Die Minister der kaiserlichen Regierung erhielten von den Abgeordneten den Befehl, sich dem Parlament zur Verfügung zu stellen und über die politische Lage zu berichten, ohne dass Napoleon dies verhindern konnte.

Was die Volksvertretung von den Ministern zu hören bekam, bestätigte sie darin, einer Fortführung des Krieges nicht zuzustimmen. Stattdessen wurden Stimmen laut, die unverblümt die Abdankung Napoleons forderten, damit der Frieden so schnell wie möglich geschlossen werden konnte.

Aber Napoleon dachte nicht daran aufzugeben. Ein letztes Mal versuchte er, die Volksvertretung umzustimmen, und sandte seinen Bruder Lucien zu den Kammern, was seine endgültige Niederlage besiegelte. Zu sehr haftete dem Bruder Bonapartes der Ludergeruch des 18. Brumaire 1799 an, erweckte sein Erscheinen die Erinnerung an jene Grenadiere, die mit aufgepflanztem Bajonett den Rat der Fünfhundert auseinandergetrieben hatten. Lucien Bonaparte war chancenlos, so sehr er sich auch mühte. Als er sich im folgenden Plädoyer für seinen Bruder dazu hinreißen ließ, den Franzosen den Vorwurf zu machen, undankbar gegenüber ihrem Kaiser zu sein, erlitt er durch La Fayette eine entscheidende Niederlage. Wütend erhob sich der Marquis von seinem Sitz und vernichtete den Ankläger des Volkes kraft seiner messerscharfen Rhetorik.

> Wie? Sie wagen uns den Vorwurf zu machen, wir hätten nicht genug für Ihren Bruder getan? Haben Sie vergessen, dass die Gebeine unserer Söhne, unserer Brüder überall von unserer Treue Zeugnis geben? In den Sandwüsten Afrikas, an den Ufern des Guadalquivir und des Tajo, an den Gestaden der Weichsel und auf den Eisfeldern von Moskau sind seit mehr als zehn Jahren drei Millionen Franzosen für einen Mann umgekommen! Für einen Mann, der noch heute mit unserem Blut gegen Europa kämpfen will. Das ist genug, übergenug für einen Mann! Jetzt ist es unsere Pflicht, das Vaterland zu retten.[4]

Kaum hatte La Fayette diese Worte gesprochen, brach lauter Beifall los. Der Versuch, die Kammern für die Diktatur Napoleons zu gewinnen, war auf parlamentarischer Ebene endgültig gescheitert.

Nun sah La Fayette die Gelegenheit gekommen, dem Kaiser in Abstimmung mit Fouché den Gnadenstoß zu versetzen. Noch bevor Napoleon weitere Vorschläge machen konnte, konfrontierte der Marquis Lucien Bonaparte am folgenden Tag damit, dass die Kammern die Absetzung seines Bruders verlangten, sollte dieser nicht binnen 24 Stunden freiwillig abdanken.

Derartig schachmatt gesetzt, entsagte Napoleon endlich dem Thron und dankte zugunsten seines vierjährigen Sohnes, des Königs von Rom, ab, der unter dem Namen »Napoleon II.« zum Kaiser proklamiert wurde. Aber dieser Passus war schon Geschichte, kaum dass die Tinte unter der Abdankungsurkunde getrocknet war. Denn jetzt trat Fouché endlich aus dem Szenenhintergrund ins Rampenlicht der politischen Bühne, und der Machtwechsel vollzog sich mit der Präzision eines Schweizer Uhrwerks. Als ersten Schritt versagten die Kammern dem Thronfolger schlichtweg die Anerkennung, dann entfernte Fouché seinen gefährlichsten Rivalen, La Fayette, aus Paris, indem er ihn als Unterhändler zu Wellington schickte. Jetzt war der Weg zur Macht frei. Auf Antrag Fouchés beschloss das Parlament die Bildung einer provisorischen Regierung, deren Vorsitz, wie sollte es anders sein, wiederum Monsieur Joseph Fouché übernahm.

Damit war der ehemalige Polizeiminister in der Schlüsselposition, die er sich von Anfang an gewünscht hatte. Nun gab es auf Regierungsebene kein Hindernis mehr, einen Waffenstillstand mit den Alliierten zu verhandeln. Der neue starke Mann Frankreichs konnte jetzt hoffen, den Parlamentariern in kurzer Frist die Rückkehr Ludwigs XVIII. schmackhaft zu machen. Und war dies gelungen, so rechnete sich Fouché aus, dann würde er endlich den Preis seines Verrats bekommen: einen Ministerposten seiner Wahl.

Aber noch war Fouché nicht am Ziel. Noch immer gab es eine Macht im Staate, welche das feingesponnene Intrigennetz Fouchés mit einem einzigen Gewaltakt mühelos zerfetzen konnte: die Armee. Diese stand unter dem Oberbefehl des Kriegsministers Davout und war durchweg bonapartistisch gesinnt. Vor allem die bei Waterloo geschlagenen Truppen der Nordarmee stellten eine Gefahr dar. Kamen diese nach Paris zurück, so konnte eine bedrohliche Situation entstehen, wenn sie von der Abdankung Napoleons erfuhren. Dann musste damit gerechnet werden, dass sich die Truppen empörten und Napoleon wieder zur Macht verhalfen.

Zusätzlich zur Armee gab es auch noch eine andere Gefahr: die Bevölkerung der Pariser Vorstädte. Die einstigen Sansculotten der Revolution, die Arbeiter, Tagelöhner, kleinen Handwerker und Kleinbürger zeigten sich Napoleon noch immer treu ergeben. Tagtäglich wuchs die Menge derer, die vor dem Élysée-Palast zusammenliefen und nach Napoleon riefen. Die Situation wurde immer angespannter, die Stimmung aufgeheizter. Schon skandierten sie Rufe wie »Es lebe der Kaiser!« und »Gebt uns Waffen!«

All diese Vorgänge machten Fouché klar, dass der Ex-Kaiser Paris verlassen musste – und zwar schnell. Ein erster Versuch, Napoleon durch den Abgeordneten Almeida zur Abreise aus der Hauptstadt zu bewegen, scheiterte kläglich. Die Regierung musste schwerere Geschütze auffahren, um Napoleon zu vertreiben.

Wer war geeignet, diese Aufgabe zu übernehmen? Für Fouché gab es nur einen, der dafür in Frage kam: Davout.

Der Kriegsminister war in den vergangenen 48 Stunden zunehmend mit Napoleon in Konflikt geraten, je stärker dieser den Willen zeigte, Frankreich seinem politischen Ehrgeiz zu opfern. Als der Kaiser sich erneuten Fantastereien hingegeben hatte, mithilfe neuer Konskriptionen 300000 Rekruten ins Feld zu stellen, war ihm Davout über den Mund gefahren. Barsch hatte er Napoleon klargemacht, dass er ihm diese 300000 Konskribierten nicht gäbe.

Genau so hart war der Fürst von Eckmühl mit seinem Souverän ins Gericht gegangen, als dieser kurz vor seiner Abdankung plötzlich ins Auge fasste, die Kammern doch noch mit militärischer Gewalt aufzulösen. Jetzt, wo Napoleon scheinbar Davouts Vorschlag aufgriff, wandte sich sein Kriegsminister gegen ihn und redete ihm ins Gewissen.

Davouts Meinung nach hatte Napoleon die historische Chance verpasst, sofort nach seiner Ankunft in Paris unter Berufung auf den nationalen Notstand eine Diktatur zu errichten. Jetzt, da die Volksvertretung sich für permanent und ihre Auflösung zum Hochverrat erklärt hatte, sah Davout vom juristischen Standpunkt das Recht auf Seiten der Kammern.

Darüber hinaus gab es noch andere Gründe für Davout, einen Staatsstreich abzulehnen. In der Vendée, in der Bretagne, im Languedoc und in der Provence, wo die Mehrheit der Bevölkerung antinapoleonisch gesinnt war, erschütterten Aufstände das Land. Schon zog das Schreckgespenst des Bürgerkriegs auf, wurden erklärte Bonapartisten in Marseille zu Hunderten abgeschlachtet.

Und selbst bei einem geglückten Staatsstreich und einem Sieg Napoleons über die Royalisten hätte Frankreich der Invasion der Verbündeten nicht standgehalten. Im Norden fraßen sich die Heerwürmer der Briten und Preußen durch das Land und marschierten auf Paris zu. Im Osten setzten sich jenseits des Rheins die Heeressäulen der Österreicher und Russen gegen Frankreich in Marsch. Schon jetzt befanden sich 105 000 Preußen und Briten auf dem Vormarsch nach Paris, denen nach Gneisenaus Schätzungen nur 60 000 Franzosen entgegengeworfen werden konnten.

Angesichts dieser ungleichen Kräfte stellte sich gar nicht die Frage, den Krieg ernsthaft fortzuführen. Im Gegensatz zu Napoleon sah Davout Frankreichs Chance einzig darin, den Krieg so schnell wie möglich zu beenden, bevor die Alliierten Paris eroberten. Gab es die Aussicht auf einen ehrenvollen Frieden, so musste sie genutzt werden. Und stand Napoleon diesem Frieden im Weg, so musste er aus Paris fortgeschafft werden.

Ganz so einfach war die Sache trotzdem nicht. Davout befielen Skrupel. Zu stark spürte er den Zynismus seiner Mission. Ausgerechnet ihm, der bis dahin als einer der treuesten Anhänger des Kaisers gegolten hatte, oblag es, Napoleon wie einen Hund auf die Straße zu setzen. Waren es Gewissensbisse, die den Marschall quälten? War es Furcht vor Napoleon oder Angst vor dem Makel, mit dem er seine Ehre durch diese in den Augen der Armee verräterische Aktion befleckte?

Davout versuchte, die schwierige Aufgabe gut vorzubereiten. Da er wusste, wie wichtig der Erfolg dieser Mission für Frankreich war, wählte er einen Mittelsmann aus, der Napoleon darauf vorbereiten sollte, nach Malmaison zu ziehen. Seine Wahl fiel auf einen der Adjutanten Napoleons, General de Flahaut, den Liebhaber von Hortense Beauharnais, der Stieftochter des Kaisers. Der jedoch verweigerte sich öffentlich dem Befehl, was zu einer heftigen Szene zwischen ihm und dem Marschall führte, der sich ein derartiges Verhalten nicht bieten lassen wollte.

> »Sagen Sie Ihrem Bonaparte, wenn er sich nicht sofort aus dem Staub macht, werde ich ihn festnehmen lassen!«
>
> Bei diesen Worten richtete sich Flahaut, der Freund der Königin Hortense, stolz auf und maß den Marschall, der sich so weit vergessen konnte, mit einem Blick, in dem Verachtung und Mitleid gepaart waren: »Sagen Sie das dem Kaiser selbst, Sie, der Sie doch stets zu seinen Füßen gekrochen sind!«
>
> »Herr, ich bin Ihr Vorgesetzter!«, fährt Davout auf, den gutgezielten Hieb durch Pochen auf die Subordination abwehrend. Es gelingt ihm nicht: »Mein Vorgesetzter? Nicht mehr! Denn bei einer Armee, der Sie angehören, bleibt kein Mann von Ehre!«[5]

Diese Worte eines scheinbar aufrechten Dieners des Kaisers sind jedoch mit Vorsicht zu genießen, was ihre Glaubwürdigkeit hinsichtlich Davouts Reaktion anbetrifft. Entgegen seiner Haltung Davout gegenüber sollte Flahaut noch vor Napoleons Abreise nach Rochefort schnell das Interesse an seinem heiß geliebten Kaiser verlieren und bald in die Dienste der Bourbonen treten, um Karriere zu machen.

Indes wäre es auch eines Davout unwürdig gewesen, sich Flahauts zu bedienen, um Napoleon von der Bühne der französischen Politik zu verabschieden. Nein, das Schicksal hatte andere Pläne, die zu einer letzten Konfrontation der beiden einstigen Revolutionsgeneräle führen sollten.

Und so machte sich Davout am 24. Juni 1815 schweren Herzens auf den Weg in den Élysée-Palast. Auf dem Weg dorthin begegnete er Tausenden von Anhängern des Kaisers, die mit grünen Zweigen durch die Straßen zogen und für Napoleon demonstrierten. Was Davout zu hören bekam, bestätigte ihm die Wichtigkeit seiner Mission. Losungen wie »Keine Abdankung! Die Minister sind Verräter! Kammerauflösung! Nieder mit den Bourbonen!« machten die Runde.

Überall zeigten sich dem Marschall gefährliche Anzeichen einer revolutionären Situation, Straßen voller Menschenmassen, aggressive Sprechchöre und der Verfall der öffentlichen Ordnung. Daran änderte sich auch nichts, als es dem Fürsten endlich gelang, zum Élysée-Palast vorzudringen. Als er aus seiner Kutsche stieg, fand er zu seinem Erstaunen im Schlosshof große Gruppen von Offizieren vor, die zum Palast gekommen waren, um den Kaiser noch einmal zu sehen. Dies war ein Anblick, der den Marschall zur Weißglut brachte. Zornig warf er ihnen vor, ihre Truppen im Stich gelassen zu haben, und befahl den Verschreckten, sich bei ihren Einheiten einzufinden.

Dann begab er sich zu Napoleon, der ihn schon erwartete. Hatte der Kriegsminister gehofft, dass der Kaiser ihm seine Mission leicht machte, sah er sich schnell eines Besseren belehrt. Als Davout den Saal betrat, empfing Napoleon ihn kalt und zeigte großen Widerwillen, ihn anzuhören.

Der Marschall ließ sich nicht einschüchtern. Er setzte Napoleon auseinander, dass es zum Wohle Frankreichs besser sei, wenn er als Zeichen seiner Machtentsagung Paris verließe und vorerst zu seiner Schwester Hortense nach Malmaison zöge, wo ihn die Regierung besser schützen könne. Napoleon hörte Davout erst schweigend zu, doch dann gewann sein Stolz die Oberhand. Trotzig deutete er auf ein offenes Fenster, durch das deutlich die Rufe der Straße in die Stille des Palastes drangen.

> Hören Sie das Geschrei da draußen? Wenn ich mich an die Spitze dieses Volkes setzen wollte, würde ich schnell fertig mit all jenen Leuten, die erst Mut gegen mich aufbrachten, als sie mich wehrlos wussten. Man will, dass ich weggehe? Gut, darauf soll es mir auch nicht mehr ankommen.[6]

Napoleon hatte kaum den Satz beendet, als er wütend den Raum verließ, ohne Davout die Hand zu reichen. Nüchtern hielt der Marschall am gleichen Tag das Treffen mit dem Kaiser in seinem Notizbuch fest: »Die Begegnung war eisig, die Trennung noch eisiger.«

Der lapidare Kommentar des Marschalls erscheint auf den ersten Blick um Sachlichkeit bemüht. Aber es ist das Nichtgesagte, die Sprachlosigkeit, die diesen Satz so bedeutsam macht.

Grußlos verabschiedeten sich hier zwei Männer, die, ohne jemals miteinander befreundet gewesen zu sein, durch schicksalhafte Symbiose miteinander Weltgeschichte geschrieben hatten.

Beide verdankten einander viel: Napoleon Davout seine größten Siege, Davout Napoleon seinen kometenhaften Aufstieg.

Aber das machte ihn noch längst nicht zur willenlosen Kreatur des Kaisers. Erstaunt musste Napoleon feststellen, dass er Davouts Patriotismus unterschätzt hatte. Ein fataler Irrtum, den Napoleon erst Wochen später auf der Fahrt nach Rochefort seinem Bewacher General Becker gegenüber zugab: »Wer hätte das gedacht von Davout? Er liebte Frankreich mehr als mich!«

Mit dieser Feststellung hatte der abgedankte Kaiser recht. Während Napoleon sich Anfang Juli auf den Weg zum französischen Atlantikhafen Rochefort machte, um Frankreich zu verlassen, versuchte Davout, Paris davor zu bewahren, dasselbe Schicksal wie Moskau und Hamburg zu erleiden.

Doch erste Waffenstillstandsverhandlungen mit den anrückenden Engländern und Preußen scheiterten. Erst als sie bei Rocquencourt nach heftigen Kämpfen eine Kavalleriebrigade verloren und bei Issy auf Widerstand stießen, ließen Blücher und Wellington wieder Verhandlungen zu.

Wie Davout dürstete es auch die Sieger von Waterloo nicht mehr nach weiteren Blutbädern, besonders wenn die Übergabe der feindlichen Hauptstadt durch Unterhandlungen zu erreichen war.

Anfang Juli begannen daher erste Waffenstillstandsverhandlungen. Grundbedingung für das Ende der Kampfhandlungen war der Abzug der französischen Armee aus Paris hinter die Loire. Obwohl Davout sich anfangs weigerte, dies zu akzeptieren, sah er bald ein, dass ihm aufgrund der desolaten Verfassung der Armee keine andere Wahl mehr blieb. Der Abschluss eines Waffenstillstands war seiner Ansicht nach dringlichstes Gebot, und diesen, davon war er überzeugt, konnte Frankreich nur mit der Restauration Ludwigs XVIII. erlangen:

> Ich schicke Eurer Exzellenz die Nachrichten, die ich darüber erhalten habe, wie die Dinge bei den Truppen stehen. Es gibt keine Zeit mehr zu verlieren, um den Vorschlag anzunehmen, den ich gestern gemacht habe. Wir müssen Ludwig XVIII. proklamieren, wir müssen ihn bitten, ohne die fremden Truppen in Paris einzuziehen, die niemals einen Fuß auf Pariser Boden set-

> zen dürfen. Ludwig XVIII. muss mit der Unterstützung der Nation regieren […] Der Gedanke an die Zukunft leitet mich. Ich habe meine Vorurteile und meine früheren Ansichten überwunden. Innerste Überzeugung und absolute Notwendigkeit haben mich davon überzeugt, dass es kein anderes Mittel mehr gibt, unser Vaterland zu retten.[7]

Dies ließ sich Fouché nicht zweimal sagen. Mit dieser Äußerung hatte Davout den Weg frei gemacht für die Restauration von Ludwig XVIII. aus dem Hause Bourbon. Jetzt musste Fouché die Gunst der Stunde nutzen, bevor es sich der Marschall anders überlegte.

Von nun an überstürzten sich die Ereignisse. Am 3. Juli schloss die provisorische Regierung mit den Alliierten einen Waffenstillstand. Tags darauf zog die französische Armee sich aus Paris zurück. Während die Alliierten Paris besetzten, marschierten die Franzosen hinter die Loire, die bis zum Friedensabschluss zur Demarkationslinie zwischen dem unbesetzten Frankreich und den Alliierten werden sollte. Davout selbst überwachte höchstpersönlich die Einquartierung der Truppen und schied am 8. Juli als Kriegsminister aus dem Amt. Trotzdem ließ er die Zügel nicht schleifen. Kraft seiner Autorität hielt er noch die Loire-Armee zusammen, die als Unterpfand für spätere Friedensverhandlungen wichtig werden konnte.

Diese war nach wie vor nicht gewillt, sich Ludwig XVIII. zu unterstellen. Immer noch glaubten einige Offiziere, die Alliierten aus dem Land verjagen zu können. Noch einmal warf Davout seine Autorität in die Waagschale und versuchte ihnen klarzumachen, dass die vom König geforderte Unterwerfung eine der Hauptbedingungen für die Unterbrechung der Kampfhandlungen gewesen war.

Eindringlich schärfte Davout seinen Offizieren ein, dass die Kämpfe jederzeit wieder aufflackern könnten, da die durch Deutschland anmarschierenden Russen und Österreicher bis jetzt nicht in die Waffenstillstandsverhandlungen einbezogen worden seien. In den Augen von Kaiser Franz und Zar Alexander stellte die provisorische Regierung nicht die legitime Regierung Frankreichs dar.

Am 14. Juli berief Davout die Generäle und Oberste der Loire-Armee ein, um ihnen die Dringlichkeit der Lage klarzumachen.

> Die einstimmige Unterwerfung aller Truppen unter den Oberbefehl des Königs ist höchst dringlich. Es muss so sein, dass die Gesamtheit unserer Unterschriften unsere Kraft und unsere Einheit verdeutlicht. Die Armeen Europas haben sich auf Frankreich geworfen, um es mit Blut und Feuer zu überziehen; es gibt keine Hoffnung mehr, sie mit der Waffe in der Hand zu vertreiben. Nur die Regierung von Ludwig XVIII. kann die Verwüstung und Zerstückelung Frankreichs verhindern. Und deswegen sollte sich die Armee um ihn scharen. Meine Haltung leitet nur das öffentliche Interesse. Man wird mich nicht bei Hofe sehen, noch eine Beschäftigung annehmen sehen. Ich werde in den Ruhestand gehen und den Rest meiner Tage der Erziehung meiner Kinder widmen.[8]

Dies war ein großes persönliches Opfer, das ein Mann darbrachte, dessen Lebenssinn darin bestanden hatte, für die Französische Republik und das napoleonische Kaiserreich Krieg zu führen. Das Beispiel des Marschalls fand Nachahmer, aber der Unterwerfungsakt war eine Arznei mit bitteren Nebenwirkungen. Davout hatte sich nicht mit seiner Forderung nach einer Generalamnestie für alle Offiziere und Soldaten durchsetzen können, die während der Hundert Tage den Eid auf Napoleon geleistet hatten. Der König hatte sich zu nichts verpflichtet.

Wenige Tage nach der Vereidigung der Armee auf den König wurde eine Liste mit den Namen von 19 Offizieren veröffentlicht, die man des Hochverrats am König bezichtigte und die Verhaftung von 38 weiteren Personen angekündigt. Diese sollten in Haft bleiben, bis ihr Fall vor dem Gerichtshof geklärt werden konnte.

Genau das hatte Davout verhindern wollen. Empört protestierte er gegen diese Maßnahme und setzte sich verzweifelt für diejenigen Offiziere ein, die seiner Meinung nach den König nicht verraten hatten. Doch Davouts Protest verhallte ungehört. Fouché selbst war es gewesen, der die Geächteten auf die Liste gesetzt hatte, und der König ließ nicht mit sich handeln, was Marschall Ney, den Davout vergebens zu verteidigen versuchte, das Leben kostete.

Immerhin hatte Davout trotzdem einen Teilerfolg zu verzeichnen: Er fand Zeit, die meisten der Geächteten noch rechtzeitig zu warnen oder ihnen zur Flucht zu verhelfen, bevor er am 1. August den Oberbefehl über die Loire-Armee niederlegte.

Zu diesem Zeitpunkt war Napoleon schon darüber unterrichtet, dass er den Rest seines Lebens auf der Insel St. Helena verbringen würde. Dies war ein Schock für ihn, der felsenfest damit gerechnet hatte, einen beschaulichen Lebensabend in England zu verleben.

Trotzdem wusste der Ex-Kaiser der Franzosen sich schnell in die neue Situation einzufinden. Gemeinsam mit seinen Getreuen Las Cases und Gourgaud beschloss er, noch an Bord des britischen Linienschiffs »Bellopheron« mit der Niederschrift seiner Memoiren zu beginnen.

In diesen fällte er nach all den Jahren, gezeichnet von Bitterkeit, ein vernichtendes Urteil über seine einstigen Weggefährten, besonders über Davout:

> Er hat mich zum Schluss genauso verraten wie all die anderen. Als er meine Sache gefährdet sah und als er sie verloren glaubte, wollte er all die Ehren und alles, was er mir an Reichtümern verdankte, retten. Er hat mir schlecht gedient.[9]

Dies ist ein schwerer Vorwurf und zugleich der Beweis, dass die Zusammenarbeit von Davout und Napoleon von Anfang an die Geschichte eines großen Missverständnisses war. Der Kaiser hatte Davouts Pflichtergebenheit mit Untertänigkeit verwechselt und in ihm nur seinen ehrgeizigen Gefolgsmann gesehen. Bei genauerem Studium von Davouts Vergangenheit wäre ihm aufgefallen, dass dessen Vaterlandsliebe einer eisernen Familientradition entsprang.

II
VOM KADETTEN DES KÖNIGS ZUM REVOLUTIONSGENERAL

»Wenn ein D'Avoust der Wiege entsteigt,
wird ein Schwert aus der Scheide gezogen.«
Burgundisches Sprichwort

Am 7. Mai 1770 wurde in der Geschichte des Königreichs Frankreich und Österreichs ein neues Kapitel aufgeschlagen. In Reichweite der kaiserlichen Festung Kehl gegenüber dem französischen Straßburg steuerten mehrere festlich geschmückte Kähne eine unbewohnte Rheininsel an, die im Niemandsland zwischen beiden Mächten lag.

Anmutig setzte ein blauäugiges, weißgepudertes Mädchen von 14 Jahren seine Füße auf den Boden der Insel und ging, begleitet von ihren Höflingen, auf einen Pavillon zu, dessen Holzwände kostbare Stofftapeten mit allegorischen Darstellungen schmückten. Dieser Pavillon war zweigeteilt. Die östliche Hälfte symbolisierte das Heilige Römische Reich Deutscher Nation, der Tisch in der Mitte markierte die Grenze und die westliche Hälfte des kleinen Saals verkörperte das Königreich Frankreich.

Jetzt kam der wichtigste Teil der Prozedur und der schamhafteste Akt für die Vierzehnjährige. Unter den Augen der Zeremonienmeister schritt die junge Habsburgerin andächtig zu dem Tisch in der Saalmitte und entledigte sich ihrer Kleider, bis sie ganz nackt war. Dann überschritt sie zitternd die symbolische Grenze zwischen Frankreich und dem Reich und ging in den anderen Trakt, wo sie sofort nach französischer Mode neu eingekleidet wurde. Nun erst war dem Protokoll Genüge getan, konnte sich die junge Österreicherin nach Salischem Recht[10] als Braut des zukünftigen Königs Ludwig XVI. von Frankreich betrachten, den sie in einer Woche treffen sollte.

An jenem 7. Mai 1770 hatte Marie Antoinette von Habsburg

den Ritualtod erlitten, um als Thronfolgerin und spätere Königin Frankreichs wiedergeboren zu werden.

Der Zufall wollte es, dass in derselben Woche, in der dieser wunderliche Akt geschah, ein Junge im burgundischen Dorf Annoux geboren wurde, der einst ein großer Feind des Reiches werden sollte: Louis Nicolas Davout.

Seine Mutter, Françoise-Adélaïde Davout, war eine geborene Minard de Velars, sein Vater, Chevalier Jean François D'Avoust, trug den Titel eines Junkers und stammte aus uraltem burgundischem Adel. Zum Zeitpunkt der Geburt ihres ersten Sohnes bewohnten beide zusammen ein ärmliches Landhaus, das Jean François D'Avoust von seinem kargen Sold angemietet hatte, den er als Leutnant im Kavallerieregiment La Rochefoucault bekam.

Eins nämlich war allen D'Avot, Davo, Davoust, Davoult, D'Avoust, D'Avout oder Davout[11], wie sie im Lauf der Jahrhunderte geschrieben wurden, gemeinsam: die Vorliebe für das Waffenhandwerk und den Soldatenstand. Aus dem Tale Avot in Burgund stammend, hatten Generationen dieser kriegerischen Familie erst unter dem Andreaskreuz der Burgunderherzöge, dann unter dem Lilienbanner Frankreichs gekämpft. Zu Reichtum waren die wenigsten dieser streitbaren Sippe gelangt.

In dieser Hinsicht bildete Jean François D'Avoust[12] keine Ausnahme. Zeitzeugen beschrieben ihn als schmuck, tapfer und von untadeligem Benehmen, aber mit dem Makel behaftet, arm zu sein. Wie bedeutend dieser Mangel an Eigentum und Besitz in einer ständischen Gesellschaft wie der des 18. Jahrhunderts sein konnte, zeigt ein Bericht über die Eignung von Nachwuchsoffizieren, die 1764 verfasst wurde. Hier heißt es über Jean François D'Avoust lapidar: »Sehr gutes Subjekt, sehr fleißig, er ist guter Abstammung und hat den Eifer, nützlich zu sein, er hat kein Vermögen«.[13]

Daran änderte sich auch durch die Heirat mit Françoise-Adélaïde de Minard nichts. Entgegen den Gepflogenheiten des Jahrhunderts hatten beide 1768 aus Liebe und nicht aus materieller Berechnung geheiratet, was die Mutter der Braut nicht guthieß. Aber die bildhübsche, energische Françoise-Adélaïde hatte es verstanden, sich gegen den Willen ihrer Mutter durchzusetzen, die in der Verbindung mit einem mittellosen Offizier eine klassische Mesalliance sah. Indes, die anfängliche Abneigung von Davouts Schwiegermutter legte sich bald, als sie sah, dass sich ihr Schwiegersohn rührend um ihre Tochter und sein Kind kümmerte, wann immer es ihm sein Dienst ermöglichte.

Die junge Familie blieb nur kurze Zeit in Annoux und zog Ende 1770 nach Étivey bei Avallon, wo die Mutter von Françoise-Adélaïde wohnte. Dort brachte die junge Mutter drei weitere Kinder zur Welt: Julie (1771), Louis Alexandre Edme François (1773) und Isidore Louis Charles (1774). Das Leben der Davouts schien unbeschwert, als am 26. Dezember 1778 eine schreckliche Tragödie über die Familie hereinbrach.

Der Schicksalsschlag ereignete sich, als Jean François D'Avoust an einer Treibjagd auf Wildschweine teilnahm. Während die Treiber das Wild durch den Wald hetzten, löste sich aus der Flinte eines Jägers ein Schuss und verletzte den jungen Familienvater schwer im Unterbauch. Zwar gelang es, den Junker noch in ein nah gelegenes Hospital zu bringen und ihn vorläufig zu stabilisieren, aber den Ärzten wurde nach mehreren Operationen bald klar, dass Jean François D'Avoust nicht zu retten war. Am 3. März 1779 schloss der Leutnant nach mehrwöchigem Todeskampf für immer die Augen. Er hinterließ eine verzweifelte Frau mit vier kleinen Kindern.

Françoise-Adélaïde wusste vor Trauer weder ein noch aus. Wie sollte sie sich und ihre Zöglinge durchbringen? Zum persönlichen Schmerz um den Verlust des geliebten Mannes gesellten sich Geldprobleme: 372 Pfund schuldete sie den Chirurgen des Hospitals, 66 Pfund dem Apotheker, 180 Pfund für die Trauerfeierlichkeiten.

Die Not war groß und wurde einzig durch den Umstand gelindert, dass ihre Mutter Mme. de Velars sich vorerst um die Erziehung ihrer Kinder kümmerte und Louis Nicolas bei einer renommierten Privatlehrerin namens Mme. Moreau anmeldete.

Diese Maßnahme, die als Vorbereitung auf den Besuch einer höheren Schule gedacht war, wurde ein Fehlschlag.

Der Neunjährige erwies sich nicht als besonders gelehrig und machte vor allem in Latein wenig Fortschritte. Die Lektionen von Mme. Moreau langweilten den Knaben. Stattdessen spielte Davout in jeder freien Minute lieber mit seinen Mitschülern Krieg.

Bei diesen Spielen, die er meistens auch anführte, bewies er unermüdlichen Eifer und ließ keinen über seinen Berufswunsch im Zweifel. »Wenn ich groß bin, werde ich die Köpfe der Feinde mit einem großen Säbel abschlagen«, hörte man ihn oft sagen, worauf Mme. Moreau stets resigniert erwiderte, dass er wohl nur zum Offizier tauge.

Zu diesem Zeitpunkt ahnten weder Mme. Moreau noch der kleine Louis, dass seine kindlichen Fantasien nur drei Monate später einen entscheidenden Anschub erfahren sollten. Von der Situation überfordert, hatte Françoise-Adélaïde D'Avoust ihren ältesten Sohn Louis Nicolas in der Militärschule von Auxerre-Sur-Yonne angemeldet, wodurch sich ihre finanzielle Lage etwas enspannte. Dank einer Maßnahme des Kriegsministeriums, das den niederen Adel der Provinz für die Armee begeistern wollte, wurde der Schulbesuch mit einem Stipendium gefördert. Françoise-Adélaïde konnte sich glücklich schätzen. Ihr Glück bestand nicht nur darin, für ihren Sohn einen der heiß umkämpften Plätze an der Militärschule ergattert zu haben. Vielmehr zählte, dass sie die Unterbringung ihres Sohnes sowie dessen Unterricht und Verpflegung nichts kostete. Um dem jungen Kadetten den Schulbesuch zu ermöglichen, bewilligte ihm das Kriegsministerium eine Pension von 1100 Pfund jährlich, was deutlich über dem Durchschnitt lag. Normalerweise betrug die Höhe der Jahrespensionen für den Besuch der Militärschule in Auxerre 700 Pfund. Aber dies war nicht der einzige Geldsegen, der über das leidgeprüfte Haus der Davouts hereinbrach. Gegen Ende des Jahres 1779 genehmigte der König Françoise-Adélaïde eine Witwenrente von 200 Pfund jährlich, was ihre Existenz absicherte. Zur gleichen Zeit gelang es der jungen Witwe, ihre Tochter Julie in einer Mädchenschule unterzubringen und für den Schulbesuch ihres Sohnes Alexandre ebenfalls ein Stipendium zu erlangen. Was ihren jüngsten Sohn Charles anbetrifft, so brachte sie ihn bei einem Regimentskameraden ihres Vaters, einem gewissen M. d'Hargicourt unter. Jetzt, nachdem sie die Erziehung und Zukunft ihrer Kinder abgesichert hatte, konnte die junge Mutter endlich aufatmen.

Zu Beginn des Jahres 1780 betrat der »Cadet gentilhomme« Louis Nicolas Davout in einer blauen Uniform mit roten Aufschlägen und weißen Knöpfen das alte Jesuitenkollegium von Amyot, die Militärschule von Auxerre. Diese wurde von Benediktinern geleitet und war erst 1776 gegründet worden. Die Militärschule von Auxerre war Baustein eines umfassenden Reformprogramms, das die Ausbildung des französischen Offizierskorps von Grund auf zu erneuern trachtete. Die schweren Niederlagen des Siebenjährigen Krieges hatten die taktischen Schwächen und das strategische Unwissen vieler französischer Offiziere offenbart, die das Schlachtfeld für einen besseren Exerzierplatz hielten. Katastrophale Niederlagen wie die Schlachten von Rossbach (1757) und Minden (1759) hatten den guten Ruf der einst gefürchteten französischen Armee schwer erschüttert.

Mit der Reform von 1776 hoffte das Kriegsministerium, dies zu ändern. Zu diesem Zweck wurde ein Dutzend Militärschulen gegründet, die ihre Standorte in der Provinz hatten. Mit dieser Maßnahme sollte vor allem der niedere Landadel, dessen Angehörige oft zu arm waren, um Offizier zu werden, mithilfe von Pensionen die Chance erhalten, die Offizierslaufbahn einzuschlagen.

In dieser Hinsicht hatte der Besuch des Militärkollegs die Funktion, dem Schüler eine solide Allgemeinbildung und militärische Werte wie Disziplin und Standhaftigkeit zu vermitteln. Die Lehrer dieser Kollegien waren in Ermangelung geeigneter Pädagogen keine Offiziere, sondern erfahrene Geistliche, die klassische Lehrfächer wie Latein, Mathematik, Englisch und sogar Fechten unterrichteten. Hatten die Schüler sich nach fünf Jahren Schulunterricht bewährt, entschied ein Auswahlverfahren darüber, ob sie in Paris die École Royale Militaire, das West Point des Ancien Régime, besuchen durften.

Dass ausgerechnet Davout sämtliche Instanzen dieser Einrichtung erfolgreich durchlaufen würde, schien zu Beginn des Jahres 1780 noch völlig undenkbar. Der Neunjährige tat sich mit der strengen Disziplin im Militärkolleg äußerst schwer und kam mit dem Erziehungskonzept der Benediktiner nicht zurecht. Er störte oft den Unterricht und glänzte eher als Raufbold denn als Musterschüler. Dies ging sogar so weit, dass er eines Tages einem Mitschüler vorschlug, ihn bei den tagtäglichen Schulhofschlägereien zu beschützen, falls dieser für ihn lästige Hausaufgaben erledigte.

In einem Brief aus dem Jahre 1807 meinte Davouts Mutter

rückblickend, dass ihr Sohn während seiner Kindheit dafür bekannt gewesen sei, mit äußerster Kaltblütigkeit für viel Lärm zu sorgen. Diese und andere Eigenschaften – der Hang zur Provokation und Rebellion sowie eine außergewöhnliche Nervenstärke – sollten sich im Lauf der Jahre zu seinen Hauptcharakterzügen entwickeln.

Aber noch etwas anderes zeigte sich in diesen prägenden Jahren: sein Hang zu den Kriegskünsten sowie seine hohe analytische Begabung. Während er überhaupt keine Neigung zu Latein zeigte und in Deutsch versagte, war er ein guter Fechter und erbrachte unter der Anleitung des Pädagogen Dom Laporte in Algebra und Geometrie ausschließlich exzellente Leistungen.

Wie es schien, erreichte dieser hervorragende Lehrer, dass der Klassenrabauke langsam Interesse am Unterrichtsstoff entwickelte. Dies lag zum einen an seiner einfühlsamen Pädagogik, zum anderen an seinem Charisma. Dom Laporte war nicht ausschließlich Pädagoge und Geistesmensch wie seine Lehrerkollegen, sondern auch ein hervorragender Sportsmann mit gewaltiger Körperkraft. Sein Lieblingssport war Ringen. In dieser Disziplin erreichte Dom Laporte eine derartige Meisterschaft, dass ein Schausteller es auf dem Jahrmarkt mit der Angst zu tun bekam, als der Geistliche ihm anbot, einen Schaukampf gegen seinen Tanzbären zu machen. Statt sich auf die Urkraft seines Untiers zu verlassen, zog es der Bärenführer vor, die Flucht zu ergreifen. Augenscheinlich hatte er von Dom Laportes Ringkünsten gehört und Angst bekommen, dass dieser seinen Tanzbären schwer verletzen und somit seine Existenz ruinieren könnte.

Erzählungen wie diese waren natürlich dazu angetan, den Schüler Louis Nicolas für Dom Laporte zu begeistern. Davout legte sich ins Zeug. Fast wäre er sogar bei einer Schulfeier mit einem Preis in Mathematik ausgezeichnet worden, hätten ihm nicht zwei seiner Charakterschwächen einen üblen Streich gespielt, die ihm während seines Lebens noch oft schaden sollten: krankhafter Argwohn und sein Hang zum Jähzorn.

Folgendes war passiert: Beim alljährlichen Abschlussfest seiner Schule hatte Louis, in der Annahme, bei der Preisverleihung unfairerweise übergangen worden zu sein, aus Rache die Birnenbäume seiner Lehrer verwüstet und war dabei von Dom Laporte erwischt worden.

Doch es kam noch schlimmer. Nachdem Dom Laporte dem Wüterich vor versammelter Schule seine Verfehlungen vorgehalten hatte, erhielt Louis den Preis nicht, den man ihm ursprünglich zugedacht hatte. Es war eine peinliche Situation, an die sich Davout noch Jahrzehnte später erinnerte.

Von nun an änderte sich Davouts Wesen. Der einstige Problemschüler tat alles, um die Scharte auszuwetzen, und brachte bis zum Ende seines Aufenthalts in Auxerre gute Leistungen. Trotzdem hätte er sich nie für die École Royale Militaire von Paris qualifiziert, wenn sein Onkel Jean Edme Davout sich nicht für ihn verwendet hätte. Dieser nutzte seine guten Beziehungen zum stellvertretenden Generalinspekteur der Militärschulen und verschaffte seinem Neffen im Handumdrehen den heiß begehrten Platz. Klüngeleien wie diese waren im Ancien Régime an der Tagesordnung und der Türöffner für so manche Karriere.

Mit der Reise nach Paris öffnet sich für das Halbwaisenkind aus der Provinz das Tor zur großen weiten Welt. Wie muss der Junge gestaunt haben, als er zum ersten Mal die von 5000 Straßenlaternen beleuchtete Metropole mit ihren gepflasterten Straßen, luxuriösen Karossen und dem Königspalast sah. Wie wird er innerlich gejubelt haben, als er seine neue Schule, die »École Royale Militaire de Paris«, entdeckte, die ein junger Korse namens Napoleon Bonaparte erst einen Monat zuvor mit seinem Offizierspatent verlassen hatte.

Die Akademie, die für weitere zwei Jahre sein Heim werden sollte, glich in keinster Weise dem Militärkolleg von Auxerre, sondern einem königlichen Lustschloss. Eine große Allee führte durch einen gepflegten Park auf das Portal des Haupthauses, ausladende Seitenflügel verliehen dem Gebäude Grandeur. Was jedoch auf den ersten Blick wie ein Paradies anmutete, erwies sich schnell als goldener Käfig. Architektonisch ein Prachtbau, wehte in diesen scheinbar so glanzvollen Mauern der eisige Wind schneidender Kommandos und die moralische Sittenstrenge klösterlichen Lebens.

Von Montag bis Samstag wurden die Zellen der Kadetten pünktlich morgens um halb sechs aufgeschlossen, damit sie sich waschen konnten. Dann gingen die Offiziersanwärter gemeinsam zur Messe, bevor sie sich zum Uniformappell sammelten. War diese allmorgendliche Prozedur überstanden, begannen nach einem kräftigen Frühstück um 7 Uhr morgens die Kurse. Klassische Unterrichtsfächer wie Geschichte, Geografie, Englisch, Deutsch und Mathematik wechselten sich mit Fächern wie Festungsbau, Exerzieren, Schießen, Fechten, Reiten ab.

Darüber hinaus wurden die Zöglinge der École Royale Militaire im öffentlichen Recht unterwiesen und bekamen Tanzstunden. Schließlich musste ein Offizier auch bei gesellschaftlichen Anlässen glänzen.

Der Stundenplan war dicht, das Leben in der Schule hart und entbehrungsreich. Die Kadetten sollten in der École Royale derartig geschliffen werden, dass der spätere Dienst in ihren Einheiten ihnen wie ein Kinderspiel vorkam.

Und so verging jeder Unterrichtstag im steten Wechsel von Kursblöcken, Uniformappellen, Messen und Pausen, bis es 20.45 Uhr schlug und die Kadetten erschöpft auf ihre Zimmer gingen und wieder eingeschlossen wurden.

Nur donnerstags und sonntags wurde nicht gelernt. An diesen beiden Tagen gab es für die Offiziersanwärter nur eine Pflicht: die Messe zu besuchen. Danach waren sie frei, Briefe zu schreiben, auszureiten oder auf den Schießplatz zu gehen, bis sie sich wieder zur gewohnten Zeit in ihre Zimmer begaben und einschließen ließen.

Für den jungen Davout war diese Tagesordnung an sich nichts Neues, kannte er derartige Regeln doch schon von Auxerre. Der wesentliche Unterschied zu seiner alten Schule bestand darin, dass die Anforderungen an den einzelnen Offizierskadetten viel höher waren und er endlich praxisbezogen lernte. Im Festungsbau, in dem sich Davout fast 30 Jahre später in Hamburg bestens bewährte, lernte ein angehender Offizier nicht nur theoretisch das Anlegen von Schanzen und die Verteidigung von Breschen. Es wurde ihm auch Zeichnen beigebracht, damit er in der Lage war, selbständig Festungswerke zu entwerfen und zu skizzieren. Desgleichen war auch der Geografieunterricht alles andere als praxisfern. Da Frankreich in den letzten 150 Jahren immer wieder Krieg um Italien, die Niederlande und Deutschland geführt hatte, gehörte es zu den

Hauptaufgaben der Kadetten, die Topografie der betreffenden Länder und ihre Sprachen zu kennen. Ein französischer Offizier sollte sich zu jeder Zeit, in jedem Land auch ohne Karten grundsätzlich auf feindlichem Gebiet orientieren können.

Das Erziehungsprogramm der École Royale Militaire war für seine Zeit vorbildlich. In den zehn Jahren ihres kurzen Bestehens zwischen 1777 und 1787 brachte die École Royale Militaire niemand Geringeres als Napoleon Bonaparte, die Marschälle Davout und Clarke, zehn Divisionsgeneräle sowie dreißig Brigadegeneräle hervor. Vor allem Napoleon und Davout sollten zeit ihres Lebens immer wieder beweisen, dass sie ihre Lektionen gut gelernt hatten.

Entgegen seiner Schulzeit in Auxerre wissen wir nichts von irgendwelchen Eskapaden Davouts aus der Zeit an der École Royale Militaire de Paris. Er scheint sich von Anfang an gut eingefügt zu haben, war bei seinen Kameraden beliebt und bestand alle Prüfungen, sodass er am 2. Februar 1788 die Kaderschmiede als Unterleutnant verließ. Keinen Moment zu spät. Nur zwei Monate später wurde die Schule Opfer der schweren Wirtschaftskrise, die Frankreich erfasst hatte, und musste aus Kostengründen schließen. Die Revolution warf ihre Schatten voraus, und ehe es sich der frisch gebackene Unterleutnant Davout versah, sollte er wie so viele Hunderttausende in ihren Sog gerissen werden.

Was Davout außerhalb der Mauern der königlichen Militärschule erwartete, war ein Land in Agonie, dessen Bevölkerung dabei war, zu verelenden.

Grund dafür waren Missernten, welche durch Getreidespekulationen verschlimmert wurden. Dies zog eine Teuerung der Lebenshaltungskosten um 100 bis 200 % und somit eine Hungersnot nach sich, welche mit einer Finanzkrise zusammenfiel, die auf Frankreichs Teilnahme am US-amerikanischen Unabhängigkeitskrieg in den Jahren 1776–1783 zurückging. Damals war es Finanzminister Necker nur durch die Zeichnung von Staatsanleihen gelungen, die französische Militärintervention zugunsten der amerikanischen Unabhängigkeitskämpfer zustande zu bringen. Von dieser massiven Neuverschuldung hatte sich Frankreich nicht mehr erholt.

1788 schätzte der dem König vorgelegte Haushaltsbericht die Ausgaben des französischen Staates auf 629 Millionen Livres, die

Einnahmen dagegen nur auf 503 Millionen, was einen Fehlbetrag von 20 % ergab. Noch schlechter sah es jedoch hinsichtlich der Tilgung und Zinsen für die Staatsschulden aus. Diese erreichten die enorme Zahl von 318 Millionen Livres, was der Hälfte aller Ausgaben entsprach.

Diese Unsummen türmten sich zu einem Haushaltsdefizit, was das Königreich Frankreich nach Meinung führender Finanzexperten nicht mehr allein durch die Mittel seiner bisherigen Steuerverfassung auffangen konnte. Obwohl die Bevölkerung Frankreichs gegen Ende des Ancien Régime ca. 25 Millionen betrug, sank die Kaufkraft der Massen infolge der Teuerung der Grundnahrungsmittel.

Fortschrittlich denkende Wirtschaftsminister wie Neckers Nachfolger Calonne versuchten verzweifelt, den Staatsbankrott durch eine Territorialsteuer, die jeden Grundbesitzer ungeachtet seiner Standeszugehörigkeit zur Zahlung von Steuern verpflichtete, abzuwenden. Das Prinzip der Steuergleichheit scheiterte jedoch an der zähen Weigerung von Adel und Klerus, sich besteuern zu lassen, was Calonne zu Fall brachte. Am 8. April 1787 entließ der durchsetzungsschwache König seinen ungeliebten Finanzminister und ersetzte ihn durch den Finanzpolitiker Loménie de Brienne. Dessen Versuche, die Schatztruhen Frankreichs zu füllen, indem er Unterzeichner für eine Staatsanleihe von 120 Millionen Livres warb, scheiterte erneut am Widerstand der Adelskaste. Nur wenige Wochen nach Calonne kapitulierte auch Loménie de Brienne. Seine letzte Tat bestand darin, am 8. August 1788 die Generalstände für den 1. Mai 1789 einzuberufen. Damit war der Versuch Ludwigs XVI. gescheitert, sein Königreich mittels bloßer Steuerreformen aus dem Sumpf der Wirtschaftskrise zu ziehen. Mit der Einberufung der Generalstände hoffte der schwache Enkel Ludwigs XIV., den Widerstand von Adel und Klerus zu brechen, ohne dem Dritten Stand zu viele politische Zugeständnisse machen zu müssen.

Der König irrte sich. Mit der Einberufung der Ständeversammlung hatte er einen großen Fehler begangen. Statt sich, wie vom Hof vorgesehen, als bloße Geldbewilligungsmaschine instrumentalisieren zu lassen, sollte sie sich bald als trojanisches Pferd entpuppen.

Einmal ins Machtzentrum der brüchigen Monarchie gezogen, dauerte es nur wenige Monate, bis der Geist der Revolution von Frankreich Besitz ergriff.

Von all diesen großen Umwälzungen ahnte der junge Unterleutnant Davout nichts, als er mit 18 Jahren seine Mutter auf ihrem neuen Landsitz in Ravières besuchte, den sich Françoise-Adélaïde 1785 gekauft hatte. Dort lernte Davout den ehrgeizigen Rechtsanwalt Louis Turreau de Linières kennen, der gerade seine Tante besuchte. Die beiden jungen Männer freundeten sich auf Anhieb an und stellten schnell fest, dass sie ähnliche politische Ansichten hatten. Ob Turreau schon 1788 ein überzeugter Verfechter revolutionärer Ideen war, kann aufgrund mangelnder Quellen heute nicht mehr nachgewiesen werden, sein späterer Werdegang lässt dies jedoch vermuten. Was Davout anbetrifft, so hüllen sich die meisten seiner Biografen in Schweigen. Fest steht, dass die Freundschaft zu Turreau nicht ohne schwerwiegende persönliche Konsequenzen blieb. Wie es scheint, entflammten Françoise-Adélaïde D'Avoust und Louis Turreau de Linières derart heftig füreinander, dass sie noch im selben Jahr am 31. 8. 1789 heirateten. Aus Sicht von Françoise-Adélaïde brachte diese Heirat jedoch viel Bekümmernis. Ihre Familie missbilligte die Verbindung und erschien nicht zur Hochzeit, auch Louis nicht, was sehr verwundert, weil er als Freund von Turreau galt. Wahrscheinlich zwang ihn sein Dienst im Royal Champagne, den Feierlichkeiten fern zu bleiben. Bei den anderen Familienmitgliedern kann über den Grund des Ausbleibens nur spekuliert werden. Höchstwahrscheinlich spielte die bürgerliche Herkunft, der große Altersunterschied von 20 Jahren und die politischen Ansichten Turreaus eine große Rolle. Für Louis sollte der neue Stiefvater, der nur vier Jahre älter war als er, bald als Freund, Mentor und Förderer eine Schlüsselrolle spielen. Wie schicksalhaft diese Verbindung werden sollte, war in jenen Monaten der »Grande Peur« – der Angst der Adeligen vor den marodierenden Banden der Revolution – keinem der Beteiligten klar. Bis zu seinem frühen Tod 1797 blieben Davout und Turreau jedenfalls bestens befreundet.

Doch springen wir zurück zum Zeitpunkt, als Davout in das Kavallerieregiment »Royal Champagne« eintrat, in dem schon sein Vater gedient hatte.

Um dem mittellosen Unterleutnant überhaupt zu ermöglichen, standesgemäß seinen Dienst zu versehen, hatte der König ihm auf Staatskosten ein Pferd spendiert, was den jungen Offizier von einer seiner größten Hauptsorgen befreite. Zur Zeit des Ancien Regime kamen die Offiziere in der Regel selbst für ihre Ausrüstung auf und kauften sich Waffen, Uniform sowie ihre Pferde, was sehr kostspielig werden konnte.

Doch das Geschenk des Königs war nicht der einzige Grund, weswegen der junge Unterleutnant sofort die Aufmerksamkeit seiner Regimentskameraden erregte. Diese nahmen vielmehr Anstoß an seinem unsoldatischen Verhalten. Statt sich, wie es sich damals für einen richtigen Offizier gehörte, die Freizeit mit Kartenspiel, Zechgelagen und amourösen Abenteuern zu vertreiben, las Unterleutnant Davout – und zwar nicht die gängigen Schundromane seiner Zeit, sondern französische Philosophen. Diese unsoldatischen Interessen ließen seinen Onkel Major Jacques-Edme D'Avout, der auch im Royal Champagne diente, ernsthaft an seiner soldatischen Eignung zweifeln. Seiner Meinung nach war diese kurzsichtige Leseratte mit der hohen Stirn drauf und dran, den guten Ruf der Davouts als tapfere Militärs zu ruinieren. Seinem Tagebuch vertraute der Major an, was er aus Höflichkeit seinem Neffen nicht zu sagen wagte:

> Mein Neffe Davout wird es in unserem Beruf zu nichts bringen. Er wird nie ein Soldat sein. Anstatt sich mit seinen militärtheoretischen Schriften zu befassen, beschäftigt er sich mit Montaigne, Rousseau und anderen Philosophen.[14]

Wie das Schicksal so spielt, sollte die Zukunft erweisen, dass der Major sich in Bezug auf die langfristigen beruflichen Perspektiven seines Neffen gründlich täuschte, was seine langfristige berufliche Perspektive anbetraf. Betrachtet man die Dienstzeit Davouts im Royal Champagne, so muss man dem Major zustimmen. Wie die folgenden Ereignisse beweisen, war Davout in diesem Regiment tatsächlich keine große militärische Zukunft vorbestimmt. Dies lag weniger an seiner Leidenschaft für Literatur, sondern vielmehr an seiner Parteinahme für die Revolution.

Diese war endlich im Sommer 1789 in Paris ausgebrochen, nachdem die Ständeversammlung sich feierlich im Ballhaus dazu verpflichtet hatte, Frankreich eine neue Verfassung zu geben. Die verzweifelten Rettungsversuche des erneut zum Finanzminister ernannten Schweizer Bankiers Necker hatten den Königshof dazu bewogen, diesen zu entlassen, was zu heftigen Protesten führte, in deren Verlauf am 14. Juli 1789 die Bastille gestürmt wurde.

Der Sturm auf die Bastille wurde zum Fanal der revolutionären Erhebung, die in einem gewaltigen Sturmlauf von ganz Frankreich Besitz ergriff. In den Städten gewannen nach zahlreichen Unruhen die Revolutionäre die Oberhand, während auf dem Lande blutige Bauernaufstände ausbrachen, die einen großen Teil der Aristokratie und des Klerus in die Emigration trieben. Im August schuf die Nationalversammlung erst die Privilegien von Adel und Geistlichkeit ab, dann erklärte sie die Menschenrechte. Im Oktober zogen zehntausend Marktfrauen nach Versailles, um die Königsfamilie im Triumphzug nach Paris zu führen. Kurz darauf wurden im November die bis dahin sakrosankten Besitztümer der Klöster verstaatlicht.

Überall, so schien es, siegten die Feuergeister der Revolution, allen voran der pockennarbige Graf Mirabeau, der wegen seiner wüsten Ausschweifungen Jahre im Gefängnis verbracht hatte. Unverdrossen schleuderten die Revolutionäre die Fackel der Empörung in das morsche Gebälk des verrotteten Königreichs, das nach und nach bis in die hintersten Winkel von den hungrigen Flammenzungen eines neuen Zeitalters erfasst wurde.

Einer dieser Winkel war der Standort des Kavallerieregiments Royal Champagne – die alte Festungsstadt Hesdin im heutigen Departement Pas-de-Calais. Während die Bourgeoisie der trutzigen Kleinstadt die neuen Ideen enthusiastisch begrüßte, zeigte sich die Stadtverwaltung der alten Ordnung verpflichtet, worin sie vom Offizierskorps des Royal Champagne aufs Innigste unterstützt wurde.

Die Offiziere des Regiments zeigten keinerlei Verständnis für die Revolution, ja waren sogar ihre geschworenen Feinde, während die einfachen Kavalleristen und Unteroffiziere offen mit ihr sympathisierten. Nur wenige Offiziere wagten es, sich offen zur Revolution zu bekennen. Einer von ihnen war Davout, der bald zum Sprachrohr der Meuterer wurde.

Dieser Enthusiasmus für eine Idee, die die Abschaffung aller Vorrechte seiner gesellschaftlichen Kaste implizierte, wurde von seinen Offizierskameraden als Verrat am König gewertet. Die Spannungen im Regiment entluden sich zum ersten Mal in aller Öffentlichkeit, als ein königstreuer Offizier anlässlich eines Umtrunks im Offizierskasino einen Toast auf die Gesundheit seiner Majestät ausbrachte und dabei Davout öffentlich beleidigte.

> Meine Herren! Ich erhebe mein Glas auf einen Mann, den wir alle aus tiefstem Herzen lieben. Auch wenn uns diese Zeit der »Freiheit« nicht gestattet, dies zu zeigen, schmeichle ich mir, dass es unter uns keinen Feigling gibt, der auf etwas anderes anstoßen würde: Auf die Gesundheit des Königs![15]

Dieser Toast, der als mutwilliger Affront gegen Davout gedacht war, forderte eine Reaktion des revolutionären Offiziers. Der junge Burgunder zögerte nicht, den hingeworfenen Fehdehandschuh aufzunehmen und seinerseits den Provokateur herauszufordern.

> Meine Herren! Ich bin der Feigling, auf den sich dieser Herr bezogen hat: Auf die Nation![16]

Auf diese Entgegnung Davouts konnte es nach den Gepflogenheiten der Zeit nur eine Antwort geben: ein Duell. Aber die Regimentskommandantur schritt, kaum dass die Einzelheiten des Zweikampfs vereinbart worden waren, energisch ein, untersagte den Ehrenhandel und arretierte beide Offiziere, weil sie gegen das Verbot verstoßen hatten, jegliche politische Meinungsäußerung zu unterlassen. Aber mit disziplinarischen Maßnahmen dieser Art war die Revolution selbst in Hesdin nicht mehr aufzuhalten.

Als im Jahr 1790 infolge des einjährigen Jubiläums der Revolution die allgemeine Welle der Verbrüderungsfeste die Picardie erfasste, trieben die Ereignisse im Regiment Royal Champagne auf ihren Höhepunkt zu. Den Anlass zu diesem Konflikt lieferte die Idee von der Waffenbrüderschaft von Nationalgarde und Royal Champagne. Dieses Projekt, das sofort die Nationalgardisten entflammte, stieß auf den entschlossenen Widerstand der Offiziere, hassten sie doch die beiden Hauptelemente der Föderationsfeste aus tiefstem Herzen: das feierliche Beschwören der Nation und den Eid auf die revolutionäre Verfassung.

Hinzu kam, dass sie die kurz nach dem Bastillesturm in Paris gegründete Nationalgarde verachteten. In ihren Augen war diese neue Kampftruppe nur eine militärisch minderwertige Ansammlung bewaffneter Bürger, die der Armee nicht das Wasser reichen konnte. Vor allem der Kommandeur vor Ort, der Marquis de Broc, machte aus seiner Missbilligung des Föderationsprojekts keinen Hehl und untersagte Offizieren wie Soldaten, sich mit den Nationalgardisten zu verbrüdern.

Aber weder Davout noch die Mannschaften ließen es sich verbieten, ihre revolutionäre Gesinnung öffentlich zu demonstrieren.

In einem feierlichen Akt verbrüderten sie sich am 26. April 1790 mit der Nationalgarde von Hesdin, wobei Davout von De Broc sogar den Schwur des Föderationseids forderte, was dieser ablehnte. Indigniert über diese ungeheure Provokation und unsicher darüber, ob die politische Lage es zuließ, mit aller Härte gegen Davout und seine Anhänger vorzugehen, wandte sich der Marquis an Kriegsminister De La Tour du Pin. Dieser reagierte sofort und beschloss am 15. Mai 1790, das Regiment zu verlegen, als ein Brief von der Nationalversammlung in Hesdin eintraf.

In ihrem Schreiben erklärte diese die Verbrüderung der Nationalgarde mit dem Kavallerieregiment Royal Champagne nachträglich als beispielhaft und richtungsweisend für das ganze Land, was für frenetischen Jubel bei den Soldaten sorgte.

Davout und seine Anhänger hatten einen ersten Sieg errungen. Doch die Freude über ihren Erfolg verging den Soldaten bald. Nachdem zwei Monate lang ein trügerischer Burgfrieden in Hesdin geherrscht hatte, spitzte sich die Lage am 1. August 1790 erneut zu.

Den Anlass zu neuem Unfrieden bot die Beförderung eines bei den Mannschaften verhassten, royalistischen Unteroffiziers zum Unterleutnant, was eindeutig gegen das Reglement verstieß. Aufgrund eines Erlasses vom 29. Juli 1790 hatte die Nationalversammlung erst mal alle Offiziersernennungen bis zur Erarbeitung neuer Beförderungsrichtlinien ausgesetzt. Davout protestierte gegen diese Maßnahme, ohne vorerst etwas dagegen ausrichten zu können.

Die Soldaten murrten, verhielten sich jedoch den ganzen Tag ruhig. Die Lage eskalierte erst anlässlich eines Banketts, welches das Offizierskorps des Royal Champagne der Nationalgarde gab. Um sich für eine vorangegangene Einladung der Nationalgarde zu revanchieren, hatten die Offiziere des Kavallerieregiments die Nationalgardisten zu einem Festessen eingeladen, den mit ihnen verbrüderten Unteroffizieren und Reitern des eigenen Regiments jedoch die Einladung verweigert. Der Affront traf die Mannschaften schwer, zeigte jedoch nicht die erhoffte Wirkung.

Der Protest der Soldaten beschränkte sich zuerst nur auf lautes Lärmen und Anstoßen auf die Nation. Aber dabei blieb es nicht. Die Reiter bewaffneten sich mit Knüppeln sowie Musikinstrumenten und machten sich einen Spaß daraus, mit entsetzlicher Katzenmusik das Fest ihrer Offiziere zu sprengen. Als diese jedoch ihren Soldaten befahlen, die Störaktionen zu unterlassen, kam es zu Tumulten, die erst spät in der Nacht endeten, wobei die Reiter mehrmals forderten, die Offiziere an der nächsten Laterne aufzuknüpfen.

Jetzt endlich hatte De Broc, was er wollte. Was sich in dieser Nacht abgespielt hatte, konnte als ein klarer Fall von Meuterei gelten. Der Ortskommandant fackelte nicht lange und schickte zwei seiner Offiziere nach Paris zum Kriegsminister und zu den wichtigen politischen Clubs – darunter die Jakobiner, um die Vorfälle anzuzeigen und um harte Bestrafung der Schuldigen zu bitten.

Die Entsendung der beiden Boten de Brocs blieb jedoch Davout und seinen Anhängern nicht verborgen. Um den Verleumdungen der Offiziere in Paris entgegenzuwirken, erbat sich Davout Urlaub. De Broc, der genau wusste, weswegen Davout so dringend nach Paris wollte, stellte sich ihm nicht in den Weg. Großzügig gewährte er dem abtrünnigen Unterleutnant zwei Tage, was für die Hin- und Rückreise nach Paris viel zu kurz war. Doch so leicht ließ sich Davout nicht austricksen. Er dachte gar nicht daran, nur zwei Tage wegzubleiben. Wenn sein Urlaub Sinn machen sollte, musste er ihn überziehen. Nur so konnte er überhaupt nach Paris reisen und die Nationalversammlung aufsuchen, um ihr seine Version der Ereignisse darzustellen, die zu den Tumulten in Hesdin geführt hatten.

Davout verließ seine Garnison und erreichte Paris am 5. August. Dort suchte er sofort den Jakobinerklub auf, von dem er sich durch die Fürsprache Robespierres die größte Hilfe versprach. Er betrat die Tribüne gerade, als einer der Sendboten De Brocs, M. D'Aubignan, den Abgeordneten seine Version der Geschehnisse dargeboten hatte. Noch heute dringt die Häme aus dem Brief, den D'Aubignan unmittelbar darauf an seinen Kameraden Vacquier schrieb:

> Davout befand sich unterhalb der Tribüne, um mir, wenn er konnte, zu widersprechen. [...] Er ging auf die Tribüne und war dort nur, um Dummheiten von sich zu geben. Er musste zweimal zur Ordnung gerufen werden und wurde, nachdem er nichts mehr zu sagen wusste, mit Gewalt von der Tribüne gezerrt, wobei er forderte, vom Militärkomitee gehört zu werden. Doch da wartete ich schon auf ihn. Ich war ihm vorausgeeilt und hatte diese Herren schon vor ihm gewarnt: »Er ist da!« Ich bestand darauf, dass er in dieser Sache nicht gehört wurde und dass unsere Sache gut wäre. [...] Er wurde angehört und sagte nichts als Dummheiten.[17]

So zumindest die Version D'Aubignans, die Davout als Dummkopf präsentiert. In Wirklichkeit verhielt sich die Situation anders. Nicht D'Aubignan, sondern Davout hatte in der Redeschlacht den Sieg errungen und sich durch sein Engagement und seinen Mut die Achtung der Jakobiner und des Militärkomitees erkämpft.

Denn hinsichtlich der Vorfälle im Royal Champagne erließ das Militärkomitee ein Dekret, das alle kommenden Befehlsverweigerungen unter Strafe stellte, die Aufrührer des 1. August jedoch amnestierte. Die Königlichen waren am Boden zerstört und hofften, dass der Kriegsminister das Regiment mit Gewalt auflöste, was viele Soldaten ängstigte, da das Regiment ihr Lebensunterhalt war. Schon machten in Hesdin Gerüchte die Runde.

Aber Davout kannte die Rechtslage und verstand es, in einem Brief vom 13. August seine Kameraden zu beruhigen:

> Letztendlich müsst ihr wissen, dass weder der Minister noch der König selbst das Recht hat, einen Soldaten an der Ausübung seiner Tätigkeit zu hindern oder aus triftigerem Grunde einfach ein Regiment aufzulösen. Ihr könnt euch also beruhigen. Wir sind hier, um eure Interessen zu vertreten.[18]

Was die Rechtslage anbetraf, so war Davouts Argumentation schlüssig. Nur in einem täuschte er sich. Seine Kameraden hatten allen Grund, misstrauisch zu sein.

Mit Kriegsminister De La Tour du Pin hatte sich Davout einen gefährlichen Feind gemacht, der gar nicht daran dachte, sich geschlagen zu geben.

Mit wahrhaft machiavellischer Energie nutzte der Kriegsminister eine Gesetzeslücke des Dekrets aus, um Davout und die weiteren Unruhestifter des Royal Champagne doch noch kaltzustellen. Im Text des Erlasses fand sich nämlich ein Artikel, der dem König das Recht gab, Soldaten und Offiziere jederzeit aus der Armee zu entlassen, sofern ihre Dienste »nicht mehr angenehm« oder »nützlich waren«. Und genau diese Bestimmung nutzte der Kriegsminister jetzt, um gegen die Aufrührer vorzugehen. Das Einzige, was De La Tour du Pin brauchte, waren eindeutige Beweise, die belegten, dass sich die Meuterer vom 1. August als unangenehme und unnütze Untertanen des Königs erwiesen hatten.

Diese Beweise wurden schnell erbracht. Mit Hilfe von Bestechungen und Drohungen brachte De Broc mehrere Reiter und Unteroffiziere dazu, 36 ihrer Kameraden zu denunzieren und zu behaupten, dass diese sich gegen ihre Offiziere zu einer Meuterei verschworen hätten.

Jetzt galt es nur noch, Davout auszuschalten, dann waren die Meuterer führerlos. Zu diesem Zweck befahl der Kriegsminister eigens den Provinzkommandanten von Arras, M. de Biaudos, nach Hesdin.

Als Davout am 19. August in der Kaserne eintraf, lief er in eine Falle. Ohne ihn überhaupt gerichtlich anzuhören, wurde er sofort wegen unerlaubten Entfernens von der Truppe verhaftet und ohne Gerichtsurteil in ein Verlies der Zitadelle von Arras geworfen.

Der Kriegsminister konnte zufrieden sein. Jetzt, wo er den Aufrührern ihren wichtigsten Anführer genommen hatte, brauchte er nicht mehr zu fürchten, dass die Meuterer den Offizieren noch gefährlich werden konnten.

Unter dem Vorwand eines Regimentsappells ließ der Stadtkommandant von Arras am nächsten Tag die Truppe auf dem Rathausplatz von Hesdin antreten, den er vorsorglich mit königstreuen Truppen umstellt hatte.

Im Angesicht von vier Kanonen, die feuerbereit auf die Reiter gerichtet waren, erzwangen die Offiziere die Entlassung der 36 denunzierten Reiter und Unteroffiziere unter Wegfall aller weiteren Bezüge. Für viele der Betroffenen, die seit mehr als zwanzig Jahre in der Armee dienten, bedeutete dies die sichere Katastrophe und das Todesurteil. Wie sollten sie kurz vor der Rente, ohne Bezüge überleben?

Wie es schien, hatte der Kriegsminister an allen Fronten gesiegt und die Disziplin wiederhergestellt.

Aber so schnell gaben die Kameraden Davouts nicht auf. Mit Hilfe der Nationalgardisten gelang es Ihnen, die Nationalversammlung zur Entsendung einer Kommission zu bewegen, die Ende September zu dem Schluss kam, dass die Verhaftung Davouts unrechtmäßig gewesen war.

Nach sechs Wochen Kerkerhaft kam Davout wieder frei. Seine Freilassung erfolgte zum Zeitpunkt, als seine verzweifelte Mutter Françoise-Adélaïde durch ihre Beredsamkeit den mitleidigen Festungskommandanten von Arras schon dazu gebracht hatte, ihrem Sohn die Flucht zu ermöglichen.

Aber hier zeigt sich wieder ein bemerkenswerter Zug in Davouts Charakter, der seine Mutter schier verzweifeln ließ. Halsstarrig wie er war, hatte sich der Gefangene der Flucht verweigert, weil diese als Eingeständnis seiner Schuld gewertet werden konnte. Dieser Starrsinn wäre fast tödlich für ihn gewesen, wenn nicht das Urteil der Untersuchungskommission ihn befreit hätte.

Die Episode gewährt einen Einblick in Davouts Rechtsverständnis und in die innige Beziehung zwischen Mutter und Sohn. In seinem naiven Gerechtigkeitswahn hätte Davout sich lieber selbst geopfert, als die Flucht zu ergreifen.

Was seine Mutter anbetrifft, so ist man erstaunt, wie geschickt sie vorging, um ihren Sohn zu befreien und welches Risiko sie dabei in Kauf nahm. Zwei Jahre später sollte der Tag kommen, an dem ihr Sohn sich für den Altruismus seiner Mutter revanchieren konnte.

Fürs Erste war Davout gerettet. Seine Karriere als Offizier konnte er jedoch vergessen. Die Kommission hatte seine Verhaftung zwar als ungerechtfertigt eingestuft, aber den Aspekt der Insubordination als gegeben angesehen. Jetzt gehörte Davout zu den Elementen, deren Dienste für den König nicht mehr angenehm oder nützlich waren. Dies bedeutete: Für Rädelsführer wie Davout war kein Platz mehr in der Armee. Er war gezwungen, den Dienst zu quittieren. Dem Unterleutnant stand eine ungewisse Zukunft bevor. Da half es auch nichts, dass er die Einreichung seines Abschieds um ein Jahr hinauszögerte. Auch seine Hoffnung, sich durch eine Klage am Kriegsminister rächen zu können, erwies sich als trügerisch. Schon im November wurde sein Todfeind De la Tour Du Pin gestürzt und somit selbst zum Opfer der Revolution.

All die tristen Jahre in Auxerre, all die Schinderei in der École Royale Militaire – sollte dies alles umsonst gewesen sein? Davout musste den Kopf freikriegen, Distanz gewinnen und zog zu seiner Mutter nach Ravières, die ihn vorerst finanziell unterstützte.

Nach all den Verwicklungen und schlechten Erfahrungen hatte der ehemalige Unterleutnant Ruhe nötig. Er fand Zerstreuung und Muße in der Bibliothek des Schlosses Ancy-le-Franc, deren Benutzung ihm Freunde seiner Mutter, die Familie Louvois, gewährte. Seiner Tochter Adélaïde-Louise Davout D'Auerstedt zufolge las er in dieser Zeit bevorzugt Reiseliteratur und interessierte sich auffallend für das Leben in den Kolonien Frankreichs.

Wollte Davout auswandern, um ein neues Leben anzufangen? Die Quellen belegen dies nicht. Falls er dies jedoch vorgehabt hatte, so durchkreuzte die Macht des Schicksals seine Pläne.

Wenige Monate nach seiner Entlassung lernte Davout die 23-jährige Nicole de Seuguenôt kennen, die gerade zu Gast bei Verwandten in Ravières war, und heiratete sie nach kurzem Werben am 8. November 1791. Über die Ehe ist kaum etwas bekannt. Weder Dokumente noch Briefe sind aus dieser Zeit erhalten geblieben – was vermutlich dem tragischen Ende dieser kurzen Beziehung zuzuschreiben ist. Kein Brief, weder von der Braut an den Bräutigam noch vom Gatten an die Ehefrau, ist uns überliefert, was angesichts der Tatsache, dass Davout zeit seines Lebens gern Briefe schrieb, verwundert. Sicher ist nur, dass die Flitterwochen ganze 34 Tage dauerten, bevor er sich gezwungen sah, von Nicole Abschied zu nehmen, um ins Feld zu ziehen.

Denn mittlerweile war zusätzlich zu Davouts Heirat ein neues Ereignis in sein Leben getreten, das ihm bald einen entscheidenden Beitrag zur Geschichte Frankreichs ermöglichte. Davout hatte ein Mittel gefunden, seine militärischen Kenntnisse doch wieder in den Dienst seines Heimatlandes zu stellen. Nicht, dass er rehabilitiert worden wäre, nein, diesmal kam der Ruf zu den Waffen von der Nationalgarde, die niemand Geringeres als der Comte de Lafayette befehligte. Ursprünglich als Bürgerwehr gedacht, hatte das Kriegsministerium per Erlass die Kompetenzen der Nationalgarde erweitert und sie als gleichberechtigte militärische Kraft der Armee zur Seite gestellt. Wie es aussah, stand Frankreich kurz vor einem Krieg.

Die heimliche Flucht der königlichen Familie im Juni 1791 und ihre darauffolgende Verhaftung in Varennes hatten dazu geführt, dass die Revolution sich radikalisierte.

Nachdem der König und seine Familie im Triumphzug nach Paris zurückgeführt worden waren, hatten sich Friedrich Wilhelm II., König von Preußen, und Kaiser Leopold II. am 27. August 1791 in einem kleinen sächsischen Ort namens Pillnitz getroffen. Das Resultat dieses Gipfeltreffens war die Erklärung von Pillnitz gewesen, in der die Fürsten Europas dazu aufgefordert wurden, sich für die Wiederherstellung der monarchischen Regierung in Frankreich einzusetzen.

Was dies bedeutete, lag auf der Hand. Aus Sicht der Revolutionsregierung hatten die Monarchen die Weichen für einen kommenden Krieg gestellt. Stillschweigend rüsteten Preußen, das Reich und das revolutionäre Frankreich zum Entscheidungskampf.

Da half es nichts, dass König Ludwig am 14. September den Eid auf die neue Verfassung leistete und Frankreich endlich eine konstitutionelle Monarchie wurde. Von nun an standen die Zeichen auf Krieg. Langsam massierten sich die Berufsarmeen der Gegenrevolution an ihren Sammelpunkten, während die improvisierten Bataillone der Revolution sich hastig im Inland formierten.

Zu einer dieser Kampfeinheiten gehörte das 3. Bataillon der Nationalgarde von Yonne, das erst am 22. 9. 1791 aufgestellt worden war. In dieser Einheit hatte Louis Davout sofort, kaum dass er sich in die Musterrolle eingetragen hatte, einen entscheidenden Karrieresprung gemacht. Da es in sämtlichen Truppenteilen der Nationalgarde an Berufssoldaten mangelte und die Soldaten ihre Offiziere selbst wählten, bestimmten sie Louis Davout erst zum Kapitän der 8. Kompanie, dann zum stellvertretenden Oberstleutnant des Bataillons.

Dieser war höchst motiviert und begann sofort mit der Ausbildung der ungeübten Miliz, um sie auf die schweren Kämpfe mit den vermeintlich besten Armeen Europas vorzubereiten. Die meisten der Freiwilligen wussten weder, wie man eine Waffe hielt, noch, wie man schoss. Auch musste der Umgang mit dem Bajonett und das taktische Exerzieren auf dem Gefechtsfeld geübt werden. Vielen der Nationalgardisten fehlte es auch schlichtweg an körperlicher Eignung, was man nicht von ihrem stellvertretenden Bataillonskommandeur sagen konnte.

Davout maß in der Höhe 1,80 Meter, was für die damalige Zeit groß war. Er hatte ausladende, breite Schultern und einen großen Kopf, auf dem sich schon erste Anzeichen einer baldigen Kahlheit bemerkbar machten.

Ein Gemälde aus der Zeit zeigt Davout in der blau-rot-weißen Uniform der Freiwilligen von Yonne. Was sofort auffällt, ist der leicht verhangene Blick, der vielleicht schon damals ein Hinweis auf seine später dokumentierte Kurzsichtigkeit war, und eine eigenartige Aura kühner Überlegenheit, die aus dem Porträt spricht.

Wie sich bald herausstellen sollte, konnte sich das 3. Bataillon von Yonne keinen besseren Oberstleutnant wünschen. Als sich das Bataillon am 16. Dezember 1791 nach Norden Richtung Verdun in Marsch setzte, kam es im Ort Dormans zu einem schweren Zwischenfall, bei dem Davout mehrere wegen Landesverrats angeklagte Gefangene davor bewahrte, von einem Mob gelyncht zu werden.

Dieser Vorfall, bei dem Davout und seine Kameraden sieben mutmaßliche Verräter vor dem Galgen retteten, ist typisch für ihn. Unerschütterlich war selbst in Zeiten der Revolution sein Glaube an den Anspruch des Einzelnen auf Gerechtigkeit, auch wenn er erwiesenermaßen schuldig war.

Wahrscheinlich bestärkte ihn die Erinnerung an seine eigene, unrechtmäßige Verhaftung in seinem Verhalten, willkürliche Gewaltakte wie den in Dormans nicht zu dulden.

Nach dem Zwischenfall bezog das Freiwilligenbataillon Winterquartier und wartete, bis der Krieg ausbrach. Dieser ließ nicht lang auf sich warten. Als Leopold II. starb und sein Sohn als Franz II. römisch-deutscher Kaiser wurde – ab 1804 Kaiser Franz I. von Österreich –, war es nur noch eine Frage der Zeit, bis die Waffen sprachen.

Während die Kriegsrüstungen Preußens und Österreichs immer unverhohlener wurden, zwang die kriegswillige Partei der Girondisten das Kabinett des Königs zum Rücktritt.

Angesichts der drohenden Gefahren und einer wachsenden Kriegseuphorie in der Bevölkerung entschied sich die neue Regierung, dem Gegner zuvorzukommen. Am 20. April 1792 erklärte Frankreich Österreich den Krieg, was den sofortigen Kriegseintritt von Preußen und Hessen-Kassel auf österreichischer Seite nach sich zog.

Gleich zu Beginn der Kampfhandlungen zeigte sich, wie schlecht die französische Armeeführung auf den Krieg vorbereitet war. Nach einer Serie von Niederlagen geriet der französische Aufmarsch ins Stocken, herrschte Chaos an allen Fronten.

Nachdem das 3. Bataillon am 21. April den Befehl bekommen hatte, das Lager von Dormans abzubrechen, wurde es in den ersten Kriegsmonaten erst nach Verdun, dann wieder nach Sedan beordert, um sich mit der Armee General Lafayettes zu vereinigen.

Kaum war die Vereinigung vollzogen, mussten die Freiwilligen von Yonne schon wieder weitermarschieren. Im Juli bezogen sie im befestigten Lager von Maulde Stellung. Die Soldaten waren des Marschierens müde, die Offiziere nervös. Ungeduldig brannten sie darauf, sich im Kampf beweisen zu können. Dann, endlich, kam der Tag, an dem das Bataillon und Oberstleutnant Louis Davout ihre Feuertaufe erhielten. Beim Versuch, eine vorgeschobene Einheit abzulösen, lief das Bataillon in einen Hinterhalt und verlor nach einem wilden Scharmützel zehn Mann, sodass es sich überstürzt zurückziehen musste.

Das erste Gefecht in Davouts Karriere endete mit einer Niederlage. Trotzdem war Davout nicht entmutigt. Seine Männer hatten sich gut geschlagen.

Dagegen waren andere Ereignisse weit weniger dazu angetan, Davouts Gemüt zu beruhigen.

In Paris hatte sich Ungeheuerliches ereignet. Am 10. August 1792 war eine erregte Menschenmenge ins Schloss des Königs gestürmt, hatte die Schweizer Garde massakriert, das Königtum für aufgehoben erklärt und die Königsfamilie in der alten Burg der Tempelritter gefangen gesetzt. Dies waren die Anfänge der zweiten Phase der Revolution, die Geburtswehen der französischen Republik, die nach Verkündung der Abschaffung des Königtums am 21. September das Licht der Welt erblickte.

Die Nachricht von der Erstürmung der Tuilerien und der Gefangennahme der Königsfamilie hatte sofort Folgen für die Freiwilligen von Yonne. Gerade, als das Bataillon den Befehl erhielt, auf Condé zurückzugehen, erfuhr es, dass der Oberkommandierende der Nationalgarde, der Marquis de Lafayette, zu den Österreichern übergelaufen war.

Die Regierung reagierte schnell. Sie übertrug General O'Moran das Kommando über die Nationalgarde, während sie General Dumouriez zum Oberbefehlshaber der Nordarmee machte. Nun erst wendete sich auf dem nördlichen Schauplatz das Kriegsglück.

Unter dem Kommando O'Morans hatte Davout mit seinem Bataillon endlich die Gelegenheit, sich für die im August erlittene Niederlage zu rächen und den ersten bedeutenden Sieg zu erfechten.

Am 1. September wiesen die Nationalgardisten einen Angriff von 6000 Österreichern ab und setzten ihnen so schwer zu, dass sie 400 Mann verloren. Am 4. September 1792 konnte Davout in einem Brief an die Administratur von Yonne schreiben, dass das 3. Bataillon den Tod seiner Kameraden gerächt hatte.

Dieser kleine Sieg der Nationalgarde ist symptomatisch für den weiteren Kriegsverlauf. Nachdem General Kellermann die Offensive der Preußen bei Valmy gestoppt, der Feldherr Custine Mainz erobert und Dumouriez die Österreicher bei Jemappes in Belgien geschlagen hatte, brach der Angriff der Verbündeten zusammen. In einem Siegeslauf sondergleichen eroberten die französischen Armeen innerhalb eines Monats Belgien. Jetzt konnte die neue französische Regierung die Völker Europas endlich dazu aufzurufen, sich gegen die Monarchien zu erheben.

Doch so schnell, wie dies die Führer Frankreichs erhofften, erhoben sich die Völker nicht. Berauscht durch ihre Siege und vom festen Willen beseelt, die Revolution zu exportieren, erklärten die Revolutionäre England und den Niederlanden den Krieg.

Das Wiederaufflammen der Feindseligkeiten im nächsten Jahr sollte zeigen, dass die Ideen der Revolution in den besetzten Gebieten an Boden verloren hatten.

Die Hinrichtung von Ludwig XVI. am 31. Januar 1793 hatte unmissverständlich jedem in Europa klar gemacht, dass dieser Konflikt kein gewöhnlicher Kabinettskrieg des 18. Jahrhunderts, sondern ein totaler Krieg zweier Gesellschaftssysteme war. Entweder siegen oder sterben, dies war die Parole.

Als Dumouriez die Österreicher bei Neerwinden stellte, erlitt er am 18. März 1793 eine vernichtende Niederlage. Im Gegensatz zur Schlacht von Jemappes nahm das 3. Bataillon der Freiwilligen von Yonne an der Schlacht teil und kämpfte tapfer auf dem Flügel General Mirandas, der letztendlich geworfen wurde, was die Katastrophe einleitete.

Dumouriez verlor die Schlacht, was in Zeiten der Revolution lebensgefährlich sein konnte. Unter dem Druck der radikalrevolutionären Bergpartei wurde dem General befohlen, nach Paris zu kommen.

Der General konnte sich ausrechnen, was das für ihn bedeutete. Wie die Verhaftungen von General Custine und Marschall Luckner später bewiesen, war der Befehl zum Rechenschaftsbericht in Paris gleichbedeutend mit der Verurteilung zum Tod. Eine verlorene Schlacht oder ein missratener Feldzug reichte, altgediente Soldaten aufs Schafott zu bringen.

Dumouriez entschied sich dafür, ein derartiges Schicksal zu vermeiden. Heimlich nahm er mit den Österreichern Verhandlungen auf und gewann sie für sein Vorhaben, gegen die Regierung in Paris zu putschen.

Sein Plan war einfach. Während er mit loyalen Truppen auf Paris marschieren wollte, sollten die Österreicher stillhalten und nicht angreifen. Doch Dumouriez' Putschvorhaben hatte eine Achillesferse. Um seinen Angriff auf Paris durchzuführen, musste er seine Armee ins Vertrauen ziehen und für sich gewinnen.

Schon in dieser Phase zeigte sich, dass Dumouriez die Loyalität seiner Truppen gegenüber der Regierung weit unterschätzt hatte. Die meisten Generäle und Offiziere verweigerten ihm die Gefolgschaft und unterrichteten ihrerseits die Regierung von Dumouriez' Plänen.

Diese entsandte eine vierköpfige Kommission unter Kriegsminister Pierre Beurnonville zu Dumouriez, um ihn festzunehmen. Abermals durchkreuzte der Abtrünnige die Pläne. Statt sich verhaften zu lassen, setzte er Beurnonville und die Kommission gefangen und schickte sie den Österreichern. Dann befahl er seinen Truppen den Rückzug aus Belgien nach Frankreich, um der österreichischen Armee die Grenze zu öffnen.

Der Plan wäre fast geglückt, hätte nicht Louis Nicolas Davout dem Verräter einen Strich durch die Rechnung gemacht. Verärgert durch die Order, kampflos aus Belgien abzurücken, und aufgewühlt durch das Publikwerden von Dumouriez' Umsturzplänen, trafen sich die Kommandeure der Freiwilligen im Lager von Löwen und hielten Kriegsrat.

Was sollten sie tun? Mit Dumouriez marschieren oder gegen ihn kämpfen? Für Davout als treuen Anhänger der Revolution gab es keinen Zweifel: Gegen Dumouriez, für die Revolution!

Entschlossen, die Republik zu retten und Dumouriez zu verhaften, setzte er seine Truppe in Marsch. Der Zufall wollte, dass Davouts Marschkolonne ausgerechnet dem Verräter begegnete, als dieser gerade in Begleitung einer kleinen Eskorte vom österreichischen Hauptquartier kam.

Überrascht, die Nationalgardisten Davouts an derartig unvermutetem Ort zu sehen, wusste der Ertappte, dass er verloren war, und wandte sich überstürzt zur Flucht.

Sofort heftete sich Davout an seine Fersen. In der folgenden halsbrecherischen Verfolgungsjagd wurde Dumouriez beim Übersetzen eines Grabens von seinem Pferd abgeworfen. War dies das Aus? Schon jagte Davout heran, pfiffen die Flintenkugeln der Freiwilligen von Yonne links und rechts am General vorbei. In diesem Moment bewies ein Begleiter des Generals, der Herzog von Chartres, der spätere Bürgerkönig Louis-Philippe, großen Mut. Geistesgegenwärtig kehrte er zurück, hob Dumouriez auf sein Pferd und gab ihm die Sporen.

Der Verräter war entkommen. Davout fluchte, aber die Kommissionäre der Regierung waren zufrieden. Die Revolution hatte einen neuen Helden. Am 1. Mai 1793 wurde Davout erst zum Oberst einer Halbbrigade ernannt, dann, am 3. Juli 1793, zum Brigadegeneral befördert.

Nach einigen Gefechten in Belgien erhielt er den Befehl, sich in die Vendée zu begeben. Hier hatte sich die durchweg royalistisch gesinnte Bevölkerung nach dem Ausrufen der Republik gegen die jakobinische Regierung aus Paris erhoben und deren Truppen schwere Niederlagen zugefügt.

Dies sollte sich auch nicht ändern, als Davout auf dem Kriegsschauplatz eintraf. Der Feldzug in der Vendée verlief unglücklich. Der Brigadegeneral kam gerade noch rechtzeitig, um an der Schlacht von Vihiers teilzunehmen, die zu einer vernichtenden Niederlage für die Regierungsarmee wurde. Obwohl die Bauern der Vendée schlecht bewaffnet waren, durchbrachen sie mit Todesmut die miserabel geführten Kolonnen der republikanischen Infanterie und schlugen sie in die Flucht. Einzig Davouts Umsicht war es zu verdanken, dass der Rückzug der Regierungstruppen nicht zum Desaster wurde. Mit einer kleinen Kavallerieabteilung sicherte der Brigadegeneral den Rückzug seiner Kameraden und bewahrte sie so vor völliger Vernichtung. Mit dieser Aktion endete auch schon Davouts aktiver Beitrag an den Kampfhandlungen in der Vendée.

Am 30. Juli 1793 erhielt er vom Kriegsministerium die Nachricht, dass er zum Divisionsgeneral befördert worden war und nach Paris reisen sollte, um weitere Instruktionen entgegenzunehmen. Er war gerade auf dem Weg dahin, als ihn eine Nachricht erreichte, die all seine Karriereträume wie Seifenblasen zerplatzen ließ. Er erfuhr, dass der Konvent gerade einen Gesetzesentwurf beriet, der zum Inhalt hatte, die Armee von ehemaligen Adeligen zu säubern. Was dies für ihn als Chevalier bedeutete, konnte sich Davout ausrechnen. Aufgeschreckt durch die Ermordung Marats und die royalistischen Aufstände in Marseille, Nîmes und Bordeaux witterte die neue radikalrevolutionäre Regierung Frankreichs, der Wohlfahrtsausschuss, überall Verrat und suchte nach Sündenböcken, die er jederzeit dem Volk präsentieren konnte. Schon zeichnete sich die Zeit der Schreckensherrschaft ab, der 30000 Franzosen unter dem blutigen Zepter Dantons und Robespierres zum Opfer fallen sollten. Davout musste handeln, bevor das Gesetz gegen die ehemaligen Adeligen öffentlich verkündet wurde.

Am 29. August 1793 schrieb er Kriegsminister Bouchotte, dass er nicht nur die ihm angebotene Beförderung zum Divisionsgeneral ablehnen müsste, sondern reichte auch darüber hinaus seine Demission ein, mit der Begründung, früher adelig gewesen zu sein. Der Kriegsminister, fern davon, Davout zu grollen, bedauerte dessen Entscheidung zutiefst, wünschte ihm jedoch viel Glück für seine weitere Zukunft.

Und Glück brauchte Davout. Zwar hatte ihn sein Abschied aus der vordersten Schusslinie gebracht. In den Augen des Konvents jedoch blieb er trotzdem verdächtig. Einzig seine Verdienste in der Dumouriez-Affäre und mächtige Fürsprecher wie General Pille von der Nordarmee hatten ihn davor bewahrt, sich in langwierigen Verfahren wegen seines Ausscheidungsgesuchs rechtfertigen zu müssen.

Hoffnungsvoll machte sich Davout auf den Weg nach Ravières. Der junge Brigadegeneral »a. D.« war der Ruhe bedürftig. Aber in Ravières hatte sich Einiges geändert. Die erste Veränderung betraf seine Mutter, die sich inzwischen von ihrem Mann Turreau im gütlichen Einvernehmen getrennt hatte. Der zweite Umbruch betraf Davouts eigene Ehe. Wie er bei seiner Ankunft erfuhr, war seine junge Frau Nicole, die er zwei Jahre nicht mehr gesehen hatte, mit einem anderen Mann eine Liaison eingegangen, was den gehörnten Ehemann zutiefst erzürnte. Ohne sich von den Tränen seiner Frau erweichen zu lassen, reichte er sofort die Scheidung ein. So sehr Nicole ihn um Verzeihung bat, so sehr ihn ihre Verwandten wegen der zu erwartenden Schande bedrohten, Davout blieb hart.

> In keinster Weise mit dem Gemüt und Charakter meiner Ex-Frau sympathisierend, wollte ich aus dem Gesetz Vorteil ziehen und die Verbindungen kappen, die mich nicht glücklich machten: Nun gut. Ich wurde mit Spießen, Flintenschüssen und Steinwürfen bedroht. [...] Endlich, nach all den vorgeschriebenen Formalitäten, wurde meine Scheidung durch den Standesbeamten verkündet.[19]

Davout trennte sich von seiner Frau und verstieß sie. Diese Härte sollte tragische Konsequenzen haben. Ein Jahr später war Nicole Davout, geborene de Seuguenôt, tot. Ob an einer Krankheit, am gebrochenem Herzen oder an der Schande gestorben, darüber geben die Quellen keine Auskunft.

Aber nicht nur im privaten Bereich wartete Unbill auf den Heimkehrer wider Willen. Kaum hatte sich Davout von Nicole getrennt, verhaftete ein Ratsmitglied aus Auxerre in Begleitung zweier Gendarmen Davouts Mutter wegen Hochverrats und versiegelte ihren Sekretär. Was jedoch wurde der Schlossherrin von Ravières zur Last gelegt? Um dies zu erfahren, beschloss Louis, seine Mutter nach Auxerre zu begleiten, was ihm der Beamte nicht abschlug. Als der Gefangenentransport in einem Wirtshaus im kleinen Örtchen Tonnere abstieg, um dort zu übernachten, gelang es Davout, sich endlich mit seiner Mutter auszutauschen. Reumütig gestand Françoise-Adélaïde ihrem Sohn, dass sie als Strohmann der emigrierten Adelsfamilie La Rochefoucault deren Grundbesitz vor der Zwangsversteigerung gerettet habe, indem sie ihn pro forma aufkaufte. Darüber hinaus hatte Françoise-Adélaïde der emigrierten Familie weiterhin den Gelderlös aus den landwirtschaftlichen Erträgen heimlich zukommen lassen und die Briefe, welche diese gefährlichen Transaktionen belegten, in einem Geheimfach ihres Sekretärs aufbewahrt. Damit, das wurde Davout sofort klar, schwebte seine Mutter in Lebensgefahr. In den Augen der Regierungsbehörden hatte sie eine verdächtige Korrespondenz mit französischen Emigranten, den erklärten Feinden der Revolution, geführt und Hochverrat begangen.

Wie aber hatten die Behörden davon erfahren? Für Davout war klar, dass jemand seine Mutter gezielt bei den Behörden denunziert hatte. Sollten sich für diese Vorgänge Beweise finden lassen, drohte Françoise-Adélaïde die Guillotine. Es gab nur eine Chance: Er musste die belastenden Briefe finden, bevor es die Untersuchungsbeamten taten.

Noch in der Nacht schritt Davout zur Tat. Nachdem er die Eskorte mithilfe einiger Freigetränke außer Gefecht gesetzt hatte, entwich er durch den Hinterausgang des Wirtshauses und lief in tiefster Nacht den langen Weg nach Ravières zurück. Dort weckte er seine Schwester Julie und ging mit ihr in den Salon seiner Mutter. Vorsichtig, ohne die Amtssiegel aufzubrechen, öffnete er das Geheimfach des Sekretärs, wo nach dem Hinweis seiner Mutter die belastende Korrespondenz eingelagert war.

Dann verbrannte er die Briefe, schloss das Geheimfach und kehrte den langen Weg nach Tonnere wieder zurück, wo er kurz vor Morgengrauen ankam, ohne dass jemand seine Abwesenheit bemerkt hätte. Als der Tag graute, konnte Françoise-Adélaïde aufatmen.

Seelenruhig sah sie mit ihrem Sohn ihrem Prozess entgegen, der Tage später in Auxerre stattfand und zu einem Fiasko für den öffentlichen Ankläger der Revolution wurde. Zum Erstaunen des Staatsanwalts erwiesen sich die Anschuldigungen gegen Mme. D'Avoust wegen Hochverrats als haltlos, da die Hausdurchsuchungen in Ravières nicht die sicher geglaubten Beweise geliefert hatten. Aber so einfach ließ sich ein Chefankläger der Republik in den Tagen von Robespierres Schreckensherrschaft nicht vor einem Revolutionstribunal blamieren. Obwohl die Unschuld von Françoise-Adélaïde Davout laut der Aktenlage eindeutig erwiesen war, verurteilte das Gericht sie aufgrund des Verdachts, Kontakte zu Emigrierten zu unterhalten, zu einem mehrmonatigen Gefängnisaufenthalt.

Da ihr Sohn Louis wusste, dass seine Mutter eine derartige Haft nicht überleben würde, beschloss er, ihr Schicksal zu teilen und mit ihr ins Gefängnis zu gehen, das im Benediktinerkloster von Auxerre untergebracht war. Er wäre vielleicht mit seiner Mutter für immer im Gefängnis von Auxerre geblieben, hätte nicht ein mächtiger Parteifreund ihres Ex-Mannes Turreau sich für die Staatstreue von Mme. D'Avoust verbürgt. Am 13. Mai 1794 verließen Françoise-Adélaïde und Louis Davout das Gefängnis von Auxerre, das sie nie mehr betreten sollten.

Nur zwei Monate später befreite der kühne Putsch vom 9. Thermidor 1794 (26./27. Juli 1794) nicht nur Frankreich von der Diktatur Robespierres, sondern auch Davout aus seiner erzwungenen Eremitage in Ravières.

Mit dem Sturz der Jakobinerherrschaft, so glaubte der junge Brigadegeneral, war für ihn der Weg zurück in die Armee frei. Aber so einfach wie der 24-Jährige sich dies vorstellte, gestaltete sich seine Rückkehr in die kämpfende Truppe nicht. Nur dank der

Fürsprache seines Ex-Stiefvaters Turreau de Linières und seines Kameraden General Pille gelang es ihm, im Frühjahr 1795 in seinem Dienstrang als Brigadegeneral zur Moselarmee detachiert zu werden.

Unter dem Befehl von General Moreaux zeichnete er sich bei der Einnahme Luxemburgs durch einen waghalsigen Stoßtrupp gegen eine vorgeschobene feindliche Stellung aus, deren Zerstörung schließlich die Eroberung der Festung beschleunigte.

Aber Davout konnte die Früchte seines Erfolgs nicht ernten und sollte den Fall Luxemburgs nicht miterleben. Statt an dem weiteren siegreichen Feldzug unter dem Kommando Moreaux' teilzunehmen, wurde er der Rheinarmee unter dem Kommando von General Charles Pichegru unterstellt und nahm an dessen verhängnisvollem Feldzug in die Kurpfalz teil.

Schlecht koordiniert, miserabel geführt, wurden die französischen Truppen am Neckar schwer geschlagen. Im Laufe der blutigen Gefechte mussten die Franzosen Heidelberg aufgeben und sich aus der Kurpfalz zurückziehen. Einzig das erst im September eroberte Mannheim blieb in der Hand einer Garnison von 9000 Mann, darunter Davout mit seiner Brigade.

Aber auch diese Festung fiel nach einer Belagerung von nur drei Wochen in die Hände des Feindes, was Davout zutiefst erzürnte. Seiner Meinung nach hatte sein Vorgesetzter, Festungskommandant General Montaigu, längst nicht alle Register der Verteidigung gezogen und die Festung aufgegeben, obwohl der Feind noch nicht mal eine Bresche geschossen hatte. Diesen Umstand verübelte Davout Montaigu. Machtlos musste Davout mit ansehen, wie die langen Reihen seiner Männer in die Gefangenschaft marschierten. Fast wäre es dem Brigadegeneral ebenso ergangen, hätte ihn nicht ein seltsamer Zufall vor diesem Schicksal bewahrt.

Diesmal war es ausgerechnet seine adelige Abstammung, die ihn rettete. Wie sich herausstellte, hatte der österreichische Feldmarschall Dagobert Wurmser mit Davouts Onkel Jean-Edme vor Jahren zusammen in einem französischen Regiment gedient und sich mit diesem angefreundet. Aus Verbundenheit zu seinem alten Kameraden ließ der greise Feldmarschall den jungen Brigadegeneral zu sich kommen und entließ ihn auf sein Ehrenwort als Offizier aus der Gefangenschaft. Die Bedingungen für Davouts Freilassung entsprachen den Gepflogenheiten der Zeit. Kraft seines Eids verpflichtete sich Davout, an keinen Kampfhandlungen gegen die Österreicher und ihre Verbündeten teilzunehmen, bis der nächste Gefangenenaustausch stattgefunden hatte.

Davout hielt Wort. Wieder zog er sich nach Ravières zu seiner Mutter zurück, wieder nistete er sich wissensdurstig in der reichen Bibliothek des benachbarten Schlosses Ancy-le-Franc ein, um erneut militärtheoretische Schriften zu studieren. Es sollte das letzte Mal sein.

Nach Ablauf eines Waffenstillstands stieß Davout nach neun Monaten zur Rheinarmee, deren Oberbefehl Jean Victor Moreau hatte. Dort wurde er dem Kommando von General Louis Charles Antoine Desaix unterstellt, dessen Freundschaft und Gunst für seinen weiteren Lebensweg entscheidend wurde.

Dieser Louis Charles Desaix war ebenfalls wie Davout adelig und hatte die Militärschulen von Effiat in der Auvergne besucht. 1792 hatte er sich geweigert, die Aufhebung des Königtums anzuerkennen, weshalb er für sechs Wochen ins Gefängnis geworfen wurde, aus dem ihn nur gute Beziehungen befreiten. Danach war Desaix zum Generalstab Custines versetzt worden und hatte dessen siegreichen Feldzug von 1792 mitgemacht, der mit der Eroberung von Frankfurt endete. Im September 1793 war er erst zum Brigadegeneral, dann im darauffolgenden Jahr zum Divisionsgeneral ernannt worden und hatte sich unter Pichegru 1795 in der Rhein-Mosel-Armee ausgezeichnet. Da die Qualitäten von Desaix als Kommandeur unbestritten waren und er zudem ein angenehmes Wesen hatte, wurde dieser neue Vorgesetzte für Davout zum bewunderten Vorbild und guten Freund, der ihn förderte, wo er konnte.

In den folgenden zwei Jahren bewährte sich Davout überall dort, wo er von Desaix eingesetzt wurde. Im Rheinfeldzug von 1796 hatte er auf dem Vormarsch nach Deutschland entscheidenden Anteil am Sieg von Haslach. Als der Feldzug scheiterte, sicherte er mit seiner Kavallerie den Rückzug von Moreaus Truppen zurück an den Rhein. Besondere Verdienste erwarb er sich jedoch im Winter 1796/97 unter Desaix' Kommando bei der Verteidigung der Festung Kehl.

Hier nutzte Davout für seine Truppen eine in Abstimmung mit Desaix neu entwickelte Verteidigungsmethode. Mittels einer Rotation von zwei Tagen Frontdienst, vier Tagen Pause tauschten die Verteidiger stets die Kampftruppen aus, die dem Bombardement der österreichischen Artillerie ausgesetzt waren. Diese neue Methode hatte große Vorteile. Sie half nicht nur, die Motivation der kämpfenden Truppe hochzuhalten, sondern hielt auch die Verluste klein. Außerdem bewirkte diese Taktik, dass den angreifenden Österreichern stets gut ausgeruhte Verteidiger gegenüberstanden. Trotzdem konnte auch eine derartig ausgeklügelte Verteidigungsstrategie auf die Dauer nicht verhindern, dass Kehl nach 50 Tagen Belagerung in die Hände des Feindes fiel. Als die Österreicher jedoch in Kehl einmarschierten, war nicht mehr viel übrig von den vormals stolzen Bastionen der Festung.

Wie hohl dieser Sieg war, musste der österreichische Oberkommandierende Erzherzog Karl im Frühjahr 1797 erfahren. In einer gewagten amphibischen Operation überquerte Moreaus Rheinarmee auf einer Flotille von Landungsbooten 1797 den Rhein bei Diersheim und überrannte dort nach heftigem Widerstand die österreichischen Verteidigungsstellungen. Wieder war es der umsichtigen Führung Desaix' und dem kühnen Wagemut Davouts zu verdanken, dass der Sieg so vollständig wurde.

So gesehen, entwickelten sich die Dinge für Davout gut. Sein Tatendrang hatte das richtige Betätigungsfeld gefunden, seine Aktionen waren erfolgreich. Die Operationen des Jahres 1797 hätten ihn zufrieden stimmen können, wäre da nicht ein gravierender Umstand gewesen, der ihn gegen seinen Oberkommandierenden Moreau einnahm. Der energische Brigadegeneral fühlte sich von Moreau benachteiligt und nicht genügend gelobt.

Wahrscheinlich dachte Davout über Moreau genauso wie Desaix, der stets nur negativ von seinem Vorgesetzten sprach und behauptete, dass sie unter seinem Kommando nichts, bei Napoleon jedoch alles erreichen würden.

Dieser hatte in Italien Moreaus Erfolg mit seinem überragenden Sieg von Rivoli überflüssig gemacht und den deutschen Kaiser Franz II. dazu genötigt, Frieden zu schließen.

Für wenige Monate schwiegen die Kanonen, hörte das Sterben

auf den Schlachtfeldern auf. Fast wäre Davout erneut arbeitslos geworden, wenn ihm nicht Desaix gegen Jahresende eine Kommandostelle in der Englandarmee verschafft hätte, die auf Geheiß des Direktoriums in Großbritannien einfallen sollte, um unter dem Kommando von Napoleon Bonaparte den einzigen noch verbliebenen Feind der Republik endlich auszuschalten.

Doch die Pläne des Direktoriums waren zum Scheitern verurteilt. Nachdem Napoleon im Winter 1798 die französische Flotte einer Inspektion unterzogen hatte, kam er zum Schluss, dass diese nicht in der Lage sei, gegen die Briten die Seeherrschaft im Kanal zu erringen.

Wie es schien, war die Englandarmee überflüssig geworden. Aber Napoleon wusste Abhilfe und schuf ein neues Betätigungsfeld für sich und seine Armee. Mithilfe von Außenminister Talleyrand setzte er Anfang März 1798 seine Vision durch, die britischen Handelsinteressen im Mittelmeer und in Indien durch einen Angriff auf Ägypten zu erschüttern.

Dieses Vorhaben, in der Geschichtsschreibung oft als tückischer Plan des Direktoriums skizziert, Napoleon aus Paris zu entfernen, trug von Anfang an die Handschrift des Korsen.

Militärisch gesehen war die Ägyptenexpedition ein Hasardstück, wie der Direktor Larevallère-Lepaux in einem Streitgespräch mit Bonaparte richtig erkannt hatte. Um den Truppenkonvoi nach Ägypten zu leiten, musste man die französische Flotte der Gefahr aussetzen, von den Briten vernichtet zu werden. Zudem entfernte die Expedition 40000 der besten Soldaten Frankreichs aus Italien, der Schweiz und den Niederlanden, wo es seit der Einführung der Republik in weiten Bevölkerungsschichten gärte und Aufstände drohten.

Vor allem jedoch verstieß das Unternehmen politisch gegen sämtliche Grundsätze französischer Außenpolitik.

Ägypten gehörte zum Reichsverband des Osmanischen Reiches und war diesem pro forma zu jährlicher Tributentrichtung verpflichtet. De facto jedoch hatten die Mamelucken, eine Kriegeraristokratie aus ehemaligen tscherkessischen Sklaven, die Herrschaft inne. An ihrer Spitze standen zwei Mameluckenbeys, die mit ihren Gefolgsleuten das Land regierten: Ibrahim Bey und Murad Bey.

Eroberte Napoleon Ägypten, war damit zu rechnen, dass Sultan Selim III. aufgrund der Verletzung seines Reichsgebiets der französischen Republik den Krieg erklärte. Mit anderen Worten: Frankreich befand sich von Anfang an in einem politischen Dilemma. All dies irritierte Napoleon nicht. Seiner Meinung nach konnte das bevölkerungsstarke Frankreich den Abgang von 40000 Mann verkraften. Die englische Flotte würde zu überrascht sein, um den französischen Geleitzug angreifen zu können, und der Sultan hielte es sicherlich für begrüßenswert, wenn Frankreich seine unbotmäßige Provinz für ihn in Besitz nähme.

Schweren Herzens ließen sich die Direktoren von Bonaparte überzeugen. Aus der schon bestehenden Englandarmee wurde per Dekret vom 5. März 1798 die Orientarmee, deren Bestimmungsziel vorerst geheim gehalten wurde. Einzig die fünf Direktoren und einige Minister erfuhren vom wahren Ziel der neu gegründeten Armee, die fieberhaft in Südfrankreich, Korsika und Italien zusammengezogen wurde.

Von den wenigen Militärs, die Napoleon nach und nach einweihte, war einer Desaix, den er am 22. März 1798 im Hôtel Rue de la Chanteraine im Beisein von Davout traf.

Über das Treffen und seinen Verlauf wissen wir wenig. Wie aus einer Bemerkung Napoleons über Davout zu entnehmen ist, war ihm Desaix' Freund nicht sonderlich sympathisch. Bonaparte stieß sich sehr am ungepflegten Äußeren des Brigadegenerals, den er später als Konsul gern im Beisein seines Sekretärs Bourienne als »foutue bête« – als »dreckiges Tier« bezeichnete. Wie die meisten Offiziere der laxen, republikanisch gesinnten Rheinarmee legte Davout keinen besonderen Wert auf korrektes Äußeres. Hinzu kam, dass seine blasse Gesichtsfarbe ihm ein ungesundes Aussehen verlieh. Seine starke Kurzsichtigkeit hatte zur Folge, dass er oft stolperte, wobei er seine Uniform und Stiefel befleckte. Am meisten störte Bonaparte jedoch an Davout dessen Eigenart, viele seiner Äußerungen mit einem sardonischen Lächeln zu unterlegen, was er als Zynismus wertete.

Trotz dieses instinktiven Unbehagens Napoleons gegenüber Davout gibt das Resultat der Unterredung keinen Anlass zum Zweifel, dass das Treffen mit Bonaparte nicht zuletzt durch die Fürsprache Desaix' für Davout erfolgreich verlief.

Am nächsten Morgen wurde Davout im Rang eines Brigadegenerals ohne besonderes Kommando dem Generalstab der Division Reynier zugeteilt, die sich in Marseille sammelte.

Vier Monate später segelte er an Bord der Alceste inmitten einer von 13 Linienschiffen, 14 Fregatten und 72 Korvetten gedeckten Armada von 400 Transportschiffen nach Malta.

An Bord dieser Schiffe befanden sich 40000 Soldaten und 10000 Seeleute. An Proviant hatten sie Wasser für einen Monat, Lebensmittel für acht Wochen.

Überrascht von der ungeheuren Anzahl feindlicher Schiffe leisteten die Malteserritter den Invasoren keinen nennenswerten Widerstand und übergaben die Festung nach einer kurzen Kanonade.

Sofort machte sich Napoleon daran, die Festungswerke zu verstärken und die Vorräte der Orientarmee aufzufrischen. Zehn Tage blieb die Orientarmee auf Malta, dann schiffte sie sich wieder ein, nachdem Napoleon eine 3500 Mann starke Garnison zurückgelassen hatte.

Noch immer wussten seine Männer nicht, wohin die Reise ging. Endlich, am 2. Juli 1798, nachdem der Konvoi mit Glück dem englischen Geschwader unter Nelson entwischt war, ankerte die Invasionsflotte in Sichtweite des Strands von Marabout, der nur 13 Kilometer von Alexandria entfernt lag.

Der Empfang war alles andere als einladend. Ein heftiger Wind peitschte die See, trieb die Schiffe gegeneinander. Schäumende Wellenberge brachen sich an zackigen Felsenriffen, welche die Landungsstelle säumten. Aber Napoleon ließ sich nicht schrecken. Seinen Männern ein Beispiel, ging er trotz stürmischen Wetters als Erster an Land. Sorgenvoll beobachtete er, wie sich immer mehr Einheiten ausschifften und trotz heftiger See in ihren winzigen Schaluppen den Strand erreichten. Als der Brückenkopf 4000 Mann fasste, befahl Napoleon den Generälen Bon, Kléber und Menou, nach Alexandria zu marschieren, das sie unter geringen Verlusten noch am selben Tag im Sturm eroberten.

Am Abend des 3. Juli 1798 wehte die Trikolore über den Mauern der jahrtausendealten Stadt, die von Alexander dem Großen gegründet worden war. Müde ruhten sich die Eroberer Alexandrias aus. Einer von ihnen war Davout, der an jenem Tag zeitweilig eine

Abteilung Infanterie kommandiert hatte und unter der Führung General Klébers am Sturm auf die Festungsmauern beteiligt gewesen war.

Der Ägypten-Feldzug hatte begonnen.

III
IM LAND DER PHARAONEN

> Um die Taten des jungen Helden zu besingen, hätte es einen Torquato Tasso gebraucht, denn der Aufenthalt Louis Davouts in Ägypten ist in der Geschichte seines Lebens gewiss der ritterlichste Abschnitt. Damals wusste man noch nichts von blinden und grausamen Blutbädern, die ganze Schwadronen und Bataillone in einer Sekunde wegfegten.[20]

Dieses Zitat stammt aus der Feder der Marquise de Blocqueville, der jüngsten Tochter des Marschalls, die ihrem Vater mit dem Eckmühlsaal in Auxerre ein Denkmal setzte. Dieser Saal, weniger Museum als Raritätenkabinett, wurde Ende des 19. Jahrhunderts nach den Vorstellungen der Marquise entworfen und im Stil des Empire eingerichtet. Neben einer Kolossalbüste Davouts, seiner Bibliothek und einigen Porträts seiner Frau sticht in dem Raum vor allem die neoklassizistische Holzvertäfelung aus schwerem Mahagoniholz ins Auge.

Hierbei beeindruckt den Betrachter besonders die wuchtige Kassettendecke, die von einem umlaufenden Fries eingefasst ist, auf dem die Erfolge des Marschalls verewigt sind. Doch merkwürdig: Während Austerlitz völlig fehlt, erinnern unverhältnismäßig viele Ortsnamen an Davouts Kriegszüge in Ägypten, obwohl Gefechte wie »Beni-Aydin« oder »Redecieh« hinsichtlich ihrer historischen Bedeutung eigentlich nicht in einer Reihe mit Auerstedt und Wagram stehen dürften.

Über die Gründe kann nur spekuliert werden. Liest man aber die biografischen Abrisse der Marquise über ihren Vater, so wird klar, dass wohl Exotik und Mythos des Ägyptenfeldzugs die hochromantische Adélaïde-Louise von Eckmühl zu dieser Auswahl veranlasste. Wie so viele Franzosen nach dem Ägyptenfeldzug ließ sie sich davon blenden, dass sich in der Ägyptenarmee 66 Ingenieure,

167 Wissenschaftler, 300 Ärzte und einige Künstler im Tross befanden, als sei ihr vorrangiger Auftrag gewesen, den Barbaren des Orients die Früchte westlicher Zivilisation zu bringen. Allein die propagandistische Erhebung des Feldzugs zur Expedition ließ Ägypten zu einem mystischen Schauplatz des ewigen Kulturkampfs zwischen West und Ost werden.

Doch auch wenn in Ägypten nicht Feuerwalzen von 120 Kanonen ganze Bataillone mit wenigen Kartätschensalven vernichteten, so hatte der Krieg im Land der Pharaonen wahrhaft nichts Ritterliches.

Die Tatsache, dass sich das dreijährige Morden vor der schaurig-schönen Kulisse von Pyramiden, Isistempeln und Kolossalstatuen mit Widderköpfen abspielte, konnte nicht darüber hinwegtäuschen, dass Napoleons Ägyptenfeldzug ein grausames Auf und Ab von Schlachten, Hinterhalten, Aufständen und Massakern war, dem auf beiden Seiten viele Menschen zum Opfer fielen.

Von all dem ahnte die französische Armee, die an jenem denkwürdigen 2. Juli 1798 zum ersten Mal ägyptischen Boden betrat, nichts. Die Stimmung der Truppe war gut. Seinen Soldaten hatte Napoleon ein Land voller Milch und Honig versprochen, ein Paradies aus Tausendundeiner Nacht mit märchenhaften Reichtümern, die ihnen nach kurzen Kämpfen wie von selbst in den Schoß fallen würden. Außerdem war ihnen suggeriert worden, dass die unterdrückte Bevölkerung nur darauf wartete, vom Joch der Mamelucken befreit zu werden.

In drei Monaten, so war sich Napoleon sicher, würde man Ägypten erobert haben und sich dann auf den Früchten des Sieges ausruhen können.

Die Armee, mit welcher der kühne Eroberer diese Früchte pflücken wollte, gliederte sich in fünf Divisionen unter dem Kommando der Generäle Desaix, Kléber, Reynier, Baraguay D'Hilliers und Bon. Hinzu kamen weitere Divisionsgeneräle wie Dumas, Menou, Dugua. Brigadegeneräle waren, um nur die wichtigsten zu nennen: Lannes, Murat, Friant, Morand, Leclerc, Marmont, Caffarelli und Davout. Fast jeder der Genannten sollte später zum Who's who des Kaiserreichs gehören. Die Generäle Friant und Morand sollten später in perfekter Symbiose unter Davout dienen, Leclerc und Friant sogar seine Schwäger werden.

Die Linieninfanterie umfasste 15 Halbbrigaden, die leichte Infanterie fünf Halbbrigaden. Die Artillerie zählte sieben Regimenter, das Geniewesen ein Pionierbataillon. Zu Davouts Waffengattung, der Kavallerie, zählten fünf Dragonerregimenter – das 3., 14., 15., 18., und 20. – das 22. Jägerregiment und das 7. Husarenregiment – Gesamtstärke 3000 Mann.

Mit diesen Kavalleriebrigaden hatte es eine besondere Bewandtnis. Sie bestanden nur auf dem Papier, weil die Kavalleristen nicht beritten waren. Im unverbesserlichen Optimismus, in Ägypten jederzeit 10000 Pferde requirieren zu können, hatte Napoleon darauf verzichtet, seine Transportflotte mit zu vielen Reittieren zu belasten und nur 300 Pferde mitgenommen. Dies rächte sich jetzt. In Alexandria angekommen, musste er feststellen, dass die Mamelucken die besten Pferde mit sich geführt hatten. Dies führte zu einem rapiden Pferdemangel in der Ägyptenarmee.

Auch propagandistisch hatte Napoleon nicht den erhofften Erfolg. Statt die Franzosen uneingeschränkt als Botschafter europäischer Zivilisation und Befreier von orientalischer Despotie zu begrüßen, sahen die Ägypter diese als ungläubige Invasoren aus dem Okzident an.

Schon die blutige Eroberung Alexandrias zeigte, dass sich diese »Ägypter« verschiedener Couleur nicht kampflos ergeben würden.

Zu jener Zeit herrschte eine Oberschicht aus einigen tausend Mamelucken über eine Mehrheit von Arabern und eine Minderheit aus Juden, Türken, Syrern und Kopten.

Diese Mamelucken waren ursprünglich im Dienst des Kalifats von Bagdad gewesen, das im Mongolensturm unterging. Unter Baibars I. hatten die Mamelucken ein eigenes Reich in Ägypten gegründet. Nacheinander waren sie siegreich über Mongolen und Kreuzfahrer gewesen. Erst die 1517 erfolgte Eroberung Ägyptens durch die Osmanen hatte ihre Herrschaft beendet. Doch Ende des 18. Jahrhunderts war es ihnen erneut gelungen, sich zu den Herren Ägyptens aufzuschwingen und im Kampf gegen die Türken die Macht zu erlangen. Nach unzähligen internen Kämpfen hatten sich Ende des 18. Jahrhunderts die Mameluckenbeys Murad und Ibrahim endgültig gegen ihre Konkurrenten durchgesetzt und teilten sich nun die Herrschaft.

Während der charismatische und kämpferische Murad Bey für Außenpolitik und Krieg zuständig war, oblag Ibrahim die Verwaltung und Innenpolitik. Stütze ihrer Herrschaft war eine elitäre Kriegerkaste von 12000 Rittern, die ihre Ausrüstung selbst stellten. Jeder Mameluck besaß zwei Kriegsknechte, die militärisch voll ausgebildet waren und die Verantwortung für die Wartung seiner Waffen und die Pflege seiner Pferde trugen. In der Schlacht wichen diese Kriegsknechte ihrem Herrn nicht von der Seite.

Diese Ritterschaft wiederum unterstand 24 Beys, welche wie Distriktkommandeure über das Land verteilt waren und jeweils 500 bis 600 Mamelucken befehligten.

Bewaffnet waren die Mamelucken mit einem Gewehr, Pistolen, Krummsäbel, Dolch, Streitkolben und Lanze. Als Schutzwaffen trugen sie Kettenhemden und einen kegelförmigen Helm, der mit einem Turban umwickelt war. Ihre Pferde waren schwer betresst und in herrliche Schabracken gehüllt, auf denen noch prachtvollere Sättel thronten.

Kam es zum Kampf, ritten die Mamelucken auf ihren Gegner zu und feuerten ihre Pistolen ab – von denen sie zwei im Gürtel und ein weiteres Paar im Sattelholster führten. Dann machten sie auf der Stelle kehrt, ritten zu einem der Kriegsknechte, um die Lanze aufzunehmen und diese im erneuten Anritt auf den Feind zu schleudern, dem sie danach sofort mit ihren Krummsäbeln und Streitkolben zusetzten. Als Reiter beherrschten die Mamelucken jedes Manöver, als Säbelfechter waren sie sehr gefürchtet.

Und doch hatte ihre Taktik enorme Schwächen. Mehr mittelalterliche Ritter als moderne Kavalleristen erwiesen sich die Mamelucken als unfähig, in größeren taktischen Einheiten zu operieren. So kriegerisch auch der einzelne war – in einer regulären Schlacht zeigte sich, dass ihre Reiterscharen den taktischen Formationen der französischen Reiterei unterlegen waren.

Wie der deutsche Kriegshistoriker Dellbrück berichtet, stellte Napoleon die Gleichung auf, dass zwei Mamelucken drei Franzosen gewachsen seien, 100 Franzosen 100 Mamelucken fürchten müssten, 300 Franzosen einer gleichen Anzahl Mamelucken überlegen seien und 1000 Franzosen unfehlbar 1500 Mamelucken besiegen würden.

Die folgenden Kampfhandlungen sollten das Urteil Napoleons bestätigen.

Nachdem Bonaparte mit der Eroberung Alexandrias einen wehrhaften Brückenkopf geschaffen hatte, entschloss er sich zum Vormarsch auf Kairo.

Wenn es ihm gelang, die Armee Murad Beys zu vernichten, glaubte er, den Feldzug schnell beenden zu können. Während die Hauptarmee durch die Wüste von Damanhour auf Kairo vorstoßen sollte, würde der Tross auf dem Nil stromaufwärts fahren und auf der Höhe von Ramanieh wieder mit der Marschkolonne aufschließen.

Der Plan Napoleons schien einfach, hatte jedoch eine entscheidende Achillesferse: die völlige Verkennung der Erbarmungslosigkeit eines Gewaltmarsches durch die Wüste. Obwohl er seinen Truppen Biskuits für vier Tage mitgab, hatte er nicht daran gedacht, dass die wenigen Wasserstellen und Brunnen auf dem Weg den Durst seiner Divisionen nicht stillen konnten. Um ihren Anmarsch nicht zu verraten, hatte er seinen Truppen untersagt, ihre Feldflaschen mitzunehmen, mit denen sie Wasser schöpfen konnten. Ohne es zu wissen, hatte der Korse damit den Grundstein für eine Katastrophe gelegt.

In den frühen Morgenstunden des 7. Juli 1798 begann der mühsame Zug der Ägyptenarmee durch die Wüste. Es wurde für viele Männer ein Marsch in den Tod.

Schon der erste Tag zeigte das Wagnis des Unternehmens.

Bepackt mit an die dreißig Kilo Marschgepäck schleppten sich die Kolonnen am helllichten Tag durch die vor Hitze flimmernde Wüste, wobei sie stark unter ihrer dicken Kleidung aus schwerem Uniformtuch litten. Am beschwerlichsten war jedoch der leichte Wüstensand, der den Marsch sehr mühselig machte und unbarmherzig die Füße der Soldaten verbrannte und die Schuhe ruinierte.

Hinzu kam der Wassermangel. Hatte die Vorhut meist das Glück, noch etwas Wasser in den kargen Wasserstellen vorzufinden, mussten sich die aufrückenden Divisionen mit dem kärglichen, schlammgetrübten Rest zufriedengeben, während die Nachhut oft das Nachsehen hatte und nichts zu trinken bekam.

Dies konnte nicht lange gut gehen. Am zweiten und dritten Marschtag erreichten die Soldaten immer wieder Zisternen oder

Brunnen, die entweder zu wenig Wasser hatten oder von den Arabern unbrauchbar gemacht worden waren. Das ungewohnte Klima, die Anstrengungen des Marsches und die Unmöglichkeit, sich an den wenigen Quellen aus Mangel an Feldflaschen mit Wasser einzudecken, ließen die völlig dehydrierten Soldaten verzweifeln.

Immer mehr Franzosen brachen vor Erschöpfung am Wegesrand zusammen oder jagten sich aus Verzweiflung eine Kugel in den Kopf. Andere wurden wahnsinnig vor Durst, verfielen der Fata Morgana und liefen im Delirium in die Wüste hinein, wo sie in die Hände räuberischer Beduinen fielen. Diese umschwärmten den französischen Heerzug in Hoffnung auf Beute und machten kurzen Prozess mit den Verdurstenden. In seinen »Lettres sur l'expédition d'Égypte« gibt Brigadegeneral Charles Antoine Morand – der später noch als einer der »Unsterblichen Drei« mit Davout Geschichte schreiben sollte – eine nüchterne Beschreibung der Torturen, welche die Unglücklichen erwartete. Hier seien nur die weniger blutigen zitiert:

> Wehe dem Unglücklichen, der ihnen in die Hände fällt. Sie plündern ihn aus und vergehen sich noch an ihm, bevor sie ihm den Tod geben […].[21]

Oft jedoch begnügten sich die Wüstenräuber damit, diejenigen mit einem gezielten Flintenschuss zu ermorden, die sich zu weit von der Truppe entfernten. Meist waren die Opfer Nachzügler, Kranke oder Verdurstende. Manchmal traf es auch Leichtsinnige wie den Oberbefehlshaber von Desaix' Kavallerie, General Mireur, der sich nur einige hundert Meter von der Truppe entfernt hatte, um ein neues Pferd auszuprobieren.

Dieser Schicksalsschlag verhalf Davout auf traurige Weise zu einem neuen Kommando. Desaix forderte den Burgunder, der noch immer ohne besonderes Kommando dem Generalstab Napoleons zugeteilt war, als Ersatzmann für Mireur.

Damit war erneut die Zusammenarbeit beider Freunde gesichert, die alte Handlungsachse Davout-Desaix wiederhergestellt.

Der Tod Mireurs und das neue Kommando Davouts fiel zusammen mit dem Ende der Durchquerung der Wüste von Damanhour. Endlich, nach vier langen Tagen der Verzweiflung, sichtete die völlig demoralisierte Armee am 11. Juli 1798 die rettenden Ufer des Nils. Ohne auf die Befehle ihrer Vorgesetzten zu hören, warfen die Soldaten ihre Gewehre und ihr Marschgepäck ab. Wahnsinnig vor Durst stürzten sich die Franzosen in die kühlen Fluten des Flusses, um sich endlich satt zu trinken, wobei nicht wenige Opfer von Krokodilen wurden. Anschließend verheerten sie die Wassermelonen- und Gurkenfelder der Fellachen. Langsam kam Napoleons Armee wieder zu Kräften.

Die Stärkung kam zur rechten Zeit. Nur drei Tage später hatte Napoleons Streitmacht die ersten Gefechte mit den Mamelucken zu bestehen, wovon das wichtigste am 14. Juli 1798 bei Chobakrit stattfand. Hier gelang es den Franzosen, den ersten Angriff der gefürchteten Mamelucken abzuwehren. Eine Woche später sollten diese mit noch größerer Vehemenz und in größerer Zahl angreifen, diesmal in Sichtweite der Pyramiden von Gizeh.

Diese Schlacht ging als »Schlacht bei den Pyramiden« in die Geschichte ein. Sie endete nach unzähligen Reiterattacken gegen die feuerspeienden Karrees der französischen Infanterie mit der vollständigen Niederlage der Mamelucken.

Jetzt, nach diesem gewaltigen Sieg, war der Weg nach Kairo offen. Von 20000 Franzosen waren nach Napoleons Angaben 300 gefallen, verwundet oder gefangen; während die ca. 40000 Mann starke Armee der Mameluckenbeys Murad und Ibrahim nach französischen Schätzungen 10000 Mann verloren hatte. Darüber hinaus hatten die Franzosen 37 von 40 Geschützen in ihren Besitz gebracht, und im verschanzten Lager der Geschlagenen fanden sie große Mengen an Munition und Proviant.

Die reichste Beute machten die Soldaten jedoch bei der Ausplünderung der gefallenen Mamelucken.

> Die Reiterei der Mamelucken hat große Tapferkeit gezeigt; sie verteidigten ihr Hab und Gut; es gibt keinen unter ihnen, bei dem unsere Soldaten nicht 300, 400 oder 500 Louisdor gefunden haben. Der ganze Luxus dieser Leute besteht aus ihren Pferden und ihrer Bewaffnung. Ihre Häuser dagegen sind erbärmlich.[22]

Aber die Goldstücke waren noch längst nicht alles, was den Franzosen in die Hände fiel. Zur Beute der Sieger gehörten auch die fein gearbeiteten Pistolen, damaszierten Krummsäbel und kostbaren Pferde der Gefallenen. Endlich, nach all den Strapazen der langen Seefahrt und des Marsches durch die Wüste begann der Eroberungszug sich zu rentieren. Wenige Tage nach der Schlacht bei den Pyramiden eroberten die Franzosen Kairo, sodass sich die Stimmung im Heer deutlich besserte. Dennoch verhielt sich die Bevölkerung der Stadt äußerst reserviert. Statt sich ihrem Befreier Napoleon in die Arme zu werfen, warteten die Ägypter lieber die ersten Handlungen jenes abendländischen Sultans ab, der sich als getreuer Streiter des Islam ausgab und öffentlich verkündete, ein Diener des Propheten Mohammed zu sein.

Doch zurück zu Davout. Über seinen Anteil am Gefecht von Chobakrit und der Schlacht bei den Pyramiden wissen wir so gut wie gar nichts. Einzig die Tatsache, dass Napoleon sein Verhalten und das seines Bruders Charles lobend erwähnt, beweist, dass der Brigadegeneral sich durch Umsicht und Tapferkeit auszeichnete. Mit aller Sicherheit befand er sich mit seiner kaum berittenen Reiterei im Innern des Karrees von Desaix' Division, vielleicht aber kämpfte er auch inmitten der Infanterie.

Gesichert ist jedoch, dass Davout nach der Einnahme Kairos wie viele seiner Kameraden aufgrund der schlechten hygienischen Verhältnisse lebensgefährlich an der Ruhr erkrankte.

Diese durch Amöben und Stäbchenbakterien verursachte Durchfallerkrankung mit kolikartigen Krämpfen entstand durch den Genuss verunreinigten Wassers und endete oft tödlich. Die Ruhr zwang Davout aufs Krankenlager und hinderte ihn vorerst daran, unter dem Kommando von Desaix an der Verfolgung Murad Beys teilzunehmen, der nach Oberägypten geflohen war.

Davouts Zustand war sehr schlecht. Fast sah es danach aus, als ob er die Fieberschübe und Anfälle nicht überleben würde. Aber Davout hatte Glück. Im Vergleich zur ebenfalls in Ägypten verbreiteten Malaria, Bilharziose, Elefantiasis und Ophtalmie – einer Augenkrankheit, die durch eine parasitäre Entzündung und zu viel Sonneneinstrahlung hervorgerufen wird – war die Ruhr ein Leiden, das die französischen Ärzte zu behandeln wussten: durch die Verabreichung von Reiswasser und Zucker, versetzt mit Chinin.

Derartig therapiert, kam Davout langsam wieder zu Kräften. Doch während er sich mühsam erholte und Napoleon bis Belbeis vordrang, um Ibrahim Bey aus Ägypten zu vertreiben, vernichtete die britische Flotte unter Lord Horatio Nelson am 1. August 1798 das französische Geschwader auf der Reede von Abukir.

Dies war der Moment, vor dem alle Napoleon gewarnt hatten und den er selbst am meisten gefürchtet hatte.

Das Desaster auf der Reede von Abukir war nicht mehr rückgängig zu machen. Die Zerschlagung der französischen Flotte hatte die Ägyptenarmee zur Gefangenen ihrer eigenen Eroberungen gemacht. Dazu gipfelte die Niederlage in einem herben Prestigeverlust. Jetzt, wo im Orient der Nimbus französischer Unbesiegbarkeit dahin war, ließen die Reaktionen nicht lange auf sich warten. Der Sieg von Abukir bewog das Osmanische Reich dazu, Frankreich den Krieg zu erklären, und ermutigte die Bevölkerung Kairos, sich gegen die Besatzer zu erheben.

Überall in Kairo fielen die Unterworfenen über die verhassten Ungläubigen her, von denen die meisten unvorsichtigerweise nicht in der Garnison, sondern in Privatquartieren wohnten. Sie fielen dem Mob zum Opfer. Nur wenigen Franzosen gelang es, sich in Sicherheit zu bringen.

War Davout unter ihnen? Die Quellen und Biografen schweigen sich darüber aus. Aber es ist höchst unwahrscheinlich, dass er sich nicht an den schweren Kämpfen beteiligt hat, die um den Besitz der Zitadelle Kairos entbrannten und 48 Stunden dauerten, bis Napoleon selbst den Aufstand mit aller Härte niederschlug. Was folgte, war ein grausames Strafgericht. Obwohl Napoleon öffentlich eine Generalamnestie verkündete, die allen Aufrührern Verschonung verhieß, ließ er heimlich 80 Rädelsführer der Rebellen hinrichten.

Damit hatte der Ägyptenfeldzug eine andere, von Napoleon unerwünschte Dimension bekommen. Der moralische Impetus der französischen Befreier war verpufft. Geschickt nutzte Murad Bey das alte Feindbild vom Ungläubigen, der die Heiligen Stätten des Islam verwüstet – Napoleon hatte während der Kämpfe in Kairo die große Moschee bombardiert – und stampfte immer wieder neue Heere aus dem Boden. Der Krieg war in eine andere Phase getreten. Von jetzt an wurden die Kämpfe zwischen Ägyptern und Franzosen immer erbitterter, gab es auf beiden Seiten keinen Pardon mehr, wie ein Expeditionsteilnehmer feststellt:

> Wir, die wir uns rühmen, viel gerechter als die Mameluken zu sein, begingen täglich notgedrungen eine Menge Ungerechtigkeiten. Die Schwierigkeiten, unsere Feinde an Gestalt, Farbe und Kleidung sogleich zu erkennen, machte, dass wir täglich unschuldige Fellachen umbrachten. Die Soldaten, die auf Kundschaft ausgesandt, hielten öfters die Kaufleute, die in Karawanen gezogen kamen, für Mekkaner [gemeint sind die Freiwilligen von Yambo aus dem Jemen; Anm. d. Verf.], und eh ihnen Gerechtigkeit widerfahren konnte, waren zwei oder drei niedergeschossen, ein Teil ihrer Ladung geraubt oder verdorben [...][23]

In dieser Phase des Krieges genas Davout endlich wieder von der Ruhr. Nach Monaten der Untätigkeit wurde er von Napoleon damit betraut, in größter Eile 1000 Pferde für den Aufbau zweier Kavalleriebrigaden aufzutreiben. Diese Kavallerie sollte zu Desaix stoßen.

Der Divisionsgeneral war zwar bei Sediman siegreich über Murad Bey gewesen, hatte aber die Verfolgung aufgeben müssen, weil er keine Reiterei besaß.

Der Sonderauftrag Napoleons war also von äußerster Wichtigkeit, sollte der Feldzug in Oberägypten erfolgreich sein. Da er nicht auf den Pferdebestand der Einheimischen rechnen konnte, fasste Davout die Remonten, erbeutete Pferde, der Offiziere, Gelehrten und der Etappe ins Auge. Da diese wussten, was für einen Wert ihre Beute hatte, weigerten sie sich, ihre Pferde freiwillig der Kavallerie zu überlassen. Aber Davout war nicht gewillt, mit sich spaßen zu lassen.

In einer Nacht- und Nebelaktion beschlagnahmte er am 28. November 1798 die gewünschten Pferde. Nur drei Tage später marschierte er mit einer neuen Kavalleriebrigade in Stärke von 940 Mann aus Kairo ab.

Die neu aufgestellten Einheiten umfassten vier Dragonerschwadronen mit einer Gesamtstärke von 520 Mann, eine Husarenschwadron bestehend aus 200 Reitern und eine 220 Mann starke

Schwadron der Jäger zu Pferde. Zusätzlich wurde die Brigade mit drei Kanonen ausgerüstet.

Parallel zum Ausmarsch der Kavallerie lichtete eine Transportflotille von sechs Schiffen die Anker, um nilaufwärts zu segeln und General Desaix den dringend benötigten Nachschub an Munition und Proviant zu bringen.

Mit dieser Aktion trat Davout endlich ins Rampenlicht des Ägyptenfeldzugs. Wie die Quellen belegen, brannte er voller Ehrgeiz darauf, sich zu beweisen und neuen Kriegsruhm zu ernten, was auch General Belliard, dem Kommandeur der 1. Brigade Desaix', nicht verborgen blieb:

> General Davout hütet eifersüchtig das Kommando, das man ihm übertragen hat und fürchtet sehr, dass General Dumas [der Oberkommandierende der Kavallerie; Anm. d. Verf.] ihm dies wieder entziehen könne. Sein Ehrgeiz zielt darauf ab, Divisionsgeneral zu werden, er rechnet mit der Beförderung. Sollte er allerdings mit der Kavallerie nicht gegen die Mamelucken erfolgreich sein, scheint er entschlossen, sich eine Kugel in den Kopf zu jagen.[24]

Wirft man einen Blick auf das Kriegsgebiet, in dem Davout mit seiner winzigen Einheit gegen Tausende von Mamelucken, Arabern und Fellachen kämpfen sollte, kann man heute nur über den Wahnwitz des Unternehmens staunen.

Allein die Entfernung zwischen Beni-Souef, dem nördlichsten Punkts Oberägyptens, und Syene (Assuan), dem südlichen Begrenzungspunkt, entspricht der Distanz von der Rheinquelle bei Basel bis zur Rheinmündung.

Und trotzdem wurde der Feldzug gegen Mourad Bey und seine Unterführer für Davout zum Erfolg. Dabei waren es anfänglich die Mamelucken und nicht die Franzosen, welche das Kampfgeschehen diktierten, wie die folgenden Ereignisse zeigten.

Kaum war Davout zu Desaix gestoßen, da erhielt er den Auftrag, mit der Brigade gegen das Dorf Sawaki zu ziehen, das im Rücken der Armee Desaix' lag und sich nach vorheriger Unterwerfung erneut erhoben hatte. Dort hatten sich 4000 Fellachen und 700 bis 800 Reiter gesammelt, um die französische Versorgungslinie anzugreifen. Am 4. Januar 1799 stieß Davouts Brigade auf die Rebellen. Ohne Zögern ritten die Schwadronen Davouts die mit Piken und Gewehren bewaffneten Bauern nieder und schlugen nach kurzem Gefecht die arabischen Reiter in die Flucht. Es war ein leichter Sieg mit blutigem Ausgang für die Aufständischen, die in diesem Gefecht tausend Mann verloren.

Am 10. Januar 1799 geriet Davout mit seiner Brigade bei der Verfolgung von 2000 Mamelucken beim Ort Tahta in einen Hinterhalt. Ehe die Franzosen reagieren konnten, fiel Murad Bey mit 2000 Reitern und 1500 bewaffneten Bauern über ihre Nachhut her, die aus der 20. Dragonerschwadron bestand.

Sofort begab sich Davout zum Ort des Geschehens. Kaltblütig befahl er den Zwanzigern, sich zu formieren und einen Gegenangriff zu starten, während die 15. Dragonerschwadron vom Sattel aus gezieltes Pelotonfeuer auf die Mamelucken abgab, das die Angreifer zum Abdrehen zwang. Aber noch gab sich Murad Bey nicht geschlagen. Zäh, wie die Mamelucken waren, griffen sie immer aufs Neue an, um jedes Mal mit noch blutigeren Verlusten abgeschlagen zu werden. Erst als 150 Gefallene und noch mehr Verwundete auf dem Schlachtfeld lagen, blies der Mameluckenbey den Angriff ab. Eilig floh er mit seinen Reitern in die Wüste und ließ seine Bundesgenossen im Stich. Diese waren keine Berufskrieger, sondern rebellische Fellachen, die niemals zuvor an einer derartigen Schlacht gegen die Franzosen teilgenommen hatten. Was folgte, war ein entsetzliches Blutbad der französischen Truppen, die jetzt grausame Rache für den heimtückischen Hinterhalt nahmen, bei dem ein Dragoner und 15 Mann verletzt worden waren. Lakonisch schrieb Davout an Napoleon:

> Wir profitierten davon, dass es noch hell war, um über das Fußvolk herzufallen; 1500 von ihnen wurden zerhackt. In einem Dorf, wo man uns beim Durchzug beschossen hatte, ließen wir alle Bewaffneten über die Klinge springen. Auf diese Weise wurden 500 Unglückliche Opfer der schlechten Ratschläge ihrer Anführer. Man hatte diese Elenden überzeugt, uns in den Rücken zu fallen […] und ihnen versprochen, dass keiner von uns entkäme und dass es nur noch uns in Ägypten

> gäbe, da Sie, General [gemeint ist Bonaparte; Anm. d. Verf.], in Kairo von den Türken gefangen genommen worden wären. Das Dorf wurde verbrannt.[25]

Worte, welche die Verrohung Davouts nach sieben Jahren Krieg deutlich zeigen. Dieses Beispiel veranschaulicht, was aus dem einst gegen die Tyrannen aller Länder kämpfenden Freiwilligen von Yonne geworden war. Die erbitterte Gegenwehr des Feindes, seine Grausamkeit und die Feindseligkeit der Bevölkerung hatten aus der Revolutionsarmee eine Vernichtungsmaschine gemacht.

> Kam man in ein Dorf, so zwang man die Einwohner zur Rückkehr, wenn sie nicht als aufrührerisch oder Verbündete unserer Feinde betrachtet sein wollten. So waren sie mit doppelter Kontribution heimgesucht; denn hatten sie sich den Drohungen gefügt, und kamen die Auflagen zu bezahlen, so ergab sich oftmals, dass man eine große Anzahl derselben für einen Volksaufstand, ihre Stöcke für Waffen hielt, und oft hatten die Tirailleurs und Patrouillen einige totgeschossen, ehe man wusste, was sie eigentlich wollten; man blieb Freund, bis zur nächsten Gelegenheit, die sich zur Rache oder Genugtuung bot.[26]

Und dass sich diese Gelegenheit bot, dafür sorgte Murad Bey. Unermüdlich agitierte er in den Dörfern der Fellachen gegen die fremden Eindringlinge. Geschickt nutzte er die Invasion der Franzosen, um alte Feindschaften zwischen den Beys zu beseitigen.

So gelang es ihm, sich mit seinem größten Widersacher Hassan Bey und dessen Unterführer Osman Bey auszusöhnen. Seine größte Leistung bestand jedoch darin, den Krieg gegen die Franzosen zu einer Sache des Islam zu machen und 2000 Gotteskrieger aus Jemen, die Freiwilligen von Yambo, dazu zu bewegen, das Rote Meer zu überqueren und sich ihm anzuschließen. Jetzt, wo er nicht mehr auf wankelmütige, teilweise zum Kampf gezwungene Fellachen angewiesen war, konnte Murad wieder den offenen Schlagabtausch wagen.

Schon am 22. Januar 1799 stellte sich der unermüdliche Mameluckenbey bei Samhoud mit einer neuen Armee von ungefähr 14000 Mann der nur 4000 Mann starken Division Desaix' entgegen. Doch Desaix war gewappnet und hatte seine beiden Infanteriebrigaden unter dem Kommando von Friant und Belliard zu zwei riesigen Karrees formiert. Im Zwischenraum, ein paar hundert Meter hinter diesen Karrees, hatte Desaix die Kavallerie unter Davout mit zwei Kanonen an jeder Ecke postiert. Auf diese Weise in einem riesigen Dreieck aufgestellt, erwartete die französische Armee den Angriff Murad Beys, der sofort erfolgte.

Wie in der Schlacht bei den Pyramiden versuchten die Mamelucken erst, die Karrees zu überrennen. Wieder ritten sie in ihr Verderben. Unbarmherzig flackerte das Mündungsfeuer der Infanteriewände auf, klatschten Flintenkugeln und Kartätschen in die Reiterscharen des Beys und rissen blutige Lücken.

Aber noch hatte Murad Bey ein Ass im Ärmel. Während seine Reiter Friants Abteilung bestürmten, beschossen die in einem vertrockneten Flusstal verborgenen Freiwilligen von Yambo das Karree General Belliards. Sofort stellte Desaix eine Einheit zusammen, welche die Freiwilligen von Yambo nach einem erbitterten Gefecht aus dem Wadi vertrieb.

Der Kampf trieb jetzt seinem Höhepunkt entgegen. Wenn Davout jetzt angriff, war die Schlacht gewonnen. Und Davout griff an, ließ die Trompeter zur Attacke blasen und leitete persönlich mit gezogenem Säbel den Angriff.

Langsam setzte sich die französische Kavallerie in Bewegung. Erst im Trott, dann im Galopp donnerte sie, Stiefel an Stiefel, in Angriffskolonne reitend, über Leichen und Pferdekadaver hinweg, mitten in die feindliche Reiterei hinein, welche das Karree Friants bestürmte.

Der Anprall war unbeschreiblich. Trotz heftiger Gegenwehr zermalmten die geschlossenen Reiterkolonnen die aufgelösten Reiterschwärme der Mamelucken und warfen sie auf die Infanterie ihrer Bundesgenossen.

Panisch ergriffen Mamelucken, arabische Reiter und Fußkämpfer, bewaffnete Fellachen und die Freiwilligen von Yambo die Flucht. Sie wurden erbarmungslos niedergemacht und bis in die Wüste verfolgt.

Voller Begeisterung und im Rausch des Sieges schrieb Desaix noch am selben Tag an Napoleon, dass er niemals eine derart fulminante und schöne Kavallerieattacke gesehen habe, und lobte Davout über alle Maßen.

Am nächsten Tag wurde die Ausdauer der Truppen mit einem magischen Moment belohnt, den ein gewöhnlicher Europäer im 18. Jahrhundert so schnell nicht vergaß: mit dem Anblick der Ruinen von Dendera.

Die Truppe war ergriffen, ja begeistert. In kleinen Gruppen wandelten die Franzosen durch die Heiligen Stätten einer längst versunkenen Kultur. Einige von ihnen, darunter der Archäologe und Schriftsteller Vivant Denon, hielten diesen Moment minuziös fest. Denon wird später die Ägyptenexpedition im Bestseller »Mit Napoleon in Ägypten« unsterblich machen und sogar zum Propagandachef des Kaisers werden.

Die Schlacht von Samhoud machte den Weg frei für seinen weiteren Vorstoß auf Assuan, das die Franzosen nach einem weiteren Sieg über die Mamelucken am 1. Februar 1798 erreichten. Mit der Eroberung Assuans fiel ihnen ein wichtiges Material- und Munitionslager Murad Beys in die Hände.

Jean-Charles Tardieu, ein Schlachtenmaler des Empire, hat den Aufenthalt der Franzosen in Assuan in einer Momentaufnahme eingefangen.

Es ist eine romantische Idylle, die uns Desaix' kleine Armee zeigt, wie sie sich von den Strapazen des Feldzugs ausruht.

Zu Füßen malerischer Ruinen flicken Infanteristen ihre Schuhe, schachern Dragoner mit Tuchhändlern um den Preis ihrer Ware. Im Bildhintergrund besuchen Offiziere ein Kabarettzelt, über dem das Schild »Tivoli« prangt, während ein Husar auf eine verwitterte Säule die Entfernung des Standorts von Paris schreibt: »Straße von Paris nach Assuan: 1167 Meilen«.

Normalität im Krieg, Heimat in der Ferne. Und inmitten all des Sterbens und des Leids kam Desaix angesichts der Zeugnisse steinerner Unsterblichkeit der Gedanke, sich selbst und seiner Armee ein Siegeszeichen ewigen Ruhms zu setzen.

Ein Steinmetz namens Castex wurde dazu aufgefordert, den Aufenthalt der Division Desaix' in einem der kolossalen Steinquader auf der Ruineninsel Phiale zu verewigen.

Doch auch hier zeigte sich wieder der eigenartige Fluch, mit dem der Name »Davout« seit Jahrhunderten behaftet war. Lag es daran, dass der Steinmetz noch vom Siege trunken, schwerhörig oder Davout nicht wohlgesinnt war? Wir werden es nie erfahren. Wir wissen nur, dass der Meißel ausgerechnet beim Nachnamen des Kavalleriegenerals versagte und »Davout« ohne das »V« in die ewigen Steine der Ruinenstadt gravierte, während alle anderen Namen korrekt geschrieben sind.

Wie es schien, stand der Feldzug in Oberägypten kurz vor seinem Ende.

Mit weniger als viertausend Mann war es Desaix gelungen, den Nil entlang bis nach Assuan vorzustoßen und die unterworfenen Provinzen formell für Frankreich in Besitz zu nehmen. Und dennoch sagte dieser Erfolg nichts über die wahren Machtverhältnisse im Land aus. Noch immer herrschten die Mamelucken, auch wenn sie, so oft sie sich den Franzosen entgegenstellten, geschlagen wurden. Zwar gelang es Desaix, einen Ort nach dem anderen zu erobern. Doch je weiter er sich von Kairo entfernte, umso schwächer wurde seine Position. Immer wieder musste er Besatzungen an strategisch wichtigen Punkten zurücklassen, um das Hinterland zu sichern, das sich, kaum unterworfen, wieder gegen die Franzosen erhob.

Für den Oberkommandierenden der 1. Division gab es nur eine Möglichkeit, den Krieg in Oberägypten zu gewinnen: Er musste der Hydra die Köpfe abschlagen und die Führer der mameluckischen Konföderation entweder töten oder gefangen nehmen, allen voran die unbeugsamen Beys Murad, Hassan und Osman, einen der Unterführer Hassans.

Seine einzige Chance lag darin, dass seine Gegner nach jeder Niederlage zwar in die Wüste fliehen konnten, aber früher oder später in die reichen Dörfer des Nils zurückkommen mussten, um nicht zu verhungern. Hier konnte er zuschlagen und sie zum Kampf stellen.

Desaix beschloss, in Assuan unter General Belliard eine Besatzung zurückzulassen und zu beiden Seiten des Nils zurück nach Norden zu marschieren. Dabei plante er, mit der Infanterie das linke Nilufer zu durchkämmen, während Davout mit seiner Kavallerie das rechte Uferland durchstreifen sollte.

Der Zufall wollte es, dass diese Strategie am 12. Februar 1799 fast aufging. An diesem Tag bekam Davout die große Chance, zwei der Gesuchten, Osman Bey und Hassan Bey, gefangen zu nehmen. Diese hatten in einem Plünderungszug auf dem rechten Nilufer reiche Beute gemacht und näherten sich jetzt, ohne es zu wissen, Davout.

Dieser war durch den Erfolg bei Samhoud berauscht, leichtsinnig geworden und griff die Mamelucken mit nur zweihundert Mann sofort an. Um der Karawane unter Hassan Bey die Flucht zu ermöglichen, setzte sich Osman Bey an die Spitze von 200 Reitern und ritt den Franzosen entgegen.

Als Davout sah, was die Mamelucken vorhatten, setzte er kühl auf die bei Tahta bewährte Taktik: Während die Dragoner vom Pferd aus den anreitenden Feind zugweise unter Feuer nehmen sollten, würde die zweite Schlachtlinie der Jäger zu Pferde die Angreifer in die Flanke fassen und aufrollen.

Aber an diesem 11. Februar im Jahr 1799 ist alles anders. Ein aufkommender Sandsturm treibt den Dragonern Sand in die Augen. Das sonst so tödliche Feuer ihrer Karabiner verfehlt sein Ziel. Noch bevor die Dragoner mit gezogenem Säbel attackieren können, reiten die Mamelucken mit gellendem Kriegsgeschrei heran und durchbrechen ihre Gefechtslinie.

Im Aufprall verquirlen Staubwolken mit Abschusspulverschwaden. Schnell wird die Situation unübersichtlich, verschmelzen Reiter und Pferde im heulenden Sandsturm zu bizarren Schattenrissen einer Phantasmagorie. Inmitten der gigantischen Staubwolke der Kämpfenden blitzen blanke Klingen und Kettenhemden. Krummsäbel klirrt gegen Dragonerpallasch, Streitkolben zertrümmern Schädel. Wiehernd steigen Pferde auf, um mit wirbelnden Hufen das Gesicht des Mannes zu zerschmettern, der ihnen in die Zügel greift. Überall im Getümmel peitschen Schüsse, stürzen zu Tode Getroffene in den Sand.

Wo keine Waffe mehr zur Hand ist, verkeilen sich die Gegner im tödlichen Ringkampf, fallen zu Boden, rollen unter die Hufe der tödlichen Mêlée, um einander zu erwürgen.

Für eine Weile wogt der Kampf unentschieden hin und her. Doch hier im Kampf Mann gegen Mann, zeigt sich die furchterregende

Überlegenheit der Mamelucken mit dem Säbel. Langsam lichten sich die Reihen von Davouts Männern. Verwundete versuchen sich kriechend in Sicherheit zu bringen, während Pferde in panischer Angst durchgehen.

Da endlich ertönt das Angriffssignal der Jäger zu Pferde. Es ist Lasalle mit seinen Männern, der mit Furia Francesa in die Reihen der Mamelucken einfällt. Der Aufprall wirbelt die Reihen der Mamelucken kurz durcheinander, entscheidet jedoch nicht das Gefecht. Schon bald werden aus den Angreifern Angegriffene, kämpfen die Jäger zu Pferde um das eigene Überleben. Nach anfänglicher Überraschung gewinnen die Reiter Osman Beys langsam wieder die Oberhand.

Es steht schlecht für die Franzosen. Da, inmitten des Getümmels, entdeckt Davout endlich Osman Bey, der ihn ebenfalls bemerkt. Wutentbrannt, wie auf dem Höhepunkt einer mittelalterlichen Schlacht, reiten beide gegeneinander an. Fällt Davout Osman Bey, besteht die Chance, dass die Franzosen noch lebend aus der Falle herauskommen, bezwingt der Mameluckenführer jedoch den Brigadegeneral, so ist die Niederlage der Franzosen besiegelt. Inmitten des Mordens hebt ein verzweifelter Zweikampf an. Die beiden Reiter sind so nah aneinander, dass sie nicht mehr Gebrauch von ihren Säbeln machen können. Hasserfüllt packen sie sich bei Armen und Schultern, um einander aus dem Sattel zu stoßen. Endlich gelingt es Davout, sich aus der Umklammerung Osman Beys freizumachen. Doch bevor er noch seine Reiterpistole aus dem Sattelholster reißen kann, holt sein Gegner zum tödlichen Hieb aus.

Da, in letzter Sekunde, saust wie aus dem Nichts der schwere Pallasch eines Dragoners auf Osman Bey nieder und wirft ihn fast aus dem Sattel. Schwer getroffen, sinkt Davouts Gegner kurz in sich zusammen. Geistesgegenwärtig reißt er sein Pferd herum und flieht im gestreckten Galopp aus der Schlacht. Erschrocken über die Verletzung ihres Anführers, brechen die Mamelucken eilig das Gefecht ab und ziehen sich zurück. Dies ist der Sieg – nur was für einer.

Ein Blick auf die Toten im Sand beweist, dass die Einheit Davouts nur knapp der Vernichtung entronnen ist. Nur 45 Minuten dauerte das mörderische Ringen, 45 lange Minuten, in denen von ursprünglich 200 Mann Davouts 40 gefallen und 44 schwer verwundet worden sind. Die Mamelucken dagegen haben nur zwölf Mann verloren und ein paar Dutzend Verwundete zu verzeichnen. Davout hat einen Pyrrhussieg errungen, noch dazu einen, der an seinem Ego nagt.

Entgegen seiner Gewohnheit, den Feind sofort zu verfolgen, bleibt er in Redecieh. Nicht, um nach damaliger Sitte das Schlachtfeld zu behaupten, sondern um die Toten zu bestatten und seine Verwundeten zu versorgen. Der Tag von Redecieh fand sein Ende, hatte jedoch Konsequenzen. Davouts Unterführer Lasalle machte ihm bittere Vorwürfe, das Leben seiner Männer unnötig aufs Spiel gesetzt zu haben, wie sein Brief an einen Freund beweist:

> Meine Argumentation erscheint mir richtig während des ganzen Feldzugs, vor allem während der Affäre von Redecieh, in der die Ungeschicklichkeit und unangemessene Ambition General Davouts 13 meiner Offiziere und Jäger das Leben kostete, während 27 Offiziere und Dragoner des 15. Regiments ihr Leben ließen. [...] Dieser General hat mich schon mehr als einmal auf die Palme gebracht, und zwar bis zu dem Punkt, zu dem ein Mann von Ehre nur noch eine Antwort kennt, aber er ist zu beherrscht, um sich so zu verhalten, wie es sich für einen Mann von Ehre gehört.[27]

Davout ging nicht auf die Duellforderung Lasalles ein. Trotzdem war seine Ehre befleckt und sein Ruf als Kavallerieführer schwer angeschlagen. Die unüberlegte Attacke von Redecieh bewirkte, dass er von Desaix die Weisung erhielt, von nun an nichts mehr ohne den persönlichen Befehl des Divisionsgenerals zu unternehmen.

Es mutet wie eine Ironie des Schicksals an, dass ausgerechnet diese Weisung Desaix im Gefecht bei Bir-El-Bar fast das Leben gekostet hätte. An jenem Tag geriet der Divisionsgeneral mit seiner Eskorte in einen Hinterhalt der Mamelucken und wäre dabei getötet worden, hätte ihn nicht Davout nach anfänglichem Zögern mit einer kühnen Attacke aus seiner miserablen Lage befreit. Bei dieser Aktion erlitten die Franzosen wieder Verluste in Höhe von 24 Toten und 20 Verwundeten. Auch wenn dies keine große Zahl zu sein scheint, so war die wenige hundert Mann starke Kavalleriebrigade Davouts dabei, sich zu Tode zu siegen. Allein die Gefechte bei Tahta, Redecieh und Bir-El-Bar hatten 144 Tote und Verwundete gefordert. Bei einer Fortsetzung dieses Abnützungskrieges wäre Desaix' Kavallerie durch die zahllosen Treffen, Hinterhalte und Gefechte bald auf die Hälfte ihres Bestandes zusammengeschmolzen.

Desaix zog daraus die Schlussfolgerung, nicht jedes Scharmützel mit den Mamelucken anzunehmen und die Kavallerie von nun an nicht mehr ohne Infanterie loszuschicken.

Er formte eine Einheit, die zugleich flexibel und trotzdem schlagkräftig war: eine Art mobile Brigade, bestehend aus Davouts Kavallerie, der 61. Halbbrigade der Infanterie und Kanonen.

Außerdem änderte Desaix jetzt die Strategie. Davout sollte, wenn möglich, kleineren Scharmützeln vorerst ausweichen, solange diese nicht Bestandteil einer größeren Operation waren, und nur noch im Verbund mit der Infanterie agieren.

Der Brigadegeneral fand bald Gelegenheit, diese neue Taktik zu erproben. Im Rücken der französischen Marschkolonnen hatte Murad Bey die Bewohner der Oasenstadt Beni-Aydin zum Kampf gegen die Franzosen aufgewiegelt. Hier erwartete er mit 400 Mamelucken und 2000 Mekkanern, Darfurianern und Maghrebinern die Franzosen. Davout nahm diese Herausforderung an. Als er sah, dass sich die Rebellen im Dorf verschanzt hatten und Murad seine Reiter, Araber und Mamelucken, in der Wüste aufgestellt hatte, teilte er seine Infanterie unverzüglich in zwei Kolonnen. Während eine Kolonne gegen das Dorf vorging und sich Graben für Graben, Haus um Haus gegen heftigsten Widerstand durchkämpfte, griff die andere zusammen mit der Kavallerie die feindliche Reiterei an und schlug sie in die Flucht.

Auf diese Art ihres Feindes ledig, warf sich die zweite Kolonne im Laufschritt auf Beni-Aydin. Damit war die Schlacht entschieden. Im anschließenden Straßenkampf gingen nicht nur die Verteidiger und Bewohner Beni-Aydins, sondern auch die prachtvolle Oasenstadt selbst zugrunde, von der nichts weiter als rauchende Trümmer übrig blieben.

Als der Tag endete, sahen Davout und seine Männer, dass ihre Zweispitze, Schals, Uniformen, Patronen- und Säbeltaschen mit

Kugeln gespickt waren. Allein Davout zählte in seiner Kleidung 40 Kugeln und dies war keine Übertreibung oder eitle Prahlerei. Der Grund für diese unbeschreibliche Kugelfestigkeit der Franzosen lag darin, dass Murads Bundesgenossen sehr schlechtes Pulver aus eigener Herstellung verwendet hatten.

Das wichtigste Ergebnis dieser Schlacht war für Davout nicht nur die Zerstörung von Murad Beys letzter Operationsbasis, sondern der Raub einer riesigen Versorgungskarawane mit 900 Kamelen.

Als Brigadegeneral Belliard auch noch kurz darauf Murads einzigen Nachschubhafen Chosseir einnahm und General Donzelot einen britischen Landungsversuch abwies, konnte die Eroberung Oberägyptens als abgeschlossen gelten. Am 1. Mai 1799 schrieb ein zufriedener Davout an General Dugua, den Oberkommandierenden in Kairo, folgenden Brief:

> Das Land ist vollkommen unterworfen. Sie können sich sicher sein, dass die Bauern die ersten wären, die sich auf die Mamelucken stürzen würden, falls diese wiederkämen. Zum einen, weil sie den Krieg satt haben, zum anderen, weil sie an unseren Festungen sehen, dass wir die wahren Herren im Lande sind.[28]

Jetzt, wo der Hafen in der Hand der Franzosen war, konnte der Zustrom der wilden Glaubenskrieger aus dem Jemen unterbunden werden. Damit versiegte die Kraftquelle Murad Beys, war seine einzige Nachschublinie unterbrochen. Zwar setzte der Todfeind Frankreichs immer noch seine Angriffe fort, aber aus dem einstigen Herrscher über Tausende war ein Guerillakämpfer geworden, der mit nur wenigen Hunderten die Wüste auf der Suche nach Nahrung und Wasser durchzog. Fortan beschränkten sich die Aktionen der Mamelucken auf kleine Kommandounternehmen, die fast allesamt scheiterten. Nachdem Hassan Bey und Osman Bey noch im Jahr 1799 gefallen waren, schloss Murad Bey im Jahr 1800 Frieden mit den Franzosen, was ihm sogar kurz vor seinem Tod im selben Jahr noch den Titel eines Provinzgouverneurs einbrachte.

Doch wir wollen den Ereignissen nicht vorgreifen. Noch flackerten hie und da Aufstände auf, war zwar Oberägypten, aber nicht Unterägypten völlig unter französischer Kontrolle. Im Mai folgte Davout einer dringenden Depesche General Duguas aus

Kairo, ihm bei der Niederschlagung eines Aufstands in Unterägypten zu helfen. Ohne zu zögern, folgte Davout der Aufforderung und schlug einen Aufstand nach dem anderen nieder.

Augenscheinlich hatte seine mobile Kolonne den Ruf erlangt, höchst effizient zu sein. Vielleicht trieb es den ehrgeizigen Kavallerieführer aber auch in den Norden, um nicht nur die Verbindungslinie nach Kairo zu sichern, sondern sich auch in die Nähe Napoleons zu begeben.

Damit hatte Davout jedoch die Befehlskette missachtet, denn er war klar Desaix unterstellt, der sich darüber nicht zu Unrecht aufregte.

Doch Napoleon hieß im Nachhinein Davouts Aktion gut.

Im Gegensatz zu Desaix' erfolgreichem Oberägyptenfeldzug hatte der Oberkommandierende mit seiner Armee in Syrien nach einigen Anfangserfolgen eine heftige Schlappe erlitten. Obwohl er die Türken bei El Arisch, Nazareth und am Mont Tabor geschlagen und Jaffa erobert hatte, war es ihm nicht gelungen, das von Djezzar Pascha und dem britischen Konteradmiral Smith verteidigte Akkon zur Übergabe zu zwingen. Nachdem sämtliche Sturmläufe am hartnäckigen Widerstand der Osmanen und Engländer gescheitert waren, sah sich Napoleons Armee dazu gezwungen, sich unter schwersten Verlusten nach Ägypten zurückzuziehen.

Skrupellos deutete Napoleon die Schlappe in einen Sieg um, den er mit einer triumphalen Rückkehr am 14. Juni 1799 in Kairo feierte. Zweifelsohne diktierte er den Schriftgelehrten der Azhar-Universität folgenden Aufruf. Anbei seien nur einige Zeilen zitiert, die Napoleons kraftvollen Umgang mit der Sprache nur allzu gut verdeutlichen:

> Der kommandierende General Bonaparte brach auf und schlug Djezzars Krieger. […] Er eroberte die Festung Kalaat-El-Arisch und eroberte alle Vorräte, die sich dort befanden. […] Hierauf begab er sich nach Gaza und schlug dort Djezzars Truppen, die vor ihm die Flucht ergriffen, wie Vögel und Mäuse vor der Katze fliehen […] Hierauf zog er gegen Jaffa und belagerte es drei Tage lang […] Hierauf hat der Feldherr die Mauern von

> Akka und Djezzars Konak zerstört [...] Er hat von Akka keinen Stein auf dem anderen gelassen, hat aus der Stadt einen Trümmerhaufen gemacht, sodass man sich fragt, ob an jenem Ort überhaupt jemals eine Stadt gestanden hat. Solches Ende nimmt, was Tyrannen erbauen! Aus zwei Gründen ist General Bonaparte zurückgekehrt; erstens, um das Versprechen zu halten, das er den Ägyptern gab, nämlich, dass er in vier Monaten zurückkommen wolle; seine Versprechungen aber sind heilige Eide; zweitens, weil er vernommen hat, dass etliche Bösewichter, Mamelucken und Araber, während seiner Abwesenheit Unfrieden und Aufruhr stifteten [...][29]

Es ist interessant, was für amüsante Ausmaße Propaganda annehmen kann. Der wahre Grund für Napoleons Rückkehr war jedoch ernsterer Natur und sollte sich einen Monat später am 14. Juli 1799 zeigen.

An diesem Tag sahen die französischen Wachtposten der auf einer sichelförmigen Halbinsel gelegenen Festung Abukir plötzlich einen Mastenwald von türkischen und englischen Schiffen am Horizont emporwachsen. Wie ein Hai auf Beutejagd steuerte die feindliche Flotte unter dem Befehl von Konteradmiral Sydney Smith Segel an Segel lautlos auf die Bucht von Abukir zu, das von einem Fort und einer mächtigen Feldschanze beherrscht wurde. Dann spien die Schiffe ihre Boote aus, auf denen sich unter dem Oberbefehl von Mustapha Pascha die besten Einheiten der Osmanen befanden: 15 000 Janitscharen, Sipahis und Arnauten, albanische Söldner, die für ihre Grausamkeit berühmt waren.

Noch am selben Abend nahmen sie nach schweren Kämpfen die von den Franzosen besetzte Schanze und das Fort, wo sie grässliche Massaker verübten.

Auf die Nachricht vom Fall Abukirs schickte der Oberbefehlshaber Alexandrias, General Marmont, sofort Eilboten an Napoleon. Bonaparte verlor keine Sekunde, handelte unverzüglich. Innerhalb einer Woche sammelte er alle Einheiten zum Gegenangriff, darunter auch die Kavallerie Davouts. Dieser war erneut an der Ruhr erkrankt und noch in Kairo, statt wie von Napoleon befohlen, das Fayoum zu befrieden.

Obwohl sich Davout bereit erklärte, die Kavallerie zu führen, verzichtete Napoleon auf seine Dienste. Der oberste Feldherr erteilte Murat die Leitung der Kavallerie und Davout nur den Oberbefehl über 400 Reiter, wobei 300 zur Dromedarbrigade gehörten, die Napoleon vor einem halben Jahr erst aufgestellt hatte. Während die französische Hauptarmee, allen voran die Kavallerie Murats, die Landschlacht von Abukir schlug, musste sich Davout damit begnügen, die Verbindungslinie gegen feindliche Araber zu sichern.

Die Landschlacht von Abukir wurde einer der größten Siege der Franzosen. An jenem Tag vollbrachte die Kavallerie unter Murat Heldentaten. Nachdem ein erster Angriff von Infanterie und Reiterei die erste türkische Linie ins Meer geworfen hatte, lief sich die Attacke an der zweiten Schlachtlinie der Osmanen fest. Da entdeckte Murat eine Lücke in der Verteidigung der Türken: einen 400 Meter breiten Saum am Strand. Diesen Umstand nutzte der Kavallerieführer aus. Nachdem mehrere Angriffe gescheitert waren, überritt Murats Kavallerie in einer letzten fulminanten Attacke die Türken, als sie gerade über französische Verletzte herfielen, um ihnen die Köpfe abzuschneiden.

Derartig überrollt, gab es für die Osmanen kein Halten mehr. Viele flohen ins Meer, wo sie ertranken, andere suchten Zuflucht im Dorf und im Fort. Damit war die Schlacht entschieden, doch der strategisch wichtige Brückenkopf – und dies machte den Triumph Napoleons zu einem halben Sieg – war noch immer fest in türkischer Hand.

Jederzeit konnten von dort Ausfälle und Vorstöße unternommen werden, was die Türken in den nächsten Tagen bewiesen, indem sie erst einige für die Verteidigung der Festung wichtige Anwesen am Dorfrand, dann sogar eine französische Schanze eroberten. Um diesen Vorstößen ein Ende zu bereiten, unternahm der Oberkommandierende des Belagerungsheeres, Brigadegeneral Lannes, Hals über Kopf einen Generalsturm auf das Dorf, der jedoch scheiterte. Lannes wurde schwer verletzt und musste die Belagerungsarmee verlassen. Sein Nachfolger wurde General Menou, der jetzt Laufgräben eröffnete, um die Festung und das Dorf zu umzingeln.

Die Laufgräben dienten der gedeckten Annäherung von Sturmtruppen an feindliche Festungswerke. Gleichzeitig schützten sie die Belagerer auch vor Ausfällen der Verteidiger. Die Ausfälle hatten meistens den Zweck, wichtige strategische Schlüsselpunkte im Vorfeld einer Festung zu erobern, Nahrung zu besorgen oder gegnerische Artillerie zu zerstören.

Ein solcher Ausfall fand am 31. Juli 1799 statt, als Davout Grabendienst hatte. Nach heftigem Gefecht gelang es dem Burgunder, die Türken nicht nur zurückzuschlagen, sondern bis in das verschanzte Dorf unterhalb der Festung zu verfolgen. Bei diesem hartnäckigen Häuserkampf geriet Davout in Lebensgefahr, als er mit einer Handvoll Männer von einer türkischen Übermacht in einem Haus umzingelt wurde. Statt sich nur auf die Verteidigung zu beschränken und zu warten, bis er all seine Munition verschossen haben würde, setzte Davout alles auf eine Karte. Als die Türken sich daran machten, die Haustür mit Kolbenhieben zu zerschmettern, ließ er seine Männer das Bajonett aufpflanzen. Dann gab er Befehl, die Tür plötzlich aufzureißen und auf die Angreifer zu feuern. Der Überraschungseffekt war verheerend. Während die vordersten Angreifer getroffen niedersanken, stachen sich die Franzosen den Weg durch die verdutzten Osmanen frei und stießen wieder zum Gros der Truppe, die nach und nach das Dorf eroberte. Freudig berichtete General Menou an Napoleon:

> Gute Nachricht! General Davout hat sich mit der größten Umsicht ausgezeichnet. An der Spitze des 22., eines Bataillons der 25. und der 18. sowie dreier Kompanien Aufklärer hat er das Dorf bis auf das Fort zurückerobert, des Weiteren einen Achtpfünder und zwei Sechzehnpfünder erbeutet, die gerade vernagelt werden sollten. Von den Türken fanden viele in den Häusern den Tod […][30]

Die Eroberung des Dorfes war die Vorentscheidung. Nachdem der Ort in französische Hand gefallen war, begann die französische Artillerie ihr tödliches Werk. Unbarmherzig eröffneten drei schwere Geschützbatterien und zwei Mörserbatterien das Feuer auf die Festung, während die Mineure einen Sprengtunnel auf die Verteidigungswerke trieben, um das Fort in die Luft zu jagen. Doch dazu sollte es nicht mehr kommen.

Am 2. August 1799 sprangen plötzlich Hunderte halb verhungerter türkischer Soldaten über die Mauern und retteten ihr Leben, indem sie um Pardon baten. Wenig später zogen die Sieger in die Festung ein, aus der übler Verwesungsgeruch in den Himmel stieg.

Den Siegern bot sich ein grauenhafter Anblick: Überall, auf den Verteidigungswerken und in den Kasematten lagen Tote und Verwundete.

Am 4. August erwähnte Napoleon zum ersten Mal Davout in einem Brief an das Direktorium:

> Der Erfolg dieses Tages, der die Übergabe des Forts beschleunigte, ist vor allem der umsichtigen Gefechtsleitung des Generals Davout zu verdanken.[31]

Jetzt erst war der Sieg von Abukir vollständig. Wie wichtig dieser Erfolg in Frankreich genommen wurde, beweist eine telegrafische Depesche des Chappe'schen Balkentelegrafen, eines optischen Nachrichtenübermittlungssystems, an dessen Funktionsweise noch heutige Bahnsignalanlagen erinnern.

> Telegrafische Übertragung von Paris nach Strasbourg, den 19. Vendémiaire, im Jahr VIII
>
> Nach dem am 7. Thermidor errungenen Sieg hat Bonaparte das Fort Abukir, welches der Feind besetzt hielt, angegriffen. Er hat sich seiner bemächtigt und die 18000 Mann starke feindliche Armee völlig vernichtet.
>
> Unterzeichnet: Chappe.[32]

Es ist ein weiteres Beispiel für die Instrumentalisierung moderner Medien durch Napoleon, dass in dieser telegrafischen Depesche der Name des wahren Eroberers der Festung Abukir mit keinem einzigen Wort erwähnt wird.

Zweifelsohne plante Napoleon schon zu diesem Zeitpunkt, als vermeintlicher Eroberer Ägyptens im Triumph nach Frankreich zurückzukehren, um das Direktorium zu stürzen. Schon in Akkon hatte er erfahren, dass im Dezember 1799 eine zweite Koalition aus den Mächten Österreich, Russland, England, Osmanisches Reich und Neapel Frankreich den Krieg erklärt hatte. Bei seiner Rück-

Davout, der Eroberer der Festung Abukir

kehr nach Kairo hatte er noch im Juni Vizeadmiral Ganteaume Weisung gegeben, zwei Fregatten für die Abreise nach Frankreich bereit zu machen. Was ihm nach der Landschlacht von Abukir fehlte, war der geeignete Anlass, aus Ägypten abzureisen.

Diesen fand er, als die Briten ihm ein Paket französischer Zeitungen zuspielten, in denen berichtet wurde, dass General Jourdan im

Dezember 1799 bei Stockach von den Österreichern geschlagen worden war, dass eine russische Armee unter Marschall Suworow an den Grenzen der Schweiz stand und die Generäle Scherer und Moreau nach schweren Niederlagen Oberitalien aufgegeben hatten.

Damit waren für Bonaparte die Würfel gefallen. Geschickt machte sich der spätere Kaiser Frankreichs den Sieg von Abukir zunutze, um von seiner Truppe zu desertieren. Skrupellos, wie ein Bankrotteur auf der Flucht vor seinen Gläubigern, stahl sich Bonaparte nach Vortäuschung einer Inspektionsreise ins Nildelta am 22. August 1799 aus Ägypten davon. Mit an Bord waren seine engsten Vertrauten: die späteren Marschälle Lannes, Murat, Marmont, Berthier und Bessières, die Gelehrten Denon und Monge und sein Sekretär Bourrienne.

Napoleon überließ nichts dem Zufall. Um zu vermeiden, dass die Armee auf seine Flucht aufmerksam würde, hatte er einen Brief verfasst, in dem er General Kléber den Oberbefehl über die Ägyptenarmee auftrug.

Die Flucht Napoleons deprimierte die Armee. Obwohl sie bis jetzt ständig von Sieg zu Sieg geeilt war, waren viele Soldaten des Krieges müde und sehnten sich nach der Heimat. Die Abfahrt Napoleons gab ihnen das Gefühl des Verlorenseins, einer tiefen Hoffnungslosigkeit, Frankreich nie mehr wiederzusehen.

Zwar versprach der geflohene Oberfeldherr wiederzukommen und ihnen Verstärkung zu schicken, aber die wenigsten glaubten seinen Worten. Aus diesem Grunde nahm Kléber Waffenstillstandsverhandlungen mit der Hohen Pforte und Großbritannien auf, die zum Inhalt hatten, den Türken gegen freien Abzug Ägypten zurückzugeben. In der Konvention von El Arisch einigten sich Kléber, Sidney Smith und der Vertreter der Hohen Pforte darauf, die französische Armee gegen die Übergabe Ägyptens nach Frankreich zu befördern.

Dieser Plan, der den Kampfhandlungen ein Ende gesetzt hätte, stieß auf den Beifall der meisten Generäle, nicht jedoch auf den von Desaix, Davout und Menou.

Hartnäckig weigerten sie sich, ihre Eroberungen aufzugeben und ihre Unterschrift unter einem derartig schändlichen Vertrag zu leisten.

Aber Kléber blieb bei seiner Meinung. Wozu noch unnötig Blut vergeuden, wenn Ägypten auf lange Sicht doch nicht mehr zu halten war?

Desaix sah die Sache anders und glaubte, dass die französische Armee durchaus in der Lage war, Ägypten gegen einen Angriff der Türken zu verteidigen. Als Bevollmächtigter Klébers hatte er bei den Unterhandlungen mit dem Großwesir mehrfach Gelegenheit gehabt, die Truppen der Türken zu beobachten. Obwohl diese 60000 Mann zählten, war Desaix zum Schluss gekommen, dass sie nicht zu fürchten waren. Davout sah dies ähnlich. Vor allem traute er den Osmanen nicht, die ungeachtet der Waffenstillstandsverhandlungen am 20. Januar 1800 die französische Besatzung der Festung von El Arisch angegriffen und einen Großteil der Garnison massakriert hatten.

In einem Kriegsrat, den Kléber einberief und dem Desaix fernblieb, sprach Davout sich ein letztes Mal dafür aus, den Worten Napoleons zu trauen und Ägypten gegen Türken und Engländer zu verteidigen. Er wurde überstimmt und unterzeichnete letztendlich doch, wenn auch unter Protest, die Konvention. Einzig Desaix enthielt sich, indem er die Versammlung gar nicht erst besuchte.

Als General Savary sich zu Desaix begeben wollte, um ihm vom Ergebnis der Versammlung Mitteilung zu machen, nahm ihn Davout beiseite: »Sagen Sie Desaix, dass alle sich gegen Kléber stellten, wenn er nur die Führung übernähme.«

Aber Desaix folgte Davouts Fingerzeig nicht und wollte nicht gegen einen Oberkommandierenden aufbegehren, dem alle so willig folgten. Kléber hatte einen ersten Achtungserfolg errungen und sich durch den Beschluss des Kriegsrats abgesichert. Doch eins war ihm nicht geglückt: die Gunst Davouts zu gewinnen, der um vorzeitige Versetzung nach Frankreich gebeten hatte.

Um ihn umzustimmen, bot Kléber dem störrischen Oberbefehlshaber der Kavallerie den Rang eines Divisionsgenerals an. Wieder erwies sich Davout als halsstarrig. Er verweigerte seine Zustimmung mit den Worten, er wolle nicht, dass seine Beförderung einem schändlichen Akt wie der kampflosen Übergabe Ägyptens zu verdanken sei.

Zum dritten Mal schlug Davout eine Beförderung aus. Damit war das Vertrauensverhältnis zu Kléber stark beschädigt.

Im Gefolge von Desaix verließ er am 20. Februar 1800 mit seinem Bruder Charles, den Generälen Rapp und Savary sowie den Regierungskommissaren Miot und Colbert Kairo. Kurze Zeit später trafen sie in Alexandria ein, just in dem Moment, als das französische Schiff »Osiris« seine Ladung im Hafen löschte. Das Schiff hatte jedoch nicht nur Lebensmittel und Munition an Bord, sondern brachte vor allem die brisante Nachricht, dass Napoleon am 9. November 1799 das Direktorium gestürzt habe und jetzt als erster Konsul der Republik die Geschicke Frankreichs lenke.

Jetzt hielt Desaix und Davout nichts mehr in Ägypten. Am 3. März 1800 stachen sie an Bord der Schiffe »L'Étoile« und »Santa Maria della Grazia« in See und begaben sich auf den Weg nach Frankreich. Es wurde für Davout die Odyssee seines Lebens. Nach gefährlichen Landgängen auf Morea und Sizilien, wo sie von der Bevölkerung fast umgebracht worden wären, fing ein englisches Kriegsschiff die Ägyptenveteranen kurz vor Toulon ab und geleitete sie in Zuwiderhandlung der Konvention von El Arisch nach Livorno.

Dass dies geschah, lag an einer Scharlatanerie des britischen Geschwaderkommandanten Sidney Smith.

Der Engländer hatte geschickterweise die Konvention von El Arisch abgeschlossen, ohne dazu befugt gewesen zu sein. Dies reichte Sir Admiral Keith, dem Oberkommandierenden des britischen Mittelmeergeschwaders, die vom Großwesir ausgestellten Pässe der Franzosen als irrelevant einzustufen. Keith erkannte die Konvention von El Arisch nicht an. Er entschloss sich, die hohen französischen Offiziere so lang als Kriegsgefangene zu behandeln, bis eine Bestätigung der Konvention seitens der britischen Regierung eingegangen war.

Dies war erst Ende März 1800 der Fall, worauf Admiral Keith seine Gefangenen freiließ. Doch kaum dem Hafen von Livorno entronnen, fielen Davout und Desaix tunesischen Piraten in die Hände. Wiederholte sich erneut der Albtraum der Gefangenschaft? Drohte Davout und Desaix der Sklavenmarkt von Tunis? Diesmal nicht. Die tunesischen Piraten erkannten die Pässe des Großwesirs an und ließen ihre Beute laufen. Endlich steuerte die kleine Flotille den Hafen von Toulon an. Nach einer Quarantäne von vier Wochen betraten die leidgeprüften Veteranen der Ägyptenarmee am 5. Mai 1800 französischen Boden, wo sie schon Instruktionen von Napoleon Bonaparte erwarteten.

Desaix hatte die Order, unverzüglich zur Reservearmee Napoleons zu stoßen, die in Norditalien gegen die Österreicher operierte, Davout sollte sich nach Paris begeben und weitere Befehle abwarten.

Sicher, demnächst wieder gemeinsam gegen die Feinde Frankreichs zu ziehen, verabschiedeten sich die beiden Freunde. Sie sollten sich nie wiedersehen.

IV
LIEBESGLÜCK UND MARSCHALLSTAB

Die nächsten Wochen verbrachte Davout in Ravières, wo er sich von den Strapazen des Ägyptenfeldzuges erholte. Noch immer war er von der Ruhr gezeichnet, sein Teint war auffallend blass und er selbst schwächlich. Während jedoch in Ravières alles beim Alten geblieben war, hatte sich seit seiner Abwesenheit in Frankreich vieles verändert.

Am 18. Brumaire (9. November) 1799 hatte Napoleon die Regierung des Direktoriums gestürzt und sich selbst sowie zwei Mitverschworene, den Revolutionstheoretiker Abbé Sièyes und den einstigen Vorsitzenden des Rats der Alten, Roger Ducos, zu Konsuln der Republik ernannt.

Mit dieser Maßnahme hatte sich das Gremium, das Frankreich regierte, von fünf auf drei »Direktoren« – die jetzt Konsuln hießen – verkleinert. Faktisch war jedoch Bonaparte der Herrscher Frankreichs, ein Usurpator im besten römischen Sinne, ausgerufen von Soldaten und nachträglich mit großer Mehrheit von der Bevölkerung bestätigt. War Napoleon vorher auf den Spuren Cäsars gewandelt, so orientierte er sich jetzt mehr an Oktavian und dem historischen Vorbild des Prinzipats, das ihm nur vier Jahre später die Kaiserkrone einbringen sollte. Dies zeigte sich daran, dass er nach dem gewonnenen Machtkampf mit Sièyes noch im Dezember die beiden Konsuln gegen willfährige Helfer wie den Staatsjuristen Cambacères und den Berufspolitiker Lebrun auswechselte. Mit der Konsularverfassung, die ihm sämtliche Regierungsvollmachten einräumte, erreichte er die Legalisierung seiner Alleinherrschaft, sodass er noch im Dezember des Jahres 1799 die Revolution für beendet erklären konnte. Doch was innenpolitisch so schnell glückte, zeigte außenpolitisch keine Konsequenzen. Die von England geführte zweite Koalition, der Österreich, Russland, das Osmanische Reich, Portugal und das Königreich beider Sizilien angehörten, hielt an der Fortführung des Krieges fest und zeigte keinerlei Friedenswillen. So blieb Napoleon nichts anderes übrig, als den Krieg des Direktoriums fortzuführen und die Koalitionsmächte mit erneuten Siegen an den Verhandlungstisch zu schießen.

Aber noch war es nicht so weit, zuerst galt es, den Bären, dessen Fell man verteilen wollte, zu erlegen. Die Mächte, die sich Frankreich im Jahr 1800 entgegenstellten, waren gewaltig. Nach wie vor beherrschten Englands Schiffe die Meere. In Italien und Deutschland standen Österreichs Armeen in einer Stärke von insgesamt 200 000 Mann. Einzig der russische Zar Paul I. zeigte an der Fortführung des Krieges kein sonderliches Interesse mehr, seitdem seine Armeen in Holland und in der Schweiz geschlagen worden waren. Dafür investierte England um so mehr. Im Sommer sammelte sich eine britische Armee von 25 000 Mann unter General Abercromby in Port Mahon auf Menorca, um entweder in Norditalien einzufallen oder den Hafen von Toulon anzugreifen.

Es war wie fast in jedem Jahr der Revolutionskriege eine klassische Konstellation. Da Frankreich der britischen Flotte nichts entgegenzusetzen hatte, musste die Entscheidung auf dem Kontinent fallen und Österreich geschlagen werden. Dies war jedoch nicht mehr so einfach wie zum Zeitpunkt des Italienfeldzugs Napoleons. Nach den alliierten Erfolgen des Vorjahrs hatte die österreichische Armee wieder an Selbstvertrauen gewonnen. Heeresreformen, eine gute Führung und die Siege von Ostrach, Stockach, Trebbia, Novi und Winterthur hatten die Stimmung gehoben. Die Franzosen hatten überall schwere Verluste erlitten. Angesichts der Stärkeverhältnisse in Deutschland und Italien war ein französischer Sieg wenig wahrscheinlich. Zumal Napoleon gezwungen war, eine neue Armee aufzustellen – die Reservearmee, die kaum über Kampferfahrung verfügte und hauptsächlich aus Einberufenen bestand.

Die Führer der Koalition, allen voran William Pitt der Jüngere und der deutsche Kaiser Franz II. spekulierten mit Recht auf den Sieg. Der Machtwechsel in Frankreich beunruhigte die Alliierten nicht. Er zeigte im Gegenteil, wie angeschlagen die Französische Republik war, auch wenn die Börse positiv auf die Machtergreifung Napoleons reagierte. Die französische Wirtschaft hatte den Wechsel erhofft und begünstigt. Die Schädigung des Außenhandels, eine katastrophale Inflation und die horrend teuren Brotpreise machten ein dringendes Ende des Krieges erforderlich. Angesichts derartiger Probleme brauchte Bonaparte einen außenpolitischen Erfolg, sonst war seiner Herrschaft keine lange Dauer beschieden. Würde die als Konsulat getarnte Militärdiktatur Napoleons sich lange halten können? Mit Spannung erwartete Europa die Entscheidung.

Sie fiel am 14. Juni 1800 nach der spektakulären Alpenüberquerung der von Napoleon angeführten Reservearmee auf den Feldern von Marengo und endete mit einem knappen Sieg der Franzosen. Doch der Triumph Napoleons war teuer erkauft. Er kostete Frankreich nicht nur 7000 Soldaten, sondern auch einen seiner besten Generäle: Desaix.

Dieser hatte sich nach seiner Ankunft in Frankreich direkt ins Hauptquartier Napoleons begeben und sofort das Kommando über eine Infanteriedivision erhalten. An der folgenden Schlacht hatte er zunächst keinen Anteil. Napoleon hatte Desaix nach Novi detachiert, um den Verbleib der österreichischen Hauptarmee auszukundschaften, wo sich die österreichische H. befand. Desaix war jedoch so klug gewesen, nicht mit seiner gesamten Division nach Novi zu marschieren, sondern nur seinen Adjutanten Savary mit 500 Mann dorthin zu schicken. Dieser stellte fest, dass die Österreicher sich nicht nach Novi zurückgezogen hatten. Als Desaix schließlich den heftigen Kanonendonner von Marengo hörte, marschierte er zurück. Er kam gerade noch rechtzeitig, um das Schlimmste zu verhindern.

Der Erste Konsul gab die Schlacht bereits verloren, als Desaix endlich zu Napoleon stieß und nach kurzer Sondierung der Lage nüchtern feststellte, dass zwar die erste Schlacht verloren war aber noch genügend Zeit blieb, eine zweite zu gewinnen. Desaix schlug vor, eine große Batterie zu bilden, um die verfolgenden Kolonnen der Österreicher vorerst aufzuhalten, damit die Angriffskolonnen der Division Boudet Zeit fänden, sich zu formieren. Kam der Angriff erst ins Rollen, sollte Kellermann mit seinen Reitern die Spitze der feindlichen Kolonne attackieren und zerstreuen. Der Plan überzeugte den Ersten Konsul.

Desaix zögerte nicht mit der Umsetzung. Mithilfe einer von General Marmont neu zusammengestellten Batterie von 18 Geschützen, den 4856 Mann der Division Boudet und 800 zusammengewürfelten Reitern unter Kellermann wagte Desaix bei San Giuliano einen letzten verzweifelten Gegenangriff und warf sich auf die verfolgenden Kolonnen der Österreicher.

Er war kaum an die Spitze geritten, um den Gegenstoß anzuführen, als eine Kugel ihn mitten ins Herz traf und aus dem Sattel riss. Desaix war sofort tot.

Achtlos donnerte die Schlacht über den Gefallenen hinweg, schritt die Infanterie mit gefälltem Bajonett zum Angriff, zischten Kugeln neben dem Leichnam ins Gras. Bald war der jugendliche Held so vieler Schlachten der Ägyptenarmee nur noch einer von vielen Namenlosen, denen es an diesem schicksalhaften Tag ebenfalls beschieden war, einen verfrühten Tod zu erleiden.

Am Ende errang Napoleon schließlich doch noch den Sieg. Dieser beendete zwar noch nicht den Feldzug, sicherte ihm jedoch endgültig die Macht in Frankreich – dank Desaix, der bald zur Heldenikone eines Opferkults wurde.

Entgegen der napoleonischen Legende, die den sterbenden General abbildet, wie er beim Anblick Napoleons letzte Worte der Hingabe haucht, zeigte das Auffinden seiner Leiche die ganze Verlogenheit der später einsetzenden napoleonischen Propaganda. Einmal gefallen, war der Mensch Desaix für Napoleon nur noch von untergeordnetem Interesse, auch wenn Napoleons Sekretär Bourrienne behauptet, dass der Erste Konsul von Desaix' Tod ergriffen war und wütend das Schicksal verfluchte: »Warum nur, Bourrienne, ist es mir nicht gestattet, seinen Tod zu beweinen?«

Die Wirklichkeit sah anders aus. Allein der Eigeninitiative von Desaix' Adjutanten Savary war es überhaupt zu verdanken, dass der eigentliche Sieger von Marengo noch in der Nacht unter Tausenden von Toten gefunden wurde, um ehrenvoll bestattet zu werden.

Es ist ein eigenartiger Zufall der Geschichte, dass am selben Tag, an dem Desaix bei Marengo fiel, auch General Kléber in Ägypten durch den Mordstahl eines islamischen Fanatikers den Tod fand. Zweier seiner besten Generäle beraubt, tat der Erste Konsul alles dafür, diese zwar nach außen hin hochleben zu lassen, in Wirklichkeit aber ihren Anteil an seinen Triumphen kleinzureden.

Aus Kléber, der Napoleon gehasst hatte, wurde einer seiner treuen Satrapen, der in Erfüllung seiner Pflicht ermordet worden war.

Mit Desaix verfuhr der erste Konsul anders. Ihm dachte er die Rolle des opfermütigen Unterfeldherrn zu, der in Ausübung seiner Pflicht sein Leben für den Kriegsgott Napoleon Bonaparte gelassen hatte.

Im Laufe der Jahre fälschte Napoleon die Geschehnisse von Marengo nach seinem Geschmack. Er stellte es so dar, als habe nicht Desaix, sondern er selbst den alles entscheidenden Geistesblitz gehabt, mit dem die Schlacht doch noch gewonnen wurde. Besonders lag dem Ersten Konsul jedoch am Herzen, vor der französischen Öffentlichkeit seine schweren Fehler zu verbergen, die zur Krise von Marengo geführt hatten.

An jenem Tag hatte Napoleon seine Kräfte bei der Verfolgung eines Feindes zu weit auseinander gezogen. Seine Aufklärung hatte die Tuchfühlung mit dem vermeintlich fliehenden Feind verloren und war blindlings in einen Gegenangriff hineingelaufen. Keine seiner daraufhin getroffenen Gegenmaßnahmen hatten das Blatt wenden können. An der Koordination des Gegenangriffs war er, obwohl er dies später behauptete, nicht beteiligt gewesen. Alle schlachtentscheidenden Impulse waren von Desaix ausgegangen.

Wie nun aber dieses Missgeschick verbergen, jene Schwäche weglügen, die sein Feldherrntalent in ein äußerst schlechtes Licht rückte? Napoleon hatte einen genialen Einfall – und erfand die »Falle von Marengo«.

Durch Verdrehung sämtlicher Tatsachen gelang es ihm, seinen Zeitgenossen ein herrlich groteskes Fantasiegemälde zu entwerfen.

Nach seiner Version war die französische Armee gar nicht vollständig geschlagen gewesen. Stattdessen hatte sie sich, um es grob zu vereinfachen, auf der ganzen Front absichtlich vor den Österreichern zurückgezogen, um sie in eine Falle zu locken und durch Desaix und Kellermann zu vernichten. Obwohl die höheren Offiziere wie Kellermann die Wahrheit wussten, waren sie gegen die napoleonische Propaganda machtlos. Mithilfe von Zeitungsberichten und Bulletins stilisierte sich Napoleon zum alles beherrschenden Kriegsgott, den die Vorsehung geschickt hatte, um Frankreich vor seinen Feinden zu retten.

Mit der »Falle von Marengo« hatte Napoleon die Blaupause zur späteren »Falle von Austerlitz« entworfen und sich selbst zum Idol seines eigenen Kults gemacht. Der Nimbus napoleonischer Unbesiegbarkeit war geboren.

Die Nachricht von Desaix' Tod traf Davout schwer. Nicht nur, dass sein einstiger Vorgesetzter und Lehrmeister ihn verlassen hatte, schlimmer wog der Umstand, den besten Freund verloren zu haben, der so etwas wie eine Vaterfigur gewesen war. Noch Jahre später erinnerte sich Davout als Marschall an jenen traurigen Tag, an dem er von Desaix' Tod erfuhr, wie aus einem Brief an seine spätere Ehefrau Aimée hervorgeht, den er in Hamburg-Harburg am 29. Mai 1813 schrieb:

> Meine liebe Aimée, zugleich mit den glücklichen Resultaten der Schlacht von Bautzen habe ich die schreckliche Nachricht vom Tod des Herzogs von Friaul [General Duroc] erhalten, der von einer verirrten Kanonenkugel getötet wurde. Ich habe in meinem Leben zwei Verluste sehr heftig betrauert: den von General Desaix und den deines Bruders […][33]

Viel Zeit, um den gefallenen Freund zu trauern, blieb Davout nicht. Am 3. Juli 1800 teilte ihm Kriegsminister Carnot schriftlich mit, dass er nicht nur zum Divisionsgeneral befördert, sondern auch zum Oberkommandierenden der gesamten Kavallerie der Italienarmee ernannt worden war. Von jetzt an ging alles Schlag auf Schlag. Davout nahm Abschied von Ravières, traf Napoleon am 11. Juli 1800 in Malmaison zu Besprechungen und begab sich darauf nach Italien, um seinen Dienst anzutreten.

Doch anders als von Davout erhofft, wurde der frisch gebackene Kommandeur in der Italienarmee nicht mit offenen Armen empfangen. Denn der bisherige Kommandierende der Kavallerie, General Laboissière, dachte nicht im Traum daran, den Oberbefehl an Davout abzugeben. General Masséna, der Oberkommandierende der Italienarmee, entledigte sich des Problems mit Takt und bewog Davout dazu, sich auf einen Kompromiss einzulassen. Die salomonische Lösung des Problems bestand darin, während der Kampfhandlungen Davout die Befehlsgewalt über sämtliche Einheiten zu übergeben und in den Quartieren die Reiterei Laboissière zu unterstellen. Außerdem verfügte Masséna, dass der Senioroffizier weiterhin Kommandeur der schweren Reservekavallerie blieb. Dieser Ausgleich schaffte fürs Erste Ruhe im Hauptquartier, in dem sich durch einen Wechsel im Oberkommando Nervosität breitgemacht hatte.

Aufgrund von massiven Unterschlagungen hatte General Masséna den Oberbefehl an General Brune abtreten müssen. Dieser General war einst ein eifriger Gefolgsmann Dantons gewesen, hatte im Vorjahr ein in Holland gelandetes britisch-russisches Landungskorps nach mehreren Schlachten zum Rückzug gezwungen und noch Anfang des Jahres den letzten Aufstand in der Vendée niedergeschlagen.

So weit Brunes Ruf, der auf dem Papier hervorragend war. Tatsächlich sollte sich bald zeigen, dass Brune kein guter Truppenführer war. Schon bei der nächsten Gelegenheit bewies er mangelnden Elan und fehlende Umsicht. In der Zwischenzeit waren die Unterhandlungen zwischen Frankreich und Österreich gescheitert, was Davout aus falschem Ehrgeiz sehr begrüßte.

> Ich habe größte Lust, mein General, mich Ihrer Wertschätzung und Ihres Vertrauens als würdig zu erweisen und Ihnen Beweise meiner größten Ergebenheit zu liefern. Ich füge dem noch den Wunsch hinzu, wie ich Ihnen schon oft bezeugt habe, vor Ihren Augen Krieg zu führen, wenn er denn stattfindet.
>
> Brief von Davout an den Ersten Konsul, Napoleon Bonaparte, Mailand, 1. August 1800[34]

Der Krieg fand statt. Es wurde ein kurzer, blutiger Feldzug an allen Fronten. Mit 90000 Mann hatte Brune einen leichten Vorteil gegenüber den 80000 Soldaten des österreichischen Oberbefehlshabers General Bellegarde. Der französische Angriffsplan sah wie folgt aus: Während General Brune erst den von den Österreichern verteidigten Mincio, dann die Etsch überqueren sollte, um nach Verona vorzustoßen, erhielt General Macdonald den Befehl, mit einer Armee aus Graubünden in den Rücken der Österreicher zu fallen und Trient einzunehmen.

Der österreichische Plan war rein defensiv. Er sah vor, die Minciolinie zu halten und sich bei Verlust hinter die Etsch zurückzuziehen.

Ab dem 22. November begannen erneut die Kampfhandlungen. Während jedoch in Süddeutschland die Rheinarmee Moreaus die Österreicher entschieden angriff, blieb Brune vorerst in der Defensive und bewegte sich im Schneckentempo zum Mincio, wo er nach mehreren Vorpostengefechten die Österreicher vom linken Ufer des Flusses vertrieb.

Dieser Fluss, der den Gardasee mit Mantua verbindet, bildete ein natürliches Hindernis von etwa 40 Metern Breite. Im Sommer wegen der geringen Wassertiefe an mehreren Furten zu durchwaten, war er im Winter aufgrund der Niederschläge und der von den Österreichern vorgenommenen Aufstauungen ein schwerwiegendes Hindernis. Trotzdem standen Brunes Überlegungen zufolge zwei strategisch günstige Übergangspunkte zur Verfügung: die zur französischen Uferseite konvexen Flussschleifen der Dörfchen Pozzolo und Mozzambano, welche nur 13 Kilometer voneinander trennten. Beide hatten den Vorteil, dass an diesen Stellen das französische Flussufer höher lag als das österreichische, was der eigenen Artillerie entscheidende Vorteile über die feindliche gab.

Der Nachteil jener Übergänge war jedoch, dass die Österreicher gegenüber Pozzolo und Mozzambano starke Verteidigungsstellungen angelegt hatten, von denen sie beide Übergangspunkte mit ihren Kanonen bestreichen konnten. In der Mitte ihrer Front, bei Borghetto, lag auch das Gros der Armee des österreichischen Oberkommandierenden General Bellegarde, sodass er im Bedarfsfall schnell Reserven zu den angegriffenen Stellungen bringen konnte.

Brune entwickelte folgenden Plan: Um Bellegarde über den Schwerpunkt des Angriffs zu täuschen, sollte sein rechter Flügel unter General Dupont bei Pozzolo eine Brücke über den Mincio werfen, während der linke Flügel unter seinem Kommando den Mozzambano mit Behelfsbrücken überqueren würde. Sein Zentrum stellte Brune unter dem Befehl von General Suchet gegenüber von Borghetto auf, wo auch die Reserve unter General Michaud und die Kavallerie unter Davout hinbeordert wurden.

An sich war der Plan gut. Es war ein klassisches Manöver, das mit einem Scheinangriff begann, der von dem Hauptübergang ablenken sollte. Allein der Übereifer Duponts und die Unfähigkeit

Brunes bewirkten, dass aus der Überquerung bei Pozzolo eine Schlacht auf Leben und Tod wurde.

Vom energischen Angriff seiner Truppen nach vorne getrieben, beschränkte sich Dupont nach erfolgreichem Übergang nicht mehr darauf, den Brückenkopf zu sichern, sondern griff Pozzolo selbst an, wo sich starke österreichische Kräfte verschanzt hatten.

In heftigen Häuserkämpfen eroberten die Franzosen nach und nach das Dorf, wobei sie jedoch empfindliche Verluste erlitten. Überhaupt hatte Duponts Erfolg seine Tücken: Den Fluss im Rücken und an den Flanken, ohne große Möglichkeit, sich zu decken, hatte er sich in eine gefährliche Lage manövriert.

Dies sah auch der österreichische Oberkommandierende Bellegarde. Ohne zu zögern, zog er alle Truppen ab, die er entbehren konnte, und warf sie nach Pozzolo, wo sie den Einheiten Duponts hart zusetzten.

Dies gab Brune endlich die Möglichkeit überzusetzen. Doch was tat er? Nichts! Weder erschien er persönlich, um den Oberbefehl in die Hand zu nehmen, noch ging er wie geplant bei Mozzambano über den Fluss. Von Brune allein gelassen, beschlossen jetzt die Unterführer, tätig zu werden. Entgegen ihren Befehlen kamen Suchet und Davout ihrem Kameraden Dupont zu Hilfe, der kurz vor der Vernichtung stand.

Nach und nach schickte Suchet Dupont Verstärkungen, sodass dieser von der Defensive in die Offensive übergehen konnte. Aber noch ließen die Österreicher nicht locker. Bellegarde wusste, wenn er Pozzolo zurückeroberte, das an der rechten Flanke von Duponts Stellung lag, konnte er die Infanteriebrigaden seines Gegners aufrollen und in den eiskalten Mincio treiben. Jetzt nahm der Kampf an Härte zu. Das unglückliche Dorf wechselte sechsmal den Besitzer. Der Sieg schien den Österreichern schon sicher, als die Kavallerie Davouts endlich donnernd über die Brücken galoppierte und in die Formationen der österreichischen Infanterie einbrach. Vergeblich schickte Bellegarde eine seiner Eliteeinheiten, ein ungarisches Grenadierregiment, in die Schlacht. Davout überrannte dies und eroberte endlich das heiß umkämpfte Dorf. Als gegen 20.00 Uhr der letzte österreichische Gegenangriff im französischen Abwehrfeuer zusammenbrach, hatte das Morden ein Ende.

Das Gemetzel jenes Tages ging als der »Übergang über den Mincio« oder »Schlacht von Pozzolo« in die Annalen der Kriegsgeschichte ein. Suchet und Davout hatten den Brückenkopf Duponts gesichert und den Österreichern empfindliche Verluste zugefügt. Diese hatten 6000 Tote und Verwundete zu beklagen, außerdem waren neun Kanonen und viele Fahnen ihren Feinden in die Hände gefallen. Auf französischer Seite waren die Verluste ähnlich hoch. Auch Brune hatte 6000 Mann verloren.

Es war ein Pyrrhussieg – auch wenn Brune am nächsten Tag den Mincio bei Mozzambano überschritt und den Österreichern unter schweren Verlusten Borghetto abnahm, wo er 2000 Gefangene machte.

Trotzdem blieb die Frage: Warum, zum Teufel, hatte Brune bei Pozzolo nicht eingegriffen?

Davout ließ es sich nicht nehmen, den trägen General mit seinem Fehltritt zu konfrontieren. Wütend ritt er ins Hauptquartier und stellte den Oberkommandierenden zur Rede, wo dieser die ganze Zeit geblieben sei. General Marmont, damals ein Freund Davouts, später sein persönlicher Feind, hat die Szene, die nicht einer gewissen Situationskomik entbehrt, für die Nachwelt erhalten.

> »Wie, Herr General? Während sich die Hälfte ihrer Armee im Kampf befindet, sitzen Sie hier und essen?«
>
> Brune schwieg vielsagend, doch am nächsten Morgen entgegnete er Davout: »Gestern, als Sie mir vorwarfen, nicht zum Korps von Dupont gekommen zu sein, habe ich Ihnen meine Gründe nicht genannt. Jetzt werde ich Sie wissen lassen, warum ich so handelte. Gleich nachdem ich den Bericht vom Übergang Duponts vernommen hatte, war mein erster Impuls, nach meinem Pferd zu verlangen. Sie sehen, es gibt keinen besseren Franzosen als mich! Aber ich sagte mir: Du wirst dort hingehen, du wirst die Soldaten vorwärts marschieren sehen, sie ›Vorwärts!‹rufen hören, und wirst dich nicht zurückhalten können, dich an ihre Spitze setzen und noch lauter als sie ebenfalls ›Vorwärts! Vorwärts!‹ rufen und damit deinen großen Plan gefährden. Also dachte ich nach und blieb hier!«[35]

So weit Marmonts Bericht, der uns Davouts sicherlich erzürnte Antwort verschweigt.

Ungeachtet der Führungsschwäche Brunes ging der Feldzug weiter. Obwohl die Franzosen die fliehenden Österreicher nur zögerlich verfolgten, machten die Kaiserlichen keine Anstalten mehr, Widerstand zu leisten.

Für den deutschen Kaiser sah die Lage schlecht aus. In Süddeutschland hatte General Moreau am 2. Dezember die Österreicher unter Erzherzog Johann bei Hohenlinden schwer geschlagen und einen Waffenstillstand abgeschlossen.

Der Sieg Frankreichs war zum Greifen nah. Wenn es jetzt auf dem italienischen Kriegsschauplatz noch einen bedeutenden Erfolg erränge, müsste Österreich sich zum Frieden bequemen. Als das Jahr 1801 anbrach, hatte Brune die Etschlinie überschritten und Verona sowie Vicenza eingenommen. Jetzt musste er nur noch auf die Armee General Macdonalds warten. Dieser war nach einem spektakulären Gebirgsmarsch in den Rücken eines von General Laudon befehligten österreichischen Armeekorps gefallen und trieb es geradewegs auf den linken Flügel von Brunes Armee zu, dessen Vorhut Davout befehligte.

Wie es aussah, war es nur noch eine Frage der Zeit, bis die Österreicher die Waffen streckten. Aber General Moncey, der Oberbefehlshaber des linken Flügels, hatte die Rechnung ohne seinen Gegner Laudon gemacht. Dieser erwies sich als äußerst verschlagen und griff in seiner Notlage zu einer Kriegslist. Verschmitzt nahm er mit Moncey Verhandlungen auf und machte ihm weis, dass Brune und Bellegarde inzwischen einen Waffenstillstand geschlossen hätten und jedes weitere Blutvergießen unsinnig geworden sei. Moncey zeigte sich irritiert, glaubte jedoch dem Ehrenwort des österreichischen Feldherrn und ließ ihn gegen Übergabe der Stadt Trient ziehen.

Laudon fackelte nicht lange und marschierte der Armee Bellegardes entgegen, mit der er sich kurz darauf vereinigte. Der österreichische Feldherr muss sich königlich über den französischen General amüsiert haben, hatte er doch Moncey als Unterpfand seines Ehrenwortes nur das gegeben, was die Franzosen inzwischen durch den Vormarsch Macdonalds schon längst besaßen: Trient.

Als Moncey die Tragweite des Betrugs bewusst wurde, war er untröstlich, doch Davout und Macdonald versicherten ihm, als Offizier ehrwürdig gehandelt zu haben. Dies alles nutzte jedoch wenig. Denn Brune zeigte kein Erbarmen mit dem alten General. Wütend enthob er ihn des Kommandos und übertrug es Davout. Aber der Burgunder bewies, dass er kein schnöder Karrierist war.

Unwillig, aus dem persönlichen Unglück des ranghöheren Offiziers seinen Nutzen zu ziehen, übernahm er nur pro forma den Oberbefehl, kommandierte aber in Wirklichkeit lediglich die Vorhut. Alle schwerwiegenden Aktionen stimmte Davout mit Moncey ab, so als sei dieser noch der Oberbefehlshaber. Auf diese Weise milderte er das harte Urteil Brunes und gewann dazu noch die Sympathie der Mannschaften, die ihm sein nobles Verhalten hoch anrechneten. Außerdem ging Davout jetzt dazu über, Napoleon auf die gravierenden Führungsfehler Brunes aufmerksam zu machen.

In einem Brief vom 11. Februar 1801 beschwerte Davout sich heftig über den Oberbefehlshaber und seine korrupten Mitarbeiter:

> Es ist für mich inakzeptabel, mein General, dieselbe Uniform tragen zu müssen wie diese Schelme und Intriganten und unter einem Oberbefehlshaber zu dienen, der, wie ich ja schon die Ehre hatte, Ihnen mitzuteilen, ohne Talent, ohne Mut, ohne Charakter und guten Willen ist.[36]

Davouts Brief fiel auf fruchtbaren Boden. Als der Oberkommandierende der Italienarmee den Fehler beging, entgegen den Weisungen Napoleons einen Waffenstillstand abzuschließen, der unvorteilhaft für die Franzosen war, entriss ihm Napoleon das Kommando und übertrug es Moncey.

Der Wechsel im Oberkommando hatte jedoch keine Konsequenzen mehr. Zwei Tage vor dem Beschwerdebrief Davouts hatte Napoleon am 9. Februar 1801 mit Österreich den Frieden von Lunéville unterzeichnet, der die Bestimmungen des 1797 geschlossenen Friedens von Campo Formio weitgehend bestätigte.

Das Heilige Römische Reich Deutscher Nation verlor alle Reichsgebiete westlich des Rheins an Frankreich, das Haus Österreich trat Livorno, Mailand, Modena und die Toskana an die Cisalpinische

Republik ab, behielt jedoch Venetien bis zur Etsch. Darüber hinaus verlor es das Bistum Salzburg. Damit hatte Frankreich die Österreicher fast aus Oberitalien verdrängt. Mithilfe der Cisalpinischen Republik war es dem Ersten Konsul gelungen, endgültig einen Satellitenstaat in Mittelitalien zu etablieren, der Österreich vom Königreich beider Sizilien und dem Kirchenstaat trennte, beides klassische Bündnispartner der Habsburger. Zudem wurden die verbündeten Länder und Satellitenstaaten zu Kontributionen verpflichtet und den besiegten Staaten Reparationszahlungen aufgenötigt.

Diesmal hatte Napoleon ohne alle Übertreibung nicht nur Frankreich gerettet, sondern auch den Sieg errungen und Kontinentaleuropa Frieden gebracht.

Einzig England war jetzt noch zu fürchten. Energisch versuchte Napoleon, es auf politischem Weg zu isolieren und so sein Handelsmonopol zu brechen. Dazu schien das von ihm geförderte Bündnis der »Bewaffneten Neutralität« der Ostseestaaten ein geeignetes Machtmittel. Durch dieses Bündnis versuchten Preußen, Dänemark, Schweden und Russland sich dagegen zu wehren, dass Großbritannien ihre Schiffe und Waren beschlagnahmte, weil sie mit Frankreich Handel trieben. Die Ostsee sollte eine neutrale Handelszone werden und die Mächte der Bewaffneten Neutralität das Recht auf freien Handel haben. Doch die Monarchen der Ostseemächte unterschätzten die Hinterlist der Briten. Ohne Kriegserklärung segelte eine Flotte im April 1801 unter Nelson und Parker in den Öresund und versenkte in der Schlacht von Kopenhagen den Großteil der dänischen Flotte. Doch dies war nur der erste Schlag.

Weitaus kaltblütiger und unmoralischer war ein höchstwahrscheinlich von England angestiftetes Mordkomplott in Russland, das den Zaren Paul I. beseitigte.[37] Unter Billigung seines Sohnes Alexander I., mit dem er sogar schon Pläne schmiedete, die Briten in Indien anzugreifen, wurde der Zar von seinen höchsten Offizieren grausam erdrosselt. Durch diese Ereignisse alarmiert, traten der preußische König Friedrich Wilhelm III. und der schwedische König Gustav IV. Adolf von Schweden aus der Allianz aus, die gerade ein paar Monate bestanden hatte.

Trotz dieser diplomatischen Niederlage zeitigte Napoleons Politik Erfolge. Obwohl es den Engländern sogar noch gelungen war,

Anfang 1801 Ägypten zu erobern, war die Bevölkerung des Inselreichs kriegsmüde und sehnte sich nach Frieden. Ein Machtwechsel in London brachte die Wende. 1802 schlossen Frankreich und England in Amiens endlich Frieden. In diesem Frieden verpflichtete sich Großbritannien, bis auf Trinidad und Ceylon alle seit Kriegsbeginn eroberten überseeischen Territorien einschließlich Malta an Frankreich zurückzugeben. Frankreich wiederum verzichtete endgültig auf seine Ansprüche auf Ägypten und verpflichtete sich, Neapel und den Kirchenstaat zu räumen.

Der Friedensschluss war für Napoleon ein voller Erfolg. Er konsolidierte die französische Außenpolitik auf dem Kontinent, bestätigte die Neuordnung Italiens und gab seine Zustimmung zur anstehenden Umstrukturierung Deutschlands durch den Reichsdeputationshauptschluss.

Jetzt, wo der Krieg mit Österreich beendet war, konnte Napoleon wieder dazu übergehen, seine Macht im Innern zu festigen. Um dies zu erreichen, schuf er im Konkordat den Ausgleich mit der Kirche, sicherte die Rückgabe des Kirchenstaates an den Papst zu und gestattete allen Franzosen das Recht auf freie Religionsausübung. Im Gegenzug erkannte der Papst die besitzrechtlichen Umwälzungen der Französischen Revolution an und verzichtete auf die Rückerstattung der beschlagnahmten und zwangsverkauften Kirchengüter.

Doch über diesen Erfolgen vergaß der Erste Konsul nicht die Stützen seiner Macht: die Armee und ihre Offiziere. Noch immer begegneten viele von ihnen Napoleons Machtanspruch mit Widerwillen, der sich in mehreren Anschlägen und Verschwörungen ausdrückte: ein fehlgeschlagenes Bombenattentat, ein gescheitertes Mordkomplott des Malers Topino-Lebrun und der im Keim erstickte »Putsch der Libellen« zeugten davon, dass der Erste Konsul noch lange nicht fest im Sattel saß und immer noch viele Feinde hatte.

Zudem hatte er in der Person des durch und durch republikanischen Generals Moreau einen ernst zu nehmenden Rivalen, der beim Volk beliebt war und sich auch durch Gunst und Ehrenzeichen nicht von Napoleon kaufen ließ.

> Der allgemeine Liebling der Nation ist Moreau, und der Mann verdient ohne Zweifel die große, stille Verehrung seines Zeitalters. Ich bin nirgends gewesen, weder in Deutschland oder Italien noch in Frankreich, wo man nebst seinen kriegerischen Begabungen nicht seine tadellose Rechtschaffenheit, seine Mäßigung und Humanität gepriesen hätte.[38]

Ob Moreau wirklich so tadellos war, darf bezweifelt werden. Schon 1797 hatte er eine von Davout abgefangene hochverräterische Geheimkorrespondenz des Royalistenführers General Pichegru nicht rechtzeitig an die Regierung weitergeleitet, sodass Pichegru untertauchen konnte. Jetzt wagte er es, offen gegen Napoleon zu opponieren und ihn bei Tischgesprächen sogar ins Lächerliche zu ziehen.

Genauso gefährlich, wenn nicht sogar noch gefährlicher war in Napoleons Augen der verschlagene Bernadotte. Dieser hasste den Korsen und galt insgeheim als Anführer des aufgedeckten Putsches der Libellen, was ihm jedoch nie nachgewiesen wurde. Zwar gelang es Bonaparte, Bernadotte durch Titel an sich zu binden, aber was der Erste Konsul brauchte, waren Männer, die ihm blind ergeben waren. Titel und Beförderungen waren nur zwei Mittel, die Napoleon anwandte. Der dritte Trumpf des Korsen war die Anbindung seiner Gefolgsleute an seinen Familienclan. Mit Desaix zum Beispiel hatte er nicht nur militärisch große Pläne gehabt. Es ist gesichert, dass er den hochbegabten General zum Kriegsminister machen und ihn mit seiner Stieftochter Hortense Beauharnais vermählen wollte. Jetzt, wo Desaix tot war, hatte Bonaparte einen anderen als dessen Ersatz ins Visier genommen: Davout.

Dieser war nach dem Friedensschluss von Lunéville noch bis Mitte Juli 1801 in Italien geblieben, um die Übergabe der österreichischen Festungen an Frankreich zu überwachen. Anschließend war er wie Tausende anderer Offiziere durch Kriegsminister Berthier aus der Armee entlassen worden und hatte sich nach Paris begeben, um auf weitere Befehle zu warten. Würde er erneut Monate des Nichtstuns vor sich haben? Standen ihm wieder lange Tage des Müßiggangs bevor?

Aber der Erste Konsul hatte Davout nicht vergessen. Nach nur wenigen Wochen bekam Davout zu seiner Verwunderung eine Stelle als Generalinspektor der Kavallerie.

War Davout dabei, sich von Bonaparte kaufen zu lassen? Nutzte der Korse geschickt Davouts unbändigen Ehrgeiz, um ihn zu seinem gefügigen Diener zu machen? Vielleicht, aber unter keinen Umständen darf man vergessen, dass Napoleon als Korse vor allem Zuverlässigkeit, Führungsstärke, Fleiß und bedingungslose Treue schätzte. Davout brachte diese Eigenschaften mit sich und fand seinerseits im Ersten Konsul einen militärischen und politischen Führer, der sein Talent zu würdigen wusste.

War dies opportunistisch? Mit Sicherheit, aber damals war Napoleon für Davout wie für viele andere Franzosen vor allem der Heros der Stunde, der Garant für Stabilität und Sicherheit im Innern Frankreichs. Es waren nicht in erster Linie Nützlichkeitserwägung oder Opportunismus, die Davout zum Bonapartisten werden ließen, sondern Patriotismus. Davout hegte tatsächlich die Überzeugung, dass nur Napoleon Frankreich aus der Krise führen konnte. Napoleon dagegen erriet instinktsicher, dass in dem von ihm früher so verachteten Burgunder einige militärische Tugenden steckten, die ihm noch große Dienste erweisen würden. Das Band zwischen Davout und Napoleon war nicht das der Freundschaft, sondern des Nutzens, den beide voneinander hatten. Diese bloße Geschäftsbeziehung trachtete Napoleon zu verändern und zu einer familiären zu erweitern.

Um Davout noch mehr an sich zu binden, stellte er ihm eine junge Tochter aus gutem Hause vor, die neben den Gaben der Klugheit und Schönheit auch den Vorzug besaß, anmutig und gebildet zu sein: die 18-jährige Aimée Leclerc.

Aimée war die Schwester von General Leclerc, der mit Davout in Ägypten gewesen war. Leclerc hatte am 18. Brumaire ebenfalls eine entscheidende Rolle gespielt und später Napoleons Schwester Pauline geheiratet. Jetzt, da er mit einem Armeekorps nach Santo Domingo entsandt werden sollte, um die seit zehn Jahren unabhängige Kolonie wieder zurückzuerobern, wollte er als Vormund seiner Schwester Aimées Zukunft gesichert sehen. Ein erstes Heiratsprojekt war zerstoben. Aimée hatte den ersten Kandidaten, General Lannes, einen Favoriten Napoleons, abgelehnt, weil er ihr zu grob erschien und nicht adeliger Herkunft war. Schließlich hatte die junge Französin ihre Erziehung in einem der besten Häuser der Republik genossen: in St. Germain-en-Laye, einem Internat für höhere Töchter. Außerdem war Aimée sehr selbstbewusst und hatte ihren eigenen Kopf. Sie stammte aus einem sehr begüterten Elternhaus und war von der letzten Hofdame Marie Antoinettes, Mme. Campan, zusammen mit den Schwestern Napoleons in die höheren Weihen gesellschaftlichen Lebens und die damit verbundenen Verpflichtungen eingeführt worden.

Als Davout Aimée vorgestellt wurde, gefiel er ihr sofort. Entgegen seinem später weit verbreiteten schlechten Ruf, ein Finsterling zu sein, war Davout im Privaten sehr höflich, charmant, ja sogar fröhlich. Das erste Treffen war ein voller Erfolg und für beide Liebe auf den ersten Blick. Davout war begeistert. Seit seiner ersten, unglücklichen Ehe hatte keine Frau mehr so sein Herz entflammt wie Aimée. Dabei mag natürlich auch die Tatsache eine Rolle gespielt haben, dass seine junge Braut nicht nur durch ihr Wesen entzückend war, sondern auch wegen ihres Vermögens bestach. Die 18-Jährige brachte eine von ihren Brüdern gesammelte Mitgift von 150000 Francs in die Ehe, weitere 10000 Francs Aussteuer kamen aus einem Fonds ihres verstorbenen Vaters. Davout war im Begriff, eine hervorragende Partie zu machen. Gegen Aimée wirkte er wie ein armer Schlucker. Als Morgengabe konnte er nur ganze 20000 Francs auftreiben. Auch was seine materiellen Sicherheiten anbetraf, konnte Davout nicht als gute Partie gelten. Hier verfügte er nur über das Haus in Ravières und die dazugehörigen Ländereien. Doch dies störte die bürgerlichen Leclercs nicht. Für sie reichte, dass Davout aus uraltem burgundischem Adel stammte. Was unter Robespierre noch Grund für eine Verhaftung gewesen wäre, war in den Jahren des Konsulats wieder schick geworden.

Damit war die Heirat perfekt. Am 9. November 1801, genau zwei Jahre nach Napoleons Machtergreifung, fand die standesamtliche und kirchliche Trauung von Louis Nicolas Davout und Aimée Leclerc im Beisein von Napoleon Bonaparte und Josephine Beauharnais statt. Damit hatte Davout mittelbar in den Clan der Bonapartes eingeheiratet, gehörte er als Schwager zweiten Grades sozusagen zur Familie. Beruhigt wusste General Leclerc seine schöne

Aimée Davout, geb. Leclerc. Die junge Französin sollte an der Seite ihres Ehemanns viele Höhen und Tiefen erleben.

Schwester in guten Händen und schiffte sich Ende November nach San Domingo ein.

Davouts Aufstieg schien gesichert: Nach all den Gefahren konnte er sich endlich ausruhen und des Lebens freuen. Er war verliebt, hatte eine wunderschöne Frau, war plötzlich reich und stand in der Gunst des mächtigsten Mannes Frankreichs, der seine Karriere offensichtlich mit aller Macht protegierte.

Derartige Gunstbezeugungen brachten gesellschaftliche Verpflichtungen mit sich. Kaum hatte das junge Paar in Paris seine erste Wohnung in der Rue Mâtignon Nr. 8 bezogen, da sah es sich schon dazu gezwungen, in das Haus der Gardegeneräle in der Rue des Orangeries umzuziehen.

Der Grund dafür war, dass Napoleon Davout erneut befördert hatte. Zusammen mit den Generälen Soult, Bessières und Songis hatte er ihn zu einem der Generäle seiner Konsulargarde ernannt, der Vorläufer-Einheit der späteren Alten Garde. Und wer General der Konsulargarde war, konnte nicht in einer einfachen Wohnung leben, sondern musste in einem feudalen Seitentrakt der Tuilerien residieren. Noblesse oblige!

Doch dies blieb nicht das einzige Domizil der frisch Vermählten. Gleich nachdem Aimée im August 1802 ihren Sohn Paul zur Welt gebracht hatte, erstanden die Davouts ein imposantes Schloss mit Wassergräben, Brücke, mittelalterlichen Türmen und einem beschaulichen Park von 75 Hektar in der Nähe von Paris. Der Grund für diesen Kauf war, dass Aimée das Stadtleben nicht besonders gefiel. Wie Davout war sie auf dem Land aufgewachsen und vermisste die ländliche Idylle und Ruhe. Das Großstadtleben war ihr zu hektisch, jede Art höfischer Verpflichtung ein Gräuel. Sicher haben auch einfach eine Portion Schwärmerei, die Liebe zum Schönen sowie die scheinbar günstige Gelegenheit – das Schloss wurde im Auftrag seiner Besitzer versteigert – eine große Rolle gespielt. Ohne lange zu überlegen, erstanden die Verliebten das Schloss von Savigny-sur-Orge, für 760000 Francs. Dies war eine Summe, die sich die Davouts eigentlich nicht leisten konnten. Aber sie vereinbarten mit den Verkäufern, dass sie das kostbare Anwesen in 28 Jahresraten abzahlen durften.

Kaum ein Jahr verheiratet, hatten sie schon einen immensen Schuldenberg angehäuft, von dem sie ohne die Hilfe Bonapartes nicht herunterkommen sollten. Und trotzdem, die Investition lohnte sich. Abgesehen von den finanziellen Belastungen blieb der Besitz von Savigny-sur-Orge ein Quell der Freude für das Ehepaar.

Mit dem Kauf von Savigny schien das Glück der Davouts auf dem Höhepunkt – da kam Ende des Jahres die Nachricht, dass Aimées geliebter Bruder im fernen Santo Domingo dem mörderischen Gelbfieber erlegen war, das schon 22000 seiner Männer hingerafft hatte.

Die Nachricht löste einen Schock bei Aimée aus. Aus Briefen ihres Bruders wusste sie von seinem schlechten Gesundheitszustand und vom katastrophalen Verlauf der Expedition. Als besonders schmerzlich empfand sie jedoch, dass Napoleon auf keinen der Bittbriefe, in denen ihr Bruder dringend Nachschub an Material, Munition, Soldaten und Medikamenten forderte, geantwortet hatte. Aimée sollte Napoleon den Tod von Charles Leclerc nie verzeihen. Seitdem hegte sie einen tiefen Groll gegen Bonaparte. Für sie hatte Napoleon ihren Bruder in einem sinnlosen Unternehmen geopfert. Nur zwei Jahre später scheiterte die Rückeroberung Santo Domingos kläglich. Sie endete mit der Kapitulation der französischen

Das Refugium der Davouts: Schloss Savigny-sur-Orge unweit von Paris

Truppen und der Krönung des ehemaligen Sklaven Dessalines zum Kaiser von Haiti.

Aimée stürzte in eine tiefe Depression, wurde »melancholisch«, wie man damals in Ermangelung einer besseren Diagnose sagte. Davout litt mit ihr, versuchte seine junge Frau zu trösten und sie auf andere Gedanken zu bringen. Aber es war ihm nicht gestattet, noch länger an ihrer Seite zu bleiben.

Im Frühjahr 1803 zogen wieder Gewitterwolken am europäischen Friedenshimmel auf. Aufgrund wachsender Spannungen zwischen Frankreich und England brach erneut Krieg zwischen beiden Nationen aus.

Es ist müßig, den Kriegsgrund in der verweigerten Rückgabe Maltas durch die Engländer oder in der 1802 erfolgten Militärintervention in der Schweiz durch französische Truppen zu suchen. Die wahre Ursache des Krieges war die Weigerung Napoleons, Frankreichs Binnenmarkt für Großbritannien zu öffnen, und der eiserne Wille der Briten, dies zu erzwingen. Großbritannien ging es um sein Welthandelsmonopol, Frankreich um die Hegemonie auf dem Kontinent. Der einzige Unterschied der folgenden Kriegsjahre von 1803–1805 zum vergangenen Kriegsjahrzehnt war, dass England diesmal nicht auf die Hilfe anderer zählen konnte und allein gegen Frankreich kämpfte.

Diesen Umstand gedachte Bonaparte für sich zu nutzen. Diesmal plante er, den ewigen Rivalen jenseits des Ärmelkanals endgültig in die Knie zu zwingen. Zu diesem Zweck nahm Bonaparte seine alte Idee einer Invasion Englands wieder auf und unterzog die französischen Häfen von der holländischen Kanalküste bis zur Bretagne ausgedehnten Inspektionen.

Auf die zweite Inspektionsfahrt nahm er Davout mit.

An der Seite Napoleons besichtigte der Burgunder die Häfen von Ostende, Antwerpen und Dünkirchen, um dann Mitte August etwas früher als geplant nach Paris zurückzukehren. Diesmal war es der frühe Tod seines Sohns, der die Abreise notwendig machte. Der kleine Paul war plötzlich an Krämpfen gestorben. Alles, was Davout in dieser Situation tun konnte, war seinen Sohn zu betrauern und Aimée zu trösten. Zum Leidwesen seiner jungen Frau wurde es nur ein kurzer Aufenthalt.

Schon am 29. August erhielt der Burgunder den Oberbefehl über das neu gebildete 3. Korps, jene legendäre Einheit, an deren Spitze er seine glanzvollsten Siege erfechten sollte. Es war die bisher verantwortungsvollste Aufgabe in Davouts Leben. Noch nie zuvor hatte er das Kommando über eine 30000 Mann starke Truppe gehabt, die dazu auserkoren war, an einem der schwierigsten Feldzüge der Geschichte teilzunehmen.

Der Plan Napoleons sah vor, in den Häfen des Ärmelkanals eine Invasionsarmee von 150000 Mann aufzustellen, um am »Tag X« in England zu landen. Zu diesem Zweck sah Napoleon die Errichtung mehrerer Armeelager an der Küste vor: das Lager von Utrecht, das Lager von Brügge, das Lager von Boulogne und das Lager von Montreuil. Jedes dieser Lager diente einem Armeekorps als Basis. Diese Armeekorps waren von Holland bis zur Somme-Mündung verteilt. Das 2. Armeekorps stand unter dem Befehl General Marmonts. Sein Hoheitsbereich erstreckte sich von Utrecht bis Vlissingen. Das 3. Armeekorps kommandierte Davout. Es hatte seine Basis in Brügge, war aber für den Küstenabschnitt von Vlissingen bis Dünkirchen zuständig und umfasste drei Divisionen: die erste wurde von Friant, die zweite von Durutte befehligt, die dritte stand unter dem Kommando Oudinots. Während die letzten beiden vorerst Quartier in Ostende bezogen, wurde die Division Friants in Dünkirchen stationiert, dem Grenzort zur Sammelzone des 4. Armeekorps.

Dieses unterstand General Soult und hatte sein Hauptquartier in Boulogne. Ihm war der Abschnitt zwischen Dünkirchen und Gravelines zugeteilt. Der westlichste Sektor der Invasionsarmee, das Lager von Montreuil, wurde zur Heimat des 5. Armeekorps. Es deckte die Strecke zwischen Montreuil und dem Hafen Étaples ab und wurde von General Ney befehligt, bekam jedoch kurz darauf den Namen »6. Armeekorps«, weil ein neues 5. Armeekorps in Boulogne formiert wurde. Die Reserve der Invasionsarmee bildeten 12 Grenadierbataillone, die in Arras stationiert wurden. Was die Kavallerie anbetraf, so bezogen die Dragonerregimenter Quartier an den Mündungen der Flüsse Escaut, Aisne, Oise; die Husaren und Jäger verteilten sich auf St. Omer und Ardres.

Doch mit der Aufstellung einer Landarmee allein war das Vorhaben Napoleons nicht zu bewerkstelligen. Um sein Heer übersetzen zu können, musste die an der Atlantik- und Mittelmeerküste verteilte französische Kriegsmarine in den Kanal einlaufen und für kurze Zeit die Seeherrschaft erringen.

Erst dann konnte Napoleons Armada aus Landungsbooten, Fischereibooten, Lastkähnen, Kanonenschaluppen, Briggs und Transportschiffen überhaupt den Versuch wagen, die englische Küste anzusteuern.

Es war ein utopischer Plan gigantischen Ausmaßes, der enorme Geldsummen verschlang und vor allem von einem unbestimmbaren Faktor abhing: der Fähigkeit der Franzosen, für mindestens drei

Tage die Seeherrschaft über den Kanal zu erlangen. Selbst wenn dies gelang, hatte das Heer die Landung an einer schwierigen Küste vor sich. Zudem galt es, die britische Küstenverteidigung, die aus Milizen, der Reservearmee und Einheiten der regulären Armee gebildet wurde, niederzuringen.

Napoleon sah dies als die geringste Schwierigkeit an. Einmal gelandet, glaubte er, die britischen Landstreitkräfte in wenigen Gefechten zermalmen zu können.

Nein, die englische Armee selbst war keine Gefahr, da war sich Napoleon sicher. Die eigentliche Bedrohung seiner Pläne kam von der Royal Navy, deren geschulte Besatzungen von fähigen Kommandeuren wie Nelson geführt wurden.

In der Tat war die Macht der Flotte Seiner Majestät des Königs von England furchteinflößend. Nach der Kriegserklärung im Mai 1803 hatte England die Stärke seiner Flotte auf 75 schwere Linienschiffe, 100 Fregatten und eine entsprechende Anzahl von Korvetten und Briggs gebracht, während der Mannschaftsstand von 80000 auf 100000 erhöht wurde.[39]

Diese Flotte teilte sich in mehrere Geschwader. Im Mittelmeer blockierte Admiral Nelson Toulon und hinderte so die französische Mittelmeerflotte am Auslaufen. Vor den französischen Atlantikhäfen Rochefort und Brest kreuzten Lord Cornwallis' Geschwader, bereit, jedes feindliche Schiff auf dem Meeresboden zu versenken. Die Kanalflotte kommandierte Admiral Keith. Seine Schiffe sicherten nicht nur die Themsemündung bis nach Portsmouth, sondern patrouillierten auch von der Somme bis zur Schelde. Dort liefen die Vorbereitungen zur Invasion mittlerweile auf Hochtouren.

Überall auf den Werften pochten Hämmer, kräuselte sich der schwarze Rauch frisch kalfaterter Schiffsrümpfe in den Himmel. Reepschläger flochten auf ihren Bahnen dicke Schiffstaue, Kräne bogen sich unter Lasten. Der Gesang Hunderter von Arbeitern und Soldaten erschallte in den Häfen, während sie die seit Jahrzehnten von der Flut versandeten Hafenbecken von Ambleteuse, Wimereux und Étaples bei Ebbe freischaufelten.

Pferde trotteten unter den Flüchen der Knechte auf dem Strand, zogen mit Steinen beladene Karren zu neu errichteten Molen und Wellenbrechern, die von fleißigen Händen der Flut zum Trotz aufgeschichtet wurden. Nur von Zeit zu Zeit wurde die Arbeit unterbrochen, wenn die britischen Geschwader am Horizont auftauchten und die Arbeiter unter Feuer nahmen.

Noch verfügten die Franzosen, abgesehen von einigen Festungsgeschützen und mobilen Batterien, kaum über wirksame Gegenmittel, diesen Angriffen zu begegnen. Die geeigneten Abwehrmaßnahmen konnten nur von der Artillerie des Landheeres kommen. Doch dieses hatte vorerst andere Prioritäten und war damit beschäftigt, seine neuen Quartiere zu errichten.

Tatkräftig überwachte Davout Planung und Anlegung der verschiedenen Armeelager und ihrer Barackenhäuser. Akribisch nahm er auf jedes Detail Einfluss, bestimmte Lage und Bau der einzelnen Baracken. Diese Behausungen wurden in Reih und Glied angelegt, erhielten Hausnummern, ja manchmal sogar Namen von siegreichen Gefechten oder Helden. Meist zählten sie sieben Fuß in der Höhe und 24 Fuß in der Länge. Ihre Seitenwände waren, je nach Material der Region, aus Holzbrettern oder erdverfüllten Weidenwänden hergestellt, das Dach mit Reet gedeckt. Die Soldaten schliefen zwei Fuß über dem Boden auf Bretterpritschen oder Lattenrosten, die mit Stroh bedeckt waren. In allen Baracken herrschte peinliche Ordnung, war jeder Ausrüstungsgegenstand genau an seinem Platz.

Aber Davout kümmerte sich nicht nur umsichtig um die Unterbringung seiner Soldaten, sondern auch um die Anlage von Brunnen. Persönlich sorgte er dafür, dass es den Männern an nichts mangelte, und wachte über die Qualität und Verteilung der tagtäglichen Nahrung. Aus eigener Erfahrung wusste er, wie wichtig gutes und sauberes Trinkwasser war. Aus diesem Grund gab er Befehl, in den Lagern nach Brunnen zu bohren. Die Franzosen hatten Glück. In geringer Tiefe stießen sie auf Wasser, das von der Qualität besser als das in den Städten war. Aber damit begnügte sich Davout nicht. Der Kommandeur des 3. Korps brachte eine Erfindung eines Genieoffiziers zur Anwendung, der ein einfaches Verfahren der Wasserfiltrierung erfunden hatte: einen rustikalen Kohlefilter, bestehend aus einem Socken und feingepresster Kohle. Goss man das Wasser hierdurch, blieben Schmutzpartikel und Schwebestoffe darin haften. Des Weiteren achtete Davout darauf, dass seine Soldaten Obst und Gemüse abkochten, bevor sie dieses verzehrten.

Jetzt, nachdem seine Soldaten ein festes Quartier hatten, konnte sich Davout voll und ganz der Aufgabe widmen, einerseits die Kanalküste von Vlissingen bis Dünkirchen vor britischen Angriffen zu schützen und andererseits sein Armeekorps für eine Landung in England auszubilden.

Bevor er jedoch ernsthaft daran denken konnte, sich mit seinen Truppen an amphibische Manöver heranzuwagen, musste er sie überhaupt erst taktisch zusammenschweißen. Zwei Drittel seiner Soldaten waren junge Konskribierte, die noch nie zuvor eine Waffe in der Hand gehalten hatten. Ihnen musste erst einmal beigebracht werden, wie man ein Gewehr oder ein Geschütz bedient.

Aus diesem Grund wechselten sich tagtäglich Märsche und taktische Manöver mit allen Varianten der Gefechtsausbildung ab. Vom aufgelösten Tirailleurfeuer bis zum rollenden Linienfeuer, von der Formation einzelner Linien zur Angriffskolonne, von der Entwicklung der Kolonne zum Karree: alles übten die Soldaten bis zur Erschöpfung, selbst – und dies war revolutionär für jene Zeit – Nachtgefechte.

Waren die Soldaten abgehärtet und an den Dienst mit der Waffe gewöhnt, kam der Drill amphibischer Landemanöver, die Gewöhnung an die See und der Kampf im Verbund aller Waffen hinzu.

Doch die Ausbildung von Armeekorps war nur eine Seite des Kriegsalltags. Angesichts Tausender junger Männer spielte die Aufrechterhaltung der Disziplin eine große Rolle. Für Davout besonders, für den Worte wie Pflichterfüllung und Disziplin keine leeren Phrasen waren. Besonders zuwider waren Davout Plünderungen und Diebstähle, die er drakonisch bestrafte. Doch manchmal drückte selbst der eiserne Marschall ein Auge zu, wie folgende Anekdote des Offiziers Rauvisson beweist, der unter Davout im Lager von Brügge diente.

> Eines Tages, als er ausritt, bemerkte der Marschall einen Soldaten, der irgendwie eigenartig aussah. Es war ein Dragoner, der unter seinem Mantel ein Schaf zu verbergen suchte, das er gerade gestohlen hatte. Der Marschall ließ den Dragoner vor-

> treten und eröffnete ihm, was für eine Strafe ihn erwartete, während das arme Schaf ohne Unterlass wie von Sinnen blökte. Plötzlich wurde es dem Dragoner zuviel. Er schlug dem Schaf mit der flachen Hand auf die Stirn und herrschte es an.
>
> »Gib endlich Ruhe, Schaf! Lass doch mal den Marschall ausreden!« Der Marschall lachte vielleicht zum ersten Mal in seinem Leben und die Worte des Soldaten bewahrten ihn vor Bestrafung […].[40]

Abgesehen von wenigen Vorfällen dieser Art kam es im Lager von Brügge kaum zu Plünderungen. Ein größeres disziplinarisches Problem war die Duellsucht der Offiziere und Mannschaften. Anders als viele seiner Kollegen hielt der Kommandeur des 3. Armeekorps der Grande Armée nichts von diesen Zweikämpfen, die meist tödlicher Ehrsucht entsprangen und unter den Mannschaften Opfer forderten. Oft blieben die Kontroversen nicht nur auf die Duellanten selbst beschränkt. Auch ganze Einheiten oder Truppengattungen gerieten aus Ehrsucht aneinander. Dies konnte blutige Folgen haben, wie ein wegen einer Bagatelle ausgebrochener Kampf zwischen Alter Garde und einem Linienregiment beweist, bei dem 16 Männer getötet und Dutzende verletzt wurden.

Verluste dieser Art sahen weder Napoleon noch Davout gern. Wahrer Mut sah für Davout anders aus und wurde im Kampf gegen den Feind bewiesen.

Dieser hatte es in der Anfangszeit vor allem auf die entstehenden neuen Häfen und Artilleriestellungen der Franzosen abgesehen. Unentwegt griffen britische Briggs, Korvetten und Fregatten die französischen Bauarbeiter an und beschossen sie aus nächster Nähe, ohne dass die hoffnungslos unterlegene französische Flotte an Gegenwehr denken konnte. Erst durch die Einführung berittener Artillerie und die Anlage fester Küstenbatterien gelang es, die englischen Seestreitkräfte in Schach zu halten.

Dies konnte die Briten allerdings nicht davon abhalten, die Zusammenführung der Landungsflotte immer wieder zu stören und Truppen- sowie Flottenkonvois entlang der Küste anzugreifen und zu bombardieren. Doch trotz unentwegter Angriffe erreichten die

Franzosen ihr Ziel. Tag für Tag wuchs nicht nur die »Armée des Côtes d'Océan«, wie das Heer seit 1804 hieß, sondern auch das Geschwader der Landungsboote, wurden die Häfen von Boulogne, Étaples, Wimereux und Ambleteuse größer.

Langsam nahm die Invasion Englands trotz dauernder Störangriffe der Briten konkrete Formen an.

Die weitaus größte Gefahr drohte dem 3. Korps nicht von den Engländern, sondern von dem Landstrich, in dem es stationiert war. Dort, im offenen Gelände der von brackigen Wasserläufen und kleinen Sümpfen durchzogenen Dünenlandschaften war ein tödliches Fieber ausgebrochen, das Hunderte von Männern das Leben kostete und Tausende für Wochen außer Gefecht setzte.

Bei dieser rätselhaften Krankheit, die damals das 3. Korps empfindlich schwächte, handelte es sich um eine »Sumpffieber« oder »Wechselfieber« genannte europäische Variante der Malaria. Viele der Truppenlager befanden sich in mückenverseuchten Gebieten wie den Inseln Walcheren und Cadzand, wo die meisten Soldaten an jener tödlichen Variante der Malaria erkrankten.

Diese Krankheit war in Europa viel weiter verbreitet als heute vermutet wird. Sie wurde wie die Malaria tropica durch Stechmücken übertragen. Seuchenherde waren jahrhundertelang Flussniederungen, Altarme, Marschen, Tümpel, Sümpfe und Moore. Erst die im 19. und 20. Jahrhundert erfolgten gewaltigen Flussbegradigungen und Austrocknungen riesiger Feuchtgebiete haben diesem Albtraum weitgehend ein Ende gemacht.

Die Gegend um Brügge war seit Jahrhunderten bekannt für das verheerende Wechsel- bzw. Sumpffieber. Besonders Ostende, Gravelines, die Inseln Walcheren und Cadzand waren berüchtigt, Orte jenes Schreckens zu sein. Wie der berühmte Epidemiologe Stefan Winkle in seinem Standardwerk zur Kulturgeschichte der Seuchen, »Geißeln der Menschheit«, hervorhebt, war schon während des Österreichischen Erbfolgekriegs eine britische Armee aufgrund schwerer Verluste zur Aufgabe ihrer Lager gezwungen worden. Später, im 20. Jahrhundert, als der Malariaerreger und seine Übertragung durch Stechmücken bekannt war, wurde der Befall jener Region durch Malaria klar diagnostiziert.

Wer einmal von der Malaria befallen war, konnte Anfang des 19. Jahrhunderts kaum auf wirksame Gegenmittel hoffen. Einzig die Verabreichung von Chinarinde brachte Linderung.

Leider versuchte die französische Heeresleitung zuerst, dem Leid mit allerlei hygienischen Maßnahmen Abhilfe zu verschaffen. Besonders Davout tat alles, das Los der Erkrankten erträglich zu machen und seine gesunden Soldaten zu schützen.

Gemäß der Miasma-Theorie, jener mittelalterlich anmutenden Überzeugung, dass Pesthauche und schlechte, faulige Luft für den Ausbruch jener Seuche verantwortlich seien, erließ er Verordnungen, die Baracken gut zu lüften, das Pfeifenrauchen zu unterlassen. Doch so gut gemeint diese Maßnahmen waren, sie halfen nichts.

Auch die Ernennung einer Gesundheitskommission, welche die Qualität der Ernährung seines Armeekorps überwachen sollte, zeigte keine Ergebnisse – genauso wenig wie der Bau von Lazaretten und Hospitälern. Einzig die Verlegung der Truppen von den Lagern weg konnte die Erkrankung weiterer Truppenteile stoppen.

Da es jedoch nicht in Frage kam, die Beobachtungsposten an der Küste völlig aufzugeben, entwickelte Davout im Auftrag von Napoleon ein Rotationsprinzip und tauschte die Truppen, welche die Küste bewachten, in regelmäßigen Zeitabständen gegen erholte Einheiten aus dem Hinterland aus.

Die Maßnahme griff, wohl auch wegen der Abkühlung durch Herbststürme und Winter. Aber da hatte sich Davout schon infiziert, was ihn allerdings nicht daran hinderte, weiter zu arbeiten. Anfang des Jahres 1804 war er jedoch so schwer erkrankt, dass seine Frau Aimée es nicht mehr in Savigny aushielt und ihn trotz erneuter Schwangerschaft im Lager von Brügge besuchte, nachdem sie Napoleon von Davouts Krankheit berichtet hatte. Dieser nahm es auf sich, Davout wegen seiner Unvernunft zu rüffeln:

> Ich habe gestern Mme. Davout gesehen, und sie hat mir gesagt, dass Sie immer noch nicht gesund sind, sich aber auf dem Weg der Besserung befinden. Schonen Sie sich, denn der Zeitpunkt des Angriffs wird bald kommen.[41]

Davout befolgte den Rat seines obersten Kriegsherrn nur ungern. Obwohl ihn seine Erkrankung beeinträchtigte, hinderte ihn dies nicht daran, sich höchstpersönlich um eine Spionageaffäre zu kümmern, die sich in seinem Lager selbst abspielte.

Da den Erkundungen der Briten von See aus enge Grenzen gesetzt waren, schickten sie Spione aus, um neue Erkenntnisse zu erlangen. Einer dieser Agenten, ein preußischer Reisender namens von Bülow, freundete sich systematisch mit einfachen Soldaten und Offizieren aus Davouts Lager an, um Informationen einzuziehen.

Zum Glück für die Franzosen war dieser Kundschafter in britischen Diensten nicht sehr geschickt. Kaum im Lager, machte er sich durch seine gezielten Fragen nach Mannschaftsstärken und Zustand der Truppen verdächtig. Als man britisches Geld und einen Brief bei ihm fand, wurde klar, dass er für die Briten spionierte. Von Bülow wurde verhaftet und Davout vorgeführt. Dieser setzte den Preußen in einem Haus fest und schrieb an Napoleon, um den ersten Konsul um weitere Verhaltensmaßregeln in diesem Fall zu bitten. Die Antwort des Ersten Konsuls ließ nicht lange auf sich warten und war unmissverständlich.

> Paris, am 1. Frimaire des Jahres XII
>
> Ich erhalte von Ihnen einen Brief vom 27. Brumaire, in dem Sie mich von der Verhaftung eines gewissen von Bülow in Kenntnis setzen. Statt diesen in einem eigenen Haus festzuhalten, muss man ihn heimlich ins Gefängnis stecken. Ernennen Sie eine Kommission aus fünf Offizieren, um ihn innerhalb von 24 Stunden als Spion zu verurteilen, und lassen Sie ihn erschießen. Dieses Beispiel ist notwendig, denn unsere Küsten sind von derartigen Elenden überflutet.
>
> Unterzeichnet: Bonaparte.[42]

Damit war der Fall von Bülow abgeschlossen. Am 6. Dezember 1803 wurde der preußische Spion auf dem Marktplatz von Ostende hingerichtet. Es ist ein makabrer Zufall, dass Davout zur selben Zeit für eine der höchsten Auszeichnungen Frankreichs vorgeschlagen wurde: das Kreuz der Ehrenlegion.

Mit dieser neuen Institution wollte Napoleon eine Art Verdienstadel begründen, eine neue Kaste schaffen, die der Republik und vor allem ihm verpflichtet war.

Aber zu bahnbrechenden Veränderungen in Frankreich kam es nicht durch die Gründung der Ehrenlegion, sondern durch eine andere Entwicklung.

Wenig später nutzte er die Zerschlagung einer royalistischen Verschwörung, um letzte Widerstände gegen seine Diktatur zu beseitigen. Der vermeintliche Selbstmord des Royalistenführers Pichegru, die Verhaftung und spätere Hinrichtung des Attentäters Cadoudal, die Ermordung des Herzogs von Enghien und nicht zuletzt die Inhaftierung des letzten Republikaners von Format, General Moreau, bahnten ihm den Weg zum Kaisertum. Angeblich um die Revolution durch eine Militärmonarchie zu festigen, in Wahrheit aber, um desto unverschämter den Grundstein zu seiner eigenen Dynastie zu bilden, ließ Bonaparte sich am 19. Mai 1804 vom Senat die Bitte antragen, sich zum Kaiser krönen zu lassen.

Jetzt war der Korse am Ziel. Systematisch hatte er sich vom Triumvirat über das Prinzipat zum Imperator aufgeschwungen. Und wo ein Kaiser ist, braucht es auch einen Hofstaat willfähriger Paladine, die notfalls bereit sind, ihr Leben für den Imperator zu geben.

Aus diesem Grund ließ Napoleon den 1793 abgeschafften Marschallstand wieder aufleben. Am selben Tag, an dem ihm die Kaiserwürde angetragen wurde, beförderte er 18 Generale zu Marschällen. Einer davon war Davout.

Was beabsichtigte Napoleon mit Davouts Ernennung? Was für besondere Leistungen hatte er aufzuweisen? Die Generäle Kellermann, Pérignon, Lefèbvre und Sérurier hatten sich zu Beginn der Revolutionskriege im Kampf gegen die Alliierten bewährt und waren alte Männer. Die Verleihung der Marschallstäbe an Augereau und Bernadotte bedeuteten politische Zugeständnisse an persönliche Gegner Napoleons. Mit der Beförderung Brunes, Jourdans und Monceys honorierte der Erste Konsul deren Dienstfertigkeit trotz erwiesener Mittelmäßigkeit an der Front. Große Hoffnungen jedoch setzte Bonaparte auf die Fähigkeiten von Masséna, Soult, Ney, Murat, Berthier, Mortier, Bessières, Lannes und Davout.

Die Beförderung Davouts zum Marschall war ein Karrieresprung sondergleichen und Ausdruck tiefen Vertrauens seitens Napoleons, der ihn jetzt mit »Mein Cousin« anredete. Die Verleihung der Marschallswürde fiel zusammen mit einem glücklichen Ereignis im privaten Bereich: der Geburt einer Tochter, die nach der Gattin des zukünftigen Kaisers Josephine benannt wurde. Die Geburt des Kindes schien unter einem guten Stern zu stehen, aber dieser Schein trog.

Nur ein Jahr später, im Frühjahr 1805, starb die kleine Josephine genauso unvermittelt wie ihr Bruder Paul zuvor. Aber es sollte noch schlimmer kommen für die Marschallsgattin. Fast scheint es, als ob ein Fluch über den Davouts hing. Von weiteren sechs Kindern, die sie von 1805 bis 1815 gebar, erreichten nur drei das Erwachsenenalter, was Aimée Davout, wie wir ihren Briefen an ihren Ehemann entnehmen können, schwermütig werden ließ. Der Marschall selbst litt ebenfalls unter dem Tod seiner Kinder, konnte seine Frau aber dennoch kaum trösten, weil er ständig im Feld stand und bis auf einige Urlaube nie zu Hause war. Mit Briefen versuchte er, in Kontakt mit Aimée zu bleiben und seine Frau der Schwermut zu entreißen, was ihm allerdings nur mäßig gelang. Im Laufe der Jahre vergrub sich Aimée immer mehr hinter den dicken Mauern von Savigny und ließ sich nur noch selten bei Hofe sehen.

Doch greifen wir den Ereignissen nicht vor. Am 2. Dezember 1804 rief ein wichtiger Staatsakt den Marschall und Aimée von Savigny nach Paris. Zusammen wohnten beide der Kaiserkrönung Napoleon Bonapartes bei, die in der Kathedrale von Paris stattfand. Dort wurde Davout Zeuge, wie Napoleon dem Papst ungeduldig die Kaiserkrone aus der Hand riss, um sich und seine Gattin Josephine selbst zu krönen. Anschließend verließ das frisch gesalbte Kaiserpaar die Kirche, wo es frenetisch vom Volk bejubelt wurde. Es war die Geburtsstunde des Empire und der Auftakt zu mehrwöchigen Freudenfeiern. Das Leben im Paris jener Tage erschien wie im Rausch. Ball folgte auf Ball, Ehrenfeier auf Ehrenfeier.

Aber im neuen napoleonischen Kaiserreich waren die Zeiten des Amüsements äußerst begrenzt. Noch Anfang Januar wurden Kuriere zu den Marschällen ausgeschickt, sich Ende Februar 1805 wieder in ihren Hauptquartieren einzufinden und ihr Armeekorps in Kampfbereitschaft zu bringen.

Zu diesem Zeitpunkt erwartete Napoleon, die französische Flotte unter Villeneuve im Ärmelkanal zu sehen, der es tatsächlich geschafft hatte, die Blockade Toulons zu durchbrechen und den Atlantik zu erreichen. Napoleon konnte sich Hoffnungen machen, dass sein Plan einer Invasion Englands aufging. Gelang es dem französischen Admiral, mit der vereinigten französisch-spanischen Flotte den ihn verfolgenden Nelson abzuhängen und durch eine plötzliche Kehrtwende in den Ärmelkanal zu dringen, sah der Kaiser einer Invasion Englands optimistisch entgegen.

Aus diesem Grund gab Napoleon Davout am 18. Juli 1805 den Befehl, das 3. Korps an Bord der batavischen Flotte in Dünkirchen einzuschiffen und den Hafen von Ambleteuse anzusteuern. Gegen den Willen des holländischen Admirals Verhuel setzte Davout die Durchführung des kaiserlichen Befehls trotz des stürmischen Wetters durch.

Darauf hatten die Engländer, die von dem Unternehmen Wind bekommen hatten, gewartet. In Erwartung leichter Beute griffen sie die mehrere hundert Transportschiffe zählende Flotte zwischen Wissant und dem Cap Gris Nez an und versuchten, sie zu vernichten. Zuerst aus der Ferne, dann immer näher kommend, beschossen die Briten die schwerfällige Flotte, die sich tapfer zur Wehr setzte. Dennoch schien es nur eine Frage der Zeit, bis das britische Geschwader nah genug war, um seine gefürchteten Carronaden, mit Kartätschen geladene Kurzfeuergeschütze, einzusetzen, die unter den mit Truppen voll beladenen Schiffen mit Sicherheit große Verheerungen angerichtet hätten. Schon wurden die Gesichter der holländischen Matrosen und französischen Soldaten wächsern, der Blick Admiral Verhuels unruhig. Einzig Davout tat seelenruhig und grinste. Plötzlich ertönte das ohrenbetäubende Krachen einer Salve von mehr als 300 Geschützen über den Köpfen der Franzosen. Es war der Kaiser selbst, der über Nacht eine riesige Batterie auf dem Steilufer des Cap Gris Nez installiert hatte, um einen Feuerschutzschirm für die einlaufende Flotte zu garantieren. Die Briten waren perplex. Von Jägern zu Gejagten geworden, drehten sie ab, wobei eine Fregatte schwer beschädigt wurde. Unter dem Jubel der Besatzungen lief die batavische Flotte in den Hafen von Ambleteuse ein, den die trutzigen Mauern des von Vauban einst angelegten Forts Mahou beschirmten.

Anfang August lagen in Ambleteuse 3 große Prahme, 25 Kanonenschaluppen, 116 Kanonenboote, 6 Kähne und 30 Transport-

Gudin de la Sablonnière, Divisionsgeneral des 3. und später 1. Korps

schiffe. Vom 3. Korps fehlte nur noch die 3. Division unter General Gudin, der in der Zwischenzeit General Durutte abgelöst hatte.

Stoisch wartete Davout darauf, zusammen mit dem Rest der Invasionsarmee, die wiederum umgetauft worden war und jetzt »Grande Armée« hieß, den Schritt über den Kanal zu wagen. Was fehlte, war die Flotte Villeneuves.

Doch Admiral Villeneuve kam nicht und verpasste den günstigen Moment, in den Ärmelkanal einzulaufen. Wie sich später herausstellte, sollte er ihn nie erreichen, sondern im Oktober 1805 bei Trafalgar vernichtend von Nelson geschlagen werden.

Dieser weltgeschichtliche Sieg der Engländer hatte jedoch keinen Einfluss mehr auf das Schicksal der Grande Armée.

Angesichts der drohenden Invasion hatte Großbritanniens neuer Premierminister, William Pitt der Jüngere, eine dritte Koalition aus den Mächten Großbritannien, Österreich, Russland, Schweden und dem Königreich beider Sizilien geschmiedet.

Diese Koalition marschierte Anfang September in Bayern ein und erklärte Frankreich den Krieg. Napoleon zögerte keine Sekunde und entschied sich für den Abbruch der Invasion. Doch wie würde die Armee nach all den Strapazen und Entbehrungen reagieren? Die Reaktion war erstaunlich positiv, wie Capitaine Coignet von der Alten Garde berichtet:

> Ende August 1805 waren die Vorbereitungen für eine Landung in England so weit vorgeschritten, dass eines Donnerstagabends alles zur Abfahrt gerüstet wurde.
>
> Um 10 Uhr kam aber plötzlich der Gegenbefehl. Sämtliche Truppen wurden mit Sack und Pack ausgeschifft. Man sagte uns, die Landung wäre aufgegeben, wir sollten nach dem Rhein marschieren. Der Jubel war groß, und ohne Aufschub ging es in die Nacht hinein, in Richtung Arras. Nicht eine Stunde Schlaf wurde uns gegönnt. Es war ein Marsch, wie er noch nie gleich beschwerlich gemacht wurde.[43]

Nacheinander zogen die Korps aus allen Lagern an der Kanalküste ab. Mit ungeahnter Schnelligkeit setzte sich die seit zwei Jahren in unzähligen Übungen gestählte und eingeschworene Kampftruppe gegen den Rhein in Bewegung.

Auf sie warteten unmenschliche Strapazen, blutige Gefechte und unsterblicher Ruhm. Noch wusste Davout nicht, dass es ihm vorbestimmt war, auf den Verlauf des Feldzugs entscheidend Einfluss zu nehmen.

V
DER WEITE WEG NACH AUSTERLITZ

> Am elften Frimaire [2. Dezember 1805; Anm. d. Verf.] setzte sich unser Regiment in Marsch, dessen Aufklärung aus nur zwei Kompanien Voltigeure des 13. Regiments bestand. Wir marschierten ungefähr eine Stunde, wobei wir von Zeit zu Zeit Schüsse hörten. Der Marschall D'Avoust [Davout; Anm. d. Verf.] war an unserer Spitze.[44]

Am 27. August 1805 setzte sich die Grande Armée, wie die Armée des Côtes d'Océan jetzt hieß, in Bewegung. Nach einem perfekt durchgeführten Marsch durch Flandern, die Picardie, Lothringen und das Elsass erreichte sie nach 24 Tagen den Mittelrhein zwischen Mainz und Straßburg.

Napoleons Plan war kühn und genial. Gedeckt durch einen Kavallerieschleier, der den Österreichern seine Truppenbewegungen verbergen sollte, wollte er die bei Ulm stehende österreichische Armee unter General Mack in großem Bogen umgehen und in den Rücken fassen. Dazu musste er bis zur Donau vorstoßen. Der Vorteil dieses Manövers lag auf der Hand. Zum einen besetzte die Grande Armée die Operationslinie der Österreicher und schnitt ihnen den Rückzug nach Österreich ab. Zum anderen blockierte Napoleon den Anmarschweg der russischen Armee, die unter Feldmarschall Kutusow in Eilmärschen nach Bayern unterwegs war.

Einmal an der Donau, würden die Armeekorps in Macks Rücken zusammen mit denen vom Rhein angreifenden unter Lannes und Ney auf Ulm vorstoßen, um Macks Armee zu umzingeln.

Es gab jedoch zwei Voraussetzungen, die gegeben sein mussten, damit die Einkesselung gelang. Die Franzosen mussten vor den Russen die Donau erreichen. Und Mack musste von allen Seiten überrascht werden, bevor er sich aus der Falle ziehen konnte.

Das hieß für die Soldaten anstrengende Eilmärsche. Noch am

selben Tag begannen fünf Armeekorps die Überquerung des Rheins. Hierbei zeichnete sich das 3. Korps unter Davout durch besonderen Eifer aus. Statt wie die anderen Korpskommandeure mittels Schiffsbrücken überzusetzen, überquerte er den Rhein mit unzähligen Fähren und Kähnen, die er zuvor beschlagnahmt hatte.

Kaum übergesetzt, ging es im Eiltempo an die Donau. Damit es auf dem Marsch keine Verzögerungen gab, hielt sich Davout exakt an die vorgeschriebene Marschordnung Napoleons.

Dieser zufolge marschierten die einzelnen Divisionen in einem Abstand von einer Stunde ab. Die Infanterie lief an den Straßenrändern, während die Straßenmitte für Kavallerie, Fuhrwerke und Artillerie frei blieb. Die Marschgeschwindigkeit variierte je nach Marschziel und körperlicher Verfassung der Truppen. In der Regel jedoch betrug das Tagespensum mindestens 25 Kilometer, manchmal sogar bis zu 50 Kilometer.[45]

Jede Stunde hielten die Einheiten, um Pause zu machen und eine Pfeife zu rauchen. Zu Beginn des Marsches, während der Pausen und am Ende des Tages spielte die Regimentskapelle, damit die gute Stimmung erhalten blieb. Nach meist sechs bis acht Marschstunden hatten die Truppen das Tagesziel erreicht und biwakierten. Oft nahmen sie auch Quartier in den umliegenden Dörfern oder Städten.

War das Quartier oder Biwak bezogen, nutzten die Soldaten die frühen Abendstunden, um zu furagieren, das heißt, Nahrung zu besorgen, Heu für die Pferde zu machen und Holz für die Lagerfeuer zu schlagen.

Da der Armeeproviant äußerst eintönig war und meist aus Zwieback oder Brot bestand, plünderten viele Soldaten einfach die Bauern aus, was teilweise Gewaltexzesse zur Folge hatte.

General Gudin erreichten diesbezüglich alarmierende Nachrichten vom Kommandeur des 25. Regiments, der die Nachhut befehligte:

> Die Straße sowie die Felder sind voll von hinter ihren Truppenkörpern zurückbleibenden Soldaten, die plündern wollen. Der größte Teil, in Zügen marschierend, gehört dem 111. Regiment an; sowie dem 21., 12., 33. und 17. Regiment. […] Einem Offizier des 25. Regiments, den ich in die Bauernhäuser geschickt

> hatte, um die Plünderer zu vertreiben, bot sich folgendes Bild: Vier unglückliche Greise, durch Säbelhiebe auf den Tod getroffen, und eine durch Stockhiebe furchtbar zugerichtete alte Frau! Dieses Verbrechen trug sich rechts der Straße ungefähr auf halbem Wege des heutigen Marsches zu. Sonst nichts Neues.[46]

Angesichts der Schnelligkeit der Marschbewegungen blieb keine Zeit, die Übeltäter zu ermitteln und zu bestrafen.

Der Verfasser des Tagebuchs der 2. Division unter dem Kommando General Friants geriet bei dem Versuch, die Plünderer von ihren Gräueltaten abzuhalten, sogar in Lebensgefahr.

> Allein der Division nachreisend, wurde ich öfters durch Nachzügler insultiert, gegen die ich die Unglücklichen verteidigen wollte, denen man Möbel und Effekten geraubt und die Scheunen angezündet hatte und die man auf jede Art quälte. Die Schnelligkeit unseres Marsches und die Straflosigkeit hatten aus der Mehrzahl unserer Soldaten zügellose Banditen gemacht.[47]

Dieser Missstand war Davout ein Dorn im Auge und seiner Auffassung nach der Nachlässigkeit seiner Generäle geschuldet. Unermüdlich predigte er seinen höheren Offizieren, harte Maßnahmen gegen die Plünderer zu ergreifen. Dies tat der Marschall teils aus Menschlichkeit, teils aus Berechnung. Die Plünderungsexzesse jagten der Bevölkerung nicht nur Angst ein, sondern trieben sie zur Flucht. Dies war kontraproduktiv für die Requisition von Nahrungsmitteln, Geld und Frondiensten, auf welche die französische Armee bei ihrem Vormarsch angewiesen war. Im Prinzip war die Requisition eine kontrollierte Plünderung, welche im Gegenzug die besetzten Kommunen vor zügelloser Mordbrennerei schützte. Marschierten die französischen Regimenter in ein Dorf oder eine Stadt ein, trieb der Kommandant von den örtlichen Kämmerern sofort eine stattliche Geldsumme ein, mit welcher der Lebensunterhalt der Truppen bestritten werden sollte. War das Geld erst aufgetrieben, wurden alle materiellen Dienstleistungen wie die Lieferung von Wein und Hafer ordentlich bezahlt. Konnten die örtlichen Kämmerer die geforderten Summen nicht auftreiben oder hatten sie sich schon finanziell verausgabt, hielten sich die Besatzer ungeniert an die vorhandenen Vorräte der unglücklichen Kommune.

Der folgende Bericht mag als Beispiel dafür dienen, wie eine derartige Requisition in der Praxis aussah.

> Jedermann begreift es wohl, in welcher Lage sich die Stadt befand! Drei feindliche Regimenter in der Stadt und ihnen verabreichen müssen, was ihnen beifiel! Jeder Tropfen Wein, jede Kaffeebohne, jedes Körnchen Hafer, Heu, alles musste abgeliefert werden. Da in die Stadt nichts eingetrieben und eingeführt werden konnte, wurde das gesamte Rindvieh sowie die Schafe der Stadt geschlachtet; alles wurde für die feindlichen Truppen geschlachtet. Geflügel und Borstenvieh suchten sich die Franzosen selbst in der Nachbarschaft. [...] aber alles musste ihnen gekocht und gebraten werden.[48]

So viel zu den Kriegsbräuchen der Zeit. Als der Marschall endlich in der ersten Oktoberwoche die Donau erreichte, hatte er kaum Verluste durch Desertionen oder Kampfhandlungen zu beklagen. Bis auf einige Gefechte mit österreichischen Ulanen hatte Davout keine Feindberührung, was ihn sehr ärgerte.

Die einzige Aufregung entstand, als Davout wie Marmont mit seinem Korps widerrechtlich das preußische Fürstentum Ansbach durchquerte. Dies führte zu einem politischen Eklat mit Preußen, das in Geheimverträgen ein Defensivbündnis mit Russland eingegangen war. Die Durchquerung Ansbachs durch französische Truppen lieferte der preußischen Kriegspartei den willkommenen Anlass, die öffentliche Meinung gegen Frankreich zu mobilisieren. Es kam zur politischen Krise, die noch durch den Besuch des Zaren verschärft wurde, der Preußen zum Kriegseintritt auf Seiten der Koalition bewegen wollte. Aber Friedrich Wilhelm III. war vorerst dem Krieg abgeneigt und fand eine geschickte Lösung. Um nicht sein Gesicht zu verlieren, gestattete er Russland den Durchzug seiner Armeen durch die preußische Provinz Schlesien. Mit dieser Maßnahme beschleunigte er den Anmarsch der Russen und wahrte sein Gesicht gegenüber der preußischen Öffentlichkeit, der 3. Koalition und Napoleon. Noch wollte sich Friedrich Wilhelm III. alle Möglichkeiten offenhalten, aus dem

Konflikt Nutzen zu ziehen, dessen Ausgang zu dem Zeitpunkt noch ungewiss war.

Während sich Preußen über die Affäre von Ansbach erregte, wälzten sich die Heerwürmer Napoleons durch Deutschland und bezogen nach Eilmärschen Anfang Oktober an folgenden Orten ihr Quartier an der Donau.

Das 1. Korps unter Bernadotte lagerte in Ingolstadt, das 2. Korps unter Marmont in Donauwörth. Weiter westlich bezog Davout mit seinem 3. Korps Quartier in Neuburg, während Soult sich mit dem 4. Korps in Münster einfand.

Zwei weitere Armeekorps, das fünfte unter Lannes und das sechste unter Ney, stießen vom Rhein gegen die Österreicher vor, deren Hauptarmee sich immer noch in Ulm aufhielt. Der Plan Napoleons glückte. Nach mehreren blutig abgewiesenen Ausbruchsversuchen wurde Mack bei Ulm vollkommen eingekreist und mit seiner Armee in die Stadt geworfen, sodass er nach wenigen Tagen die Waffen strecken musste.

Am 20. Oktober verließen 30000 Österreicher völlig demoralisiert die Mauern Ulms und kapitulierten. Nur eine Woche später ergaben sich weitere 20000 Österreicher nach erfolglosem Widerstand den Einheiten Murats.

Doch einen Wermutstropfen gab es. Am 21. Oktober schlug der englische Admiral Nelson die verbündete französisch-spanische Flotte bei Trafalgar und begrub damit den Traum der Invasion Englands. Aber der Kaiser war zu sehr Pragmatiker, um dieser verheerenden Niederlage für seinen Feldzug auf dem Kontinent allzu große Bedeutung beizumessen. Mochte England die Wellen des Meeres beherrschen, hier auf dem Kontinent diktierte er das Geschehen.

Binnen zweier Monate nach Kriegsausbruch hatte Napoleon 50000 Österreicher ausgeschaltet und ganz Süddeutschland bis zur Isar von den Verbündeten befreit.[49]

Es war ein gewaltiger Sieg, zu dem Davout kaum etwas beigetragen hatte, was ihn sehr wurmte. In einem Brief an Napoleon beklagte er bitterlich, dass es ihm nicht vergönnt gewesen war, unter den Augen des Kaisers bei Ulm zu kämpfen. Der Imperator tröstete den ehrgeizigen Marschall: »Ihre Zeit wird kommen.« Sie kam schneller, als Davout dachte.

Napoleon, Kaiser der Franzosen und König von Italien

Denn nach seinem Sieg bei Ulm musste Napoleon sich einem anderen Gegner zuwenden. Jetzt galt es, die Armee Kutusows zu zerschlagen, die den Österreichern zu Hilfe marschierte. War diese erst vernichtet, konnte er auf Wien vorrücken und noch in diesem Jahr dort sein Winterquartier beziehen.

Es wurde ein Wettlauf mit der Zeit. Als Kutusow erfuhr, dass Mack kapituliert hatte, ahnte er, was ihm bevorstand und befahl sofort den Rückzug. Der russische Feldmarschall war ein erfahrener General. Er hatte zwischen 1764 und 1769 in Polen und der Ukraine gekämpft und sich in den Türkenkriegen der letzten Jahrzehnte ausgezeichnet. Zweimal war er am Kopf schwer verwundet worden und hatte dabei ein Auge verloren. Kutusow war ein stark übergewichtiger Mann, dem Trunk ergeben, aber geistig hochbeweglich, sehr gebildet und geschickt. Anders als der einfältige und arrogante Mack ließ er sich nicht von Napoleon einkesseln. Seine Erfahrung sagte ihm, dass er dem Drängen Kaiser Franz' nicht nachgeben durfte, der ihn dazu aufforderte, vor den Toren Wiens eine Schlacht zu schlagen. Kutusow wusste nur zu gut, dass er der Grande Armée mit seinen

39000 Mann selbst in der besten Verteidigungsstellung nicht gewachsen war.

Ohne auf seine österreichischen Bundesgenossen Rücksicht zu nehmen, trat er den Rückmarsch an. Es wurde eine der spannendsten Verfolgungsjagden der Kriegsgeschichte. Hastig zogen sich die Russen, dicht gefolgt von den Franzosen, am Südufer der Donau über den Inn, die Salzach, Ybbs, Traun und Enns Richtung Mähren zurück.

Kutusows Ziel war die Vereinigung seiner Armee mit der Armee General Buxhöwdens, der ihm mit dem Zaren entgegenmarschierte. Hierzu musste er ostwärts ziehen und die Hauptstadt der verbündeten Österreicher hinter sich lassen. Napoleon wiederum hoffte, Kutusow an einem der Flussübergänge stellen zu können und seine Armee zu vernichten, noch bevor sie sich in Mähren mit Buxhöwdens Armee vereint hatte. Hierzu wies er die Armeekorps von Murat, Bernadotte, Soult und das neu gegründete 7. Korps unter Mortier an, den russischen Feldmarschall auf beiden Ufern der Donau zu verfolgen und ihm den Weg zu verstellen. Vergebens, Kutusow narrte die Grande Armée, wo er konnte, und schlug sich nach erbitterten Gefechten bei Amstetten, Dürrenstein und Hollabrünn nach Mähren durch. Dort traf er endlich auf den Zaren, der ihm mit Buxhöwden an der Spitze von 40000 Mann bei Olmütz entgegenzog.

Im Gegensatz zu Murat, der später einer seiner erbittertsten Rivalen werden sollte, nahm Davout nicht direkt an der Verfolgung Kutusows teil, sondern verfolgte die fliehenden Österreicher unter Kienmayer und Merveldt, die sich in Braunau am Inn von Kutusow getrennt hatten.

Nach ersten kleinen Scharmützeln hatte sein Korps bei Lambach erstmals gegen die Russen gekämpft und nach heftigem Beschuss die Traun überquert. In Steyer war es ihm gelungen, trotz energischer Verteidigung über die Enns zu setzen und 600 Österreicher gefangen zu nehmen. Jetzt heftete er sich an die Fersen eines österreichischen Korps unter Befehl des Generals von Merveldt, der in Eilmärschen versuchte, zu Kutusow zu stoßen. Aber Davout war schneller als sein Gegner. Noch bevor dieser sich absetzen konnte, stellte er ihn am 8. November bei Mariazell. Ohne sich vom mörderischen Feuer der Verteidiger beirren zu lassen, kämpfte Davout nacheinander zwei Geschützstellungen nieder und nahm den Ort nach mehrstündigem Gefecht im Sturm, wobei er 2000 Gefangene machte, 16 Kanonen und 80 Gepäckwagen erbeutete. Es war ein schöner Erfolg, auch wenn Merveldt selbst mit der Hälfte seines Armeekorps entkam.

Davout war erfreut, bewahrte sich jedoch einen kritischen Blick auf seinen Sieg, der sich in den »Notes topographiques« des 3. Korps widerspiegelt.

> Wenn der Feind ebenso geschickt als tapfer gewesen wäre, hätten wir an dem Tage nicht in Mariazell geschlafen, aber er hatte keine Ahnung vom Gebirgskrieg.[50]

Davouts Erfolg bei Mariazell wurde jedoch von der gelungenen Flucht Kutusows überschattet, der bei Krems endlich ungestört die Donau überquert hatte. Doch wie sagte später Winston Churchill nach dem Wunder von Dünkirchen: »Mit Rückzügen gewinnt man keinen Krieg.« Kutusow hatte durch die Strapazen der Märsche und die blutigen Rückzugsgefechte 15000 Mann verloren. Sein Rückmarsch hatte schon in Bayern und Österreich eine Spur der Verwüstung hinterlassen, jetzt hatten die Mährer unter seiner Armee zu leiden.

> Die russischen Soldaten, dazu geboren, alle Drangsale und alles Elend in seinen verschiedenen Formen zu ertragen, sind kaum mehr als das Vieh, schwerfällig, über jeden Begriff gefräßig und gierig, sodass sie alles, was immer nicht über oder unter der Erde so sorgfältig als möglich versteckt war, aufspürten, stahlen und fortschleppten, mochte es auch noch so schwer sein. [...] selbst Wiegen, Bettchen und Windeln erschienen ihnen nicht zu unbedeutend! Und das waren unsere Freunde, unsere Beschützer! Besser würde man sie unsere Feinde nennen![51]

Zudem hatte die kampflose Aufgabe großer Regionen Österreichs das politische Verhältnis der beiden Verbündeten stark belastet. Dank der Flucht von Kutusow waren viele österreichische Magazine und Festungen den Franzosen voll ausgerüstet in die Hände gefallen. Was noch schlimmer wog: Kaiser Franz hatte kaum noch

Reserven und Ausrüstungsgegenstände, um neue Regimenter aufzustellen. Außerdem fehlte es ihm an Möglichkeiten, die Armee der Verbündeten mit Nahrungsmitteln zu versorgen. Diese sammelte sich jetzt in und um Olmütz, wo sich die zusammengeschmolzene Armee Kutusows mit den Armeekorps Buxhöwdens, den Österreichern und der russischen Garde vereinte. Alles in allem zählten die Alliierten in Olmütz 68000 Russen und 14500 Österreicher.

Zu diesem Zeitpunkt sicherte Davout im Auftrag Napoleons die Donaulinie zwischen Wien und Pressburg gegen die Armee des österreichischen Erzherzogs Ferdinand und verhinderte, dass in Ungarn neue Truppenaushebungen stattfanden. Es war eine Zeit der relativen Ruhe und Rast für die Soldaten, die nach einer derartigen Verfolgungsjagd am Ende ihrer Kräfte waren.

Nach acht Wochen ununterbrochenen Marschierens stand die Grande Armée kurz vor dem Zusammenbruch, bedurften Mensch und Tier dringend der Ruhe.

Auch Napoleon war kriegsmüde. Der Kaiser hielt es für unwahrscheinlich, dass die Alliierten angriffen. Ihre Kräfte waren zu erschöpft, das Oberkommando über die weitere Vorgehensweise uneins.

Zudem zeigte Kaiser Franz Verhandlungsbereitschaft und hatte seine Gesandten zum zweiten Mal geschickt, um Friedensbedingungen auszuloten. Der deutsche Kaiser stand buchstäblich mit dem Rücken zur Wand. Ohne starke Armeen, angewiesen auf die russische Waffenhilfe, die seine Ländereien ruinierte, sehnte er den Frieden herbei. Doch die Friedensverhandlungen mit Napoleon scheiterten, obwohl dieser angesichts der desolaten Lage keine unannehmbaren Bedingungen stellte. Vor allem verlangte er, dass Bayern als Pufferstaat zu Österreich ein Königreich wurde. Napoleons Ziel, mit Österreich einen Separatfrieden zu schließen, musste erst einmal aufgeschoben werden.

Strategisch gesehen war Napoleons Verhandlungstaktik gefährlich. Tag für Tag wuchs die Stärke der alliierten Armeen, wurde die Gefahr konkreter, dass Preußen auf Seiten der Verbündeten in den Konflikt eingriff. Trotz aller Heimlichtuerei hatte Napoleon durch eine versehentliche Indiskretion österreichischer Unterhändler von der Existenz eines Geheimvertrags zwischen Russland und Preußen erfahren, ohne dessen genaue Bedingungen zu kennen.

In diesem Geheimabkommen von Potsdam hatte Preußen sich Russland gegenüber verpflichtet, auf alliierter Seite in den Krieg einzutreten. Die kürzlich erfolgte Mobilisierung von 120000 Preußen ließ ihn jedoch nicht in Zweifel darüber, dass die Hohenzollern bereit waren, gegen ihn zu ziehen. Blieb nur zu hoffen, dass die Alliierten vorerst von einer Offensive absahen und es ihm gelang, den Zaren zu einem Friedensschluss zu bewegen.

Aber im Oberkommando der Verbündeten ging es nicht darum, den Krieg vorzeitig zu beenden, sondern darum, wie man ihn weiterführte. Kutusow und die erfahrenen Generäle rieten von einem verfrühten Zuschlagen ab. Sie ermahnten den Zaren, die Ankunft der Armeen Bennigsens und Erzherzog Karls abzuwarten, die mit jeweils 60000 Mann aus Polen und Italien anmarschierten, womit Napoleon in der Zange gewesen wäre.

Der Günstling des Zaren, Fürst Dolgoruki, und die jungen Offiziere sahen dies völlig anders. Sie rieten sofort zur Offensive und schmeichelten damit dem Zaren. Dieser war jung, klug, aber auch über alle Maßen eitel und sah sich als Retter des Abendlands, der von Gott dazu auserkoren war, Europa von dem unersättlichen Korsen zu befreien.

Nur zu gern erlag der erst 24-jährige Monarch den Einflüsterungen Fürst Dolgorukis, der zusammen mit seinen Freunden den Sieg über die Franzosen schon in der Tasche wähnte. Dolgoruki war sich sicher: Wo die »feigen Deutschen« – so nannten die Russen die Österreicher – versagt hatten, würde die glorreiche russische Armee unter ihrem Zaren siegen.

Damit spitzte sich die Lage immer mehr zu. Unter dem Befehl des Zaren gingen die Alliierten zur Offensive über. Am 27. November griff Fürst Bagration die französische Vorpostenlinie bei Wischau an. Die Russen schlugen die schwachen französischen Kräfte, die sich auf die Stellungen der Hauptarmee bei Posoritz zurückzogen, wo sich das Hauptquartier Napoleons befand.

Der Vorstoß kam für Napoleon überraschend. Noch einmal probierte er, die Möglichkeit eines Separatfriedens mit einer der kriegsführenden Mächte auszuloten und so die Allianz seiner Geg-

Zar Alexander I. von Russland. Er unterschätzte die Franzosen und erhielt bei Austerlitz eine blutige Lektion.

ner aufzubrechen. Diesmal versuchte Napoleon, den Zaren zu einem Gespräch zu bewegen.

Alexander kam jedoch nicht selbst, sondern schickte Fürst Dolgoruki, der Napoleon durch seine Arroganz verprellte und mit den absurdesten Forderungen verärgerte. So forderte Dolgoruki Napoleon zum Beispiel auf, sich hinter den Rhein zurückzuziehen und alle seit 1792 gemachten Eroberungen Frankreichs, vor allem Italien, abzutreten, was den Kaiser der Franzosen dazu veranlasste, das Gespräch nach einer Viertelstunde vorzeitig abzubrechen. Damit waren die Würfel gefallen, die Schlacht unabwendbar.

Der Kaiser war erbost und zerschlug gedankenverloren mit einem Gehstock kleine Erdhaufen, die sich am Wegesrand befanden.

Als er an einem alten Grognard – zu Deutsch »Brummbär« – vorbeiging, der gemütlich seine Pfeife schmauchte, sprach er ihn an. »Die wollen, dass ich ihnen Italien gebe! Was hätten die denn aus Frankreich gemacht, wenn ich geschlagen worden wäre! Weißt du auch, dass jene Leute glauben, uns verschlingen zu können?«

Worauf der Grognard entgegnete: »Mach Dir keine Sorgen, Kaiser. Sollen sie's ruhig versuchen! Wir werden uns so querlegen, dass sie keinen Bissen herunterbekommen.«[52]

Napoleon lächelte und ging weiter. Da die Schlacht beschlossene Sache war, befahl Napoleon den Rückzug seiner Truppen, die sich von Austerlitz bis zur Pratzenhöhe gelagert hatten, auf eine Stellung, die sich besser zur Verteidigung eignete. Die neue Stellung der Franzosen zog sich über elf Kilometer von den Satschan-Fischteichen entlang des Goldbachs bis zum Santon-Hügel hin.

Diese Zurücknahme der Front wurde wegen der Entblößung der Pratzenhöhe später von der Geschichtsforschung als elementarer Bestandteil der »Falle von Austerlitz« gewertet. In Wahrheit entsprang sie zuallererst der taktischen Notwendigkeit, eine starke Defensivstellung angesichts einer Übermacht einnehmen zu müssen, und nicht der Erfordernis, die Alliierten zur Schlacht zu provozieren.

Mit dem fast 300 Meter hohen Santon-Hügel hatte Napoleon auf seiner Linken und in der Mitte eine Schlüsselstellung inne, welche die Straße von Brünn nach Olmütz bis zu den dicht bewaldeten mährischen Bergen beherrschte. Gegen Süden hin konnten die Franzosen vom Zuranhügel alles überblicken, was beim Feind auf der Pratzenhöhe und in den Tälern davor vor sich ging und ihn mit Artillerie beschießen.

Beide Erhebungen waren die östlichen Ausläufer des Turas-Plateaus, das von dichten Wäldern eingegrenzt war. Ihnen vorgelagert befanden sich in einer Talsenke mehrere Dörfer, hinter denen sich eine langsam ansteigende Anhöhe namens Pratzen erstreckte.

Auf dem Flügel rechts des Zuranhügels befanden sich entlang des Goldbachs die Dörfer Tellnitz und Sokolnitz sowie ein mit kleinen Erdwällen durchzogenes Sumpfgebiet, das durch die großen Teiche von Kobelnitz, Satschan und Menitz entwässert wurde und jetzt zugefroren war.

Obwohl die von Napoleon besetzten Hügelkämme etwas niedriger als der Scheitel der Pratzenhöhe gelegen waren, hatten sie den entscheidenden Vorteil, einen Teil der Truppen in den tief vor dem Pratzen liegenden Bodensenken vor den Blicken der Alliierten verbergen zu können.

General Louis Friant, der Nestor der Unsterblichen Drei. Seine Division marschierte 115 Kilometer in zwei Tagen und bedeckte sich bei Austerlitz mit Ruhm.

Entlang dieser hervorragenden Verteidigungsstellung erwartete Napoleon die alliierte Armee, die zum Angriff entschlossen schien. Nur eins hatte Napoleon getreu seiner eigenen Maximen innerhalb dieser kurzen Zeit noch nicht erreicht: die größtmögliche Konzentration seiner Truppen. Zu diesem Zweck befahl der Kaiser das 1. Korps unter Bernadotte von Znaim nach Schlapanitz.

Das 3. Korps Davouts erhielt den Auftrag, sich mit den Divisionen Friant und Gudin so schnell wie möglich nach Groß-Raigern zu begeben, das sich in acht Kilometer Entfernung hinter der französischen Verteidigungsstellung befand.

Davout zögerte keine Sekunde. Er schickte einen Adjutanten zu Gudin mit der Anweisung, die 3. Division so schnell wie möglich nach Groß-Raigern abmarschieren zu lassen. Dann schickte er eine Nachricht an General Friant, der mit seiner 2. Division bei Wien im Quartier lag und den kürzesten Weg hatte. Ohne Verzögerung machte sich Friant auf den Weg.

Es wurde ein Gewaltmarsch sondergleichen. In nur zwei Tagen absolvierten die Soldaten der 2. Division des 3. Korps im tiefsten Winter 115 Kilometer, unterbrochen von nur drei Pausen, die jeweils drei kümmerliche Stunden währten. Das ungeheure Pensum dieses Marsches forderte am zweiten Tag seinen Tribut. Hunderte von erschöpften Infanteristen schliefen im Stehen ein und sackten an den Straßenrändern zusammen. Vergeblich mühten sich die Offiziere, die Männer wachzurütteln. Sie blieben liegen, wo sie waren. Aber Friant kannte seine Soldaten. Er verfiel auf den Trick, Kanonen abzuschießen, was die Männer wieder weckte und ihr Adrenalin steigen ließ, weil sie sich in der Nähe des Schlachtfelds wähnten. Nach und nach erreichten die Regimenter das Marschziel, ohne jedoch vollzählig zu sein. Ein Zeitzeuge dieses Marsches, Korporal Jean-Pierre Blaise vom 108. Linienregiment, fand trotz Entkräftung noch Gelegenheit, in den Marschpausen seinen Eltern zu schreiben:

> Wir verließen das Dorf, in dem wir untergebracht waren, zwischen acht und neun Uhr. Wir marschierten bis zwei Uhr morgens zu einem Wald, wo wir Pause machten. Dort machten wir Feuer, neben welchem wir uns bis fünf Uhr morgens ausruhten. Anschließend machten wir uns wieder auf den Weg. Wir marschierten den ganzen Tag bis sechs Uhr abends und biwakierten erneut in einem Wald. Wir nahmen keine Suppe zu uns, da wir schon um neun Uhr abends wieder aufbrechen sollten [...] Nachdem wir unseren Rastplatz verlassen hatten, marschierten wir bis fünf Uhr morgens. Endlich hielt das Regiment an. Es war höchste Zeit, versichere ich euch, denn die Kompanien hatten fast keine Leute mehr [...][53]

Doch die beschriebene Etappe von Korporal Blaise war nur ein Zwischenziel und noch nicht das Ende der Strapazen. Es dauerte noch bis sieben Uhr abends, bis die Division Friants Groß-Raigern erreichte. Unter dem Applaus ihrer Kameraden torkelte die Division entkräftet durch den Ort, der sie mit erleuchteten Fenstern begrüßte.

Es war derselbe Abend, an dem Napoleon noch einmal nervös die Stellungen des Feindes inspizierte. Auf die Nachricht hin, dass österreichische Patrouillen die französischen Vorposten in Tellnitz angegriffen hatten, war der Kaiser höchstpersönlich zum Goldbach geeilt, um die feindlichen Marschbewegungen auszukundschaften. Nur mit Not entkam er bei diesem Erkundungsritt einer

Kosakenpatrouille, die seine Eskorte in die Flucht schlug. Bald darauf ging Napoleon in bester Manier eines Soldatenkaisers inkognito von Wachtfeuer zu Wachtfeuer, doch er sollte nicht unerkannt bleiben.

Kaum in den Lichtkreis der Feuer getreten, stolperte Napoleon über einen am Boden liegenden Ast, sodass er von einem Grenadier sofort erkannt wurde. Der Grenadier zögerte nicht lange, band einen Strohwisch an sein Bajonett und zündete ihn an. Dann geleitete er den Kaiser mit dem Ruf »Vive L'Empereur« durch die Reihen seiner Kameraden, die es ihm gleichtaten und ebenfalls Strohbündel auf ihre Bajonette spießten und anzündeten. Binnen weniger Minuten flammten Lauffeuer von Lager zu Lager, bejubelte die versammelte französische Armee den Kaiser, der sich erst der frenetischen Huldigung Tausender zu entziehen suchte, sie dann aber aus vollen Zügen genoss.

Gerührt ging Napoleon durch die Reihen. Im charakteristischen grauen Mantel, den kleinen Zweispitz auf dem Kopf, bestieg er seine Kutsche, die er stets auf Feldzügen mit sich führte. Noch Jahre später, im Exil auf St. Helena, gedachte Napoleon des Vorabends der legendären Schlacht mit Rührung und bezeichnete ihn als den besten Abend seines Lebens.

Doch so sehr ihn auch der Auftritt mit Selbstvertrauen gestärkt hatte, so sehr war Napoleon beunruhigt. Was hatten die Vorstöße des Feindes bei Tellnitz zu bedeuten? Dachten die Verbündeten etwa daran, ihn noch weiter südlich als von ihm angenommen zu umgehen? Napoleon musste Gewissheit haben und beauftragte seinen Adjutanten Savary, eine weitere Streifpatrouille nach Tellnitz zu beordern. Dieser fand den Ort durch Österreicher besetzt vor und ritt zurück zu Napoleon, der gerade eingeschlafen war. Nur mit Mühe gelang es Savary, den Kaiser zu wecken.

Als Napoleon erfuhr, dass stärkere feindliche Verbände gegen seine Südflanke zogen, ließ er zur Vorsicht die Division Legrand vom Korps des Marschalls Soult weiter südlich Aufstellung nehmen und beorderte das 1. Korps unter Bernadotte südlich der Straße nach Brünn. Zugleich gab er Davout den Befehl, die Division Friant nach Turas abzukommandieren und so den Rücken der Grande Armée zu sichern.

Der Zufall wollte, dass genau diese Maßnahmen den Schlachtplan der Alliierten durchkreuzten, den der österreichische Generalstäbler Oberst Weyrother entworfen hatte.

Kurz vor Mitternacht hatte der Kriegsrat der Alliierten beschlossen, die entlang des Goldbachs gelegenen Dörfer Tellnitz und Sokolnitz mit drei starken Angriffskolonnen von jeweils über 10000 Mann anzugreifen. Hatten alle Kolonnen ihr Ziel erreicht, galt es, den Angriff der vierten Kolonne mit einer Stärke von fast 18000 Mann auf Kobelnitz abzuwarten, dem dann die fünfte Kolonne unter Fürst Liechtenstein mit 5500 Mann Kavallerie folgen sollte. War Kobelnitz erst erobert, sollten alle drei Kolonnen bogenförmig Richtung Turas einschwenken, wo Weyrother das französische Zentrum vermutete.

Es war ein Plan, der sich schon auf der Landkarte schwierig ausnahm, in der praktischen Durchführung jedoch hoch kompliziert war und keine zeitliche Abweichung erlaubte. Abgesehen davon gab es gleich mehrere Pferdefüße. Erstens beruhte Weyrothers Konzeption auf falschen Annahmen hinsichtlich der Stellung und der Truppenstärke der Franzosen, die der Generalstäbler nur auf 60000 Mann schätzte. Zweitens setzte sein Strategiekonzept eine taktische Manövrierfähigkeit voraus, die beide Armeen nicht im Mindesten besaßen. Und drittens: Der Plan war zu unflexibel, ja sah nicht einmal die Möglichkeit eines Gegenangriffs vor.

Weyrothers Plan fußte auf der Grundannahme, dass der Angriff der Alliierten für die Franzosen völlig überraschend käme und die Verbündeten keinen nennenswerten Widerstand bei Sokolnitz und Tellnitz vorfänden.

In der Tat sollte sich Napoleon über den Umfang der Umgehung und die Bedeutung des Angriffs auf Sokolnitz und Tellnitz täuschen, sodass erst am nächsten Tag der siegbringende Angriff auf die Pratzenhöhe stattfinden konnte.

Im Gegensatz zur alliierten Schlachtkonzeption hatte der französische Kaiser keinen sonderlich ausgefeilten Plan, sondern ein einfaches Konzept: den Feind zum Angriff zu verleiten und seine Truppen so zu konzentrieren, dass gleichzeitig eine erfolgreiche Verteidigung wie auch ein siegreicher Gegenangriff möglich waren.

Zu diesem Zweck stand die Masse der französischen Armee links und rechts der wichtigen Straße von Olmütz nach Brünn. Auf diese Weise war es ihm möglich, flexibel die entscheidenden Gegenmaßnahmen zu ergreifen, um die Angriffe der Alliierten abzuweisen, egal aus welcher Richtung sie erfolgten. Dies deckt sich natürlich nicht mit der vielfach zitierten Ansprache vom 30. November 1805, in der Napoleon seinen Soldaten angeblich hellseherisch verkündete, dass er die Alliierten vernichten würde, sollten sie seine vorsätzlich geschwächte rechte Flanke angreifen.

> Soldaten!
> Die russische Armee kommt, um die österreichische Armee von Ulm zu rächen. Es sind dieselben Bataillone, welche ihr bei Hollabrunn geschlagen, dann beständig bis hierher verfolgt habt. Die Stellungen, welche wir einnehmen, sind furchtbar; während der Feind marschiert, um meinen rechten Flügel zu umgehen, wird er mir seine rechte Flanke bieten […].[54]

Der französische Historiker Jacques Garnier hat herausgearbeitet, dass sich diese Version nicht mit dem Ursprungstext der Ansprache vom 30. November deckt, wo folgender Satz stand: »Und während sie gegen unsere Batterien marschieren, werde ich ihre Flanken angreifen lassen!«

Dies hört sich schon eher vage an und unterscheidet sich deutlich von der oben genannten Version, die so kurz nach der Schlacht im napoleonischen Propagandablatt »Le Moniteur« erschien.

Die Manipulation ist somit bewiesen und damit die Behauptung widerlegt, dass Austerlitz eine gigantische Falle Napoleons war.[55]

Hätte der französische Kaiser die Stoßrichtung der alliierten Angriffskolonnen exakt vorhergesehen, so wären mehr Truppen für den entscheidenden Angriff auf die Pratzenhöhe bereitgestellt worden. Dann hätte der Klarsichtige wissen müssen, dass ihn heftiger Widerstand erwarten würde. Stattdessen liefen die französischen Truppen beim Sturm auf die Pratzenhöhe genauso blind in den Feind wie die Russen und Österreicher.

Auch mutet die Entsendung Davouts nach Turas in diesem Kontext seltsam an.

Wir werden sehen, dass die prophetischen Gaben des französischen Kaisers vor einer Schlacht längst nicht so ausgeprägt waren wie im Nachhinein, wenn Napoleon die Ereignisse mit imperialer Deutungshoheit zu seinen Gunsten verdrehte.

Es waren die Wachsamkeit General Legrands und Davouts Hartnäckigkeit und taktisches Geschick, die es dem französischen Kaiser erst ermöglichten, den Angriffsplan der Alliierten zu durchkreuzen.

Noch in den frühen Morgenstunden beorderte Legrand das gesamte 3. Linienregiment nach Tellnitz, um die schwachen Kräfte zu verstärken. In und um Tellnitz waren dies an die 1650 Mann.

Desgleichen beorderte er das 1564 Mann starke 26. leichte Linienregiment der Brigade Merle eilig nach Sokolnitz, das zuvor nur von etwa 340 italienischen Scharfschützen besetzt war, hinter denen sich in Reservestellung 1000 Mann Kavallerie unter General Marceron befanden. Insgesamt stand am frühen Morgen des 2. Dezember 1805 an der bedrohten rechten Flanke von Tellnitz und Sokolnitz ein etwa 4500 Mann zählendes Häuflein Franzosen einer mindestens fünffachen Übermacht gegenüber. Etwa fünf Kilometer weiter lagerte die Division Legrands mit weiteren 5500 Mann bei Kobelnitz und Turas. Gelang es Davout, noch rechtzeitig die 3800 Mann von Friants Division ins Feuer zu bringen, konnte der alliierte Angriff vielleicht aufgehalten werden. Das übereifrige Vorgehen der österreichischen Aufklärer hatte zu deutlich mit dem Finger auf die Schwachstelle gezeigt, die die napoleonische Stellung aufwies.

Die Franzosen hatten diese Lücken gerade noch notdürftig gestopft, bevor der Angriff der Verbündeten begann.

Langsam erwachte der Tag. Dichter Nebel wallte in den Tälern und Hohlwegen um die Dörfer der Frontlinie, die zum Schauplatz einer der blutigsten Schlachten der Weltgeschichte werden sollte. Und doch war Leben in diesem undurchdringlichen Grau. Während auf der französischen Seite alles ruhig und routiniert auf die Befehle Napoleons wartete, drangen vom Pratzen erstickte Kommandorufe, Pferdewiehern und das Rattern der Munitions- und Trainwagen herüber. Dort herrschte heilloses Durcheinander, versuchten die russischen Offiziere, Weyrothers komplizierten Aufmarschplan in den Nebelbänken und in der Dunkelheit umzusetzen.

Offiziere fanden ihre Regimenter nicht, Bataillone kreuzten sich und gerieten durcheinander. Ganze Divisionen verfehlten ihre Aufstellungszone. Nur langsam, später als erwartet, fanden die Kolonnen zusammen, sodass der Angriff beginnen konnte.

Endlich, kurz vor acht Uhr morgens, war es so weit. Ein eisiger Wind fegte die Nebelschleier oberhalb des Pratzen beiseite. Langsam zog eine gleißend rote Wintersonne auf und umkränzte den Scheitel der Pratzenhöhe wie ein Glorienschein, während die Waffen der verbündeten Russen und Österreicher im Sonnenlicht blitzten.

Philippe Paul de Ségur, Adjutant Kaiser Napoleons und späterer Autor des Kriegsklassikers »Mit Napoleon in Russland«, schildert diesen magischen Moment in seinen Memoiren.

> Es war noch nicht acht Uhr; noch herrschten Ruhe und Dunkelheit auf der übrigen Linie. Da plötzlich zerteilte die Sonne den dichten Nebel und zeigte uns die Höhen von Pratzen, die mehr und mehr durch den Flankenmarsch der feindlichen Kolonnen entblößt wurden. Was uns betrifft, die wir in dem kleinen Hohlweg am Fuße des Plateaus geblieben waren, so blieb unser in Kolonnen aufgestelltes, zum Angriff bereites Zentrum den Blicken der Russen durch den Rauch der Biwakfeuer und durch die dichten Nebel, die noch über dieser Gegend lagen, verborgen.[56]

Es ist die »Sonne von Austerlitz«, wie Napoleon später sagen wird. Sie wird an diesem Tag nur für ihn scheinen und er wird sich ihrer später stets gern erinnern.

Ahnungslos glaubten sich die Alliierten im Vorteil, hofften sie, den Feind zu überraschen. Sie wurden schnell eines Besseren belehrt. Ein Scharmützel zwischen der Reiterei Margarons und ungarischer Kavallerie auf dem Gebiet der Sümpfe von Satschan eröffnete die Schlacht. Während die Franzosen sich hastig auf Tellnitz zurückzogen, gab der Führer der Avantgarde der ersten alliierten Kolonne, General Kienmayer, den Befehl, das Dorf anzugreifen.

In Erwartung eines kurzen Gefechts marschierte ein Bataillon des 2. Regiments Szekler-Infanterie in Stärke von 500 Mann mit klingendem Spiel auf die Anhöhe mit dem Weinberg zu, als sie plötzlich mörderisches Feuer empfing. Der Vormarsch stockte. Für einen Moment gerieten die Marschkolonnen der Ungarn in Unordnung, dann sammelten sie sich und versuchten, den Hügel zu stürmen. Sie erlitten jedoch schwere Verluste, genauso wie die Kavallerie, die vergeblich angriff, um die französischen Verteidiger vom Hügel zu vertreiben. Über die Vehemenz der Verteidigung verblüfft, zog sich Kienmayer zurück und verstärkte seine Kolonnen. Doch selbst diesen gelang es nach zwei weiteren Angriffen nur, den Weinberg vor Tellnitz und einen dahinter liegenden Hohlweg zu erobern.

Jetzt führte Kienmayer neue Reserven ins Spiel: das 1. Szekler-Regiment und das Broder-Grenzregiment. Wild darauf, endlich das verfluchte Dorf zu nehmen, rannten die Österreicher gegen die Vorgärten an, die von den Franzosen erbittert verteidigt wurden.

Schon standen sie an den Mauern, als frische Reserven die Verteidiger erreichten und die Österreicher wieder den Weinberg hinauftrieben. Wieder stand Kienmayer da, wo der Angriff begonnen hatte. Nur unter Aufbietung aller Kräfte gelang es ihm, den Gegenangriff der Franzosen abzuschlagen.

Aber auch das 3. französische Linienregiment verzeichnete schwere Verluste. Als durch den Nebel die gewaltigen Schatten der restlichen Kolonne Dokturows sichtbar wurden, schickte der Kommandeur der Reiterei des rechten französischen Flügels, Margaron, einen Adjutanten zu Davout.

Der Adjutant Margarons traf den Marschall an der Spitze von General Heudelets Brigade auf dem Marsch nach Turas, wo er laut Napoleons Befehl weit hinter der Schlachtlinie eine Wartestellung einnehmen sollte.

Atemlos schilderte Margarons Adjutant Davout die verzweifelte Lage, in der sich die Verteidiger von Tellnitz befanden. Dieser zögerte keine Sekunde und entschied eigenmächtig, den Befehl Napoleons zu missachten.

Persönlich ritt Davout an die Tête von Heudelets Brigade, die das 108. Linienregiment bildete.

> Auf Kanonenreichweite am Schlachtfeld angekommen, hörten wir ein fürchterliches Feuergefecht, das zwischen den Russen und dem 3. Linienregiment stattfand, von dem wir eine große Anzahl Verwundeter trafen. Im selben Moment ließ man uns

> den Marschtritt verdoppeln. Dies hinderte mich jedoch nicht daran, eine Gänsekeule zu essen, die ich mir, in weiser Voraussicht, dass mir an diesem Tag keine Zeit mehr dazu bliebe, auf meinen Tornister geschnallt hatte. Ich tat gut daran: Bevor er den Angriff befahl, rief der Marschall D'Avoust [Davout], der uns auch jetzt nicht verließ, obwohl die feindlichen Kugeln uns erste Verluste zufügten, den Tag von Mariazell in Erinnerung. Dann setzte der Oberst Heudelet sich an unsere Spitze. In guter Ordnung marschierten wir in die Schlacht [...][57]
>
> Korporal Jean-Pierre Blaise, 108. Linienregiment der Infanterie am Abend der Schlacht von Austerlitz.

Die Verstärkung Heudelets erreichte Tellnitz, als es schon in die Hände von Dokturows erster Kolonne gefallen war. Ungeachtet dieser Tatsache griffen die Franzosen das Dorf an. Den dichten Nebel nutzend, näherten sie sich den russischen Eroberern von Tellnitz bis auf wenige Schritte und eröffneten das Feuer. Die völlig überraschten Russen flohen panisch aus dem Dorf. Im Jagdfieber setzten Heudelets Infanteristen den Fliehenden nach und trieben sie aus Tellnitz hinaus.

Da, in diesem alles entscheidenden Moment, blitzen plötzlich schwere Reitersäbel im Nebel, erbebt die Erde unter dem Hufschlag Hunderter Pferde. Noch bevor Heudelets Männer sich der neuen Gefahr stellen können, werden sie von österreichischen Husaren angegriffen und gnadenlos niedergesäbelt. Wer nicht sofort getroffen wird, lässt sich schnell auf den Boden fallen und hofft, weder von den Säbeln der Reiter zerhackt noch von den Hufen der Pferde zu Tode getrampelt zu werden. Andere ergeben sich den Reitern, die ihren fliehenden Kameraden Luft verschaffen und an die 200 Gefangene machen. Dies ist für die Franzosen ein schwerer Schlag angesichts von nur 900 Mann, mit denen der Brigadegeneral nach Tellnitz marschiert ist. Doch es kommt noch schlimmer.

Als auf den Hügeln vor Tellnitz endlich die Artillerie Dokturows Stellung bezieht und sofort das Dorf bestreicht, bleibt Heudelet nichts anderes übrig, als sich geordnet von Tellnitz über den Goldbach zurückzuziehen.

Inmitten des Rückzugs flackert plötzlich aus dem Nebel Flintenfeuer auf, reißen mehrere Salven blutige Lücken in das 108. Linienregiment. Schnell wird den Beschossenen klar, dass ihre Gegner weder Österreicher noch Russen sind, sondern französische Soldaten der Brigade Merle, die sich aus Sokolnitz zurückziehen und Heudelets Männer für angreifende Russen halten. Zu spät klärt sich der tödliche Irrtum auf. Die ohnehin zahlenmäßig unterlegenen Verteidiger des rechten Flügels haben sich selbst geschwächt.

Ein erneuter Angriff auf Tellnitz war damit unmöglich geworden. Davout beschloss deshalb, sich auf die Verteidigung des Goldbachs zu beschränken. Um den Feind unter allen Umständen daran zu hindern, weiter in die Ebene von Turas vorzustoßen, verstärkte er die Reiterei Margarons um die Division Boucet, die mittlerweile auf dem Schlachtfeld eingetroffen war. Mit nur drei Kanonen und geschickten Kavallerieattacken gelang es Boucet, den Angriff der Alliierten am Goldbach für ein paar Stunden aufzuhalten.

Diese entwickelten ihre Reiterei vor dem Dorf, warteten jedoch erst den Ablauf der Kämpfe um Sokolnitz ab, um gemeinsam mit den Kolonnen Langerons und Prszybyszewskis auf die Ebene von Turas vorzustoßen.

Dies gab dem Marschall Zeit, sich mit seinen geringen Kräften dem Kampf um Sokolnitz zuzuwenden, das nur drei Kilometer entfernt auf dem linken Ufer des Goldbachs lag und die zweite Schlüsselstellung des rechten französischen Flügels war.

Im Gegensatz zu Tellnitz, dessen Mittelpunkt damals nur aus einem Kirchplatz bestand, gehörten zur Stellung von Sokolnitz das gleichnamige Dorf und das Schloss mit seinen Wirtschaftsgebäuden. Sechshundert Meter vom Schloss entfernt befand sich ein ebenfalls mit Mauern umgebener Wald: die Fasanerie. In diese Mauer hatten die Franzosen damals einige Durchbrüche für die Artillerie geschaffen. Im Schloss selbst und in den Häusern waren 340 italienische und 51 korsische Scharfschützen sowie die Brigade Merle und die Kavallerie Margarons postiert. All diese Einheiten gehörten zur Division des Generals Legrand und bildeten den äußersten Teil des rechten Flügels des französischen Zentrums. Insgesamt lagen hier zu Beginn der Schlacht etwa 1400 Mann. Doch trotz tapferster Gegenwehr waren sie chancenlos gegen die über

20000 Russen Langerons und Prszybyszewskis, die gegen das Schloss und das Dorf anrannten und es um 9 Uhr morgens nach hartem Kampf einnahmen.

Aber Davout war nicht der Mann, sich einer Übermacht geschlagen zu geben. Kaltblütig gab er General Friant das Kommando, Sokolnitz zurückzuerobern.

Friant zögerte keine Sekunde und detachierte das 48. Regiment unter Brigadegeneral Lochet. Im Sturmschritt griffen die Achtundvierziger die völlig überraschten Russen an und eroberten das Dorf zurück. Für kurze Zeit herrschte völliges Chaos auf Seiten der Alliierten, dann sammelten sich die Sturmkolonnen wieder. Nicht umsonst galten die Russen als harte Kämpfer. Ungeachtet schwerster Verluste führten sie einen Gegenstoß aus, und Sokolnitz wechselte erneut den Besitzer.

Zäh kämpfend wichen die Franzosen zurück. Wie auf dem Exerzierplatz schossen Langerons Russen das Regiment Lochets zusammen, dessen Reste sich in die Gebäude des westlichen Dorfrands flüchteten. Aber Lochets Männer gaben nicht auf. Jeder Stall und Speicher, ja jede Scheune wurde zur Festung. Dank des soliden Mauerverbunds und der schießschartenartigen Anordnung der kleinen Lüftungsfenster der Scheunen eigneten sich die großen Gebäude hervorragend zur Verteidigung. Das Gewehr im Anschlag, zielten die Franzosen ruhig in die dicht gedrängten Massen der Angreifer, deren Reihen sich langsam lichteten.

Endlich, nach 45 Minuten harter Bedrängnis, erklingt durch den Pulverdampf Trommelwirbel. Friant schickt das 33. und 111. Infanterieregiment in die Hölle von Sokolnitz, um die Achtundvierziger herauszuhauen. Vergeblich vergossenes Blut! Unter schweren Verlusten gehen die Franzosen zurück, greifen wieder an, um erneut zu weichen.

Es ist ein ungleicher Kampf. Aber Davout muss ihn kämpfen. Gelingt es den Russen, bei Sokolnitz und Tellnitz durchzubrechen, läuft das französische Zentrum Gefahr, aufgerollt zu werden.

Unentwegt reitet Davout zwischen Tellnitz und Sokolnitz am Goldbach hin und her. Mit ungebrochenem Mut ruft er die Geschlagenen erneut zu den Fahnen, feuert sie an, sich in die Hölle von Sokolnitz zu begeben, wo sich die Leichen in den Straßen türmen. Immer wieder formieren sich die Voltigeure und Füsiliere neu, schreiten sie im Laufschritt aus, während die Granaten der feindlichen Artillerie mitten unter ihnen explodieren.

Wie der Marschall, so auch sein Divisionsgeneral. Ununterbrochen jagt Friant bei Sokolnitz mitten in die Reihen der Bataillone, setzt sich an die Spitze der Linien und Kolonnen. Viermal wird ihm sein Pferd erschossen, viermal wechselt er sein Reittier. Niemals ermüdet der Held so vieler Schlachten, den die Soldaten vergöttern. Seit dem Tag von Austerlitz wird jeder in der Grande Armée seinen Namen mit Ehrfurcht nennen. »Tapfer wie Friant«, so wird es heißen. »Tapfer wie Davout« könnte man ebenso sagen. Denn an diesem Tag wächst der Marschall über sich hinaus. Nur ist es selten, dass Untergebene ihren Anführern Lobreden schreiben.

Obwohl die Russen seine Angriffe abwehren und Sokolnitz in die Hände der Alliierten fällt, hat Davout mit diesem Angriff sein Ziel erreicht. Statt sich von Sokolnitz aus zu entfalten, hat er die Russen in die Defensive gedrängt und Lochet entlastet, dessen Regiment immer noch der drückenden russischen Übermacht trotzt.

Damit war der Zeitplan des alliierten Angriffs auf den rechten französischen Flügel völlig ins Wanken geraten, und in den Reihen der zweiten und dritten Kolonne herrschte Unordnung. Gerade als ihr Kommandeur, General Langeron, wieder Ordnung ins Chaos bringen wollte, ertönte heftiges Gewehrfeuer von der Pratzenhöhe. Langeron sah sich um und wurde Zeuge, wie die Franzosen mit den Divisionen »St. Hilaire« und »Vandamme« die so wichtige Schlüsselstellung angriffen und nacheinander erst die Russen Miloradowitschs, dann die Österreicher Kollowraths schlugen.

Als Feldmarschall Kutusow sah, was sich auf dem Pratzen abspielte, zögerte er keine Sekunde und sammelte die fliehenden Truppen Kollowraths und Miloradowitschs zum Gegenangriff. Die Russen hatten Glück im Unglück. Der Kommandeur von Langerons Nachhut, Fürst Kamenski, hatte mit den Regimentern Ryazan und Fanagoria kehrtgemacht und schloss sich Kutusows Gegenangriffen an.

Zusammen mit mehreren österreichischen Bataillonen des Regiments Salzburg erneuerten die Verbündeten den Angriff auf die Divisionen St. Hilaire und Vandamme und erschütterten die französische Linie schwer. Die Division St. Hilaire trug die Hauptlast der erbitterten Kämpfe. Für zwei Stunden wankte die Schlacht unentschieden hin und her. Schon drohte St. Hilaires Division die Vernichtung, als Soult der Brigade unter dem Kommando General Thiébaults sechs Zwölfpfünder schickte. Thiébault zeigte eiserne Nerven. Er ließ die Geschütze mit Büchsenkartätschen laden und verbarg sie so lang hinter seinen feuernden Linien, bis die angreifenden Russen ganz nah dran waren. Dann ließ er die Geschütze demaskieren, die aus nächster Entfernung erbarmungslos eine Kartätsche nach der anderen in die überraschte Masse von Kamenskis Soldaten jagten. Zu Hunderten sanken sie im Salven- und Kartätschenhagel nieder. Der Rest ergriff die Flucht.

Jetzt musste St. Hilaire nur noch die Österreicher des Salzburg-Regiments besiegen. Da die Munition knapp zu werden begann und immer mehr Männer dem Salvenfeuer der Österreicher erlagen, entschloss sich der General zum Nahkampf mit dem Bajonett. Mit dem Mut der Verzweiflung überrannten die Franzosen die Bataillone der Österreicher, die nach tapferem Widerstand vom Schlachtfeld flohen.

Dies war der Sieg. Mit der Eroberung des Pratzen zerfiel die Front der Verbündeten in zwei Hälften, konnte nichts mehr den Triumph Napoleons gefährden.

Auf dem linken Flügel der Franzosen drängten die Marschälle Lannes und Murat die Russen Fürst Bagrations zurück, entwickelte sich die Lage zum Vorteil der Franzosen. Gefahr drohte nur noch auf dem rechten französischen Flügel, den die Russen immer noch mit einer gewaltigen Macht von schätzungsweise 25 000 Mann bedrängten. Noch immer konnte Buxhöwden diese Kolonnen aus Tellnitz und Sokolnitz abziehen, um über Aujezd das Korps von Soult anzugreifen, womit sich zumindest das Ausmaß der alliierten Niederlage in Grenzen gehalten hätte.

Aber Buxhöwden war nicht der richtige Mann für solch eine Aufgabe. Sturzbetrunken beobachtete der chronische Alkoholiker das Fiasko auf dem Pratzen, ohne sich zu einem Gegenschlag zu entschließen.

Dies lag mit Sicherheit auch daran, dass die Verbündeten um 11 Uhr zwar im Besitz von Tellnitz und Sokolnitz waren, jedoch nicht die hinter dem Goldbach liegenden Anhöhen beherrschten. Von dort aus nahm Davout weiterhin die dichten Massen der Russen unters Feuer, die immer wieder über den Goldbach zu drängen versuchten, um die Ebene von Turas zu erreichen. Der Angriff der Alliierten steckte fest. Jetzt zeigten sich deutlich die Vorzüge der Defensivtaktik Davouts. Ruhig und routiniert nutzten seine Männer jede Möglichkeit der Deckung, um in die dichten Linien der Russen hineinzuschießen.

Immer wieder griff Davout in wechselnden Formationen an. Seine Bataillone beherrschten jedes Manöver. Oft kam es zu riskanten Stellungswechseln im vollen Angesicht des Feindes wie bei Sokolnitz, als Friant ein ganzes Regiment im feindlichen Feuer den Flügel wechseln ließ, um einem geplanten Gegenstoß mehr Angriffsmasse zu verleihen. Unentwegt rollten die Trommeln der Infanterietamboure, welche die Signale der verschiedenen Befehle im ohrenbetäubenden Schlachtorkan übermittelten. Reichte die akustische Verständigung nicht, so überbrachten Adjutanten den Einheiten die Befehle des Marschalls. Doch es waren nicht nur taktische Aspekte, die Davout an der Goldbachlinie eine erfolgreiche Verteidigung ermöglichten, sondern die hohe Kampfmoral seiner Soldaten. Selbst angesichts von Rückschlägen sammelten sie sich um ihre Fahnen, um von Neuem anzugreifen oder in die Verteidigung überzugehen. Mit eiserner Disziplin wurde der Armeebefehl Napoleons beachtet, in den Reihen zu bleiben und nicht jede Gelegenheit zu nutzen, die Verwundeten aus dem Feuerbereich der feindlichen Kanonenkugeln zu tragen.

Außerdem förderte das Gelände die Verteidigungsschlacht. Die Hügel hinter dem Goldbach boten der Artillerie Davouts freies Schussfeld auf die mit feindlichen Soldaten überfüllten Dörfer Tellnitz und Sokolnitz.

Seine Männer lagen gedeckt in Gräben, kauerten hinter Mauern und schossen aus ihrer Deckung auf den Feind. Immer wieder brachen die alliierten Angriffe im Abwehrfeuer zusammen.

Doch auf die Dauer musste selbst die geschickteste Verteidigung dem Druck der Masse erliegen, konnten 9000 Mann nicht 30000 die Stirn bieten. Davouts Verluste waren außerordentlich hoch. An diesem Tag verlor die Division Friant fast ein Drittel ihrer Männer, sodass Napoleon Davout gegen Mittag die Grenadiere Oudinots zur Verstärkung schickte.

Zu diesem Zeitpunkt tobten am linken französischen Flügel noch schwere Gefechte, schlugen Murat und Rapp die Angriffe der alliierten Kavallerie zurück und wies eine von Bernadottes Reservedivisionen die hartnäckigen Angriffe der russischen Garde ab. Doch so sehr die Alliierten auch Wunder an Tapferkeit vollbrachten, sie konnten die Schlacht nicht mehr gewinnen.

Um 13 Uhr gab es keinen Zweifel mehr darüber, wem dieser Tag gehörte. Ohne Reserven, von allen Seiten bedrängt, flüchteten Kutusow und der Zar Richtung ungarische Grenze vom Schlachtfeld. Das Zentrum der Alliierten war vollkommen geschlagen und löste sich auf. Der rechte Flügel unter Fürst Bagration zog sich auf Olmütz zurück.

Nur der linke russische Flügel kämpfte bei Tellnitz und Sokolnitz unter Buxhöwden verzweifelt weiter.

Als Napoleon mit all den Truppen aus dem Zentrum angriff, und Buxhöwdens Kolonnen in einem Halbkreis umfasste, wurde die blutige Schlacht zum Massaker.

Denn jetzt ging auch Davout mit den zusammengeschmolzenen Resten der Divisionen Friants und Bourcets zum letzten Gegenangriff über. Im Ansturm eroberten Davouts Soldaten zusammen mit den von allen Seiten anstürmenden Kolonnen von Soults Armeekorps den Wildpark, das Schloss und den Ort Sokolnitz zurück. Hierbei spielten sich Szenen unbarmherziger Grausamkeit ab. Ein russisches Bataillon wurde buchstäblich mit dem Bajonett abgestochen, als es sich in Todesangst über die Mauern des Schlossparks zu retten versuchte. Die Kolonne Prszybyszewskis wurde vollkommen aufgerieben, der General selbst gefangen genommen.

Weiter südlich, zwischen Tellnitz und Menitz, spielte sich der letzte Akt des blutigen Dramas von Austerlitz ab. Tapfer versuchte die Kavallerie Kienmayers zusammen mit Dokturows Nachhut, den Rückzug Buxhöwdens zu decken, der schamlos als einer der Ersten vom Schlachtfeld flüchtete. Inmitten des Kugelhagels, fallender Soldaten und zu Tode getroffener Pferde wurde der Rückzug zur kopflosen Stampede. Panisch flohen die kläglichen Reste einst stolzer Regimenter über die zugefrorenen Teiche von Satschan und Menitz, über die ein Damm führt. Aber der Damm war zu schmal für so viele, die Todesangst zu groß. Zu Tausenden stürmten die Fliehenden vom Damm und von den Ufern aufs Eis, das bald schwarz vor Menschen wurde und bedrohlich zu knacken begann.

Unaufhörlich beschossen, erreichten dennoch die meisten unverletzt das rettende Ufer. Einzig die Artillerie mit ihren schweren Geschützzügen hatte das Nachsehen. Da der Damm nur wenig über den Teichspiegel herausragte und seine Böschung vereist war, rutschten die Geschützgespanne ab und gerieten auf das spiegelglatte Eis des künstlichen Sees.

Es war ein apokalyptisches Szenario. Unter zerplatzenden Granaten und einschlagenden Vollkugeln brach die gefrorene Wasseroberfläche auf, versanken die Zugpferde der Artillerie im Eis. Verzweifelt wiehernd, mit den Hufen wild um sich schlagend, suchten sie nach Halt, den sie nicht fanden. Und so wurden die Teiche von Satschan und Menitz ihr Grab. Erbarmungslos hinderte das Gewicht der aufgeprotzten Geschütze die Tiere daran, sich aus dem brusthohen eisigen Wasser herauszuarbeiten. Entkräftet erfroren die Gespanne und versanken im Wasser, sofern sie nicht von den einschlagenden Kugeln zerfetzt wurden. Es war das Ende der Schlacht und die Geburt der Legende von den Satschan-Seen. Den Eindruck eines derart dramatischen Endes ließ sich der Imperator der Franzosen nicht entgehen. Das Bild einer nicht nur geschlagenen, sondern im wahrsten Sinne des Wortes untergehenden feindlichen Armee war zu verlockend, die Symbolhaftigkeit zu ausdrucksstark, um nicht propagandistisch genutzt zu werden.

Nur einen Tag später lief die Propagandamaschine auf Hochtouren, strickte der Kaiser der Franzosen mittels der Bulletins an seiner eigenen Legende. Sie berichteten von 20000 Feinden, die im ewigen Eis der Satschan-Seen ertranken.

Es war ein geschickter Schachzug, der wirkungsvoll auf den biblischen Untergang der Armee des Pharaos im zweiten Buch Moses anspielte – und eine Massensuggestion par excellence.

Noch Jahre später behaupteten etliche Offiziere und Soldaten, den Untergang Tausender gesehen zu haben.

Die Wahrheit sieht wie immer anders aus. Fakt ist, dass kurz nach der Schlacht in den Tümpeln, Teichen, dem Satschan- und dem Menitzsee nur zwei Leichen, 196 Pferdekadaver und 50 Kanonen gefunden wurden. Betrachtet man die Anzahl der zugrunde gegangen Pferde, ist jedoch anzunehmen, dass die Anzahl der getöteten Soldaten höher zu veranschlagen ist.

Der französische Historiker Marceron hält die Zahl von 200 Toten für wahrscheinlich. Möglich ist, dass die Gefallenen noch in der Nacht vom Eis oder aus dem Wasser gezogen wurden, um sie besser ausplündern zu können.

Vergisst man die dicke Propagandalüge von den Satschan-Seen, so bleibt festzuhalten, dass Austerlitz bis heute in der Militärgeschichte einer der gewaltigsten Siege ist, die jemals errungen wurden.

Von fast 85000 alliierten Soldaten waren an die 15000 Mann getötet oder verwundet worden, fast 10000 in Gefangenschaft geraten. Die Franzosen hatten laut offizieller Rechnung nur 1000 Tote und 6000 Verwundete zu beklagen.

Ergriffen schrieb Davout noch zwei Tage nach Austerlitz aus Brünn seiner Aimée von der gewaltigen Schlacht, wobei er seinen Anteil am Sieg verschwieg. Stattdessen war er voll des Lobs für die Leistungen des Kaisers und seiner Marschall-Kollegen:

> Der Sieg war unserem Herrscher treu, niemals hat er einen größeren errungen. [...] Du kannst Mme Soult und Bessières versichern, dass es ihren Ehemännern gut geht und dass sie an diesem glorreichen Tag einen großen Anteil hatten.[58]

Der Kaiser selbst war überglücklich und voller Stolz. Er schrieb sich den Sieg von Austerlitz für alle Ewigkeit selbst auf die Fahne und enttäuschte in dieser Hinsicht Marschall Soult, der sich durch seinen Angriff auf den Pratzen als den eigentlichen Sieger von Austerlitz sah.

Aber solch einen Erfolg teilt man nicht. Und so ging auch Davout in der Anerkennung des Kaisers leer aus, obwohl die Fesselung des linken alliierten Flügels bei Tellnitz und Sokolnitz die Schlacht vorentschied und überhaupt erst die vernichtende Niederlage möglich machte.

Abgesehen davon zeigte sich der Kaiser jedoch großzügig gegenüber seinen siegreichen Offizieren und Soldaten. In einer Ansprache vom Balkon des Schlosses von Austerlitz machte er einen Tag nach der Schlacht keinen Hehl aus seiner Freude.

> Soldaten!
>
> Ich bin mit euch zufrieden: Ihr habt am Tage von Austerlitz alles gerechtfertigt, was ich von eurer Unerschrockenheit erwartete. Ihr habt eure Adler mit unsterblichem Ruhme geschmückt. Eine Armee von 100000 Mann, von den Kaisern von Russland und Österreich geführt, wurde in weniger als vier Stunden zerstreut oder vernichtet. Was eurem Eisen entging, ertrank in den Seen.
>
> 40 Fahnen, die Standarte der kaiserlichen Garde von Russland, 120 Geschütze, 20 Generäle, mehr als 30000 Gefangene sind das Resultat dieses ewig denkwürdigen Tages.
>
> Dieses so oft gerühmte Fußvolk hat trotz seiner Überlegenheit eurem Angriffe nicht widerstehen können, und ihr habt jetzt keine Nebenbuhler mehr zu fürchten. So wurde diese Koalition in zwei Monaten besiegt und aufgelöst. Der Friede kann nicht mehr fern sein, aber ich werde das Versprechen halten, das ich meinem Volke gab, ehe ich über den Rhein ging: Ich werde nur einen solchen Frieden schließen, der uns Garantien gibt und unseren Verbündeten Belohnungen sichert.
>
> Soldaten! Wenn alles geschehen ist, was nötig ist, um das Glück und das Gedeihen unseres Vaterlandes zu sichern, so werde ich euch nach Frankreich zurückführen, und dort werdet ihr der Gegenstand meiner zärtlichsten Fürsoge sein. Mein Volk wird euch mit Freude wieder sehen, und ihr werdet nichts weiter zu sagen brauchen als: »Ich war bei der Schlacht von Austerlitz«, damit man euch antworte: »Das ist ein Tapferer!«
>
> Napoleon[59]

Die nächsten Tage zeigten, dass mit Austerlitz noch nicht zwangsläufig der Krieg zu Ende war. Noch immer befand sich Frankreich mit Österreich im Kriegszustand, war Russland nicht vollkommen geschlagen.

Der französische Kaiser gab deshalb Davout den Befehl, die fliehenden Russen energisch zu verfolgen. Da Friants Division vom

Kampf zu erschöpft war, um den Truppen des Zaren nachzusetzen, übernahm Davout mit der gerade erst aus Pressburg angekommenen Division Gudin diese Aufgabe.

Ohne sich eine Pause zu gönnen, verfolgten die Franzosen die Russen und fanden sie endlich bei Hollitsch vor. Die russische Armee war erschöpft und von der Niederlage demoralisiert. An organisierten Widerstand war nicht zu denken. Zudem befand sich der Zar und Kutusow unter den Truppen. Die Lage war aussichtslos, der Zar ein Nervenwrack und untröstlich über die Niederlage, die er herzzerreißend beweinte.

Doch der erfahrene Kutusow war mit allen Wassern gewaschen und wusste, wie er seinen Souverän aus der Misere befreien konnte. Wie schon andere Feldherren vor ihm griff er in die Trickkiste und behalf sich mithilfe einer Kriegslist.

Diesmal war das Opfer ausgerechnet Davout, der schon vor fünf Jahren als unbeteiligter Beobachter in Norditalien ein ähnliches Trugspiel erlebt hatte.

Kutusow entsandte die österreichischen Generäle Wallmoden und Merveldt mit der Bitte, einen Waffenstillstand abzuschließen. Die beiden Generäle gingen geschickt vor. Sie behaupteten, von Kutusow höchstpersönlich ermächtigt worden zu sein, einen Waffenstillstand anzubieten. Um sich mehr Autorität zu verschaffen, gaben sie vor, dass Kaiser Franz, der Zar und Napoleon sich schon zu einem Waffenstillstand bequemt hätten und deswegen jegliches Blutvergießen unnötig geworden sei.

Aber so leicht war der von Natur aus misstrauische Davout nicht zu überlisten. Der Marschall verlangte Garantien und bestand auf einer persönlichen Unterschrift von Kutusow. Als er diese erhielt, zeigte sich Davout immer noch nicht zufrieden. Scheinbar zählte Kutusows Ehrenwort nicht viel in seinen Augen. Davout wollte mehr Sicherheit und pochte zusätzlich auf die Unterschrift des Zaren.

Der junge Monarch tat dem französischen Marschall auch diesen Gefallen und gab sein Ehrenwort als Zar, dass die von General Merveldt und Kutusow geschilderten Ereignisse der Wahrheit entsprächen. Der Trick war in der Tat doppelbödig, da er eine Halbwahrheit enthielt. Tatsächlich trafen sich Napoleon und Kaiser

Franz just zum Zeitpunkt der Einkesselung bei der Mühle zwischen Zaroschitz und Nasedlowitz, um mit dem Segen des Zaren einen Waffenstillstand abzuschließen. Somit enthielt der Schwindel durchaus jene Zutat der Glaubwürdigkeit, die jeden erfolgreichen Betrug so überzeugend macht.

Davout gab nach und stoppte den Vormarsch, schickte jedoch einen Boten zu Napoleon, um weitere Instruktionen zu erbitten. Diesen Zeitverzug nutzten die Russen, um sich klammheimlich von den Franzosen zu lösen. Als endlich die Nachricht von Napoleon kam, dass er nicht mit dem Zar unterhandelte, war es zu spät.

Die Finte der Alliierten hatte sich bewährt. Der Zar und Kutusow hatten mit einer List ihren Hals aus der Schlinge gezogen. Als Napoleon dies erfuhr, war seine erste Reaktion ein Wutanfall.

Da er jedoch gesonnen war, sich Russland anzunähern, passte der Fehler Davouts in sein außenpolitisches Programm. Aber es gab einen Menschen, der dem Marschall jene Fehler nie verzieh: der Marschall selbst. Nie wieder sollte ihn jemand derartig leicht überlisten.

Von nun an zählte für Davout selbst die Ehre eines Zaren nicht mehr. Dieser hatte durchaus noch Sinn für die Schamlosigkeit seiner Handlung und schenkte dem Marschall kurz nach Austerlitz als Entschädigung für sein Verhalten eine mit Diamanten übersäte Tabakdose. Davout weigerte sich jedoch, dieses verfängliche Geschenk anzunehmen. Erst als Napoleon ihn dazu überredete, gab er nach.

Trotzdem bleibt die Frage. Was wäre gewesen, wenn er den Zaren und Kutusow gefangen hätte?

Man ist versucht zu denken, dass der nachfolgende Krieg sich vielleicht nicht ereignet hätte.

VI
DER GLORREICHE SIEG

Seine 20000 Soldaten gegen 60000,
widerstanden sie? Oh, es war schwierig, zweifelsohne.
Aber Davout, ein Gigant aus Erz,
wich nicht von der heiß umkämpften Erd'.

Auszug aus einem Lobgedicht auf Davout von A. Thévenot[60]

Das Jahr 1806 begann für Europa hoffnungsvoll. Im Frieden von Pressburg hatte Napoleon Kaiser Franz abringen können, Venetien an das bestehende Königreich Italien abzutreten und Bayern Tirol und Vorarlberg zu überlassen. Des Weiteren musste Österreich Frankreichs Verbündeten Baden und Württemberg Teile Vorderösterreichs und des Breisgaus preisgeben und machtlos die Gründung des Herzogtums Berg anerkennen, das Napoleons Marschall Murat erhielt. Der schwerste Verlust jedoch war die Begleichung der Reparationsforderungen in Höhe von 40 Millionen Francs, die das Habsburgerreich nur unter Aufbietung aller Kräfte aufbringen konnte. Als die Franzosen Anfang Januar 1806 aus Österreich abzumarschieren begannen, verließen sie ein bankrottes Land, das sie dazu verpflichtet hatten, 2000 Kanonen und 100000 Flinten abzuliefern. Fürs Erste, so viel war sicher, war Österreich derartig geschwächt, dass es so schnell keinen Angriffskrieg gegen Frankreich führen konnte. Trotz dieser Erfolge blieben die französischen Armeekorps in Süddeutschland, um über die Erfüllung der Friedensbedingungen zu wachen.

Davouts Korps nahm Aufstellung im Bistum Eichstätt und im Fürstentum Oettingen, wo er sein Hauptquartier einrichtete.

Sofort ging Davout daran, sich des Divisionskommandeurs Caffarelli zu entledigen, den er persönlich nicht leiden konnte. Obwohl sonst brüsk und manchmal zynisch, zeigte sich Davout im Fall Caffarelli äußerst gewandt – und lobte ihn weg, indem er ihm

General Charles Antoine Morand, mit Gudin und Friant einer der fähigsten Divisionsgeneräle Frankreichs

eine schriftliche Empfehlung ausstellte und ihn für ein scheinbar lukrativeres Kommando im Hauptquartier vorschlug.

Dies ließ sich Caffarelli, der seinerseits froh war, den perfektionistischen Marschall los zu sein, nicht zweimal sagen. Für ihn kam ein Neuzugang, der in diesem Feldzug Geschichte schreiben sollte: der einstige Brigadegeneral Morand.

Charles Antoine Morand hatte sich im Lauf der Revolution vom Anwalt zum Brigadegeneral hochgedient und auf allen Kriegsschauplätzen ausgezeichnet, besonders in Ägypten. Seine Beförderung zum Divisionsgeneral verdankte er der Schlacht bei Austerlitz, wo er im Zentrum zusammen mit St. Hilaire den Gegenangriff der Österreicher und Russen abgeschlagen hatte. Mit Morand hatte Davout einen weiteren hervorragenden Offizier gewonnen, der die nächsten Jahre an seiner Seite fechten sollte. Zusammen mit Friant und Gudin bewies Morand eine derartige Tapferkeit im Feuer, dass die Soldaten ihren Generälen den Spitznamen die »Unsterblichen Drei« gaben.

Vorerst jedoch glaubte niemand im Heer an einen neuen Krieg. Die Stimmung war gut, die Verpflegung reichlich. Wozu sich sorgen? Einzig der Umstand, dass man noch in Deutschland bleiben musste und nicht nach Frankreich zurückmarschierte, wurmte das Heer. Viele Soldaten sehnten sich nach ihren Frauen und Familien.

Einer von ihnen war der Marschall selbst. Seit einem Jahr hatte er Aimée nicht mehr gesehen. Außerdem wünschte er sich sehr, seine im September 1805 geborene Tochter zu sehen, die wie das kürzlich verstorbene Kind ebenfalls Josephine hieß.

Besonders ein Umstand machte ihm Sorgen: die Psyche seiner Frau. Nach den unerwarteten Toden ihres Bruders und ihrer zwei erstgeborenen Kinder zeigten sich erste Anzeichen einer schweren Depression und Verbitterung bei Aimée, deren sie aus eigener Kraft nicht mehr Herr wurde. Aus Angst, ein weiteres Kind zu verlieren, grub sie sich noch mehr in Savigny ein, was ihre Depressionen noch verstärkte. Davout wandte sich an seine Schwiegermutter mit der Bitte, Aimée zu helfen.

> Meine kleine Aimée schreibt mir von Traurigkeit und Nervenattacken, die mich zutiefst beunruhigen. Ich empfehle Sie Ihnen aufs Lebhafteste an und danke Ihnen im Voraus für Ihre Bemühungen.[61]

An seine Frau selbst schrieb Davout, nicht ständig aus Angst um das Kind zu Hause zu glucken, sondern in Paris ab und an Zerstreuung zu suchen. Er entwickelte sogar den Plan, dass ihn Aimée mit Josephine im Feldlager besuchen kommen solle. Dies lehnte Aimée jedoch ab, weil es zu viel am Schloss zu tun gab.

Wahrscheinlich hoffte sie darauf, ihren Ehemann bald bei seiner Rückkehr aus Deutschland in die Arme schließen zu können. Mitte 1806 sah es ganz danach aus, als sollte die Grande Armée endlich Heimatboden betreten. Trotz einiger Differenzen mit Russland schien im Juli endlich der Frieden mit dem Zarenreich in Sicht. Russen und Franzosen setzten sich zu Verhandlungen an den runden Tisch und vereinbarten einen Frieden, der nur noch in Sankt Petersburg vom Zaren ratifiziert werden musste.

Mit diesem Schachzug Napoleons schien die dritte Koalition endgültig Geschichte. Jetzt befand sich einzig Großbritannien noch im Krieg mit Frankreich. Damit stand England wie schon in den Jahren 1803–1804 Frankreich allein gegenüber. Denn der einzige klassische Bundesgenosse, Preußen, hatte sich im Pariser Abkommen im Februar endgültig auf die französische Seite geschlagen und war mit Frankreich ein Defensiv- und Offensivbündnis eingegangen. Statt wie im Potsdamer Vertrag mit dem Zaren verabredet der geschlagenen Allianz beizutreten, hatte sich der Preußenkönig mit Napoleon auf einen Vergleich geeinigt und seine Neutralität mit dem Kurfürstentum Hannover bezahlen lassen, das seit 1714 Stammland der englischen Königsdynastie war.

Es war eine aus preußischer Sicht unkluge Politik, die heftigen Widerstand unter Adel und Bürgertum erregte und Preußen zum Gegner Englands machte. Grundbestandteil des französisch-preußischen Vertrags war die Blockade der Weser- und Elbmündungen für englische Schiffe, was England mit einer formellen Kriegserklärung beantwortete, der sogleich Taten folgten. Innerhalb weniger Monate beschlagnahmten die Briten allein 300 preußische Schiffe, was die preußische Wirtschaft stark schädigte.

Darüber hinaus gab Napoleon Preußen deutlich zu spüren, dass er es wenig achtete. Ohne es zu konsultieren, gründete er aus Baden, Württemberg, Bayern, dem Herzogtum Berg und vielen kleineren deutschen Staaten westlich der Elbe den Rheinbund.

Dieser Zusammenschluss der französischen Vasallenstaaten zu einem Verteidigungsbündnis hatte die endgültige Liquidation des maroden Heiligen Römischen Reiches Deutscher Nation zur Folge. Machtlos legte Kaiser Franz II. nach anfänglichen Protesten die deutsche Kaiserkrone nieder. Von nun an firmierte er nur noch als Franz I., Kaiser von Österreich. Krachend fiel das Heilige Römische Reich Deutscher Nation in sich zusammen.

Den Ausgleich mit Russland in der Tasche, Preußen mit Hannover abgespeist, Neapel niedergeworfen, versuchte der Kaiser noch einmal die Annäherung an England.

In Geheimgesprächen bot er der britischen Krone an, das Preußen versprochene Hannover wieder zurückzugeben und Preußen mit anderen Gebieten abzufinden. Mit dieser Offerte beging der französische Kaiser jedoch einen schweren Fehler. Durch gezielte Indiskretion der Briten erfuhr der preußische Gesandte Lucchesini von Napoleons Vorschlag, Großbritannien das Preußen versprochene Hannover zu übereignen. Die Folge war ein Schrei der Entrüstung, der alle Gesellschaftsschichten Preußens erfasste. Sofort begann die Kriegspartei unter der Führung von Königin Luise, Prinz Louis Ferdinand und dem Freiherrn von Hardenberg erneut zum Krieg zu rufen. Diesmal fand der preußische König kein Mittel mehr, sich herauszulavieren.

Von nun an nahm die Katastrophe ihren Lauf. Einen derartigen Affront konnte sich Preußen nicht bieten lassen. Wieder drehte sich das Bündniskarussell, erklangen in Europa die Kriegstrommeln. Geheime Bündnisgespräche mit Russland sicherten Preußen nicht nur den Rücken, sondern führten zum Scheitern der französisch-russischen Friedensverhandlungen. Zar Alexander ratifizierte plötzlich nicht den in Paris abgeschlossenen Friedensvertrag, sondern versprach Preußen Waffenhilfe. Das Königreich Sachsen und das Herzogtum Sachsen-Weimar, dessen Herzog ein Verwandter des Zaren war, schlossen sich Preußen an. Der Rest Deutschlands verhielt sich neutral.

In einem an Napoleon gerichteten Ultimatum forderte der preußische König den Rückzug aller französischen Truppen hinter den Rhein. Dies war gleichbedeutend mit einer Kriegserklärung. Die Würfel waren gefallen. Mit gewohnter Schnelligkeit begann Napoleon, seine Truppen zwischen Passau und Frankfurt zusammenzuziehen.

Auch in Preußen blieb man nicht untätig, rief man die gerade erst zu Jahresbeginn demobilisierte Armee von Neuem ein. Diese Streitmacht hatte immer noch den Ruf, eine der besten Armeen Europas zu sein, lebte jedoch in erster Linie vom Prestige, das sie sich unter Friedrich dem Großen im Siebenjährigen Krieg erworben hatte.

Die Tatsache, dass die preußische Armee im 1. Koalitionskrieg bei Kaiserslautern und Pirmasens Siege über die Franzosen erfochten hatte, machte sie selbstbewusst. Die Offiziere waren tapfer, die Soldaten gut gedrillt und die Kavallerie sogar hervorragend. Preußens Linieninfanterie war in Ausbildung und Taktik dem friderizianischen Ideal der Bataille Rangée verhaftet, dem in mehreren Treffen gegliederten Feuergefecht in Linie, verfügte jedoch auch über Kompanien, die das Tirailleurgefecht beherrschten.

Auch wenn die Grande Armée in der Summe ohne die Garde 170000 Mann zählte und ihren Gegner an Kampferfahrung weit übertraf, war die preußische Armee beeindruckend. Ihre Truppenstärke belief sich auf ungefähr 190000 Mann, von denen in den ersten Kriegswochen etwa 130000 zum Einsatz kamen. Der Rest lag als Besatzung in den großen Festungen westlich und östlich der Oder.

Aber nicht nur auf dem Papier machte die preußische Armee was her. Mit einer derartigen Macht im Rücken scheuten die preußischen Generäle nicht vor einem Waffengang mit der Grande Armée zurück.

Viele Offiziere, die wie der Herzog von Braunschweig, Feldmarschall von Möllendorf und der Fürst von Hohenlohe sogar noch im Siebenjährigen Krieg gekämpft hatten, wähnten sich der französischen Armeeführung aufgrund der vergangenen Siege über die Franzosen weit überlegen. Die Aussage des Fürsten von Hohenlohe mag hier für diese Auffassung stehen, die viele preußische Generäle vertraten:

> Ich habe die Franzosen in mehr als sechzig Gefechten geschlagen, und, bei meiner Treu, ich würde Napoleon schlagen, wenn ich im Schlagabtausch mit ihm stünde. Vorausgesetzt, man ließe mir freie Hand.[62]

Besser dachte auch General von Rüchel nicht über die französische Armee. Seiner Meinung nach taugten die amtierenden französischen Generale in der preußischen Armee allenfalls zu Unteroffizieren. Sogar ein so brillanter Kopf wie der spätere Militärphilosoph Clausewitz steckte 1806 voller Vorurteile und wähnte den Krieg schon gewonnen, bevor nur ein Schuss gefallen war:

> Wenn man die Nachrichten in Betracht zieht, welche alle die mitbringen, die kürzlich das Innere Frankreichs und das französische Kriegstheater durchstreift haben, so scheint es, das Schicksal bietet uns in diesem Augenblick eine Rache dar, die über alle Gesichter Frankreichs den blassen Schrecken ausgießen und den übermüthigen Kaiser in einen Abgrund stürzen würde, aus dem seine Gebeine nicht anders als aufgelöst in Atome hervorgehen können.[63]

Um Napoleon atomisieren zu können, musste man allerdings schnell sein, wie der Herzog von Braunschweig wusste. Im Gegensatz zu Rüchel und Hohenlohe war der preußische Oberbefehlshaber nicht vom Sieg überzeugt. Der Herzog riet dazu, Napoleons

Angriff abzuwarten. Doch davon wollten Hohenlohe und Rüchel nichts hören. Sie suchten die Entscheidungsschlacht und bedrängten den preußischen König, die Franzosen anzugreifen. Friedrich Wilhelm III. schwankte und war unsicher, wie er sich entscheiden sollte. Von Beginn an überschlugen sich deshalb die Debatten über Operationspläne, kreuzten sich Vorschläge und Gegenvorschläge, wie Oberst von Kleist zu berichten weiß:

> Man weiß hier eigentlich nicht, was man will. Heute von einer Invasion bedroht, will man sich dagegen schützen, morgen will man offensiv verfahren, übermorgen wahrscheinlich wieder unterhandeln, kurz, es ist eine Konfusion, die ihresgleichen nicht hat.[64]

Dieses Problem existierte für Napoleon nicht. Da die Grande Armée bis auf die Alte Garde ohnehin noch zwischen Bayreuth und Hof versammelt war, stand sein Plan schnell fest. Im Gegensatz zum Vorjahr wollte er seinen Gegner nicht sofort mit einer großen Umgehung umfassen, sondern erst seine Stoßrichtung abwarten, um ihn dann mit schnellen Märschen auszumanövrieren.

Aus diesem Grund hatte er am 19. September der französischen Armee befohlen, sich im Maintal zu konzentrieren – sehr zum Verdruss von Davout, der gerade nach mehr als einjähriger Abwesenheit seine Familie in Savigny besuchte und so endlich Bekanntschaft mit seiner Tochter machte.

Da Aimée vorerst mit der Erziehung überfordert war, wuchs Josephine mittlerweile nicht mehr im Schloss selbst, sondern in dem nur wenige Kilometer entfernten Gehöft Champagne unter der Obhut einer Amme auf. Dort war das Klima besser, die Luft gesünder. Offensichtlich misstraute der Marschall dem dumpf-feuchten Mikroklima seines Schlosses, das halbkreisartig von einem Wassergraben umgeben war. Die Maßnahme zeitigte Erfolg. Im Gegensatz zu seinem Sohn Paul und der ersten Josephine überlebte Davouts Drittgeborene ihre Kinderjahre. Stolz berichtete Davout Aimée von seinem Antrittsbesuch bei seiner Tochter.

> Heute habe ich, meine kleine Aimée, zum tausendsten Mal den Beweis dafür erhalten, dass du dich umsonst ängstigst. Aber

> da all meine Überlegungen dich nicht beruhigen können, erspare ich sie Dir diesen Abend und komme zu den Fakten. Unserer Kleinen [Josephine] könnte es gar nicht besser gehen [...] Sie saugt, schläft tief und verdaut gut [...] Bei meiner Ankunft war sie an der Brust ihrer Amme und wollte diese nicht verlassen, um sich küssen zu lassen. Trotz dieser Gleichgültigkeit habe ich ihr einige Küsse von Dir und mir gegeben.[65]

Davout hätte gern mehr Zeit mit seiner Tochter verbracht, als ein Befehl des Kaisers ihn zurück nach Deutschland rief. Kaum im Kreis seiner Familie, sah sich Davout wieder gezwungen, zu seinem Korps zu eilen, das zusammen mit dem Armeekorps Bernadottes bei Bamberg in Oberfranken stand.

Die Aufstellung war klug gewählt. Natürliche Hindernisse wie der Frankenwald, der Thüringer Wald und der fränkische Jura säumten den Aufstellungsbereich. Die Region war reich an natürlichen Ressourcen, von denen sich das Heer ernähren konnte. Die Kornspeicher und Scheunen waren voll. Bier und Wein gab es im Überfluss. Kein Armeekorps befand sich weiter von dem anderen als zwei Tagesmärsche entfernt. Als die Massierung der Truppen abgeschlossen war, fingierte Napoleon mit einem Teil seiner Truppen einen Angriff auf Hessen. Dies reizte die Preußen, sich aus ihrer Stellung hinter dem Thüringer Wald zu begeben und mit ihren Spitzen unter General Tauentzien und Prinz Louis Ferdinand Richtung Main vorzustoßen. Genau das hatte Napoleon gewollt.

Der Kaiser ergriff die Offensive und stieß am Thüringer Wald vorbei nach Sachsen vor. Diesmal bewegte sich die Grande Armée auf drei parallelen Marschrouten in drei Kolonnen Richtung Saale, wo starke Feindverbände gesehen worden waren. Die rechte Kolonne war 32000 Mann stark und bestand aus dem 4. Korps Marschall Soults und bayerischen Schützen unter General von Wrede. Die linke Kolonne zählte 40000 Mann und bestand aus zwei Armeekorps: dem 5. unter Marschall Lannes, dem 7. unter Marschall Augereau. Die stärkste Kolonne war die mittlere: Sie umfasste die leichte und schwere Kavallerie, die Kaisergarde, das 1. Korps unter Marschall Bernadotte und das 3. Korps unter Davout. Alles in allem umfasste diese Kolonne 70000 Mann. Kaum begonnen, zeitigte die Offensivbewegung auch schon erste Ergebnisse.

Am 9. Oktober schlug Murat die verbündeten Preußen und Sachsen hinter der Saale bei Schleiz, einen Tag darauf bezwang Marschall Lannes im Gefecht von Saalfeld ein westlich der Saale stehendes preußisches Armeekorps, wobei der Bruder des Königs, Prinz Louis Ferdinand den Tod fand.

Von nun an ging alles Schlag auf Schlag. Die Preußen zogen sich am 11. Oktober in den Raum um Jena und Weimar zurück, die Franzosen folgten ihnen. Wenn es Napoleon jetzt gelang, die preußische Armee einzuholen oder ihr den Weg abzuschneiden, dann konnte er sie einkesseln und vernichten. Nur musste er dazu wissen, wohin die Preußen abzogen.

Drei Optionen standen hierbei für die preußische Armee zur Auswahl: der Rückzug nach Osten über Dresden, der Abmarsch nach Nordosten über Leipzig oder die Rücknahme der Armee nach Norden über Magdeburg.

Es dauerte einen ganzen Tag, bis der Kaiser durch Murats Reiter herausbekam, dass die Preußen sich nach Magdeburg zurückzogen und sich allem Anschein nach im Raum Jena sammelten. Diese Informationen verleiteten Napoleon zu falschen Schlussfolgerungen. In der Tat hatten die französischen Aufklärer richtig gescoutet. Dennoch hatten sie übersehen, dass es sich bei der gesichteten Armee um das Korps des Fürsten von Hohenlohe handelte und nicht um die preußische Hauptarmee.

Diese zog sich unentdeckt von den Franzosen über Apolda auf Magdeburg zurück. Angesichts eines derartig überlegenen und schnellen Feindes war dies ein äußerst riskantes Manöver, denn jederzeit konnte die Armee auf dem Marsch überrascht werden. Und genau deswegen stand der Fürst von Hohenlohe bei Jena, um den Rückzug der königlichen Armee zu decken.

Dies alles wusste Napoleon nicht. Er beschloss, mit dem Gros seiner Armee nach Jena zu marschieren und die Preußen zur Schlacht zu stellen.

Gleichzeitig gab er Davout und Bernadotte den Befehl, nach Naumburg zu ziehen und den Feind von dort aus gemeinsam in der Flanke anzugreifen.

Davout tat wie vom Kaiser geheißen und überquerte mit dem 3. Armeekorps die Saale. Energisch trieb er seine Divisionen in erneuten Eilmärschen nach Naumburg, das er am 12. Oktober erreichte.

Hier fiel dem Marschall nicht nur ein großes preußisches Armeedepot in die Hände, sondern auch 18 Modderbrücken. Dies waren Pontonbrücken, die das Passieren von Morast, sumpfigen Talniederungen oder zerfahrenen Straßen ermöglichten. Neben diesen Erfolgen konnte Davout auch die Vereinigung mit dem 1. Korps von Bernadotte vermelden, das ebenfalls um Naumburg Quartier bezog.

Durch Streifpartien erfuhr Davout von Deserteuren, Landleuten und preußischen Gefangenen, dass die Preußen durch die jüngsten Niederlagen und den Tod des Prinzen Louis Ferdinand demoralisiert waren und dass sich die preußische Armee in der Gegend um Weimar und Erfurt befand.

Davout eilte weiter. Kaum in Naumburg, ritt er auf das westliche Saaleufer und von dort den steilen Pass von Kösen hinauf auf die Höhe von Hassenhausen, das sich nur zwei Kilometer entfernt von den steilen Uferabbrüchen der Saale befand. Hier warf er einen ersten Blick auf das Gelände, das ihm das Schicksal für den morgigen Tag als Schlachtfeld auserkoren hatte. Der französische Historiker Adolphe Thiers hat dieser bedeutungsvollen Episode ein literarisches Denkmal gesetzt, das uns in der Übersetzung durch Otto Wigand vorliegt:

> Der Marschall Davout, den Napoleon nach Naumburg geschickt hatte, verband mit dem klarsten Verstande eine seltene Festigkeit und eine unbeugsame Strenge. Er war wachsam, nicht bloß aus Pflichteifer, sondern auch im Gefühl eines körperlichen Mangels, der in einer großen Kurzsichtigkeit bestand. Da er Mühe hatte, die Gegenstände zu unterscheiden, so beobachtete er alles in größter Nähe; hatte er selbst gesehen, so ließ er durch andere beobachten, richtete an seine Umgebung unaufhörliche Fragen, gestattete sich selbst so wenig als anderen Ruhe, bis er sich hinreichend unterrichtet glaubte, und blieb nie in der Ungewissheit, durch die so viele Generale sich

> einschläfern lassen, indem sie ihren Ruhm und das Leben ihrer Soldaten dem Zufalle überlassen. Am Abend hatte er sich persönlich unterrichtet, was im Engpasse vorging. […] Auf der Stelle sandte er ein Bataillon an die Brücke von Kösen und gab diesen Truppen Befehl, sich um Mitternacht bereit zu halten, um die Saalehöhen vor dem Feinde zu besetzen.[66]

Diese Umsicht legte der Kontrahent Davouts, General Schmettau, nicht an den Tag. Obwohl seine Division nur eine Marschstunde entfernt von der Kösener Brücke lagerte, hielt der preußische General es nicht für nötig, diese strategische Schlüsselposition besetzen zu lassen. Es war ein Fehler mit tödlichen Konsequenzen.

Während Davout ein Bataillon zur Bewachung der Kösener Brücke entsandte und die Höhen um Kösen besetzen ließ, erreichte ihn noch um drei Uhr morgens ein Bote Napoleons, der ihm neue Befehle überbrachte. Der Kaiser hatte in der Zwischenzeit noch einmal seine Meinung geändert und befahl dem 3. Korps, nicht mehr in Naumburg zu bleiben, sondern auf Apolda vorzustoßen. Für den Fall, dass Bernadotte noch in Naumburg verweilen sollte, gab der Kaiser diesem Marschall Anweisung, zusammen mit Davout nach Apolda zu marschieren, allerdings sei es mehr nach Wunsch des Kaisers, dass Bernadotte nach Dornburg marschierte. Damit hatte Napoleon mehr Unklarheiten geschaffen, als ihm lieb war.

Bernadotte legte den Befehl so aus, dass ihm Dornburg als erstes Marschziel genannt worden sei und verhinderte somit ein gemeinsames Vorgehen beider Armeekorps, obwohl Davout ihm sogar bei einem gemeinsamen Zug nach Apolda den Oberbefehl anbot.

Nach diesen Misshelligkeiten am frühen Morgen legte Davout seine Paradeuniform an. Wenn der Kaiser richtig lag, so würde das 3. Korps an diesem Tag bei Apolda ins Gefecht kommen. War es so etwas wie eine Vorahnung, dass dies ein besonders bedeutender Tag im Leben des Marschalls werden würde? Sicher nicht, denn die Schlacht, in die Davout mit seinen Männern ritt, wurde zu einer der klassischsten Begegnungsschlachten der Weltgeschichte. Mit nur 28000 Mann, darunter 1300 Reiter, und 44 Kanonen brach der Marschall auf, um einer Armee entgegenzuziehen, die insgesamt

50000 Mann, darunter an die 9000 Kavalleristen, und 230 Kanonen zählte.

Um fünf Uhr morgens brach die bei Neu-Flemmingen aufgestellte 3. Division unter General Gudin mit Davout an der Spitze Richtung Kösen auf, das sie eine Stunde später erreichte. Anschließend marschierte sie über die Saale durch die Passstraße Hassenhausen entgegen, das oberhalb der Steilufer der Saale auf einer malerischen Hochebene lag, die sich über eine Länge von acht Kilometern zwischen Hassenhausen und Eckartsberga erstreckte. Wie bei Austerlitz wallte dichter Nebel über der Landschaft, konnte man nur bis auf 50 Schritt sehen.

Jetzt hätte der Marschall dringend die Reiterei General Vialannes' gebraucht. Doch der Oberkommandeur der Kavallerie des 3. Korps hatte am Abend zuvor ohne Erlaubnis das Hauptquartier verlassen und war mit der leichten Reiterei nach Naumburg geritten. Damit verzögerte sich der Abmarsch der Divisionsreiterei, was sich als ernstliches Handicap herausstellte.

> Es war erst um fünf Uhr morgens, als es endlich gelang, General Vialannes herbeizuschaffen [sic]. Dieser erwies sich bei dieser Gelegenheit mir gegenüber als aufsässig und wurde geradezu unverschämt, weil er genau fühlte, dass wir ihn brauchten. Aus dieser Verspätung erwuchs, dass seine Kavallerie, anstatt als Erste herauszukommen, drei Stunden später als geplant abmarschierte und ich erst gegen 9 Uhr beziehungsweise 10 Uhr morgens voll über jene verfügen konnte [...][67]

Davout musste improvisieren und schickte seinen Adjutanten Bourke mit 80 Reitern einer ihm verbliebenen Chasseurschwadron durch den Nebel den Preußen entgegen, um zu erkunden, ob die Straße nach Apolda frei sei. Es war ein Routineauftrag, ein ganz normaler Erkundungsritt. Noch ahnte auf Seiten der Franzosen keiner, was für folgenschwere Verwicklungen aus diesem Unternehmen erwachsen sollten. Doch als Bourke im Nebel beim Dorf Poppel auf zwei Schwadronen Dragoner des Regiments Königin stieß und diese ihm bis nach Taugwitz nachjagten, wurde ihm klar, dass bei weiterem Vorrücken mit starkem Widerstand zu rechnen war.

Sofort bezog die Brigade Gauthiers Stellung hinter Hassenhausen, das 85. Linienregiment südlich, das 25. Linienregiment nördlich der Straße. Zusätzlich postierte der Brigadegeneral eine Batterie am Ortsausgang, mit der er die Chaussee bestreichen konnte. Er brauchte nicht lange zu warten, bis sie Verwendung fand. In der Hitze der Verfolgung preschten die Bourke verfolgenden preußischen Dragoner blindlings durch den Nebel auf das Feuer der Batterie zu. Die Dragoner drehten ab und ritten zurück zum Rest der preußischen Vorhut, die sofort den Angriff erneuerte.

Diesmal griffen 600 Dragoner des Regiments Königin zu beiden Seiten des Dorfes Gauthiers Brigade an. Sie wurden durch das Zusammenwirken von Geschütz- und Gewehrfeuer genauso zurückgeschlagen wie die Schwadronen zuvor, wobei sie eine reitende Batterie verloren, die zu ihrer Unterstützung am Ortsausgang aufgefahren war. Damit war der erste Kampf um die Inbesitznahme Hassenhausens entschieden.

Davout gab 200 Füsilieren und 100 Voltigeuren den Befehl, Hassenhausen zu besetzen, und ließ das 25. Linienregiment auf einen kleinen Hügel vor Hassenhausen vorrücken, während das 85. Linienregiment auf selber Höhe südlich der Straße Aufstellung nahm.

Mit dieser Maßnahme hatte Davout die Weichen für die künftige Schlacht gestellt. Wer Hassenhausen und die umliegenden Anhöhen besaß, der beherrschte das vor ihm liegende, wellenförmige Tal, das von einem kleinen Bach und vielen Hohlwegen durchschnitten wurde. In diesem Tal gab es eine Chaussee, die über die Dörfer Taugwitz, Poppel und Gernstedt bis zur Höhe von Eckartsberga führte. Südwestlich Hassenhausens lag das Ilmtal mit den Orten Rehhausen und Sonnendorf und Stadt Sulza, nordwestlich die Dörfer Bönscherau, Spielberg, Zäckwar und Lisdorf.

Etwas hinter Gernstedt ging die damalige Hauptstraße nach Auerstedt ab, wo das Gros der preußischen Hauptarmee lagerte.

Davout wurde mit einem Blick klar, dass nicht nur der Besitz von Hassenhausen, sondern auch die Einnahme der Höhen nördlich und südlich von der Straße nach Eckartsberga die Schlacht entschieden.

Ähnlich dachte man auch im preußischen Hauptquartier. Einzig über den Zeitpunkt des Angriffs war man im Unklaren. Der Herzog von Braunschweig riet dazu, abzuwarten, bis der Nebel sich verzogen hatte, um dann zeitgleich mit den Divisionen Schmettau und Wartensleben gegen die Franzosen vorgehen zu können. Aber der König und Möllendorf waren anderer Ansicht und beschlossen, die vermeintlich schwachen Feindkräfte sofort mit allen verfügbaren Einheiten anzugreifen.

Von diesen Truppen war einzig die Division Schmettau sofort einsetzbar. Die anderen Kräfte waren zersplittert und hatten sich in und um Auerstedt gelagert, wo ein unbeschreibliches Chaos herrschte, weil zeitgleich von allen Seiten Infanterie, Kavallerie und Artillerie durch den kleinen Ort drängten.

Als erste machte sich die Division Schmettau auf den Weg, als zweite folgte eine Stunde später die Division Wartensleben, dann Oranien.

Auch auf französischer Seite blieb man nicht untätig. Zu Davouts Glück waren die nächsten Truppen, die auf dem Kampfplatz eintrafen, nicht die des Feindes, sondern das 12. und 21. Infanterieregiment der Brigade Petit unter dem Oberkommando von General Gudin. Diese bildete nordöstlich des 25. Linienregiments in jeweils 150 Meter Abstand voneinander zwei Karrees, hinter denen eine Batterie mit zehn Geschützen auffuhr.

Wie notwendig diese Maßnahme war, zeigte der nächste Gegenschlag der Preußen. Nachdem die Division Schmettau sich bei Taugwitz gegenüber Hassenhausen formiert hatte, manövrierte sich der Führer der preußischen Vorhut, Generalleutnant von Blücher, mit acht Kavallerieschwadronen und einer berittenen Batterie unbemerkt in den Rücken der französischen Stellung. Obwohl Blücher den Befehl hatte, das vollständige Eintreffen der Infanteriedivision Schmettau abzuwarten, hielt er sich nach dem Zuzug weiterer Kürassierschwadronen für stark genug, den rechten Flügel der Franzosen mit ungefähr 1500 Reitern anzugreifen.

Siegessicher gab Blücher seinen prachtvollen Reiterschwadronen den Befehl zur Attacke und zog den Säbel blank. Jubelnd taten es ihm seine Männer nach und ritten auf das stumm aus dem Nebel wachsende Karree des 25. Linienregiments zu. Nur noch wenige Meter trennten Blüchers Reiter von den Karrees der Franzosen, als plötzlich die gesamte Front vor ihnen aufblitzte und tödliches Massenfeuer aus Gewehren und Kanonen die Sättel von Blüchers Reiterei leer fegte. Die Preußen drehten ab, sammelten sich jedoch wieder und versuchten, mit immer neuen Angriffswellen die Karrees Davouts zu brechen. Jedoch ohne Erfolg. Aber Blücher, der schon ein Pferd verloren hatte, wollte sich seine Niederlage nicht eingestehen und hetzte seine Männer in eine letzte, sinnlose Attacke.

Diese forderte jedoch so schwere Opfer, dass die Schwadronen abdrehten und versehentlich auf die eigene Batterie zuritten, welche sie inmitten des Nebels und der Rauchschwaden für feindliche Reiter hielt und erbarmungslos niederkartätschte, was eine Massenpanik auslöste. Kopflos flüchteten die stolzen Reste von Blüchers Kavallerie vom Schlachtfeld – sehr zum Verdruss des Feldherrn.

> Ich eilte nach dem hinter mir liegenden Dorf, um die fliehende Kavallerie aufzuhalten, ergriff eine Standarte und stellte mich mit derselben auf den Damm, den Flüchtigen entgegen, aber vergebens – alles ging rechts und links bei mir vorbei, alles rief Halt, aber niemand hielt. Ich rief den Offizieren zu, sie sollten sich umsehen, es wäre nichts vom Feinde hinter ihnen, aber der Strom riss alles mit sich fort und die Kavallerie blieb im Fliehen bis in einen Wald unweit des Eckartsbergs.[68]

Davout konnte sich nur kurz über diesen Erfolg freuen. Während seine Männer die Flucht der preußischen Kavallerie bejubelten, sah er, wie die Division Schmettau nördlich von Hassenhausen zum Angriff überging. Nachdem erst Schützen, dann Grenadiere versucht hatten, die französischen Tirailleure aus dem Mertschengrund zu vertreiben, rückte die Linieninfanterie an und vertrieb sie mit Salvenfeuer.

Langsam entwickelte sich Schmettaus Angriff. Die reitende Batterie Meerkatz kam immer besser ins Gefecht und deckte die vor ihr stehende französische Infanterie mit Kartätschen ein. Vom Spielberger Holz aus nahmen preußische Schützen die Franzosen unter Feuer. Dies waren Gefahren, die Davout nicht länger ignorieren durfte. Was tun? Davout konnte kein Bataillon aus der Front der Division Gudin herausnehmen, sondern musste auf Verstärkung warten.

Endlich, ab halb neun Uhr morgens, erreichte nach und nach die

Division General Friants mit der leichten Kavallerie das Schlachtfeld. Dies bedeutete eine Verstärkung um 7800 Mann Infanterie und 1300 Mann Kavallerie.

Davout beschloss, mit diesen frischen Truppen in die Offensive zu gehen. Er ritt Friant entgegen und gab ihm den Befehl, die preußischen Batterien vor Taugwitz auszuschalten, noch bevor die Division Schmettau zum Angriff ansetzen konnte.

Das 108. Linienregiment überrannte die Batterie Meerkatz zusammen mit den 1. Chasseurs im ersten Anlauf. Im Verlauf dieser Aktion gerieten die französischen Reiter bei der Verfolgung eines Geschützzugs mitten in die Schlachtordnung der Division Schmettau. Sofort eröffnete die hinterste Linie der Preußen das Feuer auf die Reiter, welche die Köpfe abduckten und von der Verfolgung des Geschützes abließen. Die Salve verfehlte ihr Ziel und traf die unglücklichen Hintermänner des ersten Treffens in den Rücken, die zu Dutzenden niedersackten. Wieder waren Preußen Opfer von Preußen geworden, hatte »friendly fire« die Zahl der eigenen Kämpfer reduziert.

Der Herzog von Braunschweig, irritiert vom heftigen Gewehrfeuer auf seiner Linken, gab Scharnhorst den Auftrag, bei Schmettau nach dem Rechten zu sehen. Sofort begab sich Scharnhorst an seinen neuen Wirkungsplatz, wo die Schlacht sich unglücklich für die Preußen zu entwickeln begann.

Kurz nach der Vernichtung der Batterie Meerkatz gab Davout Friant den Befehl, Spielberg zu erobern. Wie gewohnt führte Friant den Auftrag aus.[69]

Die Einnahme Spielbergs stabilisierte Davouts Lage nördlich Hassenhausens. Jetzt war es ihm möglich, eine Batterie von zwölf Kanonen auf dem Kirchhof in Spielberg aufzufahren. Diese begann sofort, die Truppen Schmettaus unter Beschuss zu nehmen, die mittlerweile zwischen Zäckwar und Taugwitz Aufstellung genommen hatten und hier dem Eintreffen der Division Wartensleben entgegensahen.

Aber der Marschall begnügte sich nicht mit der Defensive und befahl Friant, Schmettaus Preußen über Benndorf und Zäckwar zu umgehen und beim Dorf Poppel in den Rücken zu fallen. Ohne Umschweife setzte sich Friants Umgehungskolonne in Bewegung.

Skizze 4

Lager der preußischen Hauptarmee in der Nacht vom 13. zum 14. Oktober — Preußen in der Schlacht — **I. 2. 3. Div.** = Schmettau, Wartensleben, Oranien — **Reserve** = Div. Kunheim und Arnim — Franzosen

Die Flankenmanöver der Divisionen Morand und Friant in der Schlacht von Auerstedt

Auf ihrem Weg traf sie anfangs auf keinen Widerstand, bis sie auf der rechten Flanke auf der Höhe von Marienthal von preußischen Schützen beschossen wurde und zwei preußische Kürassierregimenter sie angriffen. Friant schlug diese Angriffe zurück.[70]

Die Operation war kühn, hatte jedoch den Nachteil, dass sich Davout vorerst seiner Reserven beraubte. Noch standen nicht alle Truppen des preußischen Königs im Gefecht, noch konnte er hoffen, sich so hinhaltend zu verteidigen, dass Morand den Wettlauf mit der Zeit gewinnen würde. Doch genau hier lag das Problem und drohte Davouts Plan nicht aufzugehen. Aufgrund einer Umgruppierung seiner Infanterieregimenter hatte Morand viel Zeit verloren und brauchte erheblich länger für seinen Zuzug aus Naumburg als geplant.

Zum Glück Davouts ging es den Preußen nicht besser. Auch hier hatte sich der Anmarsch der Division Wartensleben aufgrund eines Wirrwarrs an der Auerstedter Brücke erheblich verzögert. Doch jetzt, zwischen neun Uhr und zehn Uhr, traf die Division Wartensleben endlich vor den südlichen Höhen von Hassenhausen ein, deren strategische Bedeutung der Herzog von Braunschweig sofort erfasst hatte.

Jetzt kam der kritischste Moment der Schlacht. Unter den Klängen des Hohenfriedberger Marsches marschierten die etwa 15 000 Mann der Divisionen Schmettau und Wartensleben auf und griffen Hassenhausen an. Den Franzosen bot sich ein schaurig-schönes Schauspiel. Vor ihren Augen reihte sich wie auf dem Exerzierplatz Bataillon an Bataillon in Paradeformation auf. Dann wälzte sich die bajonettstarrende Phalanx unaufhaltsam im Gleichschritt durch den Talgrund auf Hassenhausen zu und warf die vorgeschobenen französischen Tirailleure auf Hassenhausen zurück. Von Zeit zu Zeit brach ein Gehölz oder ein Hohlweg die exakten Linien der preußischen Bataillone, stockte der Anmarsch, weil das Abwehrfeuer erste Opfer forderte. Nichtsdestotrotz schlossen sich die Reihen, marschierten die Menschenwände weiter und blieben nur stehen, um selbst zu feuern.

Von nun an nahm das Krachen der Gewehr- und Geschützsalven kein Ende mehr. Riesige Pulverdampfwolken stiegen über der Kampflinie auf, sodass der Rauch in den Augen brannte. Schuss um Schuss färbte die Gesichter der Soldaten schwarz.

Das Schlagen der Flintsteine, das Aufflammen der Zündpfanne versengte die Wangen und setzte manchmal sogar die eigene Uniform oder die des Nebenmanns in Brand. Zähne wurden durch das Abbeißen der Papierpatronen zu schwarzen Stumpen. Immer hektischer wurden die Bewegungen beim Hineinstopfen der Bleikugeln mit dem Ladestock. Kugeln jedes Kalibers pfiffen links und rechts an den Köpfen vorbei und über sie hinweg, fauchten in den Boden oder klatschten in die Nebenmänner, die mit zerfetzten Gedärmen niedersanken. Unbeirrt tobte die Schlacht weiter, rührten die Trommler zum Angriff.

Obwohl die französischen Plänkler sie wie die Fliegen niederschossen, Vollkugeln und detonierende Granaten ganze Rotten nie-

Die Schlacht von Auerstedt war laut Napoleon einer der klarsten Siege Frankreichs.

derfegten, Kartätschensalven Lücke um Lücke in die Linien rissen, ertrug die preußische Infanterie stoisch die schwersten Verluste. Pausenlos feuerten ihre Linien nach Hassenhausen hinein.

Dort spielte das Massenfeuer der preußischen Reihen den Franzosen übel mit. Von allen Seiten prasselten Geschosse in das Dorf. Hunderte von Toten und Verletzten säumten die Straßen. Lange war Hassenhausen nicht mehr zu halten.

Langsam, aber sicher, kämpften sich die Männer Scharnhorsts ans Dorf heran, wobei sie von der Division Wartensleben unterstützt wurden, die sich nach hartem Widerstand im Dorf festsetzte. Scharnhorst frohlockte und feuerte seine Männer damit an, dass sie soeben die preußische Monarchie gerettet hätten.

Tatsächlich schien der preußische Sieg zum Greifen nah. Auf dem linken französischen Flügel begann die Division Wartensleben ebenfalls Fortschritte zu machen. Hier befand sich die neuralgischste Stelle der französischen Stellung. Das 85. Linienregiment kämpfte allein gegen eine feindliche Übermacht. Seine Flanke hing förmlich in der Luft. Gerade hatte es einen Ansturm des Grenadierbataillons Krafft abgewiesen, als es den Fehler beging, seinerseits zum Gegenangriff zu schreiten.

Dies war die Chance der Preußen! Major von Jagow von den Irwing-Dragonern befahl sofort den Angriff. Im Gegensatz zu den bisherigen Kavallerieattacken gelang es den Irwing-Dragonern, das 85. Linienregiment aufzurollen. Verzweifelt versuchten die aufgelösten Linien der Franzosen, sich den Dragonern entgegenzustellen. Sie wurden niedergesäbelt. Wer dem ersten Schock entkam, ließ sich auf den Boden fallen oder floh Richtung Hassenhausen. Einige rannten sogar in kopfloser Flucht in Richtung des Feindes, andere warfen die Waffen weg, um so leichter zu entkommen. Unbarmherzig setzten die Dragoner nach, als sich plötzlich vor ihnen ein Hohlweg auftat, vor dem die Pferde scheuten. Das natürliche Hindernis bremste die Attacke aus und gab der flüchtenden Infanterie Zeit, sich zu sammeln und ein nach drei Seiten geschlossenes Karree zu bilden. Trotzdem war die Chance noch nicht vertan. Wenn jetzt ein beherzter Gegenstoß der Kavallerie den Erfolg der Irwing-Dragoner verstärkte, war es möglich, das 85. Linienregiment ganz zu vernichten.

Bauer Adam Krippendorf, der dem Herzog von Braunschweig als Führer diente, wurde Zeuge dieses atemberaubenden Erfolges, der die preußische Armee mit Siegeszuversicht erfüllte:

> Während dieser Zeit war der linke Flügel der Franzosen ganz geschlagen oder durchbrochen. Man hörte die freudige Nachricht: »Jetzt jagt der rechte Flügel 30000 Franzosen in die Saale, 30 Kanonen sind in unseren Händen.« Nicht lang darauf erscholl ein lautes Jubelgeschrei: Vivat! Es lebe der König![71]

Das Jubelgeschrei kam verfrüht. Die Preußen verpassten die Chance. Die Reste des geschlagenen französischen Linienregiments fanden Zeit, das Karree zu schließen und den Angriff abzuweisen. Es war für die Franzosen der bisher kritischste Moment der Schlacht, denn auch in Hassenhausen war der Ansturm der Preußen von Erfolg gekrönt. Mit Sorge beobachtete Davout, wie sie sich am Nordrand von Hassenhausen festsetzten und das Dorf bis auf die Kirche und einige umliegende Häuser einnahmen. Wenn jetzt Hassenhausen fiel, drohte dem 3. Korps die völlige Niederlage. Kein natürliches Hindernis würde mehr die Verteidigung bis Kösen ermöglichen.

Die Situation war kritisch, aber Davout bewahrte angesichts der drohenden Zerschlagung seiner rechten Flanke einen kühlen Kopf und rettete die Situation durch ein waghalsiges Manöver. Er befahl dem 12. Linienregiment der Division Gudin, sich aus dem Gefecht mit der Division von Schmettau zu lösen und im Laufschritt nach Süden zu eilen, um den preußischen Umgehungsversuch zu vereiteln. Zugleich gab er dem 21. Regiment Order, die Verteidiger von Hassenhausen zu verstärken. Die Verstärkung kam zur rechten Zeit. Den zu Hilfe eilenden Regimentern gelang es, die Lage zu stabilisieren.

Die erneuerte Attacke der Irwing-Dragoner auf das Karree des zweiten Bataillons des 85. Regiments zerschellte, der Ansturm der Brigade Wedell geriet ins Stocken. Auch der Sturmlauf des Regiments Prinz Louis Ferdinand brach im Kugelhagel zusammen. Die Überlebenden wichen und gingen auf die Infanteriebrigade Renouard zurück. Die Offensive der Division Wartensleben kam zum Stillstand. Davouts Maßnahme hatte sich als richtig erwiesen. Der Marschall hatte wertvolle Zeit gewonnen.

Es war jetzt kurz nach zehn Uhr. Beide Seiten hatten furchtbare Verluste erlitten. Das Hassenhausen verteidigende 12. Linienregiment verlor zwei Drittel seines Bestandes, darunter 36 Offiziere. Auf preußischer Seite waren zu diesem Zeitpunkt auch schon viele Offiziere gefallen. Immer mehr Soldaten scherten aus der Schlachtlinie, um einzeln Verwundete nach hinten zu tragen oder französische Gefangene hinter die Linien zu führen. Andere wiederum machten angesichts der horrenden Verluste kehrt und versuchten zu fliehen.

Die preußischen Offiziere spürten, dass ihre Männer nachgaben. Kühn und entschlossen setzten sie sich an die Spitze der wankenden Regimenter und feuerten sie erneut an. Der greise Möllendorf, die Generäle Schmettau und Wartensleben und der Generalquartiermeister Scharnhorst ritten jetzt in die vorderste Linie und trieben ihre Männer voran.

Um seinen Soldaten Mut einzuflößen, ritt sogar der Herzog von Braunschweig an die Front des Grenadierbataillons Hansteins. Jubel kam auf, die Anwesenheit des Feldherrn elektrisierte die Männer. Der Herzog zog den Degen und feuerte seine Soldaten an. Nur ein letzter Angriff noch und die Franzosen waren geschlagen! Also das Bajonett aufgepflanzt und zurück in den Ort! Entschlossen setzte sich die Linie der Grenadiere erneut in Marsch.

Der Herzog ritt weiter, um den Angriff besser beobachten zu können, als ihn eine Kartätschenkugel mitten ins Gesicht traf. Entsetzt erkannten die Adjutanten des Herzogs, dass der preußische Oberbefehlshaber tödlich getroffen war.

Um keine Panik zu erzeugen, warfen sie ihm ein Tuch über das ausgeschossene Auge und brachten den Schwerverwundeten an den anmarschierenden Kolonnen der Division Oranien vorbei nach Auerstedt, um ihn zu verbinden, was nur notdürftig gelang.

Der Ausfall des Braunschweigers als Oberkommandierender hinterließ den König in großer Verwirrung, denn die Verwundung des Herzogs von Braunschweig blieb nicht der einzige Unglücksschlag. Fast zur selben Zeit fiel General von Schmettau und erhielt der greise Feldmarschall Möllendorf eine schwere Wunde, während der König und General von Wartensleben von ihren Pferden stürzten, als diese erschossen wurden.

Trotz dieser Vorfälle versuchte der preußische König kurzfristig, die Leitung der Schlacht zu übernehmen. Dabei nutzte ihm der Umstand, dass noch die Maßnahmen des Herzogs griffen und die Division Oranien gerade auf Hassenhausen zumarschierte, um den Offensivdruck der Divisionen Wartensleben und Schmettau zu verstärken.

Noch einmal geriet Davout in größte Not. All seine Bataillone standen in schweren Gefechten, die Preußen befanden sich in drückender Überzahl – und er hatte hohe Verluste und keine Reserven mehr. Der Marschall brauchte dringend Hilfe. Wieder schickte er Sendboten. Diesmal zu Bernadotte, der nur 12 Kilometer entfernt bei Dornburg stand. Vergeblich ließ Davout seinen Kollegen bitten, sich wenigstens dem Feind zu zeigen oder ihm Verstärkung zu schicken. Umsonst bot er ihm den Oberbefehl über sein Korps an, wenn er nur käme. Der Oberbefehlshaber des 1. Korps lehnte es ab, Davout zu Hilfe zu eilen, und hielt sich wortwörtlich an Napoleons Befehl.

Als sein Adjutant, Trobriand, Bernadotte wütend mit dessen Handlungsweise konfrontierte, entließ er ihn kühl mit den Worten: »Ihr Marschall braucht keine Angst zu haben, ich bin ja hier.«

Dies war ein glatter Akt unterlassener Hilfeleistung, eine Charakterlosigkeit sondergleichen und grenzte schon an Hochverrat. Es waren Worte, die Davout Bernadotte nie verzieh. Sie erzeugten eine hasserfüllte Feindschaft, die bis zum Lebensende Davouts andauern sollte. Doch dies alles wäre nicht so schlimm gewesen, wenn die Handlungsweise Bernadottes nicht dramatische Folgen für Davouts Männer gehabt hätte. Noch jahrelang kam Davout die Galle hoch, wenn er nur an Bernadotte denken musste.

Dabei wurde für Davout besonders ärgerlich, dass Bernadottes Handeln kaum Konsequenzen für ihn hatte. Zwar glaubte Napoleon Davout, und er warf Bernadotte vor, sich falsch verhalten zu haben. Aber entgegen seiner Absicht, den Fürsten vor Pontecorvo vor ein Kriegsgericht zu stellen, zog es der Kaiser später vor, Bernadotte in Bulletins und in Briefen öffentlich zu rügen. Der Grund dieser Nachsichtigkeit ist oft damit erklärt worden, dass Bernadotte in Napoleons Schwester Pauline eine Fürsprecherin hatte. Beweise dafür gibt es jedoch nicht. Augenscheinlich konnte es sich der Kaiser noch nicht leisten, diesen mittelmäßigen Militär vor die Tür zu setzen. Sehr zum Verdruss des Marschalls, dessen Soldaten sich zum Leidwesen der Preußen wie die Löwen schlugen.

Da der Aderlass der Divisionen Schmettau und Wartensleben sehr hoch gewesen war, teilte sich die zur Verstärkung eilende Division Oranien auf und schickte jeweils eine Brigade auf die linke und rechte preußische Flanke vor Hassenhausen. Diese Maßnahme trug jedoch wie alle halben Maßnahmen den Keim des Misserfolgs in sich. Statt, wie vom König erhofft, zur Erneuerung des Angriffsschwungs beizutragen, konnten die Brigaden der Division Oranien nur noch die schweren Verluste ersetzen.

Da endlich, um halb elf, trat die Tête der Division Morand, das 13. Regiment leichter Infanterie, im Laufschritt aus dem Kösener Pass auf die Ebene hinter Hassenhausen, dicht gefolgt von weiteren vier Regimentern, alles in allem 10000 Mann.

Davout ritt Morand entgegen und dirigierte seine Einheiten sofort zum Brennpunkt des Geschehens. Unter schweren Verlusten

Marschall Jean Baptiste Jules Bernadotte: Hasenfuß, militärischer Dummkopf oder Verräter? Bis heute weiß die Geschichtsforschung keine Antwort auf diese Frage.

kämpften Morands Regimenter Hassenhausen frei, das nun endgültig in französischem Besitz blieb.

Keine Minute zu früh. Kaum waren die preußischen Regimenter zurückgedrängt, als eine gewaltige Kavalleriemasse von 30 preußischen Schwadronen unter dem Oberbefehl von Prinz Wilhelm auf den französischen linken Flügel zugaloppierte.

Davout reagierte umgehend. Ein kurzer Befehl des Marschalls, und Morands Bataillone stellten sich in zwei Treffen schachbrettartig in Karrees auf. Für einen Moment hörte man nur den bebenden Galopp der preußischen Kavallerie. Dann griffen die Geschwader der drei Regimenter Leibkarabiniers, Irwing-Dragoner und Reste der Blücherhusaren die Infanteriemassen an.

Davout erkannte die Unruhe unter seinen Soldaten. Der Marschall hatte ein feines Gespür für die richtigen Worte. Im dichtesten Kugelhagel ritt er im Galopp von Karree zu Karree, feuerte unentwegt seine Männer dazu an, standhaft zu bleiben, wobei er sich mehr als einmal in Lebensgefahr brachte.

> Friedrich der Große sagte, dass der Sieg mit den stärkeren Bataillonen sei. Nein, die Hartnäckigsten siegen, und ihr werdet Sieger sein wie euer Marschall![72]

Ein donnerndes »Es lebe der Herr Marschall!« wurde Davout zuteil, bevor er sich in die Mitte eines Karrees begab. Die Reihen hatten sich kaum hinter ihm geschlossen, als die preußische Reiterei bis auf wenige Schritte heranbrandete, und die Franzosen das Feuer eröffneten.

Wie zuvor bei den Attacken Blüchers knatterten Tausende von Flinten und Büchsen auf, brach der Angriff der Kavallerie vor der bajonettstarrenden Menschenmauer zusammen. Diesmal waren es sechs in Schachbrettmustern angeordnete Karrees, die sich gegenseitig mit ihrer Feuerkraft unterstützten und die glorreiche Reiterei Preußens zu Fall brachten.

Mehrmals griffen die Preußen an, mehrmals wurden sie zurückgeschlagen, wobei Prinz Wilhelm sogar das Pferd unterm Sattel erschossen wurde. So oft seine Reiter auch angriffen, die Soldaten Davouts blieben unerschütterlich. Nach jedem abgewiesenen Angriff machte sich die Erleichterung in Jubelrufen Luft. Besonders die Männer des 17. Regiments übertrieben es mit dieser Sitte, indem sie ihre Zweispitze auf die Bajonette steckten und solange weiter jubelten, bis die Preußen nur noch wenige Schritte entfernt waren und Oberst Lanusse, der Kommandeur des Karrees, schon unruhig wurde.

> »Feuer! Worauf wartet ihr?« – »Ach, das ist doch noch viel zu weit! Bei 15 Schritt sehen wir weiter!«[73]

Die Siebzehner hielten Wort und ließen die Preußen herankommen. Dann legten sie kaltblütig an und schossen die Attacke zusammen, bevor die Reiter mit dem Säbel einschlagen konnten. Es war wie überall, wieder versagte die einst so vielgerühmte preußische Kavallerie. Meist drehten die Reitergeschwader vor oder nach der ersten Salve ab und suchten das Weite. Nirgends gelang es den Preußen, in ein Karree einzubrechen. Einzig das gezielte Feuer der Batterie Willmann dezimierte eines der Karrees so stark, dass es einen Stellungswechsel vornehmen musste.

Es muss bei dieser Gelegenheit gewesen sein, dass Davout eine Kartätschenkugel den Zweispitz vom Kopf riss, was dem Marschall eine Locke seiner nicht gerade üppigen Haarpracht entriss. Für einen Moment hielten seine Soldaten die Luft an. Fast hätte

Davout dasselbe Schicksal wie der Herzog von Braunschweig erlitten. Aber an diesem Tag hatte der Marschall einfach Glück. Mehrere matte Kugeln hatten schon zuvor seinen Körper getroffen und die Uniform durchbohrt, ihm aber keinen Schaden zugefügt.

Nachdem der Angriff der preußischen Kavallerie gescheitert war, leitete der französische Oberbefehlshaber die Gegenoffensive der Franzosen ein. Jetzt zeigte sich seine wahre Größe.

Statt sich auf die Behauptung der besetzten Positionen zu beschränken, ergriff Davout an allen Fronten die Initiative und setzte den angeschlagenen Gegner durch geschickte Gegenangriffe unter Druck.

Dies war der Moment, der die Schlacht entschied. Unaufhaltsam griffen Davouts Männer die Soldaten Wartenslebens, Schmettaus und Oraniens an, deren Linien zu wanken begannen. Als das Blutbad so groß wurde, dass fast die Hälfte der Division Wartensleben tot oder verwundet war, brach die Front langsam auseinander, wandten sich die Überlebenden erst zum Rückzug, dann zur Flucht.

Nördlich von Hassenhausen sah es nicht anders aus. Die zertrümmerten Einheiten der Division Schmettau flüchteten unter dem Oberbefehl Scharnhorsts ebenso vom Schlachtfeld. Langsam wurde die Situation für die Preußen bedrohlich.

Im Norden des Schlachtfelds mussten die Fliehenden durch das Dorf Poppel, das Friants Truppen gerade erst eingenommen hatten. Im Süden flohen die Trümmer der weichenden Division Wartensleben an Rehhausen vorbei auf die Stellung zu, welche die preußische Reserve eingenommen hatte.

Zum Glück für die fliehenden Divisionen eroberte Prinz Heinrich von Preußen Poppel noch einmal zurück. Dies öffnete den fliehenden Truppen kurz einen schmalen Korridor. Aber die Franzosen ließen nicht locker und kämpften sich in das Dorf zurück, wobei ihnen 1000 Gefangene und elf Kanonen in die Hände fielen.

Bei Rehhausen schlug Morand nach wechselhaften Kämpfen die frischen Reserven der Preußen zurück, denen Friedrich Wilhelm III. höchstpersönlich den Gegenangriff befohlen hatte. Hier wie in Poppel schlugen sich die Preußen mehr als tapfer. Hier richtete ihre Artillerie viel Schaden unter den Angreifern an, ohne sie stoppen zu können. Die Franzosen kämpften wie entfesselt.

Dabei fehlte es nicht an Krisen. Als der Kommandeur des 61. Regiments, Oberst Debilly, tödlich getroffen wurde und der Sturm zu scheitern drohte, riss ein einfacher Soldat namens Piré das Kommando an sich. Piré, der aufgrund seiner Ähnlichkeit mit Napoleon von seinen Kameraden nur »Empereur« genannt wurde, stürmte mit den lakonischen Worten »Mir nach! Folgt dem Empereur!« inmitten des Kugelregens voran, worauf seine Kameraden ihm folgten und Rehhausen freikämpften. Noch am selben Abend wurde er zum Unteroffizier befördert.

Von Rehhausen stürmten die Franzosen weiter auf den Sonnenberg zu, wo eine preußische Batterie sie sofort unter Feuer nahm. Erneut geriet der französische Angriff ins Stocken. Erst als französische Artillerie auffuhr und zeitgleich mit stürmender Infanterie die feindlichen Artilleristen niederkämpfte, fiel auch diese wichtige Schlüsselstellung der Preußen.

Dieser Erfolg ging einher mit Gudins Eroberung von Taugwitz im Zentrum der Schlachtlinie. Damit hatte Davout sämtliche Trümpfe in der Hand. Seit der Ankunft Morands hatte er drei preußische Divisionen in die Flucht geschlagen und vor allem die wichtigen Höhenzüge der Hochebene in Besitz genommen.

Endlich zeigte sich die Richtigkeit der Entscheidung, die Umgehungskolonne Friants auf die Dörfer Poppel und Lisdorf anzusetzen. Dennoch hatte Davouts Stellung nicht nur Vorteile. Noch immer konnte ein beherzter Gegenangriff sein mittlerweile auf 20000 Mann zusammengeschrumpftes Korps zurückwerfen, dessen Einheiten auf einer fünf Kilometer breiten Front gegen die Preußen vorrückten.

Besonders schwer wog der Umstand, dass der Marschall keine Reserven mehr hatte. Unter seinen Regimentern gab es nur zwei, die bis auf einige leichte Feuergefechte mit preußischen Schützen und einen abgewiesenen Reiterangriff wenig Feindberührung gehabt hatten – das 48. und das 33. Regiment der Brigade Kister – der Rest hatte schwere Verluste erlitten oder war abgekämpft.

Sollten die Preußen jetzt ihre frischen Reservedivisionen verwenden, die General Kalckreuth kommandierte, konnten sie die Schlacht noch drehen. Kalckreuths Reservedivisionen waren ausgeruht und über 10000 Mann stark. Sie setzten sich aus den besten

Einheiten der preußischen Armee zusammen und standen in einer hervorragenden Position zwischen Eckartsberga, Gernstedt und Stadt Sulza.

Hart bedrängte Blücher den König, der Reserve den Gegenangriff zu befehlen, so wie Desaix es bei Marengo getan hatte. Seiner Meinung nach waren die Franzosen ausgeblutet, sie würden keinen weiteren Angriff mehr aushalten.

Aber Friedrich Wilhelm III. hatte sämtliches Vertrauen auf den Sieg verloren und war durch den Verlauf der Schlacht demoralisiert. Ein Großteil seiner Reiterei war tot oder geflüchtet. Drei Divisionen seiner Infanterie waren verblutet. Die Artillerie hatte viele Geschütze verloren. Hunderte von Offizieren bedeckten das Schlachtfeld, noch mehr waren schwer verwundet, darunter Feldmarschall Möllendorf und der Herzog von Braunschweig. Zudem konnte der König deutlich sehen, wie immer mehr Bataillone vom Schlachtfeld flüchteten.

Der König kam zum Schluss, dass die Schlacht verloren war, und erteilte General von Kalckreuth den Befehl, den Rückzug zu sichern. Dann gab er seinem Pferd die Sporen und ritt vom Schlachtfeld.

Mit Umsicht machte sich Kalckreuth daran, die Trümmer der preußischen Armee zu retten. Der König war kaum mit seinem Gefolge vom Schlachtfeld geritten, als die französischen Divisionen ihre Angriffe fortsetzten. Mit einer letzten Kraftanstrengung nahmen sie Lisdorf und die 22 Kanonen starke Batterie am Eckartsberga ein, dann liefen sich ihre Angriffe fest.

Durch seine hinhaltende Verteidigung gelang es Kalckreuth halbwegs, den Rückzug der geschlagenen preußischen Truppen zu decken. Auf diese Weise entkamen die Reste der Division Schmettau über Eckartsberga, die Trümmer der Division Oranien über Reisdorf, während die Reste von Wartenslebens Kämpfern den Weg über Auerstedt nahmen.

Ihnen folgte wenig später die preußische Nachhut selbst, die sich durch Auerstedt zurückzog, wobei sie den Ort in Brand setzte. Die entstehenden Rauchschleier nahmen der französischen Artillerie die Sicht auf die abziehenden Kolonnen, sodass sie dazu gezwungen war, blind in den Ort hineinzuschießen.

Davout folgte ihnen bis zum Höhenrand, an dem die Straße nach Auerstedt von der Chaussee abbog. Von dort aus beobachtete er, wie sich die Trümmer der preußischen Armee durch das Nadelöhr von Auerstedt retteten. Zu erschöpft, die Abziehenden zu verfolgen, beließ er es bei einem Bombardement der letzten preußischen Stellungen und schoss den kümmerlichen Rest des Ortes in Brand.

Und so endete die Schlacht von Auerstedt in einem flammenden Inferno explodierender Munitionswagen und niederbrennender Häuser, zwischen denen die Nachhut der preußischen Armee kämpfend zurückwich.

Noch am selben Abend trafen die fliehenden Reste der königlich preußischen Armee auf die Trümmer der zurückflutenden Truppen Hohenlohes, die Napoleon am selben Tag bei Jena besiegt hatte.

Als die letzten Preußen Auerstedt verlassen hatten, brachen die Männer Davouts völlig erschöpft auf dem Schlachtfeld zusammen. Ohne es zu wissen, hatten sie die Entscheidungsschlacht des Krieges gewonnen.

Mit nur 27000 Soldaten hatte der Marschall die mehr als 50000 Mann starke preußische Hauptarmee, die aus den besten Truppen bestand, vollkommen geschlagen, 3000 Gefangene gemacht und 114 Kanonen sowie 40 Fahnen erobert. Zwischen 10000 und 15000 tote und verwundete Preußen bedeckten das Schlachtfeld, während der Marschall fast 7000 Mann, also ein Drittel seines Korps verloren hatte. Auerstedt war ein teuer erkaufter Sieg, aber entscheidend – nicht in taktischer oder strategischer, sondern in moralischer Hinsicht.

Zur gleichen Zeit nämlich schlug nur 40 Kilometer entfernt Napoleon die Armee des Fürsten von Hohenlohe vernichtend bei Jena. Zu allem Unglück für die Preußen strömten die Flüchtenden dieser verheerenden Niederlage geradewegs auf die Straße zu, die auch die Fliehenden aus Auerstedt benutzten – was zu einer eigenartigen Massenpanik führen sollte, die ganz Preußen bis zur Oder fast kampflos den Siegern überließ.

Am Abend des 14. Oktober konnten beide Feldherren – Napoleon wie Davout – die für die Preußen so verheerenden Folgen der Siege von Jena und Auerstedt noch nicht einschätzen. Der Kaiser wusste noch nicht einmal, dass es gar nicht ihm vergönnt gewesen war, die preußische Hauptarmee zu schlagen. Dies geht zumindest aus einem Brief des 15. Oktober 1806 hervor, den er Josephine schrieb:

> An die Kaiserin in Mainz:
>
> Jena, den 15. Oktober, 3 Uhr morgens, 1806
>
> Meine Freundin, ich habe herrlich gegen die Preußen manövriert und gestern einen großen Sieg davongetragen. Sie waren 150000 Mann. Ich habe 20000 Gefangene gemacht, 100 Kanonen und mehrere Fahnen erobert. Ich war ganz in der Nähe des Königs von Preußen und hätte ihn beinahe gefangen genommen! Seit zwei Tagen biwackiere ich. Es geht mir ausgezeichnet. Leb wohl, meine Freundin, lass Dir's gut gehen und liebe mich.
>
> Wenn Hortense in Mainz ist, so gib ihr, Napoleon und dem Kleinen einen Kuss.
>
> Napoleon[74]

Die Nachricht von Auerstedt sollte den Kaiser eines Besseren belehren. Statt sich zu freuen, reagierte Napoleon im ersten Moment ungehalten auf den persönlichen Brief des Marschalls. Stimmte der Bericht Davouts, dann hatte nicht er, wie er bis zu diesem Zeitpunkt felsenfest geglaubt hatte, die Armee des Königs besiegt, sondern sein jüngster Marschall. Verärgert gab Napoleon dem Adjutanten Davouts den Brief zurück, wobei er eine Anspielung auf Davouts Sehschwäche machte: »Das kann nicht sein, Ihr Marschall muss doppelt sehen.«[75]

Aber der Zweifel war gesät, die Freude über den eigenen Triumph geschmälert. Als sich im Laufe des Tages immer mehr das Gerücht verdichtete, dass Davout recht hatte, fügte sich Napoleon den Tatsachen. Der Kaiser vergaß vorerst seine Eifersucht. Er schickte Marschall Duroc zu Davout, mit der Bitte, ihm einen persönlichen Brief zu überreichen, in dem er schrieb:

> Sie und Ihre Soldaten, Herr Marschall, haben sich ein ewiges Recht auf meine Achtung, auf meine Dankbarkeit erworben.[76]

Nach außen hin tat Napoleon so, als ob ihn Davouts Sieg höchst erfreute, ja er schrieb sogar Murat und Talleyrand vom grandiosen Triumph, den Davout errungen hatte, und sparte gegenüber Davout nicht mit Lob und Anerkennung. Der Marschall fühlte sich zutiefst geehrt. Er nahm die Elogen des Kaisers für bare Münze, und leistete den martialischen Eid, dass sein Blut für immer Bonaparte gehöre.

Im Gegensatz zu Austerlitz schien Auerstedt ihm endlich die Anerkennung zu geben, nach der er sich so lang gesehnt hatte. Jetzt mussten die Stimmen verstummen, die ihn bisher nur als Günstling des Kaisers abgetan hatten, der seine Marschallswürde eher persönlicher Ergebenheit als militärischem Talent verdankte.

So war es tatsächlich. Egal, ob Marschall Duroc, Außenminister Talleyrand oder Napoleons Schwester Pauline – sie alle gratulierten Davout zu seinem Sieg. Und dennoch: Der Held hatte zwar den Drachen erschlagen und in reichlich Blut gebadet, aber das Lindenblatt auf seiner Schulter nicht bemerkt: die Eifersucht seines Souveräns.

Insgeheim wurmte es Napoleon, nicht selbst den größten Triumph errungen zu haben. Als Soldatenkaiser, der vom Nimbus seiner Unbesiegbarkeit lebte, durfte er es nicht zulassen, dass nicht er, sondern einer seiner Marschälle den Löwenanteil am Sieg beanspruchte.

Man muss es Napoleon lassen, dass er innerhalb kürzester Zeit eine so einfache wie geniale Lösung für das Problem fand, die sofort die Öffentlichkeit überzeugte: Nach dieser Version war Auerstedt nur eine kleine Episode der gigantischen Vernichtungsschlacht von Jena, die schon gewonnen war, bevor sie überhaupt anfing.

Aber werfen wir selbst kurz einen Blick in diese infame, aber zugegebenerweise fantasiereiche Deutung des Geschehens. Am 15. Oktober diktierte Napoleon seinem Schreiber das Siegesbulletin des Feldzugs von 1806, wonach sich die preußische Armee am 13. Oktober zwischen Kapellendorf und Auerstedt entlang der Chaussee von Jena nach Weimar aufgestellt hatte, um der französischen Armee in einer Stärke von 150000 Mann die Entscheidungsschlacht zu liefern. Durch diesen Kunstgriff bewirkte Napoleon, dass Davouts eigenständig agierendes Korps plötzlich zum rechten Flügel einer durchgehenden Front wurde, die so am Vortag gar nicht existiert hatte. Auf diese Weise wurde Davouts Erfolg zum Triumph des Kaisers, der sich sodann vollends der Verdienste des Marschalls bediente:

> Die Zahl der Toten auf preußischer Seite ist sehr groß. Man schätzt sie auf mehr als 20000 Gefallene und Verwundete; der Feldmarschall Möllendorf wurde verwundet, der Herzog von Braunschweig getötet.[77]

Der Historiker John Gallaher hat süffisant festgestellt, dass das sechseinhalb Seiten lange Bulletin Nr. 5 über die Schlacht von Jena Davouts Kämpfe gerade mal in wenigen Sätzen erwähnt. Ein Blick in das Bulletin selbst macht die Geschichtsklitterung Bonapartes mehr als deutlich:

> Dieser Marschall hat sich außerordentlich tapfer gezeigt und eiserne Charakterstärke bewiesen, was die herausragendste Tugend eines Kriegsmanns ist. Er wurde dabei von den Generälen Gudin, Friant, Morand, seinem Stabschef Daultane und seinem außergewöhnlich unerschrockenen Armeekorps unterstützt.[78]

Mit dieser Version hatte Napoleon Davout geschickt den Lorbeerkranz von der Stirn gerissen und sich selbst aufgesetzt. Wie schon im Falle Desaix' lebte der Mythos des unbesiegbaren Kriegsgottes weiter, dessen hellseherische Fähigkeiten von Anfang an keinen Zweifel über den Sieg aufkommen ließen.

Einzig in Preußen ließ man eigenartigerweise dem Sieger die gebührende Ehre widerfahren und erinnerte sich seines Triumphes. Hier wurden Jena und Auerstedt zuerst als zwei getrennte Schlachten wahrgenommen, aus denen später die Doppelschlacht von Jena und Auerstedt wurde.

Noch Jahrzehnte später kam es 1867 anlässlich des Besuchs der Weltausstellung in Paris durch den preußischen König Wilhelm I. zu einem interessanten Fauxpas seitens der französischen Regierung.

Bei einem Besuch des Invalidendoms hatte König Wilhelm I. von Preußen den Wunsch geäußert, die Gemäldegalerie von Napoleons Marschällen zu besuchen. Aufmerksam betrachtete er die Porträts der Marschälle, wobei er immer nach den Namen und Titeln des

Marschalls fragte, dessen Konterfei er gerade bewunderte. Als die Reihe an Davout kam, blieb der König lange stehen. Nach eindringlicher Betrachtung des Porträts fragte der König seinen Cicerone, wer dieser Marschall sei und wie man diesen nannte. Marschall Canrobert erklärte dem König verlegen, dass es sich um Marschall Davout handle, den man gemeinhin den Fürsten von Eckmühl nannte. Erbost darüber, dass man ihn aus falscher Höflichkeit für dumm verkaufen wollte, wandte sich Wilhelm I. seinem Führer zu: »Marschall, Sie haben nicht alle Titel Marschall Davouts genannt. Man nannte ihn auch den Herzog von Auerstedt. Preußen hat das nicht vergessen!«

Offensichtlich hatte der König großen Respekt vor Davout und wusste die Auswirkungen Auerstedts besser einzuordnen als sein Gegenüber.

Was aber war an Auerstedt so besonders? In taktischer Hinsicht war Auerstedt kein besonderer Sieg wie Austerlitz gewesen, in strategischer Hinsicht konnte man tatsächlich mit Fug und Recht behaupten, dass Auerstedt mit Jena Teil einer genialen Operation Napoleons war, die die preußische Armee buchstäblich vernichtete. Das Besondere an Davouts Sieg war der psychologische Effekt, den die Niederlage auf die Geschlagenen machte. Ein preußischer Regimentsschreiber berichtet über die demoralisierende Wirkung der Niederlage von Auerstedt:

> Der Abend dämmerte schon, und noch immer waren wir ohne bestimmte Nachrichten von dem Ausgang der Schlacht. Indes kamen jetzt mehrere einzelne Verwundete und Versprengte vom Armeekorps des Königs an, und bestätigten das Unglück des Tages. Ihre Aussagen lauteten fürchterlich. Alles war todtgeschossen und niedergehauen. Ganze Regimenter lagen vernichtet auf der Walstatt. Der König selbst war verwundet und seine Brüder todt [...] Bald nach unserer Ankunft giengen einige Regimenter vorbey, die vom Schlachtfelde kamen und zwey Drittel ihrer Mannschaft verloren hatten [...][79]

Mehr als Jena hatte die Niederlage von Auerstedt den seit Jahrzehnten genährten Mythos der preußischen Unbesiegbarkeit mit einem Schlag zerschmettert. Die auf dem Leistungsprinzip der Revolution beruhende französische Armee hatte bewiesen, dass sie kein Haufen erbärmlicher Sansculotten war, und den Wert der preußischen Militäraristokratie in Frage gestellt.

Wo aber lagen die besonderen Verdienste Davouts? Hätte nicht, wie viele seiner Neider behaupteten, jeder andere französische General oder Marschall die preußische Armee ebenfalls geschlagen? Hatte er nur Glück gehabt?

Auf preußischer Seite hat man in der Retrospektive stets behauptet, dass die Schlacht bei Auerstedt bei besserer Truppenführung vielleicht gewonnen worden wäre. Noch heute finden sich Militärhistoriker wie Peter Hofschroer, die der Ansicht sind, dass der Nebel für die Preußen hinderlicher war als für Davout, weil dieser nur seine Stellung zu verteidigen brauchte.

Diese Analyse greift nicht nur zu kurz, sie ist schlichtweg falsch. Wie die Preußen hatte der französische Marschall unter dem Nebel zu leiden, wie der Herzog von Braunschweig musste er auf Verstärkungen warten, die nicht rechtzeitig eintrafen. Der Unterschied an jenem Tag war die Standhaftigkeit der französischen Infanterie, die sich nach jeder Niederlage sammelte und das Gelände besser zu nutzen wusste.

Darüber hinaus entschieden die Schlacht die meisterhafte Koordination der Gefechtsführung im Verbund aller Waffen und das blinde Verständnis vom einfachen Soldaten bis zum hohen Offizier. Hinzu kamen das nötige Quäntchen Glück, die eisernen Nerven des Marschalls und sein taktisches Know-how, das ihn dazu bewog, selbst in der Verteidigung stets die Offensive zu suchen.

Das größte Verdienst kam jedoch den Soldaten des 3. Korps zu, deren Standhaftigkeit, Mut und taktisches Geschick die Schlacht maßgeblich mitentschieden. Der Marschall fasste dies am 15. Oktober in seinem ersten Bericht nach der Schlacht nüchtern gegenüber Napoleon zusammen:

> Jeder hier hat seine Pflicht getan. Die Infanterie hat das getan, was man von der besten Infanterie der Welt erwarten konnte. Die Kavallerie hat sich in Stücke gerissen.[80]

Mit den Schlachten von Jena und Auerstedt war allerdings der preußische Feldzug noch nicht entschieden. Jetzt galt es, nicht denselben Fehler wie 1805 zu machen und dem Gegner Zeit zu lassen, sich wieder zu sammeln. Der Krieg ging in seine dritte Phase über. Diesmal ließ sich Napoleon nicht wie im Vorjahr auf Friedensverhandlungen mit dem geschlagenen Hauptgegner ein, sondern ließ die preußische Armee gnadenlos von der Saale bis zur Oder verfolgen.

Es wurde eine der beschämendsten Episoden der preußischen Kriegsgeschichte. Mit Elan setzten die französischen Armeekorps den Geschlagenen nach, die zur Elbe hetzten, um sich vergeblich auf dem östlichen Ufer neu zu sammeln.

Energisch verfolgten die frischen Truppen Bernadottes und Murats die Preußen.

Am 17. Oktober schlug Bernadotte die preußische Reservearmee bei Halle, am 18. Oktober marschierte Davout an der Spitze des 3. Korps in Leipzig ein. Zwei Tage später gelang ihm die Einnahme Wittenberges an der Elbe, noch bevor die Preußen die Elbbrücke völlig zerstören konnten. Damit war es der französischen Armee gelungen, einen wichtigen Brückenkopf zu schaffen, der dem 3. unter Davout und dem von Marschall Augereau befehligten 7. Armeekorps den Elbübergang ermöglichte.

Der anfängliche Rückzug von den Schlachtfeldern von Jena und Auerstedt wurde auf den Straßen Sachsens und Thüringens zur Flucht, die Flucht zur Massenpanik.

Mutlos verließen Tausende preußischer Soldaten die Fahnen und nutzten die Gelegenheit zu desertieren. Starke Festungen, riesige Armeedepots, Brücken und wichtige Städte fielen den Eroberern in die Hände, ohne dass ein einziger Schuss abgegeben wurde. Armee wie Land wurden Opfer einer kollektiven Panik, die jeden erfasste und alles mit sich riss.

> Von Zeit zu Zeit erhebt sich das Geschrei: Die Franzosen sind da! Dann stürmt plötzlich alles vorwärts, besonders die Kavalleristen, sowohl Preußen als Sachsen; diese Kolosse, von gigantischen Streitrossen getragen, und mit Karabinern, Pistolen und mächtigen Schwertern bewaffnet, fliehen gleich einer Schaar schwacher und wehrloser Weiber, vor einem Nichts, vor einem Fantom, dem Geschöpf ihrer Feigheit und panischen Furcht.[81]

Doch es sollte für die Preußen noch schlimmer kommen. Innerhalb von sechs Wochen kapitulierte die Festung Magdeburg, der Fürst von Hohenlohe bei Prenzlau und, am 6. November, Generalleutnant Blücher nach schweren Kämpfen in Lübeck.

Der schönste Triumph war jedoch Davout vorbehalten. Ihm gestand der Kaiser den Vorrang zu, noch vor ihm mit seinem Armeekorps in Berlin einzureiten. Dies war ein Privileg der Sondergüte, aber hinsichtlich der hervorragenden Leistungen des 3. Korps nur mehr als berechtigt.

Damit Davouts Soldaten die Stadt nicht leer plünderten, ermahnte der Kaiser den Marschall, schärfste Disziplin zu halten und wies Davout an, seine Truppen nicht in Berlin einzuquartieren, sondern in Friedrichsfeld ein Lager östlich von Berlin zu beziehen.

Davout hielt sich an die Vorgaben des Kaisers. Am 25. Oktober zog er an der Spitze seiner Truppen auf der Dresdener Straße in Berlin ein. Hier empfingen ihn die Honoratioren mit besonderen Ehrerbietungen und den Stadtschlüsseln, die sie Davout übergeben wollten.

Respektvoll wies er die Ehrbezeugungen zurück und erklärte den Stadtoberen, dass ein anderer und Würdigerer als er dazu berufen sei, dieses Geschenk in Empfang zu nehmen. Dann marschierte er an der Spitze seiner Truppen durch die Stadt zum vorbestimmten Lager, das im Osten Berlins errichtet wurde. Nur ein Regiment ließ er zurück, um Polizeidienste zu verrichten.

Später gestattete er seinen Männern, die Stadt zu besuchen, wobei er darauf achtete, dass immer nur ein Drittel von ihnen Berlin unsicher machte. Am 27. Oktober marschierte dann der Kaiser höchstpersönlich ein. Naturgemäß wählte Napoleon den Einmarsch durch das Brandenburger Tor. Diesmal platzte ganz Berlin aus den Nähten. Jeder wollte den französischen Kaiser sehen, an dessen Seite Davout, Berthier, Murat und all die anderen berühmten Marschälle ritten. Es wurde ein Triumphzug sondergleichen.

Im Überschwang dieser Gefühle wundert es nicht, dass der Kaiser am 28. Oktober persönlich dem 3. Korps einen Besuch im Lager abstattete und bei einer feierlichen Versammlung der Unteroffiziere und Offiziere noch einmal nachdrücklich für seine Leistungen lobte.

Die Ansprache Napoleons verfehlte ihren Zweck nicht. Fünfhundert Kreuze der Ehrenlegion ließen die Massengräber der gnadenlosen Schlacht vergessen. Die Versammelten waren gerührt, tief ergriffen und schworen dem Kaiser ewige Treue. Stellvertretend für alle antwortete Davout:

> Das 3. Korps wird sich für immer des Vertrauens Seiner Majestät würdig erweisen, und Ihr unter allen Umständen das sein, was die zehnte Legion für Cäsar war![82]

Dies waren keine leeren Phrasen, sondern Davout meinte es ernst. Einen Tag später schrieb er seiner Frau voller Zuversicht, dass der Krieg beendet sei.

> Ich beschwöre Dich, keine Angst mehr um mich zu haben. Die Gefahren dieses Krieges sind vorüber seit dem 14. Oktober. Jeden Tag lesen wir die Reste dieser aufgeblasenen preußischen Armee auf. Gestern haben Marschall Lannes und Fürst Murat den Fürsten von Hohenlohe mit 15000 Mann gefangen genommen […]
> Der Kaiser führt stets Feldzüge, die an Wunder grenzen, aber dieser stellt alles in den Schatten: Wir werden nach Abschluss eines Friedensvertrags Jahrhunderte des Friedens haben […] Tausend Zärtlichkeiten an Josephine. Ich sende Dir tausend Küsse und die Beteuerung meiner Liebe und Treue.
>
> Tu Sposo
>
> Louis[83]

In diesen Punkt irrte Davout. Das 3. Korps sollte bald mehr als eine Gelegenheit erhalten, seinem Treueschwur Taten folgen zu lasssen.

VII
DIE EISIGEN LORBEEREN VON EYLAU

Und als am Tage von Eylau
alles von Niederlage sprach,
sodass selbst der Kaiser den Rückzug befahl,
wagte er, diesem höchsten Befehl zu trotzen.
Und felsenfest, weit entfernt davon,
den Kampfplatz zu fliehen,
wo, wie immer, er sich mit Ruhm bedeckte,
wagte nur er allein, zu kämpfen,
und sicherte so den Sieg.

Der Dichter J.-P. Collot über Davout.
Auszug aus dem Gedicht »La Chute de Napoléon«

Nach nur fünf Tagen Aufenthalt ging der Feldzug weiter. Während die Kavallerie unter Vialannes bis nach Frankfurt an der Oder vorstieß, nahm die Brigade Petit von der 3. Division die mächtige Festungsstadt Küstrin am 1. November im Handstreich. Mit diesem Erfolg hatten die Franzosen nicht nur einen Brückenkopf am rechten Oderufer gewonnen, sondern auch ein riesiges Munitions- und Verpflegungsdepot erobert.

Napoleon war außer sich vor Freude, aber dennoch wachsam. Argwöhnisch schärfte er Davout ein, die Vorräte Küstrins nicht aufzubrauchen, sondern nach Posen weiterzumarschieren, bevor die Russen es besetzten. Der Marschall zog, ohne auf Widerstand zu stoßen, durch die westpolnischen Grenzgebiete nach Posen, wo die Soldaten des 3. Korps wie Befreier empfangen wurden. Davout war stolz und überglücklich. Wäre da nicht ein Wermutstropfen gewesen: der Neid der anderen Marschälle auf seine Erfolge. An Aimée schrieb er:

> Wenige verzeihen mir das Glück, das das 3. Korps hatte, mit 25000 Mann, von denen nur 1000 Reiter waren, die Armee des Königs von Preußen zu schlagen […] Aber lassen wir ab von die-

> sem Elend […] Das Wohlwollen meines Souveräns, das ich immer haben werde, weil ich ihm und seiner Sache mit Eifer diene […] und die Zuneigung meiner Aimée ist alles, was ich brauche.[84]

Doch Davout fand nicht viel Zeit, seiner Aimée zu schreiben. Kaum war er in Posen, klopfte die hohe Politik in Gestalt des alten polnischen Freiheitshelden General Dombrowski an die Tür. Für den Fall, dass die Franzosen für die Errichtung eines unabhängigen Polens kämpften, versprach der einstige Freiheitskämpfer den Franzosen die Aufstellung eines Rebellenheeres. Davout zeigte sich begeistert und erstattete Napoleon sofort Bericht. Der jedoch reagierte verhalten.

Grundsätzlich war der Kaiser der Wiederherstellung eines unabhängigen Polens skeptisch gesinnt. Instinktiv spürte er die unzähligen Schwierigkeiten, die von einem derartigen Projekt zu erwarten waren.

Die polnische Frage war eines der größten Pulverfässer Europas. Durch die Zersplitterung des polnischen Staates Ende des 18. Jahrhunderts war in Osteuropa ein Machtvakuum entstanden, das die benachbarten Großmächte Österreich, Preußen und Russland in den folgenden Jahrzehnten zu ihrem Vorteil ausgenutzt hatten. Gegen den Widerstand der Bevölkerung hatten Russen, Preußen und Österreicher Polen unter sich aufgeteilt. Bei diesen Teilungen hatte Preußen die Gebiete westlich und Russland das Territorium östlich der Weichsel bekommen, während Galizien an Österreich gefallen war.

Diese polnischen Teilungen waren nicht widerstandslos von der Bevölkerung hingenommen worden. Während des 1. Koalitionskriegs gegen Frankreich hatten sich die Polen gegen die Zerstückelung ihrer Heimat aufgelehnt und einen letzten Aufstand gewagt, der in Blut und Tränen erstickt worden war. Dennoch lebte die Erinnerung an die alte Freiheit im polnischen Volk weiter. Die Anführer der Erhebung lebten noch.

Napoleon brauchte diese Männer nur dazu zu animieren, an der Seite Frankreichs gegen ihre Unterdrücker zu kämpfen, dann hatte er einen Großteil der einheimischen Bevölkerung auf seiner Seite.

Davout sprach sich für ein derartiges Vorgehen aus. Der Kampf eines unterdrückten Volkes gegen Versklavung weckte wieder das längst verloschen geglaubte Feuer des einstigen Revolutionärs. Polen hatte seit frühester Zeit die Sympathien des Marschalls besessen, wie ein 1800 von Davout verfasster Brief an den Ersten Konsul zeigt:

> Jablonowsky steht unter meinem Befehl. Unabhängig davon, dass ich ihm zugetan bin, weil er ein alter Kamerad von mir ist, mischen sich in diese Freundschaft noch andere Motive: Etwas Unerklärliches zieht mich zu allem, was polnisch ist. Wer weiß, was alles noch im Buch des Schicksals geschrieben steht?[85]

Ein seltsamer Blick in die Zukunft, der zeigt, wie tief Davout der polnischen Sache verbunden war. Trotz aller Bedenken ließ sich Napoleon von der Begeisterung Davouts anstecken, die polnische Unabhängigkeitsbewegung zu unterstützen. Was Preußen und Russland schwächte, konnte Frankreich nur nutzen. Als Preis für Frankreichs Hilfe forderte Bonaparte allerdings, dass sich das polnische Volk gegen Russen und Preußen erhob. Andernfalls sähe er keinen Grund, sich für die Wiedererrichtung eines polnischen Staates einzusetzen.

In diesem Sinne begann Davout, für die Unabhängigkeit Polens zu wirken. Als Erstes ließ er an eine Schar Rebellen 3000 Gewehre aushändigen. Dann verordnete er die Absetzung der bisherigen preußischen Kommunalbeamten durch nationalistisch gesinnte Polen. Unaufhörlich versuchte er, die seit Jahrzehnten Unterdrückten dafür zu gewinnen, sich gemeinsam gegen Preußen und Russen zu erheben. Die Polen bewaffneten sich und nahmen sogar an militärischen Operationen teil, so im Fall der preußischen Festung Czenstochau, die in der Nacht von einer französischen Schwadron umstellt wurde.

> Deschamps wurde von einem polnischen Offizier namens Miaswuski begleitet, der die Gegend gut kannte. Deschamps befahl den polnischen Freiwilligen und den Bauern unter Führung Miaswuskis sofort, mehrere Feuer anzuzünden.
>
> Dann ließ er seine Chasseurs von den Pferden absitzen. Diese Truppen der Elitekompanie trugen Bärenfellmützen und

Epauletten, die denen der französischen Grenadiere täuschend ähnlich sahen. Sie wurden so platziert, dass sie von der Besatzung der Festung gut zu sehen waren. Deschamps forderte den Kommandeur der feindlichen Truppen auf, sich zu ergeben. Er fügte hinzu, dass die Festung gestürmt und die Besatzung über die Klinge springen würde, sollte sie sich nicht bis zum Morgengrauen ergeben.

Der Festungskommandeur bat um eine Frist von 24 Stunden, da es eine schwere Entscheidung war, eine derartige Kapitulation in der Nacht zu unterzeichnen. Und so geschah es: Am nächsten Morgen marschierten 500 preußische Infanteristen aus der Festung, legten ihre Waffen vor 100 Chasseurs nieder und begaben sich in Kriegsgefangenschaft. In der Festung selbst fanden sich 33 Feldgeschütze, 1000 Musketen und ein großer Vorrat an Munition.[86]

Der Siegeslauf der Franzosen setzte sich weiter fort. Am 30. November zog Davout unter dem frenetischen Jubel der Bevölkerung mit seinen Truppen in die Hauptstadt Polens ein.

Im Gegensatz zu Davout berichteten die Marschälle Augereau und Lannes Napoleon, dass sich die Polen in den Landstrichen, durch die ihre Armeekorps zogen, sehr reserviert zeigten. Vor allem Lannes stand einem weiteren Vorstoß über die Weichsel skeptisch gegenüber, ermahnte Napoleon, seine Eroberungen zu beschränken. Die Erwartung neuer blutiger Gefechte und Schlachten dämpfte entschieden die Begeisterung der Armee, sie war kriegsmüde.

Hinter der Weichsel stand eine 50000 Mann starke russische Armee unter Levin von Bennigsen, der weitere 40000 Mann unter Buxhöwden zumarschierten. Zusammen mit den 20000 Soldaten des preußischen Generals Anton von L'Estocq, der bei Thorn stand, war dies immer noch eine gefährliche Streitmacht, die sich den Franzosen in den Weg stellte. Obwohl der Winter vor der Tür stand, kam es zu neuen Kämpfen.

Nachdem das 3. Korps die Weichsel überquert hatte, stieß es am 10. Dezember bei Okunin am Zusammenfluss von Bug und Ukra auf ernsten Widerstand. Brigadegeneral Gauthier gelang es, mithilfe von Kähnen und Booten über den Fluss zu setzen und einen ersten Brückenkopf zu bilden, den er gegen mehrere russische Angriffe hielt. Davout beschloss, ein Lager zu beziehen und den Brückenkopf zu befestigen. Gleichzeitig gab er den Bau einer Pontonbrücke in Auftrag. Diese wurde am 15. Dezember fertig, jedoch von Treibeis zerstört. Wieder mussten die Pioniere ins eisige Wasser, um die Brücken neu herzustellen.

Die Verzögerung des Vormarschs hatte für Davout gravierende Konsequenzen. Wie alle Einheiten der Grande Armée stand das 3. Korps vor einem großen Nachschubproblem. Die Versorgung der Truppen funktionierte nicht, weil die Ressourcen dazu in Polen nicht vorhanden waren.

> General Morand in Nieporent an Marschall Davout, Hauptquartier in Nieporent, 17. Dezember 1806
>
> Wir kriegen weder Brot noch Mehl aus Warschau, obwohl wir mit unseren Öfen in der Lage wären, in drei Tagen Brot zu backen. Die Soldaten haben alle Kartoffeln verspeist. Die Ochsen und Kühe, die noch im Dorf sind, werden in vier Tagen verzehrt sein. Unsere Pferde haben keinen Hafer mehr und die Straßen sind so schlecht, dass aus Warschau kein Nachschub kommen kann [...][87]

Der Feldzug in Polen stellte die Grande Armée vor bisher unbekannte Probleme. Auf allen bisherigen Kriegsschauplätzen hatte die französische Armee stets genug Nahrung gefunden, um aus dem Land selbst leben zu können. Dies alles fehlte im Polen des 19. Jahrhunderts, das noch ein rückständiges Agrarland war. Auch die Unterkünfte waren teils schlecht, teils gar nicht vorhanden. Oft sahen sich die Soldaten der Grande Armée dazu gezwungen, im tiefsten Winter auf freier Wildbahn zu biwakieren. Krankheiten kursierten, vor allem ein schweres Fieber, das Soldaten wie Offiziere gleichermaßen befiel, ja zeitweise die Marschälle Lannes und Augereau außer Gefecht setzte.

Besonders aber machte der milde Winter den Soldaten zu schaffen. Dank wechselhafter Temperaturen um den Gefrierpunkt regnete oder schneite es, wobei der Schnee nicht liegen blieb, sondern sofort schmolz. Der Boden wurde restlos durchnässt, die schlechten polnischen Straßen unpassierbar. Der französische Vormarsch blieb im Schlamm stecken. Trainkolonnen, Geschützzüge, ja selbst die Kutsche des Kaisers versanken bis zur Achse im Morast. Zug- wie Reittiere blieben entkräftet am Straßenrand liegen. Am meisten hatten jedoch die einfachen Soldaten zu leiden.

> Am anderen Morgen marschierten wir in nassem Schnee auf bodenlosen Waldwegen weiter. Bis über die Knöchel wateten wir im Kot. Oft blieben unsere Schuhe stecken, obwohl wir sie mit Bindfäden befestigt hatten. Manchmal musste man das hintere Bein mit beiden Händen fassen, um es wie eine Rübe auszureißen, und dann das andere Bein ebenso frei machen. Wir trugen die Gewehre am Riemen, um mit beiden Händen zugreifen zu können. Und immer dasselbe Manöver zwei Tage lang. Es riss eine große Entmutigung ein. Manche nahmen sich das Leben. Wir verloren an den beiden Tagen beinahe 60 Mann.[88]

Die Not wurde so groß, dass selbst der Kaiser Mitleid mit seinen Soldaten bekam und sie in die Winterquartiere schicken wollte. Gleichwohl beschloss er, den Krieg noch vor Jahresende zu beendigen.

Napoleon begann seine Großoffensive am Heiligabend 1806. Unter den Augen des Kaisers überquerte das 3. Korps endlich auf einer Behelfsbrücke die Ukra und schlug die russischen Verteidiger der Uferstellung bei Czarnowo. Bennigsen trat den Rückzug an. Napoleon folgte. Bei Pultusk und Golymin kämpfte das 3. Korps an der Seite der Korps der Marschälle Lannes und Augereau erneut gegen die Russen, wobei den Franzosen kein entscheidender Sieg gelang.

Damit war Napoleons Plan gescheitert, die russische Armee in einer einzigen Operation zu zerschlagen. Überall war es den Russen gelungen, der Vernichtung durch Napoleon zu entgehen.

Napoleon brach den Winterfeldzug ab. Das 3. Korps bezog zwischen dem Bug und der Narew endlich das lang ersehnte Winterquartier. Jetzt gab es nur noch zwei Feinde: Kälte und Hunger.

Gegen die Kälte half die Einquartierung in Hütten- und Barackenlagern sowie die Unterbringung in Dörfern. Was die Hungerbekämpfung anbetraf, so wurden die Franzosen bald zu Experten. Schnell fanden sie heraus, wo die Landbevölkerung ihre Vorräte verbarg.

General Levin August von Bennigsen, Oberbefehlshaber des russischen Heeres in der Schlacht von Eylau

> Mir war ein Bauer aufgefallen, der alle Morgen in einen Garten hineinschaute. Das war mir genug, um Verdacht zu schöpfen und mit mehreren Kameraden nachzugraben. Wir stießen auf zwei gefallene und schon verweste Kühe. Der Gestank war furchtbar. Unter dem Aas deckten wir zunächst eine Menge Sägen, Äxte, Hacken und Schaufeln auf, und dann kamen – große Tonnen und Reis, Speck und Schinken sowie ein großer Topf Fruchtmus zum Vorschein. Ich machte einen Freudensprung, dass ich trotz der verdammten Äser die Suche nicht aufgegeben hatte.[89]

So wie Coignet schlugen sich viele französische Soldaten durch. Gerade als die Franzosen sich mit den Unbilden des Winters angefreundet hatten und endlich ein lang ersehnter Nahrungsmittelkonvoi das 3. Korps erreichte, überraschte eine russische Offensive die Grande Armée.

An der Spitze des russischen Heeres stand jetzt General Bennigsen, der den greisen Feldmarschall Kamenski abgelöst hatte. Bennigsen war ein gebürtiger Hannoveraner. Er hatte sich in Polen mehrfach ausgezeichnet. Obwohl nachsichtig gegen die Truppe, war er bei den russischen Soldaten und Offizieren nicht beliebt. Dies lag nur zum Teil daran, dass er Deutscher war, eine größere Rolle spielte, dass er kein gewinnendes Wesen hatte, sondern verschlossen und über alle Maßen ehrgeizig und eitel war. Als General war Bennigsen auf dem Schlachtfeld ein guter Taktiker, jedoch ein mittelmäßiger Stratege.

Den ersten Schlag führte der neue russische Oberkommandierende gegen das Korps Marschall Neys, das sich durch einen Vorstoß nach Königsberg zu weit isoliert hatte. Nur dank einer schnellen Flucht und dem Eingreifen Marschall Bernadottes bei Mohrungen gelang es Ney, sein Korps zu retten. Durch das Rückzugsgefecht mit Bernadotte wurde Bennigsens Plan durchkreuzt. Beiden Marschällen glückte es, aus der Falle zu entkommen.

Napoleon war verdutzt. Er hatte den russischen Vorstoß zuerst für eine begrenzte Strafaktion gegen Marschall Ney gehalten. Jetzt wurde ihm klar, dass es sich um eine richtige Offensive handelte. Der Kaiser durchschaute Bennigsens Plan. Er entschloss sich, die Russen durch einen Flankenmarsch an die Küste auszumanövrieren und ihnen den Rückweg nach Königsberg zu versperren.

Wie es aussah, bot sich dem Kaiser wider Erwarten doch noch die ersehnte Vernichtungsschlacht, die den polnischen Feldzug mit Erfolg krönen würde. Aber Bennigsen hatte Glück. Noch bevor Napoleons Falle zuschnappte, fingen seine Kosaken eine Depesche an Bernadotte ab, die Napoleons Absichten verriet. Bennigsen war gewarnt und zog sich Richtung Königsberg zurück.

In Eilmärschen gelang es ihm zusammen mit den Preußen General L'Estocqs, den Kopf aus der Schlinge zu ziehen. Die nachfolgenden Nachhutgefechte und die ununterbrochenen Nachtmärsche bewirkten jedoch, dass sich die russische Armee durch Verluste, Abgänge von Nachzüglern und Deserteuren beängstigend verringerte. Zudem standen die Männer kurz vor dem Hungertod und die Franzosen waren ihnen dicht auf den Fersen.

Bennigsen stand vor der Wahl, auf dem Rückmarsch aufgerieben zu werden oder sich dem Kampf gegen Napoleon zu stellen.

Der russische Oberkommandierende entschied sich für die Schlacht und wählte dazu eine gut zu verteidigende Höhe vor der Stadt Eylau (auch Preußisch-Eylau genannt) aus, die an der Straße nach Königsberg lag. Dies war es, was Napoleon seit Wochen gewünscht hatte. Jetzt wähnte er die Russen in der Falle.

Der einzige Nachteil war, dass noch nicht alle französischen Armeekorps Napoleons vor Eylau eingetroffen waren. Bei Napoleon war das 4. Korps unter Soult, das 7. Korps unter Augereau, die Garde und die Reservekavallerie: alles in allem 45 000 Mann.

Die Russen unter Bennigsen hatten 70 000 Soldaten, die auf den Zuzug von etwa 10 000 Preußen rechnen konnten.

Diese wurden jedoch von Marschall Ney hart bedrängt, der aufgrund der allgemeinen französischen Offensive wieder vom Gejagten zum Jäger geworden war. Ney hatte die Vorpostenbrigaden L'Estocqs bei Waltersdorf vernichtet und verfolgte die Preußen, die zur russischen Hauptarmee marschierten.

Wie Neys 6. Korps war auch Davouts 3. Korps am 7. Februar noch nicht vor Eylau versammelt. Bei Heilsberg wurde Davouts Vormarsch von der russischen Nachhut aufgehalten, die erst geschlagen wurde, als Friants 33. Regiment in den Kampf eingriff. Die Russen hatten ihre Haut teuer verkauft und Davout wertvolle Zeit verloren.

Noch am Abend des 7. Februar 1807 griff das 4. Korps unter Soult Eylau an und eroberte den Ort nach einem turbulenten Nachtgefecht, das wie ein Menetekel die Schrecken der darauffolgenden Schlacht ankündigte.

Dieses Massaker, das als Schlacht von Eylau in die Geschichte einging, ist der breiten Öffentlichkeit nicht mehr bekannt. Heute heißt der Ort »Bagrationowsk«, benannt nach einem russischen General, Fürst Bagration, und liegt an der polnisch-russischen Grenze. Dort erinnert nur ein kleines Museum an das gigantische Morden jener eisigen Februartage des Jahres 1807. Berühmt wurde Eylau durch das Gemälde »Napoleon auf dem Schlachtfeld von Eylau«, das Antoine-Jean Gros im Auftrag des Kaisers malte. Anders als so viele Bilder dieses Genres zeigt es nicht nur Sieger und Besiegte, sondern auch das unsägliche Leid der Verwundeten auf dem Schlachtfeld.

Wer genau hinsieht, bemerkt nicht nur die Leichen- und Verwundetenhaufen im Bildvordergrund, sondern auch die endlosen Reihen der Toten, die pünktchengroß weitab im Schnee liegen. Sie leiten das Auge des Betrachters zum Horizont, wo die Flammensäulen eines lichterloh brennenden Dorfes in den Himmel steigen.

Was die Schrecken Solferinos für das Zweite Kaiserreich und die Hölle von Verdun für die Dritte Republik waren, wurde Eylau für das Empire Napoleon Bonapartes: ein Symbol für die Sinnlosigkeit des Krieges. Keine Schlacht außer Waterloo erfüllte die Zeitgenossen so mit Entsetzen, weder Leipzig noch Borodino. Noch heute dringt der Schrecken jener Winterschlacht aus den Memoiren der Veteranen, die an ihr teilnahmen. Kein Wunder, dass einer der größten Romanciers Frankreichs, Honoré de Balzac, ihr in »Oberst Chabert« ein Denkmal setzte.

In diesem Roman kehrt der bei Eylau schwer verwundete und später irrtümlich für tot erklärte Oberst Chabert nach Jahren der Odyssee wieder nach Frankreich zurück. Frustriert muss er feststellen, dass seine Frau ihn verleugnet. Und dies aus gutem Grund: Die Gattin des Obersts lebt seit seinem vermeintlichen Tod prächtig von ihrer üppigen Witwenrente und will ihren Mann nicht mehr zurück. Dies lässt sich Chabert nicht gefallen. Er ist bettelarm und verklagt seine Frau auf Unterhalt. Gegen Angebot einer saftigen Provision gelingt es ihm, den jungen Anwalt Derville davon zu überzeugen, seine Sache vor Gericht zu vertreten.

Doch irdisches Glück ist Chabert nicht beschieden. Als der Prozess gegen seine Frau gewonnen ist, verzichtet er, der menschlichen Zivilisation überdrüssig, auf das Geld und geht freiwillig in eine Irrenanstalt. Zu entwurzelt ist der Oberst, als dass er noch in die menschliche Gesellschaft zurückfinden könnte, zu schwer ist das Kriegstrauma, das er erlitten hat. Dies nimmt einen nicht wunder, betrachtet man die Umstände von Chaberts Wiederauferstehung auf dem Schlachtfeld etwas genauer. Balzacs Feder hatte sich von den Leichenhaufen Eylaus inspirieren lassen und seinen Romanhelden bei lebendigem Leib in ein Massengrab geworfen.

> Ein großer Glücksfall ließ mich einen Arm finden, der nirgends festsaß, den Arm eines Herkules, einen prächtigen Knochen, dem ich mein Leben verdanke. Ohne diese unerwartete Hilfe wäre ich umgekommen. So aber machte ich mich, mit einer Verbissenheit, die Sie begreifen werden, daran, die Leichname zu bearbeiten, die mich von der Erdschicht trennten, welche

> man über uns geworfen haben musste. Ich sagte »uns«, als hätte es sich um Lebende gehandelt. Ich habe mich daran gehalten, mein Herr, denn hier bin ich. Aber ich könnte heute nicht mehr sagen, wie es mir gelang, die Decke von Leibern zu durchbrechen, die mich vom Leben trennte.[90]

So weit die Fiktion Balzacs. Die Wahrheit sah noch schrecklicher aus. Als der Morgen des 8. Februar anbrach, entwickelten sich die Franzosen zur Schlacht. Entlang der Bartensteiner Straße stand das Korps Augereaus mitsamt einer Infanteriedivision Soults zu zwei Treffen formiert. Vor der auf einer Anhöhe liegenden Stadt stand die Division Legrand, dahinter die Garde. Der Flügel links von Eylau wurde durch eine weitere Division Soults und von Kavallerie gedeckt. Rechts der Stadt hatte Napoleon die Infanteriedivision St. Hilaire und die Reiterei Milhauds postiert, an deren Seite das Korps von Davout aufschließen sollte.

Die Reservekavallerie unter Murat stand auf dem vereisten Langsee hinter dem Hügelkamm, auf dem Eylau lag. Diesen krönten Batterien mit insgesamt 92 Geschützen. Der Rest der französischen Artillerie war auf die Divisionen verteilt.

Gegenüber der französischen Schlachtlinie stand Bennigsens Armee auf einem leicht ansteigenden Plateau vor Eylau. Fünf Divisionen hatten sich in Linien und Kolonnen formiert und bildeten zwischen den Dörfern Schloditten und Serpallen ein erstes und zweites Treffen. Dahinter waren die 4. und 7. Division Dokturows aufmarschiert sowie die 14. Division unter Kamenski und eine maskierte Batterie mit 60 Geschützen der Reserve. Zusätzlich zu den in den Linien verteilten Geschützen hatte Bennigsen auf dem rechten Flügel 60 Geschütze in Stellung gebracht. In der Mitte befanden sich 70, auf dem linken Flügel 40 Geschütze.

Die russische Kavallerie verteilte sich auf die Flanken und in die Mitte. Die Kosaken nahmen Aufstellung bei Molwitten. Kommandeure der Russen waren: General Tutschkow auf dem rechten und General Ostermann-Tolstoi auf dem linken Flügel. Den Oberbefehl über die Mitte hatte General von Sacken.

Um acht Uhr morgens begann die Schlacht durch eine Kanonade der gesamten russischen Artillerie, die von den Franzosen erwidert wurde. Obwohl die französische Artillerie der russischen an Zahl unterlegen war, schossen ihre Kanoniere besser und fügten Bennigsens dicht massierten Linien schwere Verluste zu. Dies lag auch zum Teil daran, dass die Franzosen gedeckter standen. Als Linie um Linie unter den wuchtigen Schlägen der französischen Artillerie zusammensank, wurde General Tutschkow des Gemetzels überdrüssig. Im Sturmlauf griff er den linken französischen Flügel an, wurde jedoch von Soult zurückgeschlagen.

Zur selben Zeit tauchte auf Napoleons rechtem Flügel die Tête des 3. Armeekorps mit der Division Friant auf.

Wie bei Auerstedt marschierte das 3. Korps Division nach Division auf der rechten französischen Flanke auf. Zuerst erreichte Friant das Schlachtfeld, kurz darauf Morand, während Gudin erst nach Mittag auf dem Schlachtfeld eintraf.

Mit gewohntem Schwung griff Friant den linken russischen Flügel unter Ostermann-Tolstoi an und eroberte mit Hilfe Morands, der eine Stunde nach Friant das Schlachtfeld betrat, erst Serpallen und anschließend die Hügel vor dem Dorf.

Jetzt holte Davout weiter aus. Seine Sturmkolonnen stießen auf die strategisch wichtigen Kreegeberge vor, die die Russen besetzt hielten. Hier lief sich der Angriff im Feuer der russischen Artillerie fest. Vor allem die Division Morands erlitt schwere Verluste.

Davouts Flügel befand sich in großer Bedrängnis. Zwischen seinen Divisionen und Napoleons rechtem Flügel klaffte eine gefährliche Lücke, die zu Flankenangriffen einlud.

Der Kaiser reagierte sofort und gab dem Korps Augereaus sowie der Division St. Hilaire Befehl, die russische Front anzugreifen.

Zügig formierten sich Augereaus Regimenter zu Sturmkolonnen. In diesem Moment setzte heftiges Schneegestöber ein, das zusammen mit Pulverdampfschwaden und einem tief hängenden Himmel den Aufmarsch der Divisionen Augereaus und St. Hilaires verschleierte. Unbemerkt von den Russen schickten sich 15 000 Mann an, die russische Mitte zu durchbrechen.

Bis jetzt ging alles gut. Der Schnee verschluckte die Trittgeräusche, das Schneetreiben verbarg die Kolonnen.

Plötzlich drehte der Wind und schlug den Franzosen heftig ins Gesicht, sodass sie nichts mehr sahen. Die Angriffskolonnen von

Augereau hielten nicht mehr die Marschrichtung und drängten die Kolonne St. Hilaires nach rechts ab.

In diesem Moment riss das Schneetreiben ab. Mit Entsetzen erkannten Augereau und St. Hilaire, dass ihre Truppen einer siebzig Kanonen starken russischen Batterie die Flanke boten.

Die russische Artillerie zögerte keine Sekunde und feuerte aus allen Rohren, als sie die Franzosen unmittelbar vor sich bemerkte.

Wie auf der Schlachtbank zerhackte Kartätschensalve auf Kartätschensalve die Kolonnen der Franzosen. Rotte für Rotte, Linie um Linie wurde niedergemäht. Was die Kartätschen verschonten, fiel im Massenfeuer der russischen Infanterie. Wo einst ganze Bataillone gestanden, zuckten die Leiber der Sterbenden und Verwundeten in riesigen Blutlachen, die unter den zusammengeschossenen Truppen hervorquollen. Neben Toten, die kein Gesicht mehr hatten, ragten Beinstümpfe aus dem Schnee. Zerfetzte Gedärme und abgeschossene Gliedmaßen lagen neben aufgerissenen Tornistern und blutverschmierten Tschakos. Das Wehklagen und Schreien nahm kein Ende mehr. Auch Augereau wurde getroffen. Er wurde schwer verwundet aus der Schlusslinie gezogen. Seine Mission war beendet. Als er nach hinten getragen wurde, begegnete Augereau dem Kaiser. Wutentbrannt machte Napoleon ihm Vorwürfe: »Was, zum Teufel, haben Sie mit meiner Infanterie gemacht?«

Darauf Augereau: »Sind alle für Ihre Majestät gefallen.«

Unnötig zu erwähnen, dass Augereau nach dieser Replik kein großes Feldkommando mehr erhielt, sondern mit einem Kommando in der Provinz betraut wurde.

Aber vorerst hatte Napoleon andere Sorgen, als sich eines Marschalls zu entledigen. Die Bilanz des gescheiterten Angriffs auf das russische Zentrum war erschreckend: Innerhalb einer Viertelstunde hatte das 7. Korps 5000 Mann verloren. Doch damit waren die Qualen der Männer Augereaus noch nicht beendet.

Den Erfolg vor Augen, wähnte Bennigsen nach dem gescheiterten Angriff Augereaus den Moment gekommen, das französische Zentrum zu zertrümmern. Siegessicher gab er der russischen Kavallerie und Infanterie den Befehl, die Reste von Augereaus Korps zu vernichten und Eylau anzugreifen.

Nun rückte Bennigsens Reservekorps mitsamt der russischen Reservekavallerie gegen die Überlebenden an. Ungestüm brachen die Russen in ihre Reihen ein. Nach heftigem Gefecht wurden Augereaus Männer bis nach Eylau zurückgeworfen, dem Kirchhofshügel entgegen, wo sich Napoleon mit seinen Marschällen aufhielt.

Während dieser Kämpfe ereignete sich eine der heroischsten Episoden der Schlacht von Eylau: die Geschichte der störrischen Stute Lisette. Sie ist eng verbunden mit dem Untergang des 14. französischen Linienregiments, das auf der Flucht vor den Russen abgeschnitten worden war. Diese Einheit hatte es gerade geschafft, den russischen Gegenangriff abzuwehren und ein Karree zu bilden, als Marcellin Marbot, ein Adjutant Augereaus, aus Eylau angeritten kam und ihnen den Befehl brachte, sich zurückzuziehen. Diese Weisung war jedoch nicht mehr ausführbar. Der Kommandeur des Regiments gab Marbot den Regimentsadler und riet ihm, sein Leben zu retten und sich wieder durch die russischen Reihen zurück nach Eylau durchzuschlagen. Doch dafür war es schon zu spät. Die Russen hatten jetzt das Regiment eingeschlossen und griffen es von allen Seiten an. Gerade als Marbot das Karree verlassen wollte, wurde er von einem Kartätschenstreifschuss getroffen, der ihn lähmte. Hilflos saß er im Sattel, während rings um ihn die Kugeln pfiffen. Er wäre sicherlich mit all den anderen gefallen, wäre nicht Lisette gewesen.

Diese Stute war ein widerborstiges Tier. Sie war dafür bekannt, nach jedem zu beißen, der sich ihr auch nur auf einen Meter näherte. Aber ausgerechnet bei Eylau, im dichtesten Kugelhagel, vergaß Lisette ihre schlechten Manieren.

Friedlich verharrte sie im tiefsten Kampfgetümmel und nahm es hin, dass Verwundete gegen ihre Flanken taumelten und Sterbende ihre Vorderläufe umklammerten. Egal, was passierte, nichts konnte die Stute erschüttern. Selbst als ein russischer Infanterist versuchte, Marbot mit seinem Bajonett zu erstechen, blieb das Pferd seelenruhig stehen. Dies änderte sich jedoch, als der Angreifer auf dem verharschten Schnee ausrutschte und statt Marbot Lisette das Bajonett in den Leib jagte – was fatale Folgen hatte.

> Infolge des Schmerzes erwachten die wilden Triebe der Stute wieder; sie ging auf den Russen los, fasste ihn mit den Zähnen im Gesicht und riss ihm mit einem Biss die ganze Gesichtshaut samt Lippen, Nase und Augenbrauen weg, sodass er auf seinem lebenden Körper einen vollkommen blutüberströmten Totenkopf trug [...]
>
> Es war ein schauerlicher Anblick! Darauf setzte Lisette wie toll in die Reihen der Kämpfenden hinein und rannte, fortwährend ausschlagend und um sich beißend, alles über den Haufen, was ihr in den Weg kam. [...] Dann rannte das Tier auf demselben Wege, auf dem es gekommen war, in vollem Laufe dem Eylauer Friedhof zu. Dank dem Bocksattel, auf dem ich saß, hatte ich mich bis jetzt auf dem Pferde halten können; aber schon sah ich mich wiederum von einer neuen Gefahr bedroht [...]
>
> Das Schneegestöber hatte eben wieder begonnen und verfinsterte in dichtem Flockenfall die Luft, als ich in der Nähe von Eylau einem Gardebataillon entgegensprengte. Da die Leute auf diese Entfernung nicht deutlich zu sehen vermochten, so hielt man mich für einen feindlichen Offizier, der eine feindliche Reiterabteilung zum Angriff heranführte. Mit einem Mal gab das ganze Bataillon Feuer. Mein Mantel und mein Sattel wurden von Kugeln völlig durchlöchert; trotzdem erhielt ich keine Verwundung. Meine Stute rannte immer gleich vorwärts und glitt zwischen den drei Gliedern durch wie eine Natter durch die Hecke.[91]

Marbot hatte Glück im Unglück, Lisette nicht. Durch den Blutverlust ihrer Wunde stark geschwächt, brach die Stute entkräftet zusammen und verendete auf dem Schlachtfeld. Marbot stürzte zu Boden, wo er das Bewusstsein verlor. Dies rettete ihn. Auf diese Weise entging er dem Massaker, das über ihn hinwegrollte.

So bekam er nicht mit, wie die Russen bis nach Eylau vordrangen, wo sie erst kurz vor Napoleons Hauptquartier gestoppt wurden. Vor der Kulisse eines zerschossenen Kirchturms prallten inmitten windschiefer Grabkreuze die russischen Regimenter auf die Garde Napoleons, die sie mit aufgepflanztem Bajonett den Hügel herunterjagte. Die Russen zogen sich zurück und sammelten ihre durcheinandergeratenen Sturmtruppen, um erneut anzugreifen.

Dies war der Moment, in dem Napoleon sich an Murat wandte und jene legendären Worte sprach: »Mein Cousin, wollen Sie wirklich mit ansehen, wie diese Menschen uns verschlingen?«

Murat verneinte, zog den Säbel und rief seinen Männern nur ein kurzes »Folgt mir!« zu.

Dies reichte. Wie aus einem Guss formierte sich sofort eine riesige Kolonne aus 10 500 Reitern der Reservekavallerie und Gardereiterei, die den Russen entgegengaloppierten.

Unwirklich wie ein Geisterheer verschwand eine Schwadron nach der anderen hinter den eisigen Schneewirbeln des Wintersturms. Für kurze Zeit verlor sich das Donnern der Hufe in der Ewigkeit, herrschte gespenstische Stille. Der Schnee schluckte jeden Ton. Dann verrieten die gelb aufblitzenden Kanonen und Gewehre der Russen, dass das Blutbad begonnen hatte.

Diesmal war der Angriff der Franzosen von Erfolg gekrönt. Die russische Reiterei wurde geworfen, die Artillerie überritten und die erste Linie der Infanterie durchbrochen. Doch dann stießen die Franzosen auf das zweite Treffen der russischen Infanterie, das standhielt.

Die Schlacht wurde zum chaotischen Schlagabtausch und zerfiel in Einzelgefechte. Kavallerieeinheiten, die durchgebrochen waren, wurden abgeschnitten, mussten sich den Weg zurück durch die neu formierten Reihen der Russen schlagen. Die Lanzen russischer Kosaken zerbrachen an den vereisten Brustpanzern französischer Kürassiere, die zu Hunderten die russische Infanterie niederhieben. Tataren, Baschkiren und Kalmücken schossen im vollen Ritt mit Pfeil und Bogen französische Dragoner vom Pferd, während die Gardejäger Napoleons ihre Klingen in den Rücken russischer Kanoniere jagten, die über ihren Geschützen tot zusammenbrachen.

Und überall mittendrin die russische Infanterie, die ihre Munition verschossen hatte und ihre an den Flintenläufen aufgesteckten Bajonette nur noch wie Lanzen gebrauchte. Dies war keine napoleonische Schlacht mehr, sondern ein mittelalterliches Hauen und Stechen.

Stundenlang währte der Kampf, dann zogen sich die französischen Reiter wieder nach Eylau zurück. Von 10 500 Mann waren 1500 gefallen.

Ihr Opfer war nicht umsonst gewesen. Das russische Zentrum war schwer angeschlagen, mehrere Batterien außer Gefecht gesetzt. Nur unter schwersten Verlusten hatte Bennigsen seine Stellung gehalten. Doch seine Nerven lagen blank.

Napoleon ging es kaum besser. Unter Aufopferung der Reiterei hatte er zwar den russischen Hauptangriff abgewiesen, dafür aber sein Zentrum entblößt. Einzig das Korps Soults und die Garde deckten Eylau. Die Hoffnungen des Kaisers ruhten nun allein auf Davout, der endlich auf dem rechten Flügel Fortschritte machte.

Der Marschall wurde zur Schlüsselfigur der Schlacht, obwohl sein Korps durch die schweren Verluste keine 15 000 Mann mehr zählte. Wie die Kämpfe im Zentrum, so hatten auch die Gefechte am rechten Flügel einen sehr hohen Blutzoll gefordert. Der Bericht Morands zeugt von den erbitterten Kämpfen des 3. Korps:

> Es war gegen ein Uhr nachmittags, als die feindliche Infanterie, gegen die wir seit fünf Stunden im Kampfe standen, von ihren Höhen niederstieg und auf uns losging. Wir eilten ihr entgegen, warfen sie bis auf ihre Kanonen, deren wir uns bemächtigten. 18 Geschütze waren in unserer Gewalt; wir waren Meister der die Königsberger Straße beherrschenden Höhen, eine große Zahl von Gefangenen konnte uns nicht mehr entkommen, als sich plötzlich eine bisher verdeckt gewesene Kolonne russischer Dragoner auf die Flanke eines Bataillons des leichten 10. Regiments (rechtes Flügelbataillon der Division Desjardins) stürzte, welches in Kolonne meinen rechten Flügel deckte. […]
>
> Das Bataillon des 10. Regiments wirft sich auf unsere Linie, deren Bataillone zusammenlaufen. Die Anstrengungen, ein Karree zu bilden, sind vergeblich. Der Feind geht von allen Seiten auf die Masse vor, in welche er aber nicht einzudringen vermag, die aber doch etwa 200 Meter zurückweicht. Die Division St. Hilaire, die sehr gelitten hatte, vermochte uns nicht zu unterstützen.[92]

Der Angriff der russischen Dragoner bedeutete nur eine vorübergehende Krise und wurde abgeschlagen. Nach Ankunft der Division Gudin wendete sich das Blatt. Endlich gelang es Davout, einen Einbruch in die russische Flanke zu erzielen und Klein-Sausgarten, Anklappen und das Dorf Kutschitten zu erobern, das hinter der russischen Armee direkt an der Straße nach Königsberg lag.

Um drei Uhr nachmittags stand das 3. Korps tief im Rücken der russischen Armee. Die Russen waren von ihrer Rückzugslinie abgeschnitten. Die zerschlagenen Regimenter des russischen linken Flügels lösten sich auf, Tausende flüchteten vom Schlachtfeld. Wenn jetzt endlich Marschall Ney käme, wäre Bennigsen vollständig vernichtet. Dann würde dieser Feldzug endlich sein Ende finden.

Doch Ney kam nicht. Der Unermüdliche, so sein Spitzname vor dem Russlandfeldzug, war von den Preußen abgehängt worden. Statt seiner erreichte General L'Estocq mit 7000 Mann das Schlachtfeld. Sofort eilte Bennigsen persönlich seinem preußischen Waffenkameraden entgegen und dirigierte ihn nach Kutschitten, dessen Besitz über Sein oder Nichtsein der verbündeten Armeen entschied.

Entschlossen stürmten die Preußen in den Ort, den nur wenige Kompanien Friants besetzt hielten. Verwegen, ja fast fanatisch kämpften die Preußen erst Kutschitten und dann die von den Franzosen besetzten Wälder zu Füßen der Kreegeberge frei.

Ebenso wie die Preußen hatten auch die von Graf Ostermann-Tolstoi mit letzter Kraft zusammengekratzten Reserven Erfolg. Nach harten Kämpfen eroberten sie Anklappen zurück.

Die Alliierten witterten plötzlich Morgenluft und griffen die Kreegeberge und Klein-Sausgarten an. Fielen ihnen die Höhen in die Hände und kränzten sie die Hügelkuppen mit Geschützbatterien, so konnten sie das 3. Korps zerschlagen.

Die Angriffe setzten dem zusammengeschmolzenen 3. Korps sehr zu. Die Franzosen begannen zu wanken. Die Verluste steigerten sich. Immer mehr Soldaten versuchten, dem vernichtenden Feuer der Preußen und Russen zu entgehen, indem sie dazu übergingen, Verwundete nach hinten zu geleiten. Das 3. Korps stand kurz vor der Auflösung. In den Einheiten verblieb nur noch ein Drittel der Männer.

Davout sah sich gezwungen, persönlich einzugreifen. Wütend gab er seinem Pferd die Sporen. Wie bei Auerstedt ritt er unentwegt auf und ab, ordnete die Reihen, impfte seinen Männern neuen Mut ein. Erneut gelang es ihm, seine Soldaten wieder aufzurichten.

> Die Tapferen werden hier einen ruhmreichen Tod finden, die Feigen werden nur die Wüsten Sibiriens kennenlernen.

Die Worte ihres Marschalls überzeugten die Soldaten. Noch einmal formierten sich die zusammengeschmolzenen Einheiten des 3. Korps neu. Hastig kratzte Davout alle Geschütze zusammen, die er kriegen konnte. Umsichtig vereinte er sie auf den Kreegebergen zu einer Batterie, die sofort bei Sonnenuntergang die anstürmenden Preußen und Russen unter Feuer nahm.

> Die Preußen und Russen attackierten dreimal hartnäckig, jedoch vergebens. Ihre zahlreiche Artillerie und Infanterie traf auf kaltblütige Soldaten, die bereit waren, zu sterben. Die Artillerie des 3. Korps stand auf dem Hügel. Sie fügte ihnen schwere Verluste bei und brachte alle Angriffe bis zehn Uhr abends zum Scheitern.[93]

Für einen Gegenstoß zu schwach, aber zu stark, um besiegt zu werden, blieb Davout im Besitz von Klein-Sausgarten und den Kreegebergen.

Das 3. Korps übernachtete auf dem Schlachtfeld. Davout ließ Wachtfeuer anzünden. Dies hatte den Nachteil, dass Russen und Preußen zuweilen auf das französische Lager schossen, zugleich aber den Vorteil, dass sich Versprengte und Leichtverwundete um die Feuer sammelten. In erster Linie bewahrten die Feuer viele vor dem Kältetod. Psychologisch gesehen, machten sie dem Feind klar, dass die Franzosen ihn nicht fürchteten.

Wie viel im Krieg von Psychologie abhängt, zeigte sich auf der gegnerischen Seite, als das Korps von Ney zwei Stunden nach den Preußen das Schlachtfeld erreichte und das Dorf Schloditten eroberte. Um keinen Preis durfte Bennigsen dies zulassen, sein Rückzugsweg musste frei bleiben. Mit letzter Kraftanstrengung eroberten die Russen noch einmal Schloditten zurück.

Trotz dieses letzten Erfolgs hatte der Angriff Neys Bennigsen verunsichert. Allem Anschein nach konnte Napoleon für den nächsten Tag mit Verstärkungen rechnen.

Im Dunkel der Nacht musste Bennigsen eine schwere Entscheidung treffen: Setzte er am nächsten Tag die Schlacht fort oder zog er sich noch im Schutze der Nacht zurück? Bennigsen hatte alle Reserven aufgebraucht und konnte so schnell nicht mit Ersatz seiner Verluste rechnen. Der russische Oberkommandierende beschloss vorerst, auf dem Schlachtfeld auszuharren und die Verlustmeldungen abzuwarten.

Die Schlacht ebbte ab. Jetzt erst kamen die Kämpfenden zu sich und wurden sich des Grauens bewusst, das sie erlebt hatten.

> Es war ein Schlachtengetümmel, wie wir es noch nicht erlebt hatten. Unsere Verluste waren ungeheuer, und es war höchste Zeit, dass die Russen zurückwichen, denn wir konnten beinahe keinen Finger mehr rühren. Wir hatten nicht gesiegt, waren aber auch nicht besiegt worden.[94]

Nacht fiel über das Schlachtfeld. »Die Schlacht erfror«, wie Carl Bleibtreu treffend in seinem Buch »La Grande Armée« bemerkte. Das heißt nicht, dass sie zur Ruhe kam.

Wehklagen und herzzerreißende Schmerzensschreie erfüllten die Luft. Es waren die Schwerverwundeten, die hilflos neben ihren toten Kameraden lagen und darauf hofften, die Nacht zu überleben. Das schmerzverzerrte Wiehern der sterbenden Pferde ging durch Mark und Bein. Hin und wieder knallten Schüsse. Sei es von Verwundeten, die sich aus Verzweiflung über die Schmerzen selbst töteten oder auf Plünderer schossen, die sie bei lebendigem Leib bis auf die Haut auszogen.

Nach Stunden des Todeskampfes wurde es merklich stiller auf den Feldern vor Eylau. Klirrende Kälte legte ihre eisige Totenhand auf das Schlachtfeld. Die Zahl derjenigen, die in dieser Winternacht erfroren, ist nie ermittelt worden. Bekannt ist nur, dass viele der Verletzten unter die Leichenhaufen oder zu anderen Verletzten krochen, um sich zu wärmen. Dabei war es egal, ob dies Freund oder Feind war. Die Verluste waren auf beiden Seiten so groß, dass Napoleon und Bennigsen leichenblass wurden, als sie

Das Schlachtfeld von Eylau. Während sich im Vordergrund die typischen Szenen napoleonischer Propaganda abspielen, bedecken im Bildhintergrund Tausende von Toten in Reih und Glied den Schnee.

hörten, wie viele der ihren zu den Regimentern zurückgefunden hatten.

Nach Schätzungen hatten die Franzosen 20000, die Russen an die 30000 Mann verloren. Die Verluste des 3. Korps Davouts betrugen 5000 Mann, andere Korps wie das 7. Korps von Augereau hatten faktisch aufgehört zu existieren.

Auf der Seite der Russen sah es nicht besser aus. Von den ursprünglich 15000 Mann der Division Ostermann-Tolstoi waren noch 3000 einsatzfähig. Insgesamt hatte Bennigsen, die Preußen nicht mitgezählt, noch 30000 Mann unter Waffen. Der Rest war gefallen, verwundet, flüchtig oder desertiert.

Unter diesen Umständen konnten weder Franzosen noch Russen und Preußen ernsthaft daran denken, die Schlacht fortzusetzen. Im Gegensatz zu den Verbündeten, die schon alle verfügbaren Kräfte aufgebraucht hatten, besaß Napoleon noch zwei Trümpfe: das 1. Korps von Bernadotte und das 6. Korps von Ney, das zuletzt in die Schlacht eingegriffen hatte.

Doch Napoleon hatte den Glauben an den Sieg verloren. Die Schlacht hatte den Kaiser so deprimiert, dass er um vier Uhr morgens an Duroc schrieb und den Feldzug als gescheitert betrachtete.

> Wir hatten gestern bei Eylau eine sehr blutige Schlacht. Das Schlachtfeld ist zwar in unserem Besitz geblieben, aber wenn die Verluste auch auf beiden Seiten große sind, so macht mir die Entfernung von der Heimat die meinigen mehr fühlbar [...] Es wird bald notwendig werden, das Hauptquartier nach Thorn zurückzuverlegen. Der Generalintendant muss die in Küstrin und Polen noch nicht weitergegangenen Geldsendungen anhalten, denn es ist möglich, dass ich mich auf das linke Weichselufer begebe, um in ruhigen Winterquartieren vor Kasaken und Schwärmen leichter Truppen geschützt zu sein.[95]

Damit nicht genug. Napoleon befahl seinen Marschällen den Rückzug.[96]

Davout war entsetzt. Sollten all die Opfer seines Korps umsonst gewesen sein? Der Marschall dachte nicht im Traum daran, seine hart umkämpfte Position zu verlassen, und wollte den Kampf am nächsten Tag fortsetzen. Seiner Meinung nach waren Preußen und Russen geschlagen.

Durfte er einen derartigen Befehl des Kaisers verweigern? Der Marschall zauderte und haderte mit sich selbst. Geschickt spielte er auf Zeit, indem er die Ausführung des Befehls verzögerte – und hatte mit dieser Taktik Erfolg.

Kurz nach Erhalt des Rückzugsbefehls brachte ihm ein Offizier der Reiterei die Nachricht, dass sich beim Feind etwas tat.

Der Marschall kniete nieder und legte das Ohr auf den Boden. Was er hörte, waren Pferdehufe und Wagengeräusche, und zwar von Train- und Geschützkolonnen, die sich vom Schlachtfeld entfernten.

Davout sandte sofort einen Adjutanten mit einer Meldung zu Napoleon. Ungläubig überflog der Kaiser die Zeilen seines Marschalls. Was Napoleon da las, gab ihm seinen Optimismus zurück. Bennigsen zog sich nach Königsberg zurück und brach die Schlacht ab.

In letzter Minute hatte Napoleon die Schlacht von Eylau doch noch gewonnen, aber es war ein hohler Sieg. Taktisch gesehen, hatten die Franzosen zwar das Schlachtfeld behauptet. In strategischer Hinsicht war keine Veränderung eingetreten, beide Armeen befanden sich in einer Pattsituation.

Napoleon hatte die russische Armee nicht entscheidend geschlagen, Bennigsen die Franzosen nicht hinter die Weichsel getrieben. Relevant an Eylau wurde im Nachhinein jedoch nicht seine taktische oder strategische, sondern seine politische Dimension.

Wie so oft folgte dem Ringen auf dem Schlachtfeld die Propagandaschlacht. Während Napoleon wie gewohnt den Sieg von Eylau aufbauschte, schrien Preußen und Russen ebenfalls Viktoria. Vor allem Bennigsen wurde nicht müde, seinen vermeintlichen Triumph über Napoleon marktschreierisch kundzutun. Zuerst hatte die alliierte Propaganda Erfolg. Die Nachricht schlug ein wie eine Bombe, wurde zur Sensation. Vor allem in Österreich, wo man die Vorgänge in Polen genaustens verfolgte.

> Das Wiener Publikum hat die Nachricht des Sieges von Preußisch-Eylau mit einem wahren Jubel aufgenommen, und die Polizei hat sehr viel Mühe gehabt, die öffentlichen Ausbrüche dieses Anteils zu verhindern.[97]

War das einfache Volk in Ermangelung anderer Informationsquellen leicht zu täuschen, so blieb der Hof in Wien misstrauisch. Zu einem Sieg schien der russische Rückzug nicht zu passen, wie der preußische Reformer von Hardenberg rückblickend scharf beobachtete:

> Die Untätigkeit der Armee des Generals von Bennigsen nach der Schlacht von Preußisch-Eylau machte eine üble Wirkung [auf Österreich]; man meinte sich wenigstens nicht eher erklären zu können, als bis die Franzosen über die Weichsel zurückgeschlagen sein würden.[98]

Hardenbergs Analyse zeigt, was für eine enorme politische Bedeutung damals von Eylau ausstrahlte. Sie beweist auch, wie wichtig es gewesen war, dass Napoleon nicht seinem ersten Impuls nachging, sich hinter die Weichsel zurückzuziehen.

Russlands Versuch, Österreich in den Krieg zu ziehen, scheiterte, was die Situation Napoleons erleichterte.

Trotzdem konnte sich Napoleon über eines nicht täuschen. Er war an jenem 8. Februar nur haarscharf an einer schweren Niederlage vorbeigeschrammt. Der Schatten des unglücklichen Feldherrn Pyrrhus hatte die Sonne des korsischen Cäsaren verdunkelt. Durch seine Mutlosigkeit nach der Schlacht und den schon befohlenen Rückzug wäre er fast in Polen gescheitert.

Folgt man dieser Bewertung, so hatte Davout seinen Kaiser gleich zweimal gerettet. Einmal, als er am Nachmittag die Kreegeberge und Klein-Sausgarten eroberte, und das zweite Mal, als er den Abzug der Verbündeten noch rechtzeitig bemerkte und sich Napoleons Rückzugsbefehl widersetzte.

Davouts Anteil am taktischen Sieg von Eylau war unbestritten. Im Gegensatz zu Ney war er rechtzeitig auf dem Schlachtfeld eingetroffen und hatte den entscheidenden Angriff auf den rechten Flügel geführt, was sogar das 58. Bulletin der Grande Armée wahrheitsgemäß vermerkte:

> Der Sieg, der lange Zeit ungewiss war, wurde errungen, als Marschall Davout auf den Höhen hinter Eylau erschien, und den Feind umging, der, nachdem er mehrfach vergebens versucht hatte, die Höhen zurückzuerobern, sich zurückzog.[99]

Deutlicher konnte Napoleon Davout seinen Dank nicht aussprechen. Diesmal fühlte sich der Kaiser der Wahrheit verpflichtet. Nach der Schlacht blieb die Grande Armée noch eine Woche auf dem Schlachtfeld. Erst dann zog sich das Heer hinter die Passarge und Alle zurück.

Obwohl Murat und Davout noch Vorstöße über die Alle machten und ihre Patrouillen sogar Königsberg streiften, erstarrte der Bewegungskrieg, und in Ostpreußen fanden keine ernsthaften Kampfhandlungen mehr statt. Das Korps von Davout bezog die Winterquartiere und leckte seine Wunden. Einzig ein Umstand ist bemerkenswert. Davout tadelte Gudin ob seiner Laxheit gegenüber den Männern, welche bei Eylau die Kampflinie unter dem Vorwand verlassen hatten, ihre verwundeten Kameraden nach hinten zu bringen:

> Dieser Missbrauch kann die ganze Armee in Gefahr bringen und muss durch diejenigen bestraft werden, die durch ihn gefährdet werden. Die tapferen Soldaten müssen die Feigen und Drückeberger bestrafen, die nicht ihrem guten Beispiel gefolgt sind. Als Konsequenz ermutige ich Sie, ihren Obersten aufzutragen, ihren Soldaten zu sagen, dass sie alle diejenigen mit der Savate bestrafen sollen, die sich vor der Schlacht gedrückt haben [...] Ich hoffe, dass diese Maßnahme, wenn Sie so gut ausgeführt wird, [...] in Zukunft Scharen von Männern davon abhalten wird, zurückzubleiben oder ihre Ränge im Feuer zu verlassen.[100]

Die Savate, die der Marschall von Gudin forderte (im Originaltext die »Savate du gras«) entsprach einem alten Brauch bei den revolutionären Armeen, der zum ersten Mal 1796 im Lager vor Rivoli bezeugt ist. Bei dieser Disziplinarstrafe schlugen die Kameraden dem Delinquenten mit der Hand die genagelten Schuhe auf den Rücken. Hierbei gab es zwei Abstufungen: »Savate du gras« bedeutete den Schlag mit dem Absatz, »Savate du maigre« den Hieb mit der flachen Sohle. Auf diese Weise geächtet und bestraft, überlegten es sich die Delinquenten zweimal, ihre Kameraden im Stich zu lassen.

Besonderen Symbolcharakter erhält die Verabreichung der Savate du gras an zwei Kanonieren, die zu spät zur Schlacht bei Eylau kamen. Sie wurden von ihren Kameraden an den offenen Gräbern der gefallenen Waffengefährten gezüchtigt, die sie im Stich gelassen hatten. Zuerst für Nachzügler und Drückeberger angedacht, wurde die Savate das Hauptstrafmaß für geringfügigere Vergehen.

Besonders schwere Verbrechen dagegen, ob an Kameraden oder an der Zivilbevölkerung begangen, wurden in der Regel mit dem Tod bestraft.

Der französische Historiker Adolphe Thiers schildert, dass Davout auf dem Vormarsch durch Preußen zwei Kavallerieoffiziere vor ihrem versammelten Regiment erschießen ließ, weil sie sich vieler Verbrechen schuldig gemacht hatten.

Entgegen der romantischen Vorstellung vom »Bürger in Waffen« war der Dienst in der Revolutionsarmee und der Armee des Kaiserreichs alles andere als ein Zuckerschlecken. Wenn auch in der Regel nicht mehr Stock und Prügel zur Maßregelung der Soldaten verwendet wurden, so gab es durchaus noch körperliche Züchtigung. Wenn auch in einem anderen Ausmaß als bei Russen und Preußen.

Abgesehen von derartigen Vorfällen kam das 3. Korps in den folgenden Monaten erst einmal zur Ruhe. Das Kriegsgeschehen konzentrierte sich jetzt auf Danzig, das Napoleon am 27. Mai 1807 nach mehrwöchiger Belagerung eroberte.

Bei den folgenden Kämpfen im Sommer spielte das 3. Korps unter Davout nur noch als Manövriermasse eine Rolle.

Napoleon schlug die Russen und Preußen im Juli entscheidend bei Friedland und zwang den Zaren und Friedrich Wilhelm III. endlich dazu, Frieden zu schließen.

Erst bei den darauffolgenden Friedensverhandlungen kam das mittlerweile durch Verstärkungen wieder auf 28000 Mann gebrachte 3. Korps als Eliteeinheit ins Spiel. Bei den Festlichkeiten ließen es sich Zar Alexander und der Preußenkönig nicht nehmen, einer Truppenparade der französischen Garde und der Truppe von Davout beizuwohnen. Als Zar Alexander sich lobend über die augenscheinliche Qualität von Davouts Armeekorps äußerte und sie »Gute Truppen« nannte, entfuhr Friedrich Wilhelm III. die sarkastische Bemerkung, dass Davouts Männer vor allem gut darin wären, Offiziere zu töten.

Nach harten Kämpfen hatte Bonaparte es doch noch vermocht, seine Kontrahenten an den Verhandlungstisch zu zwingen. Während der Vertrag die Neuordnung Europas regelte, Russland weitgehend freie Hand auf dem Balkan ließ und keinerlei Gebietsverluste noch Kontributionen auferlegte, kam Preußen nicht so ungeschoren davon.

Die Hohenzollernmonarchie verlor ihre westelbischen und polnischen Gebiete, musste eine Verringerung ihrer Streitkräfte auf 42000 Mann erdulden und eine horrende Kriegsentschädigung zahlen. Außerdem wurden französische Streitkräfte in die wichtigsten preußischen Festungen gelegt und Preußen zum Beitritt zur Kontinentalsperre gezwungen.

Mit dem Frieden von Tilsit hatte der vierte Koalitionskrieg nach anfänglichen Triumphen und zeitweiligen Rückschlägen doch noch ein gutes Ende gefunden, was von französischer Seite ausgiebig gefeiert wurde.

Hierbei schlugen nicht nur die einfachen Soldaten, sondern auch ihre Marschälle über die Stränge. Bei einem Zechgelage in dem ihnen zugewiesenen Gasthof amüsierte sich der sonst so disziplinierte Marschall damit, mit General Oudinot die Kerzenflammen der Kronleuchter auszuschießen. Da infolge der Trunkenheit beider nicht jeder Schuss saß, wurde der Gasthof schwer beschädigt. Als Napoleon am nächsten Tag von diesem kindischen Zeitvertreib erfuhr, tadelte er Davout aufs Heftigste. Ein französischer Marschall hatte sich als seines Rangs würdig zu erweisen und auf solche Kindereien zu verzichten.

Aber dies war nicht der einzige Vorfall, bei dem der Kaiser und Davout aneinandergerieten. Die Friedensverhandlungen Tilsits enthielten für Davout einen Wermutstropfen: die Polenfrage.

Als eine Delegation der Russlandpolen beim Kaiser vorsprechen wollte, wurde diese auf das Unhöflichste von Marschall Berthier abgewiesen. Napoleon wünschte, sich nicht weiter mit der Polenfrage zu kompromittieren. Er hatte beschlossen, die Gründung eines neuen polnischen Staates unter dem Namen »Großherzogtum Warschau« auf die von Preußen abgetretenen polnischen Gebiete westlich der Weichsel zu beschränken. Vergeblich wandte sich die Delegation an den als Polenfreund bekannten Davout. Je mehr sich Davout bemühte, Napoleon von der Wiedererrichtung Groß-Polens zu überzeugen, desto mehr biss er auf Granit. Der Kaiser hatte kein Interesse daran, sich wegen der Freiheit Polens erneut mit dem Zaren zu überwerfen. Auch fürchtete er einen Konflikt mit Österreich, welches Polnisch-Galizien besetzt hielt.

Der Marschall bohrte nicht weiter und fügte sich. Der Kaiser honorierte jedoch sein Engagement und ernannte ihn noch Ende Juli zum Vizegouverneur Polens.

In dieser Funktion sollte Davout die Errichtung einer polnischen Armee beaufsichtigen. Des Weiteren sollte der Marschall die vorhandenen Festungen ausbauen, Depots einrichten und die Infrastruktur des Landes verbessern.

Dies hieß für den Marschall, dass er bis auf Weiteres mit dem

3. Korps in Polen bleiben musste und nicht nach Frankreich zurück konnte.

Noch bevor sich Napoleon auf den Weg nach Paris machte, gab er dem Großherzogtum eine Verfassung. Als Staatsoberhaupt und zum Großherzog bestimmte der Kaiser König Friedrich August von Sachsen. Damit hatte der Kaiser der Agitation der polnischen Liberalen und der von Davout befürworteten Hoffnung auf ein unabhängiges Groß-Polen einen herben Dämpfer versetzt.

Napoleon machte Davout klar, dass er künftig von ihm erwartete, sich nicht mehr von den polnischen Hitzköpfen beeinflussen zu lassen. Davout hielt sich daran, auch wenn er weiterhin keinen Hehl daraus machte, dass die Gründung des Großherzogtums Warschau in seinen Augen ein großer politischer Fehler war. Nach seiner Auffassung zählte eine souveräne und unabhängige polnische Nation mehr als ein von Frankreich abhängiger Satellitenstaat; war ein echter Bündnispartner höher zu schätzen als ein schwacher Vasall. Zudem hätte man aus Polen ein starkes Bollwerk gegen Russland formen können.

Davouts unbeugsame Haltung in der Polenfrage war aufrichtig, bot seinen Feinden allerdings viel Angriffsfläche. Schon früher waren Stimmen laut geworden, die Davout die Schuld daran gaben, dass Napoleon die Weichsel überschritten hatte. Später im Jahr 1809, als Napoleon überlegte, aus dem Großherzogtum doch ein Königreich zu machen, kamen Gerüchte auf, dass Davout auf die polnische Krone spekulierte.

Die Marquise de Blocqueville ist der Ansicht, ihr Vater habe dies in einem persönlichen Gespräch mit Napoleon bestritten und auf Fürst Poniatowsky als geeigneten Kandidaten hingewiesen. Andererseits ist uns einige Jahre später durch Bourrienne ein Gespräch überliefert, in dem Davout im Jahr 1811 behauptet haben soll, dass Napoleon ihm im Falle eines Sieges über Russland zumindest den Rang eines Vizekönigs versprochen habe.

Auch Davouts Adjutant Szymanowski weiß in seinen Memoiren zu berichten, dass der Marschall gar nicht so uneigennützig war, wie er gern nach außen hin tat, und sich Hoffnungen auf die Krone Polens machte.

Hier steht Aussage gegen Aussage. Glaubwürdig ist, dass Davout damit rechnen konnte, vielleicht doch noch eines Tages König von Polen zu werden. So wie Napoleon mit Fürstenthronen jonglierte, war dies nicht undenkbar.

Doch befassen wir uns mit dem, was die Aufgaben des Marschalls in Polen waren. Es würde den Rahmen dieser Biografie sprengen, wollten wir auf die unzähligen Verwaltungsmaßnahmen Davouts eingehen, die er hinsichtlich des Ausbaus der Infrastruktur und der Armee tätigte. Fest steht, dass Davout seine neuen Aufgaben zur Freude des Kaisers gewissenhaft erledigte. Die ersten zwei Monate widmete Davout der Einquartierung und Verpflegung seines Korps. Danach ging er dazu über, die Bildung der polnischen Armee zu überwachen. Des Weiteren kontrollierte er den Aufbau des Polizeiwesens, der Kommunalverwaltung und beobachtete scharf die polnische politische Landschaft, die sich in Befürworter und Gegner der neuen Verfassung spaltete. Die Großgrundbesitzer und Hochadeligen lehnten die in der Verfassung vorgesehene Aufhebung der Leibeigenschaft und die Einführung des Code Civil ab. Sie tendierten zu Russland und wollten keine Veränderungen der sozialen Verhältnisse. Das Kleinbürgertum und der niedere Adel hingegen waren Anhänger der nationalen Souveränitätsbestrebungen und des politischen Reformprogramms.

Napoleon ließ sich nicht lumpen und berücksichtigte die Verdienste Davouts, indem er ihn infolge der Erschaffung einer neuen Adelskaste zum Herzog von Auerstedt ernannte. Gleichzeitig stattete er den frisch gekürten Herzog mit einer seinem Titel gebührenden Apanage aus und schenkte ihm das Schloss Skiernewice der polnischen Domäne Lowicz, deren jährliche Einkünfte auf 200000 bis 300000 Francs geschätzt wurden. Die Übereignung von Eigentum an sich bedeutet im Zuge der Gründung der neuen Adelsschicht des Empires nichts Besonderes. Jeder Marschall und General erhielt Grundbesitz, da die Adelstitel sich auf keine reellen, seit Jahrhunderten vererbten Besitztümer bezogen. Napoleons Dienstadel führte meist Fantasienamen, die an ihre Verdienste oder eine gewonnene Schlacht erinnerten. Die zu den Adelstiteln gehörenden Domänen, Schlösser und Fürstentümer griff sich Napoleon aus dem reichen Reservoir seiner Eroberungen.

Der auf diese Weise privilegierte Herzog von Auerstedt fühlte sich einerseits geschmeichelt, spürte aber auch deutlich die wachsenden gesellschaftlichen Verpflichtungen, die so ein Adelstitel mit sich brachte. Nun, wo er Herzog war, konnten die Davouts in Paris nicht mehr in ihrer bisherigen Residenz logieren, sondern brauchten ein repräsentativeres Domizil.

Die Wahl fiel nach einigem Hin und Her Monate später auf das Hotel Monaco in der Rue Saint-Dominique, welches das Herzogspaar für 325000 Francs erstand.

Der Kauf kam zur denkbar ungünstigsten Zeit. Die Davouts waren pleite, konnten noch nicht einmal mehr die monatlichen Tilgungen für Savigny aufbringen. Schon wurde der Verkauf ernsthaft erwogen, als Napoleon schützend eingriff und Davout auf seine Bitte hin 50000 Francs schenkte.

Dies erzürnte einen der Getreuen des Kaisers. Verständnislos fragte der Comte de Narbonne Napoleon, warum er an den Marschall eine derartig hohe Geldsumme verschenke, obwohl er ihn eigentlich nicht leiden könne. Napoleon wusste die Bedenken seines Weggenossen zu zerstreuen: »Ihm muss ich was geben, denn er nimmt nie etwas.«

Bei anderen Marschällen wie etwa Masséna verhielt es sich nicht so. Bei ihm bestätigte sich bei jedem Eroberungszug, was schon Tacitus über den römischen Feldherrn Varus gesagt hatte: »Arm betrat er das Land, reich verließ er es.« Nicht so Davout.

Napoleon wusste, zu wem er großzügig sein musste, und Davout dankte es ihm. Mit Feuereifer betrieb er die Bildung einer neuen polnischen Armee und wachte über ihre Ausbildung und Ausrüstung, wobei er sich jedoch großen Schwierigkeiten ausgesetzt sah. Polen war in Sachen Verwaltung eine Wüste und mit Frankreich verglichen stark rückständig. Davout fand kaum intakte Verwaltungswege vor und musste alles neu aufbauen.

Trotzdem gelang es ihm, eine rudimentäre Kommunal- und Militärverwaltung mithilfe tüchtiger Polen aufzubauen und letztendlich eine 20000 Mann starke polnische Armee aufzustellen. Besondere Verdienste erwarb sich hierbei der Fürst Poniatowsky, der als Kriegsminister über die Ausrüstung und Ausbildung der polnischen Streitmacht zu befinden hatte.

Diese Einheiten waren von Anfang an nicht nur zur Landesverteidigung bestimmt. Ihr Zweck war es auch, Frankreich bei künftigen Konflikten so tatkräftig wie möglich zu unterstützen. Dieser Konflikt ließ nicht lange auf sich warten. Schon im nächsten Jahr fand die polnische Weichsel-Legion auf dem spanischen Kriegsschauplatz Verwendung, wo sie sich bei der Erstürmung des Passes von Somosierra besonders auszeichnete.

Doch Davouts Leben bestand in Polen nicht nur aus Arbeit. Nach den Strapazen der letzten Monate ließen es sich der Marschall und seine Männer gut gehen. Die Zeit in Warschau war für den Marschall eine Zeit der Feste und Vergnügungen und auch heißer Affären.

Es ist selten, dass Biografen und Quellen über Davouts Liebschaften berichten. Zu geschickt war der Marschall und zu diskret. Dennoch gab es sie. Der Versuch der französischen Biografen, aus Davout hinsichtlich seiner Ehe einen Heiligen zu machen, wirkt bemüht. Was aus Sicht der ihren Vater vergötternden Marquise de Blocqueville verständlich erscheint, befremdet bei der Biografie von Pierre Charrier, der diesem Umstand in seinem 831 Seiten starken Werk gerade mal einen Absatz widmet, in dem er noch nicht einmal besonders konkret wird.

Der Marschall war seiner Gattin trotz unzähliger Liebesbekundungen in seinen Briefen nicht so treu, wie es den Anschein hat. Schon vor Polen fallen Briefwechsel auf, die auf erste Eifersüchteleien Aimées hinweisen und verschlüsselte Anspielungen auf Davouts Untreue enthalten. Vollen Aufschluss geben jedoch erst die Berichte von Davouts späterem Intimfeind General Thiébault und Gräfin Potocka.

Aus ihnen geht klar hervor, dass Davout in Polen eine Geliebte hatte. Sie war Französin, die Frau des Regierungskommissars Martin, und hatte eine herausstechende Eigenschaft: Sie sah Aimée auffallend ähnlich.

Tatsache ist auch, dass der Marschall sich gar keine Mühe mehr machte, die Liaison vor der Öffentlichkeit zu verbergen. Dies war ein neuer Zug des harten Kriegers, den keiner erwartet hatte: der hartgesottene Gerechtigkeitsfanatiker Davout als Enfant terrible!

Immer öfter zeigte er sich mit seiner Geliebten bei gesellschaftlichen Anlässen. Dies kam Napoleon und auch Aimée zu Ohren. Der Kaiser, der selbst eine polnische Geliebte hatte, und sonst so gnädig über die Charakterschwächen seiner Marschälle hinwegsah, machte Davout einen Strich durch die Rechnung.

Glaubt man General Thiébault, erteilte Napoleon Aimée die Erlaubnis oder besser den Befehl, ihren Mann zu besuchen, um dem Skandal ein Ende zu machen.

Diesmal zögerte Aimée nicht lange. Zusammen mit ihren Kindern – Aimée hatte in der Zwischenzeit eine zweite Tochter namens Adèle-Léonie zur Welt gebracht – machte sie sich nach Polen auf.

Davout erwartete mit Spannung die Ankunft seiner Frau, die auch von der feinen Gesellschaft Polens neugierig herbeigewünscht wurde.

In Posen wurde Aimée Davout mit ihren Kindern wie ein Staatsoberhaupt empfangen. Eine Kanone schoss Salut, während die französische Garnison ausrückte und sich in langen Reihen an der Straße aufstellte, die zum Palast des Militärgouverneurs führte. Dort gab es Reden und Empfänge zu ihren Ehren, anschließend wurde ein großer Ball gegeben.

Am nächsten Tag reiste Aimée mit ihren Kindern ab und traf kurz darauf in Skiernewice (unweit von Warschau) ein.

Endlich sah der Marschall seine Frau und die Kinder nach fast zwei Jahren Trennung wieder. Wie der Empfang ausfiel, ist nicht bekannt, auch nicht, ob es einen schweren Ehekrach gab. Anscheinend rauften sich die Eheleute wieder zusammen, und Aimée verzieh ihrem Mann. Auf alle Fälle ließen sich die Davouts nichts anmerken, als sie nach Warschau kamen, wo Aimée zu Ehren rauschende Bälle und feierliche Empfänge abgehalten wurden.

Der Marschall blühte auf, Aimée kam ihren Pflichten als Gesellschafterin nach. Bei einem offiziellen Empfang entzückte sie die französischen Offiziere durch einen Auftritt im satinweißen Amazonenkleid mit schwarzer, federgeschmückter Velourshaube. Anders verhielt es sich bei der Warschauer Noblesse. Glaubt man der Gräfin Potocka, so konnte Aimée die Herzen der Warschauer Aristokratie nicht so recht für sich gewinnen:

> Die Marschallin war eine verdienstvolle Frau. Sie war im Hause von Mme. Campan erzogen worden, hatte sehr gute Manieren und beherrschte den guten Ton, an dem es ihr Mann fehlen ließ. Aber sie wusste nicht, sich beliebt zu machen, da es ihr an Liebenswürdigkeit fehlte. Man sagte ihr nach, auf die flüchtigen Liebesabenteuer ihres Mannes rasend eifersüchtig zu sein. Dieser schwärmte wie alle Franzosen für die Polinnen, und schien durch die Anwesenheit seiner Frau befangen. Denn es gab darüber hinaus eine Französin, von der man sagte, dass sie der Marschallin täuschend ähnlich sah, und die der Armee gegen den Willen Napoleons gefolgt war [...]
>
> All diese Umstände zusammengenommen bewirkten, dass die Marschallin sich wenig darum kümmerte, ihr Zuhause liebevoll zu gestalten und dass ihr Ehemann seine Zerstreuungen woanders suchte.[101]

Soweit die Beurteilung Aimée Davouts durch die Gräfin Potocka, die allerdings Davout nicht besonders mochte. Doch diese Sicht der Dinge wird durch die Ausführungen Thiébaults bestätigt. Seiner Auffassung nach bestanden die außerhäuslichen Zerstreuungen Davouts darin, seine Affäre ungeniert auszuleben.

> Der Marschall wahrte vor der Marschallin, die eine durch und durch ehrwürdige Frau war, noch nicht einmal den Schein. Die einzige Konzession, die er machte, war, dass er die Martin in einem Dorf vor den Toren der Stadt unterbrachte. Er ging in seiner Schamlosigkeit sogar so weit, die Tage und Nächte bei dieser Kreatur zu verbringen, die sehr hübsch, aber auch sehr gewöhnlich war, was der Marschall nicht erkannte.[102]

Man könnte diesen Bericht aus der Feder eines erklärten Feindes des Marschalls sicher anzweifeln, gäbe es nicht zweifelsfreie Urteile darüber, dass Davout kein Kind von Traurigkeit war. Der Kern von Thiébaults Aussage deckt sich mit einem Bulletin der Polizei vom 4. März 1809, das die gleiche Anhänglichkeit des Marschalls gegenüber dem schwachen Geschlecht vermerkt und deswegen seine polnischen Eskapaden wahrscheinlich macht:

> Man sagt, dass Frau Dervieux, welche nacheinander die Geliebte von Marschall Davout, General Savary und Freiherr Lagarde war, oft die Genannten bei sich empfing [...][103]

Das Hofleben in Warschau wurde Aimée Davout bald zu viel. Sie setzte durch, dass die Davouts für die Dauer ihres Aufenthalts in ihr polnisches Schloss Skierniewice zogen. Hier fühlte sich Aimée an das Landleben in Savigny erinnert. Sie ließ die Klaviere des Hauses stimmen und kaufte Kartenspiele. Sie hatte sich gerade mit den Kindern eingelebt, als sie den Marschall auch schon wieder nach vier Monaten verlassen musste.

Mit Aimées Abreise Ende September waren auch bald Davouts Aufgaben in Warschau erledigt. Der Krieg in Spanien und die Konferenz von Erfurt bewirkten, dass ein Großteil der französischen Truppen aus Preußen und Polen abgezogen wurden.

Davout und das 3. Korps wurden weiter nach Westen befohlen und schlugen ihr Hauptquartier erst in Breslau, dann in Erfurt auf.

Hier erhielt Davout eine neue Beförderung, die mit einer neuen Verantwortung verbunden war. Infolge der Truppenabzüge aus dem Osten wurde die Grande Armée aufgelöst. Der Marschall wurde zum Oberkommandierenden der 80000 Mann starken Rheinarmee und gleichzeitig Militärgouverneur der französisch besetzten Gebiete Deutschlands.

Damit hatte Napoleon den richtigen Mann zum richtigen Zeitpunkt an den richtigen Ort versetzt.

Die Stimmung in Deutschland hatte sich zum Nachteil verändert. Untergrundbewegungen wie »Der Tugendbund« agitierten gegen die Franzosen, Pamphlete waren im Umlauf, antifranzösische Artikel erschienen in den Zeitungen.

Dies alles blieb Davout nicht verborgen. Aber der Marschall war nicht nur ein guter Soldat, sondern schon immer ein hervorragender Polizist mit Neigung zu geheimdienstlichen Aktivitäten gewesen.

Die Untergrundbewegungen wurden durch Geheimagenten infiltriert, die Briefe der Bevölkerung unbemerkt geöffnet und kontrolliert. Das Ergebnis all dieser Ermittlungsschritte war alarmierend. Augenscheinlich waren Vorbereitungen zu einem großen Krieg im Gange.

Die schwere Niederlage eines französischen Armeekorps bei Bailén in Spanien hatte die von Frankreich unterdrückten Nationen aufgewühlt. Österreichische Agitationen hatten ein konspiratives Netzwerk geschaffen.

Im Königreich Westphalen, in Norddeutschland und in Tirol sollten Freiheitskämpfer einen Volksaufstand entflammen, der das Ziel hatte, auf alle deutschsprachigen Länder überzugreifen. Überall floss englisches und österreichisches Geld.

Sogenannte Abenteurer ritten durch Deutschland und versuchten, Werbung für den Aufstand zu machen und Flugblätter zu verteilen. Davout griff hart durch und ließ zuerst einige der Agitatoren nur einsperren, später sogar erschießen. Wenn auch die Zahl der Todesurteile später stark übertrieben wurde, so ist es doch wahr, dass einige Hinrichtungen stattfanden.

Hier zeigte sich das andere Gesicht des Marschalls. Wenn es um das Empire ging, schreckte er vor nichts zurück. Davout hoffte, durch Abschreckung der Feindpropaganda entgegenzuwirken, so wie Berthier und Bernadotte dies im Fall des Nürnberger Buchhändlers Palm 1806 getan hatten. Palm hatte die Schrift »Deutschland in seiner tiefen Erniedrigung« vertrieben und war daraufhin erschossen worden. Trotzdem griffen Davouts Gegenmaßnahmen nur halb. Der Abzug französischer Truppen hinter die Elbe und die Tatsache, dass die Masse der französischen Armee in Spanien gefesselt war, ermutigten Österreich endlich, den Krieg zu beginnen.

Ausgerechnet jetzt trat ein, was Davout schon lange befürchtet hatte.

Wie so oft in seinem Leben überraschte der Kriegsausbruch den Herzog von Auerstedt, als er für kurze Zeit in Savigny verweilte. Davout war nach Savigny gekommen, um seinen neugeborenen Sohn Napoleon in Augenschein zu nehmen, und war von ihm begeistert. Die Geburt eines Sohnes erfreute ihn sehr, weil er sich immer einen Stammhalter gewünscht hatte. Im April 1809 marschierte Erzherzog Karl an der Spitze von 175 000 Österreichern ohne formale Kriegserklärung in Bayern ein. Die österreichische Propaganda tat sich sichtlich schwer, diesen offensiven Schritt als Verteidigungskrieg zu verkaufen:

Wir überschreiten die Grenze nicht als Eroberer, nicht als Feinde Deutschlands: Nicht, um deutsche Verfassungen, Rechte, Sitten und Gebräuche zu vernichten, und fremde aufzudringen: Nicht, um Throne zu stürzen, und damit nach Willkür zu schalten: Nicht, um Deutschlands Habe uns zuzueignen und deutsche Männer in entfernten Unterjochungskriegen aufzuopfern.

Wir kämpfen, um die Selbstständigkeit der österreichischen Monarchie zu behaupten – um Deutschland die Unabhängigkeit und Nationalehre wieder zu verschaffen, die ihm gebühren. Dieselben Anmaßungen, die uns jetzt bedrohen, haben Deutschland bereits gebeugt. Unser Widerstand ist seine letzte Stütze zur Rettung. Unsere Sache ist die Sache Deutschlands. Mit Österreich war Deutschland selbstständig und glücklich; nur durch Österreichs Beystand kann Deutschland wieder beydes werden.

Deutsche! Würdigt Eure Lage! Nehmt die Hilfe an, die wir Euch bieten! […]

Baut auf mein Wort, das ich schon mehrmal zu eurer Rettung gelöst habe!

Baut auf das Wort meines Kaisers und Bruders, das nie gebrochen worden ist!

Erzherzog Karl
Generalissimus[104]

VIII
VON DEN SCHLACHTFELDERN DER DONAU AN DIE ELBE

Schreiben des Kaisers Napoleon an den Major-General,
Paris, den 12. April 1809

Mein Cousin!

Soeben, abends, acht Uhr, erhalte ich durch den Telegrafen die Hälfte Ihrer Depesche, aus welcher hervorgeht, dass vermöge eines Briefes von Otto[105] die Österreicher über den Inn gegangen sind und den Krieg erklärt haben. Ich vermute, dass Sie in Augsburg sind und dass Sie meine ganze Armee am Lech zusammengezogen haben.

Napoleon[106]

Ganz so verhielt es sich nicht. Als Napoleon Berthier diesen Brief schrieb, war der Generalstabschef gerade dabei, den Feldzug zu ruinieren. Statt, wie vom Kaiser befohlen, die Armee hinter dem Lech zu konzentrieren, verzettelte Berthier alle verfügbaren Einheiten. Der Generalstabschef hatte stellvertretend für den Kaiser vorläufig den Oberbefehl in Deutschland übernommen, weil Napoleon noch wichtige Regierungsgeschäfte zu erledigen hatte.

Mit Berthiers Ankunft änderte sich für Davout alles. Schon am 8. April wurde aus der Rheinarmee die Deutschlandarmee, deren Einheiten jedoch noch zu verstreut waren, um der gesamten Macht des Erzherzogs geschlossen entgegentreten zu können.

Die ersten Truppenkörper, die relativ nah am Feind standen, waren das bayerische Armeekorps unter Marschall Lefèbvre mit 32000 Mann, das die Linie München-Landshut-Straubing deckte, und das Korps Oudinots, das in einer Stärke von 14000 Mann bei Augsburg stand. Die Elite der Deutschlandarmee jedoch war das 3. Korps des Herzogs von Auerstedt mit 64000 Mann. Diese beschloss Berthier sofort offensiv einzusetzen. Obwohl Napoleon ihm eingeschärft hatte, bei einem Vormarsch des Feindes vor dem 15. April alle verfügbaren Truppen hinter dem Lech zu versammeln, tat Berthier genau das Gegenteil und ließ das 3. Korps bei Regensburg aufmarschieren.

Der Zauberlehrling nutzte die Abwesenheit des Meisters, um selbst oberster Feldherr zu spielen, und versagte auf ganzer Linie.

Der Herzog von Auerstedt befand sich infolge des österreichischen Überfalls schon auf dem Weg nach Ingolstadt, als ihn Berthiers Weisung erreichte, sofort kehrtzumachen und nach Regensburg zu marschieren.

Davout verzögerte die Ausführung des Befehls, den er für gefährlich hielt. Sollte die österreichische Armee nördlich und südlich der Donau vorstoßen, drohte dem 3. Korps die Einschließung. Ingolstadt dagegen bot die Möglichkeit, sich mit der in Augsburg stehenden bayerischen Armee zu verbinden, und beherrschte sowohl das Altmühltal als auch die Donau. Doch die Befehlskette sprach gegen den Marschall. Zähneknirschend fügte sich der Herzog von Auerstedt dem unfähigen Mann, der Napoleons Vertrauen besaß.

Sorgenvoll sah er den nächsten Kämpfen entgegen. Die österreichische Armee war seinem Korps nicht nur zahlenmäßig überlegen, sie hatte auch einen fähigen Befehlshaber.

Dieser war kein Geringerer als der jüngere Bruder des österreichischen Kaisers, Erzherzog Karl, der Sieger so vieler Schlachten der vergangenen Koalitionskriege. Auf ihm ruhten alle Hoffnungen Österreichs, wo er wie ein Popstar verehrt wurde. Seine ruhige bedächtige Art, seine Kenntnis der Armee und sein taktisches Können versprachen den Sieg. Karl war der Kopf der militärischen Reformbewegung der Donaumonarchie. Er hatte das Tiraillieren als eigenständige Gefechtstaktik in die österreichische Armee eingeführt und diese nach französischem Vorbild ummodelliert, indem er Armeekorps schuf.

Zusätzlich hatte er die seit 1806 aufgestellte Landwehr organisiert, eine Art Miliz, die die reguläre österreichische Armee unterstützte. Allerdings hatte Franz I. mit seinem Bruder ausgerechnet den Offizier zum Oberbefehlshaber ernannt, welcher der größte Gegner dieses Krieges gewesen war. Der Erzherzog hielt den Zeitpunkt für verfrüht und hätte gern mit dem Ausbruch der Feindseligkeiten gewartet, weil er die Armee noch nicht für reif hielt, sich der französischen Armee entgegenzustellen. Aber die Verstrickung Napoleons in Spanien, englische Subsidien und die Stimmung im Volk hatten Franz I. dazu bewogen, Frankreich den Krieg zu erklären. Von Russland hatte Österreich nichts zu befürchten. Beide Mächte hatten einen geheimen Nichtangriffspakt geschlossen. Die spätere Kriegserklärung Russlands war nur ein Bluff, der Napoleon über die wahren Absichten des Zaren täuschen sollte. Insgeheim setzte Russland auf Österreich.

Derartig abgesichert, wagte Österreich den alles entscheidenden Angriff. Anfang April überschritt Erzherzog Karl an der Spitze von sechs Armeekorps in einer Gesamtstärke von ungefähr 126000 Mann südlich der Donau die bayerische Grenze.

Gleichzeitig stießen nördlich der Donau 49000 Mann der böhmischen Armee unter Kolowrath und Bellegarde auf Regensburg vor.

Während ein Armeekorps unter Erzherzog Ferdinand d'Este Galizien gegen Polen und Russland sicherte, griff Erzherzog Johann mit zwei Korps die Franzosen in Italien an. Es war ein waschechter Überfall ohne formelle Kriegserklärung. Einzig ein von Erzherzog Karl verfasstes Schreiben wurde Marschall Lefèbvre übergeben. In diesem Schreiben erklärte der Erzherzog lapidar, dass er aufgrund des Willens seines Monarchen, in Bayern einzumarschieren, jegliches Heer, das sich ihm entgegenstellte, als feindliche Macht betrachten müsste.

Zum Glück für die Franzosen regnete es im April heftig, und die Österreicher kamen nur langsam voran. In zwei Marschsäulen stießen sie nördlich und südlich der Donau auf die Isar vor. Die böhmische Armee unter Feldmarschall Bellegarde rückte nördlich der Donau gegen Regensburg vor.

Das südliche Heer unter dem Kommando des Erzherzogs marschierte an die Isar und nahm am 16. April Landshut ein.

Schwenkte der Erzherzog jetzt nach Norden an die Donau, konnte er, wie von Davout vorausgesagt, das 3. Korps bei Regensburg abschneiden.

Dies wäre ihm bei den fehlerhaften Dispositionen Berthiers auch zweifelsohne gelungen, wäre nicht Napoleon in allerletzter Minute am 17. April in Donauwörth angekommen. Von nun an herrschte wieder Klarheit im französischen Hauptquartier. Der Kaiser war außer sich, als er von Berthiers katastrophalen Anordnungen erfuhr.

> Das, was Sie da getan haben, erscheint mir so merkwürdig, dass, wenn ich nicht wüsste, dass Sie mein Freund wären, ich fast glauben müsste, dass Sie mich verrieten. Denn letztendlich befindet sich Davout jetzt mehr in der Hand des Erzherzogs als in meiner.[107]

Diesen Zustand musste der Kaiser schleunigst beenden. Nach kurzem Studium der feindlichen Armeebewegungen fand Bonaparte die Zeit, seine Armee neu zu ordnen.

Als Erstes war es am Kaiser, Davouts Korps davor zu bewahren, von den anrückenden Österreichern vernichtet zu werden. Schon am 12. April war Friant auf seinem Marsch nach Regensburg mit Einheiten der böhmischen Armee aneinandergeraten, hatte sich jedoch mit der Division St. Hilaire erfolgreich von Bellegardes Korps lösen können.

Am 17. April jedoch war Bellegardes Korps vor Regensburg angelangt und hatte erst den Vorort Stadtamhof, dann die Straßen Regensburgs beschossen. Dabei war Davout in Lebensgefahr geraten, als eine Haubitzengranate unter seinem Pferd explodierte und mehrere Adjutanten verwundet wurden.

Endlich kam der Befehl Napoleons, der dem Marschall auftrug, sich bei Neustadt an der Donau mit dem Korps Lefèbvres zu vereinigen.

Dies bedeutete einen gefährlichen Flankenmarsch mit allen Divisionen und schwerfälligen Train- und Geschützkolonnen entlang der Donau. Zudem musste eine Besatzung in Regensburg zurückgelassen werden, die das abziehende Korps vor den Angriffen der Feinde deckte.

Diese Aufgabe übernahm das 65. Linienregiment unter Oberst Coûtard, der ein angeheiratеter Verwandter des Marschalls war. Es sollte Regensburg unter allen Umständen halten, bis Entsatz kam.

Der Herzog von Auerstedt marschierte in vier Kolonnen aus Regensburg nach Südwesten ab. Während der schwere Wagen- und Geschützpark auf der Chaussee nach Abbach vorwärts zog, nahmen die Divisionen St. Hilaire, Friant, Gudin und Morand die schlechteren Landstraßen in den Tälern und Hügeln abseits der Chaussee. Überall sicherte leichte Kavallerie unter Montbrun das Terrain vor und seitlich der Kolonnen.

Die ersten Kilometer verliefen gut und ohne Zwischenfälle. An der Tête, hinten und auch seitlich gesichert, kam das 3. Korps gut voran. Es hatte gerade Abbach hinter sich gelassen, als es bei Hausen auf das 3. österreichische Korps unter dem Fürsten von Hohenzollern stieß. Sofort entspann sich ein lebhaftes Gefecht, das durch die Bemühungen der Österreicher, Davout abzuschneiden, gekennzeichnet war.

Davout nahm den Kampf mit der Hälfte seiner Armee auf. Mit den Divisionen St. Hilaire und Friant bezog er einen bewaldeten Höhenrücken zwischen den Dörfern Teugn und Hausen, wobei er letzteres sogar besetzen ließ. Auf diese Weise deckte er die abziehenden Divisionen Morand, Gudin und die Proviant- und Geschützkolonne, die weiterhin auf der Chaussee am Donauufer nach Neustadt fuhren.

Das anfängliche Scharmützel gewann ab elf Uhr an Intensität und wurde zur regelrechten Schlacht. Das Dorf Hausen und die Höhenstellungen Davouts wurden dabei zum Brennpunkt der Kämpfe. Es war ein ungewöhnliches Gefecht in einem unübersichtlichen Gelände, ein Morden vor dichten Waldsäumen und Nadelwäldern, für die Kavallerie völlig ungeeignet, für die Artillerie nur bedingt brauchbar. Nach der Erstürmung Hausens liefen mehrere österreichische Regimenter gegen die Stellungen der Franzosen bei Teugn und im Fickinger Holz an, wobei sich die Divisionen Friant und St. Hilaire gegen alle Angriffe behaupteten, bis ein Gewitter die Schlacht beendete.

> Diese beiden Divisionen hielten nicht allein die Anstrengungen der ganzen Armee des Erzherzog Carl aus und behaupteten ungeachtet der wiederholten Angriffe des Feindes ihre schleunigst angenommene Stellung, sondern verjagten ihn sogar aus dem Seinigen, trieben ihn eine Stunde vor sich her, und hielten ihr Nachtlager auf dem Schlachtfelde. Der Vortheil, den dieser Tag gewährte, war die Vereinigung des 3ten Corps mit dem übrigen Theile der Armee von Deutschland [...][108]

Davout hatte sein Ziel erreicht. Seine Truppen waren im Besitz der Höhen um Teugn geblieben, die Divisionen von Gudin und Morand hatten die Verbindung zur Hauptarmee hergestellt. Die Schlacht, die als Schlacht von Thann in die Geschichte einging, hatte das 3. Korps vor der sicheren Vernichtung durch die Armee des Erzherzogs bewahrt. Buchstäblich in letzter Minute war der fatale Anfangsfehler Berthiers ausgemerzt worden. Die Österreicher hatten ungefähr 3000 Mann, die Franzosen 2300 Mann zu beklagen.

Thann sollte verhängnisvolle Folgen für die Österreicher haben. Der Erzherzog hatte eine gute Gelegenheit versäumt, die zersplitterten französischen Armeekorps einzeln zu schlagen.

Was dies konkret bedeutete, zeigte sich sofort. Verstärkt durch die beiden Divisionen Gudin und Morand, formte Napoleon ein provisorisches Armeekorps unter dem fähigen Marschall Lannes. Der Kaiser wartete gar nicht mehr den Zuzug weiterer Verstärkungen ab, sondern ging sofort in die Offensive.

Am 20. April schlug Napoleon in der Schlacht von Abensberg die versammelten Armeekorps von Erzherzog Ludwig und Feldmarschallleutnant Hiller. Diese Operation kostete die Österreicher 10000 Mann, Dutzende von Geschützen und Unmengen an Ausrüstungsmaterial. Der Sieg spaltete mit einem Schlag den linken österreichischen Flügel in Stärke von 60000 Mann von der Hauptarmee und isolierte diese gefährlich. Diesmal, so war sich Napoleon sicher, hatte er einen großen Sieg errungen. Seiner Meinung nach stand er kurz davor, die Streitmacht des Erzherzogs am nächsten Tag zu vernichten.

> Rohr, 21. April 1809, fünf Uhr morgens. Die Kämpfe vorgestern und gestern sind ein zweites Jena. Der Herzog von Rivoli (Masséna) muss seit gestern drei Uhr nachmittags in Landshut sein. Sie haben nichts weiter als einen Schleier von drei Infanterieregimentern vor sich [...][109]

Der Optimismus Bonapartes war verfrüht. Die drei Infanterieregimenter, von denen Napoleon sprach, waren in Wirklichkeit die Divisionen der österreichischen Armeekorps Rosenberg und Hohenzollern, die sich anschickten, Davout zu vernichten.

Am Tag der Schlacht von Abensberg hatte die böhmische Armee nach tapferer Gegenwehr Oberst Coûtards Regensburg eingenommen. Dadurch war die wichtige Donaustadt mit ihrer unverwüstlichen steinernen Brücke in die Hände des Erzherzogs gefallen und die Verbindung zwischen den bisher unabhängig agierenden österreichischen Armeen beiderseits der Donau wiederhergestellt. Jetzt, wo er seine Rückzugslinie gesichert wusste, ging Erzherzog Karl erneut in die Offensive.

Durch die Vereinigung mit der böhmischen Armee verfügte der Generalissimus also wieder über 110000 Mann. Noch also war für den Erzherzog nichts verloren – ganz im Gegenteil. Schon am nächsten Tag begann er, seine Truppen umzustellen, um das Korps Davouts zu zerschlagen. Die Aufgabe fiel dem 3. österreichischen Armeekorps unter dem Fürsten von Hohenzollern zu.

Noch einmal kam Davout den Österreichern mit einem Präventivschlag zuvor. Am 21. April zwang er sie bei den Dörfern Päring und Schierling zum Rückzug. Als Davout jedoch gegen die Laichlinger Höhen vorstieß, geriet er durch einen österreichischen Gegenangriff zunehmend in die Defensive. Die Kämpfe wurden härter und dauerten den ganzen Tag, wie aus den Aufzeichnungen des »Journal des Opérations du III. Corps« aus dem Jahre 1809 hervorgeht:

> Der Feind, auf seine Überlegenheit zählend, wagte es, Angriffskolonnen vorwärts rücken zu lassen, welche von der Artillerie auf der Anhöhe unterstützt, den waldigen Abhang des rechten Ufers des Baches hinaufkletterten, worauf sich die Divisionen zu formieren anfingen. Eine von ihnen wurde, als sie aus dem Walde herauskam, auf 15 Schritte von der Artillerie empfangen, und zum Rückzuge genötigt. Der Feind erneuerte den ganzen Abend mehrmalen seine Angriffe und machte unaufhörlich von der Anhöhe ein fürchterliches Artilleriefeuer [...]
>
> Erschöpft von seinen eigenen Anstrengungen und durch den hartnäckigen Widerstand der beiden Divisionen zurückgeschreckt, stellte er um 10 Uhr abends das Feuer ein.
>
> Seit einer Stunde brannten die Biwakfeuer, um dem Feind zu beweisen, dass man entschlossen sei, die Stellung zu behaup-

> ten. – Dieses Gefecht, wovon gar nicht gesprochen wurde, ist eines der hitzigsten während dem ganzen Kriege und macht dem 3ten Korps die größte Ehre.[110]

Der offizielle Bericht von den Kämpfen bei den Laichlinger Höhen verschweigt, dass sich Davout selbst in einem entscheidenden Moment an der Spitze seiner Infanterie auf den Feind warf und diesen mit dem Säbel in der Hand zurücktrieb.

Die Kämpfe bei den Laichlinger Höhen fielen zeitlich mit der Schlacht von Landshut zusammen. Am selben Tag griff Napoleon mit den Armeekorps von Lannes und Masséna die Österreicher unter Hiller bei Landshut an. Obwohl Masséna nicht rechtzeitig auf dem Schlachtfeld eintraf und nicht mehr in die Kämpfe eingreifen konnte, schlug Napoleon die Österreicher in die Flucht.

Immer noch glaubte er, einen Flügel der Hauptarmee Karls vor sich zu haben, obwohl ihn mittlerweile Botschaften Davouts erreichten, in denen der Herzog von Auerstedt seinen Kaiser dezent auf dessen Irrtum hinwies.

Aber Napoleon wollte nicht einsehen, dass er im Unrecht war und erlag den Einflüsterungen Marschall Lannes', der behauptete, die Armee des Erzherzogs vor sich zu haben. Joséf Szymanowski, ein damaliger Adjutant Davouts, hat diesen Streit in seinen Memoiren festgehalten.

Der Adjutant Davouts kam genau in dem Moment beim Kaiser an, als dieser den Bericht des Adjutanten Lannes' zur Kenntnis genommen hatte.

> Sie kommen gerade zur rechten Zeit, um zu hören, was Lannes mir berichten lässt. Kehren Sie zu Ihrem Marschall zurück und sagen Sie ihm, dass er sich irrt. Die Hauptstreitkräfte der Österreicher sind nicht vor ihm, sondern auf dieser Seite […][111]

Szymanowski ritt zurück zu Davout und erstattete ihm Bericht von der Reaktion Napoleons. Wie der Adjutant berichtet, war der Herzog von Auerstedt fast verzweifelt:

> Das passiert mir immer wieder! Der Kaiser glaubt nur denen, die ihm falsch berichten, um sich Verdienste zuzuschreiben, und mir schenkt er keinen Glauben! Aber wenn der Kaiser unbedingt

> will, dass ich eines seiner tapfersten Armeekorps verliere, werde ich seine Order befolgen und mit meinen Truppen sterben.[112]

Bevor er dies jedoch tat, schickte der Herzog von Auerstedt noch einmal einen Bericht zu Napoleon. Diesmal beauftragte er General Piré damit, dem Kaiser die Notlage des 3. Korps klarzumachen. Davout hatte kaum noch Munition und brauchte dringend Verstärkung. Napoleon reagierte verhalten, versprach jedoch zügige Versorgung. Doch selbst Piré gelang es nicht, den Kaiser davon zu überzeugen, dass nicht er, sondern Davout die Hauptlast der Kämpfe trug.

Verärgert schickte der Marschall nochmals einen Adjutanten zum Kaiser.

> An den Kaiser und König,
> 21. April, 11 Uhr abends
>
> Wir haben unsere Stellungen gehalten, die Kämpfe hörten in der Nacht auf. Die Berichte, die ich erhalten habe, sind nicht übertrieben und bestätigen alle, dass Erzherzog Karl fast mit seiner gesamten Armee hier ist [...][113]

Jetzt wurde Napoleon langsam klar, in welcher Gefahr sein linker Flügel schwebte. Der Kaiser beschloss, Davout höchstpersönlich zu Hilfe zu eilen. Die intensive Kommunikation durch Depeschenreiter und das vereinbarte Signal zum koordinierten Gegenangriff können hierbei als Musterexemplare napoleonischer Kriegsführung gelten.

> Ich werde selbst in eigener Person vor Mittag in Ergoltsbach sein. Sollte man Kanonendonner hören, wird mir dies sagen, anzugreifen. Höre ich keine Kanonade, aber sollten Sie trotzdem ihre Angriffsposition bezogen haben, lassen Sie gegen Mittag eine Salve aus zehn Kanonen gleichzeitig abfeuern. Eine um ein Uhr, eine weitere um zwei Uhr [...] Ich bin dazu entschlossen, die Armee des Erzherzogs Karl morgen oder übermorgen zu vernichten.[114]

Dies waren keine leeren Worte. Schon um drei Uhr morgens rückte die Armee Napoleons von Landshut ab und marschierte auf Eckmühl zu, das 40 Kilometer entfernt lag. Hier wollte der französische Kaiser dem Erzherzog in die linke Flanke fallen.

Endlich hatte Davout Gewissheit, dass Hilfe nahte. Die Hoffnung auf das Eingreifen Napoleons ermutigte ihn, weiterhin Widerstand zu leisten. Die ganze Nacht lang ließ er Verhaue anlegen, bereit, jeden österreichischen Angriff abzuwehren.

Zusammen mit Marschall Lefèbvre, der ihm auf seiner Rechten zu Hilfe kam, behauptete er am nächsten Tag all seine Positionen, bis an der linken österreichischen Flanke endlich die Signalsalven Napoleons aufdröhnten, die Davout prompt erwiderte.

Die Österreicher stutzten. An ihrem Westflügel sahen sie auf den Hügelkuppen von Lindach 40000 Franzosen aufmarschieren. Sofort schwärmten die Angriffskolonnen Napoleons aus.

Verzweifelt warf Erzherzog Karl alles, was er hatte, den Heerscharen Napoleons entgegen. Der erste Angriff Vandammes wurde unter schweren Verlusten abgeschlagen, aber Lannes gelang es, in Eckmühl Fuß zu fassen und das Dorf zu erobern. Nur mit Mühe entkamen die letzten Österreicher über die Laber. Während Lannes, Vandamme und Masséna die Österreicher von allen Seiten angriffen, ließ auch der Herzog von Auerstedt den günstigen Zeitpunkt nicht ungenutzt verstreichen und setzte dem Feind zu.

> Gegen Mittag kündigte der Kanonendonner, welcher sich auf der Straße von Landshut nach Regensburg hören ließ, die Ankunft des rechten Flügels unter den Befehlen des Kaisers an. Nach den ersten Kanonenschüssen räumte der Feind sofort die Anhöhe, von welcher er am vorigen Tag so stark herabgedonnert hatte.
>
> Das 10. Infanterie-Regiment griff mit dem größten Nachdruck das Dorf Unter-Laichling und das hinter demselben liegende kleine Gehölz an. Der Feind versuchte vergebens auf seiner Rechten einige Angriffe der Reiterei. Er wurde unaufhaltsam von Stellung zu Stellung bis zum Dorfe Ober-Laichling getrieben ...[115]

Rosenberg saß in der Klemme. Von allen Seiten bedrängt, gab er den Befehl zum Rückzug, den er mit einer großen Batterie deckte. Die österreichische Artillerie erwies sich ihrer Aufgaben würdig.

Auf einem nah gelegenen Hügel protzten 16 Zwölfpfünder ab und begannen sofort, den Ortsausgang Eckmühls und die Furt über die Laber mit Geschossen einzudecken. Der Beschuss hatte Erfolg. Es gelang den Österreichern, den Aufmarsch von Franzosen und Bayern zu verzögern und den Verbündeten empfindliche Verluste beizubringen.

Der Aufschub ermöglichte das Abrücken von Rosenbergs Korps, wurde jedoch teuer erkauft. Ungesehen von der Artillerie ritten 700 bayerische Dragoner durch eine Talniederung, die im toten Winkel der Geschütze lag, auf die Kanonen der Stellung zu und griffen sie an.

Es war einer der legendärsten Momente der Schlacht. Ungläubig sahen die österreichischen Richtkanoniere, wie plötzlich die buschigen Raupenkämme der bayerischen Dragonerhelme aus dem Hügel wuchsen und das ganze Regiment über sie herfiel. Ein heftiger Nahkampf tobte um die Geschütze. Es war ein ungleiches Duell, Kanonenwischer und Pistolen gegen Dragonerpallasche.

Noch einmal hatten die Kanoniere Glück. Zwei eigens zu ihrer Sicherung abgestellte österreichische Kavallerieregimenter schlugen die Bayern in die Flucht und jagten sie den Hügel hinunter. Rosenberg gewann Zeit, kostbare Zeit, die die abziehenden Regimenter brauchten, um sich vom Schlachtfeld zu retten. Von Neuem begann die Batterie, Tod und Verderben zu speien. Wieder war unmittelbar am Fuße der Kanonenstellung das Donnern von Pferdehufen zu hören. Diesmal waren es bayerische, französische und württembergische Kavalleristen, die sich auf die Geschütze warfen. Ein zweites Mal entspann sich ein heftiges Ringen. Erneut kamen die österreichischen Reiter ihren Kameraden zu Hilfe, doch diesmal wurden sie geschlagen, die Batterie genommen.

Wo soeben noch sechzehn Feuerschlünde gedonnert hatten, herrschte Totenstille. Schweigsam wie Grabsteine starrten die verwaisten Geschütze über die Leichen ihrer erschlagenen Kanoniere hinweg in den Talgrund von Eckmühl, das die Sieger sofort zu plündern begannen.

Das Gefecht um Eckmühl war beendet, die Schlacht wanderte weiter. Französische Kürassierregimenter nahmen nun die Verfolgung der fliehenden Regimenter Rosenbergs auf, die sich hastig auf

Reitergefecht in der Schlacht von Eckmühl. Erneut führte die Hartnäckigkeit Davouts zum Sieg.

der Straße nach Regensburg zurückzogen. Um seine Infanterie zu retten, brachte der Erzherzog ebenfalls seine Kavalleriereserve, die in hoffnungsloser Unterzahl gegen die französischen Kürassiere unterging.

Ihr Opfer war nicht umsonst gewesen. Der Hauptteil der erzherzoglichen Armee hatte sich gerettet und war nach Regensburg geflüchtet.

Die Schlacht von Eckmühl war zu Ende. Sie hatte die Österreicher 7000 Mann an Toten und Verwundeten gekostet. Des Weiteren hatten die Franzosen 5000 Gefangene gemacht. Einen Tag später rückte das 3. Korps zusammen mit dem Rest der Armee auf Regensburg vor.

Wieder waren es die Divisionen Davouts, die sich hier vor allen anderen auszeichneten. Nachdem das österreichische Aufgebot vor den Toren Regensburgs geschlagen worden war, griffen die Franzosen die von mittelalterlichen Mauern geschützte Reichstadt an, die von einer Brigade verteidigt wurde. Dabei erhielt Napoleon einen Prellschuss in die linke Zehenspitze. Marschall Lannes führte sein Fußvolk vor die Mauer am Peterstor. Dort schoss die Artillerie eine Bresche in die Mauer, durch die die französische Infanterie in die Stadt eindrang. Nach stundenlangem Häuserkampf fiel Regensburg und wurde von den Franzosen geplündert.

Nur ein Wermutstropfen blieb: Während der Kämpfe um Regensburg hatte sich die Hauptarmee des Erzherzogs über eine von den Franzosen unentdeckte Pontonbrücke über die Donau gerettet und nach Böhmen zurückgezogen.

Der bayerische Feldzug endete so plötzlich, wie er begonnen hatte. In nur fünf Tagen hatte Napoleon alle Hoffnungen Österreichs auf eine Befreiung Deutschlands zerstört. Daran konnte auch der Abwehrerfolg Hillers nichts mehr ändern, der nur einen Tag später bei Neumarkt die Bayern General Wredes schlug.

Der Erzherzog hatte 46000 Mann und nach Napoleons Angaben 3000 Trainwagen verloren, mit Sicherheit jedoch 73 Geschütze. Überall hatte sich die französische Armee der österreichischen überlegen gezeigt.

Napoleon feierte seinen Sieg und damit sich selbst ausgiebig am 24. April 1809, im 1. Bulletin der Deutschlandarmee, das den Anteil Davouts an der Schlacht von Eckmühl gerade mal mit einem Satz erwähnte: »Der Herzog von Auerstedt hat während dieser unterschiedlichen Affären erneute Beweise seiner charakteristischen Unerschrockenheit geliefert.«

Wie muss sich Davout dabei gefühlt haben? Wir wissen es leider nicht. Der Marschall war zu vorsichtig, sich öffentlich darüber zu äußern. Hatte er nicht von Anfang an die Situation richtig eingeschätzt? War es nicht er gewesen, der durch seine Beharrlichkeit den Sieg von Eckmühl erst möglich gemacht hatte? War dies alles schon einen Tag nach den Kämpfen vergessen? Nein, war es nicht. Napoleon wusste ganz genau, wem er den Sieg verdankte, wie sich später zeigen sollte.

Doch noch waren die Österreicher nicht vernichtet, ging der Krieg weiter, obwohl der Erzherzog derartig demoralisiert war, dass er seinem Bruder Franz vorschlug, das Morden zu beenden. Der Kaiser Österreichs wollte davon nichts wissen und sollte dies bitter bereuen.

Vorerst gaben ihm die Ereignisse Recht. Statt wie sonst die Hauptarmee des Feindes energisch zu bedrängen, wandte sich Napoleon mit seiner Armee nach Wien.

Der Erzherzog, zuerst eine energische Verfolgung befürchtend, bezog bei Cham, dann bei Budweis eine Verteidigungsstellung. Nach und nach brachte Karl seine Armee wieder auf über 90000 Mann. Als Davout immer noch nicht angriff, wurde dem Erzherzog langsam klar, dass er es nicht mit der gesamten Armee, sondern nur mit einem Observationskorps zu tun hatte. Karl gab den Befehl, nach Wien vorzustoßen, das er nach anstrengenden Eilmärschen am 17. Mai erreichte.

Zu diesem Zeitpunkt war Napoleon schon seit vier Tagen im Besitz der Donaumetropole, die er nach kurzem Widerstand eingenommen hatte. Lauernd bezogen beide Armeen Stellung am jeweils anderen Donauufer.

Napoleon stand auf der rechten, der Erzherzog auf der linken Seite des Flusses. Da Napoleon bald die Donau überqueren wollte, befahl er auch das 3. Korps nach Wien.

Südöstlich von Wien lag in der Donau eine Inselgruppe, die den Fluss in ein Gewirr von Seitenarmen verzweigte. Inmitten dieser Werder und Flussschlingen lag die Lobau. Zwischen dieser Insel und der rechten, französisch besetzten Uferseite war es in Luftlinie eine Distanz von 750 Metern. Über diese Entfernung war ein Brückenwurf zu damaliger Zeit fast undurchführbar, vor allem wenn mit feindlichem Beschuss gerechnet werden musste. Zum Glück der Franzosen lag zwischen Lobau und rechtem Ufer eine kleine Insel namens Schneider-Grund, die nur 400 Meter entfernt war. Dies ermöglichte den Franzosen, erst eine Brücke zum Schneider-Grund und von dort aus zur Lobau zu schlagen.

Blieb nur noch eine Schwierigkeit: der Brückenwurf an das feindliche Donauufer, das aufgrund des Hochwassers von der Lobau ungefähr 150 Meter entfernt war. Dies war eine schwierige

Aufgabe. Dennoch blieb Napoleon zuversichtlich. Er rechnete gar nicht mit dem Widerstand der österreichischen Truppen und gab den Befehl zur Errichtung der notwendigen Schiffsbrücken.

Dabei hatte der Kaiser eins nicht bedacht: das Wetter. Sintflutartige Regengüsse hatten die Donau anschwellen lassen, was einen Brückenwurf von diesem Ausmaß nicht ratsam erscheinen ließ.

Aber Napoleon war schon zu sehr dem Cäsarenwahn verfallen, als dass er sich von derartigen Launen der Natur hätte beeindrucken lassen. Unbarmherzig jagte er seine Pioniere ins Wasser, um die Schiffsbrücke über den Donau-Arm zwischen der Insel Lobau und dem linken Ufer zu schlagen. Diese Schiffsbrücke bestand aus Booten, Prahmen oder Kähnen unterschiedlicher Größe und Höhe, die man nebeneinander legte und verankerte. Um die unterschiedliche Höhe der einzelnen Schwimmkörper auszugleichen, beluden die Pioniere sie mit Ballast. Dies konnten Steine, Sandsäcke, Holzstämme oder schwere Fahrzeuge sein. Wenn die Bootskörper ungefähr die gleiche Bordhöhe hatten, wurden sie miteinander vertäut und durch einen Brückensteg aus miteinander verbundenen Brettern zusätzlich gekoppelt. Auf diesem Brückensteg konnten die Kavalleristen in Zweierreihen, die Infanteristen in Dreierreihen über die Brücke ans andere Ufer marschieren. Was die Fahrzeuge der Artillerie und des Trains anbetraf, so war es ihnen nur möglich, die Brücke einzeln nacheinander zu passieren.

Auf diese Weise bauten die Franzosen im Mai drei Schiffsbrücken über die Mäander der Donau: eine vom westlichen Donauufer zum Schneider-Lobgrund, eine vom Lobgrund zur Lobau und eine von dort zum östlichen Donauufer.

Waren der Brückenbau und die Passage schon unter normalen Bedingungen heikel, so bedeutete ein Übergang angesichts eines Hochwassers im feindlichen Feuer ein dreifaches Risiko. Da keine Zeit geblieben war, Strömungsbrecher anzulegen, konnten jederzeit Treibhölzer, Brander und Rammkörper die Brücke beschädigen und auseinanderreißen.

Doch Napoleon war wohlgemut und ein unverbesserlicher Optimist. Zu Beginn der Operation lief alles bestens. Im Feuer der Österreicher setzte die Spitze der französischen Vorhut mit Booten über den Fluss und bildete sofort bei den Dörfern Aspern und Essling einen Brückenkopf, der bald von den Österreichern attackiert wurde. Dann kamen die Pioniere, die, gedeckt durch das Vorkommando, die Schiffsbrücke fertigstellten, was angesichts des Hochwassers eine Meisterleistung war.

Bald waren schon über 20000 Mann am anderen Ufer, als das Unglück geschah. Die Schiffsbrücke hielt dem Hochwasser nicht mehr stand.

Einzelne Brückenglieder brachen unter dem Druck der Strömung, andere wurden durch österreichische Brander und Rammflöße weggerissen.

Jetzt war Gefahr im Verzug. Der Erzherzog witterte plötzlich seine Chance und griff mit Ungestüm die Franzosen in Aspern und Essling an. Ein harter Kampf entspann sich. Mehrfach wechselten die strategisch wichtigen Dörfer Aspern und Essling den Besitzer. Am Abend des 22. Mai eroberte Masséna Essling zurück, Aspern blieb jedoch teils in österreichischem, teils in französischem Besitz.

Für wenige Stunden flauten die Kämpfe ab. Als es den französischen Pionieren gelang, die Pontonbrücke wiederherzustellen, strömten am nächsten Tag frische Verstärkungen auf das andere Ufer, sodass die Gesamtstärke der Franzosen bald 50000 Mann betrug.

Diese frischen Kräfte wurden von der Armee des Erzherzogs angegriffen, der die Franzosen im Halbkreis umstellt hatte. Unablässig trommelte die österreichische Artillerie auf das französische Zentrum ein, strömte Infanteriekolonne um Infanteriekolonne in den blutsaugenden Mahlstrom der Dörfer Aspern und Essling, die im Pulverdampf versanken. Doch die Taktik des Erzherzogs war gefährlich.

Durch seinen Angriff auf die Flügel schwächte der Erzherzog empfindlich seine Mitte. Marschall Lannes nutzte dies und machte einen Vorstoß, der beinahe das österreichische Zentrum durchbrach. Fast wäre die Schlacht zugunsten der Franzosen entschieden worden, hätte nicht der Erzherzog persönlich, die Fahne in der Hand, seine Reserven in die Schlacht geführt und den Angriff Lannes' abgewiesen.

Dies war die Vorentscheidung, auch wenn die Franzosen immer noch darauf hoffen konnten, ihrerseits neue Reserven ins Feld zu führen. Napoleon schickte sich gerade an, das 3. Korps unter Davout endlich in die Schlacht zu werfen, als er die Hiobsbotschaft erhielt, dass ein von den Österreichern gesteuertes Brandboot die mühsam geflickte Schiffsbrücke gerammt und zerstört hatte. Dies war das Aus für die Truppen des französischen Brückenkopfes, der seine Munition fast verschossen hatte. Von allen Seiten hagelten die Geschosse der Österreicher in die dicht gedrängten Massen der Franzosen. Unter horrenden Verlusten gelang es Napoleon, Aspern und Essling noch bis zum Einbruch der Nacht zu halten. Dann führte er seine Landungsarmee über die nochmals reparierte Schiffsbrücke auf die Insel Lobau zurück.

Die Flussüberquerung war gescheitert, die Schlacht verloren und Marschall Lannes gefallen. Zum ersten Mal war Napoleon in offener Feldschlacht geschlagen worden. Beide Seiten hatten über 20000 Mann verloren.

Endlich, nach den Jahren der Demütigung, hatten die österreichischen Waffen wieder gesiegt. Das Bildnis des unbesiegbaren Strategietitans hatte einen Sprung bekommen und ganz Europa hatte den Hieb des Streithammers gehört, der die Kerbe in das eiserne Antlitz geschlagen hatte.

Doch ein Sprung ist noch kein Riss und ein Riss keine Erschütterung des Fundaments. Noch stand der eherne Koloss in prachtvoller Wehr mit beiden Beinen fest in Europa.

Was aber hatte Davout solange gemacht? Dazu verdammt, in Wartestellung zuzusehen, wie die Schiffsbrücke mehrmals abbrach, war er einer Weisung Berthiers nachgekommen, den nötigen Nachschub an Holz, Werkzeug und Menschen zu organisieren. Dabei war es zu bedrohlichen Massenaufläufen und Krawallen Wiener Bürger gekommen, die die Franzosen bei ihren Bemühungen störten. Der Herzog von Auerstedt griff hart durch und ließ die Wiener durch seine Reiterei auseinanderjagen.

Aber abgesehen davon nahm er nicht den geringsten Einfluss auf die Schlacht. Ohnmächtig musste er ansehen, wie der Kaiser die Blüte seiner Truppen in einer überstürzten Landungsoperation opferte.

Die Niederlage bei Aspern lehrte die Franzosen, die Österreicher nicht mehr zu unterschätzen. Die Euphorie von Eckmühl war verflogen und wich der bangen Sorge, was der Erzherzog als Nächstes machen würde.

Den Österreichern standen jetzt einige Möglichkeiten offen. Karl konnte auf Linz vorstoßen und die Operationslinie der Franzosen besetzen oder er konnte selbst den Donauübergang wagen, sei es bei Lobau oder woanders. Es gab aber auch noch eine weitere strategische Alternative für die Österreicher, um das andere Donauufer zurückzugewinnen: die Brücke bei Pressburg.

Hier musste Karl noch nicht einmal selbst angreifen. Während er die französische Hauptarmee band, konnte die Armee Erzherzog Johanns, die vom italienischen Kriegsschauplatz nach Ungarn eilte, die Donau überqueren.

Um dies zu verhindern, schickte Napoleon Davout mit dem 3. Korps nach Pressburg.

Der Herzog von Auerstedt sollte die Stadt erobern beziehungsweise die Brücke sichern. Gelang dies nicht, so war doch zumindest davon auszugehen, dass Davouts Korps durch die Drohung eines Donauübergangs die Armee Johanns fesselte.

Der Herzog von Auerstedt kam dem Auftrag des Kaisers nach. Anfang Juni eroberte er zwei kleinere Donau-Inseln vor Pressburg. Nun griff er den Brückenkopf von Engerau an, der sich auf dem Pressburg gegenüberliegenden Donauufer befand.

Tagesbericht
der kaiserlich-königlichen Armee vom 7 Junius.

[...] Der französische Kaiser hatte bestimmt befohlen, sich des Brückenkopfs, es koste was es wolle, und wo möglich der Stadt Preßburg zu bemeistern. Allein General Bianchi ließ die mit Verwegenheit bis nahe an die Verschanzungen anstürmenden feindlichen Kolonnen mit einem nahen wirksamen Kartätschen- und Musketenfeuer empfangen und mit empfindlichem Verlust zurückwerfen.

Mehrere Male wiederholte der Feind seine Versuche, seine Truppen liefen bis an den Graben an, aber jedes Mal ohne andern Erfolg, als den eines ungeheuern Verlustes, der sich aus dem Umstand, dass seine Truppen durch 3 Stunden dem mörderischen Kartätschen- und Musketenfeuer ausgesetzt blieben,

> leicht beurtheilen lässt. Unsere Patrouillen, die seinen Rückzug zu beobachten vorgeschickt wurden, fanden auch im Dorfe Todten und Verwundeten aufgehäuft liegen.[116]

Als Pressburg immer noch nicht gefallen war, setzte Napoleon auf Terror und gab Davout den Auftrag, die Stadt mit 2000 Granaten und Bomben zu beschießen und so deren Übergabe zu erzwingen. Doch Davout hatte nicht die schweren Geschütze, die man zu einer erfolgreichen Belagerung brauchte. Als Ende Juni endlich die nötigen Mörser vor Pressburg eintrafen, nahm der Herzog von Auerstedt die Beschießung auf und deckte die Stadt mit einem Kugelhagel von 2000 Granaten, Brandgeschossen und Bomben ein. Wie die Bombardierung Kopenhagens 1807 war dies für damalige Verhältnisse ein unerhörter Vorgang. Vorstädte gingen in Flammen auf, Häuser brachen zusammen, aber wie fast jedes Bombardement, so hatte auch dieses keinen Erfolg.

> Die Standhaftigkeit unserer Truppen hatte die Verwegenheit des Gegners besiegt, allein nun suchte er seine misslungenen Angriffe durch Bewerfung und Beschießung der offenen Stadt Preßburg und durch die Beängstigung schuldloser Weiber und Kinder zu rächen. General Bianchi konnte diesem zu nichts führenden Verfahren mit Verachtung begegnen, indem er dem feindlichen Feuer auf die Stadt auch nicht einen Schuß erwiderte, bis es, da es ohne Erfolg und ohne Beantwortung blieb, von selbst aufhörte.[117]

Der vergebliche Sturm auf Engerau und die Belagerung Pressburgs waren die ersten Fehlschläge Davouts seit Langem. Dennoch hatte dies keine Folgen. Die Entscheidung des Krieges fiel nicht in Pressburg, sondern bei Wien.

Während Davout Pressburg belagerte, liefen hier die Vorbereitungen für einen zweiten Donauübergang auf Hochtouren. Diesmal wollte Napoleon alles richtig machen. Sein Plan war es, wie schon zuvor einen Übergang bei Aspern vorzutäuschen und an mehreren Stellen Pontonbrücken über die Donau zu schlagen, um mit seinen Sturmtruppen gleichzeitig auf das östliche Donauufer vorzustoßen.

Was dem Kaiser vorschwebte, war eine der gigantischsten Operationen der Kriegsgeschichte. Für Wochen hörte man in den Schleifen und toten Armen der Donau die Axtschläge der Holzfäller, das Krachen niedergehender Bäume und emsiges Sägeratschen. Dann wurden die Bohlen, Bretter und Pfähle zu vier Brücken verarbeitet, mit denen Napoleon von der Lobau aus erneut den Donauübergang erzwingen wollte.

Als Anfang Juli alle Vorbereitungen für den Brückenwurf fertig waren, zog Napoleon das 3. Korps von Pressburg ab und besprach mit Davout genaustens seinen bevorstehenden Einsatz.

Der Plan Napoleons war äußerst komplex. Ein Scheinangriff auf Aspern und Essling würde die Österreicher vom wahren Ort der Donauüberquerung ablenken, die bei Enzersdorf stattfinden sollte. Anschließend sollten die französischen Korps fächerförmig aus dem Brückenkopf auf das Marchfeld strömen und die Österreicher vernichten.

Das Vorhaben war gigantisch und gut durchdacht. Durch den Zusammenzug aller Truppen verfügte Napoleon über 175000 Mann mit 550 Geschützen.

Ihm gegenüber stand Erzherzog Karl mit 140000 Mann und 414 Geschützen auf dem östlichen Marchfeld von Florisdorf und Jedelsee bis Markgrafneusiedl, dessen Verteidigung dem Korps Rosenberg anvertraut war.

Die Stellung Erzherzog Karls wies zwei Besonderheiten auf. Einerseits bestand sie aus einer Schanzenlinie zwischen Aspern und Essling, andererseits lag die Masse des Heeres hinter dem Wagram, einem steilen Höhenzug aus steinzeitlichem Löss, der sich fast kliffartig über dem Marchfeld erhebt und mehrere Kilometer lang parallel zur Donau verläuft. Hier erstreckte sich die österreichische Verteidigungsstellung von West nach Ost über die Dörfer Deutsch-Wagram, Baumersdorf und Markgrafneusiedl.

Und genau dieses Dorf hatte Napoleon Davout als Ziel bestimmt. Mit 35000 Mann sollte der Herzog von Auerstedt Markgrafneusiedl nicht nur angreifen, sondern auch hinter sich lassen.

Am 3. Juli sammelte sich das französische Heer am westlichen Donauufer und ging in die Bereitstellungsräume auf der Insel Lobau. Am 4. Juli spätabends begann nach einem heftigen Bombardement der österreichischen Schanzenlinie von Aspern bis Essling der Brückenschlag bei Enzersdorf.

Der französische Chirurg Cadet de Gassicourt hat uns in einem Tagebuch seine Eindrücke des gewaltigen Trommelfeuers vermittelt, das zeitgleich mit einem heftigen Gewitter über die Österreicher losbrach:

> Strömender Regen überschwemmte die Erde; das Gebrüll der Kanonen und das Rollen des Donners vermischten sich so, dass es schwer war, eins vom anderen zu unterscheiden. Menschen und Elemente kämpften. Zwei brennende Dörfer, deren Flammen wie zwei in Tätigkeit befindliche Vulkane erschienen, erleuchteten den Horizont, und wir erfuhren, dass unsere stürmische Avantgarde bereits den Feind in der Ebene von Enzersdorf geworfen hatte [...][118]

Napoleons List glückte. Dank mangelnder Aufklärung wurden die Österreicher vollkommen überrascht, und alle französischen Armeekorps konnten unbehelligt ans andere Ufer übersetzen.

Am 5. Juli begann die Schlacht von Wagram, die bis dahin mit der Teilnahme von 350000 Kämpfern eine der größten Schlachten der Napoleonischen Kriege werden sollte. Es ist an dieser Stelle unmöglich, auf alle Gefechte der zweitägigen Schlacht einzugehen.

In groben Zügen sei nur skizziert, dass Napoleons Plan, die Österreicher in Ufernähe zu umfassen, nach geglückter Täuschung und dem Übergang seiner Armee bei Enzersdorf fast gänzlich scheiterte. Am Abend des 5. Juli hatten sich sämtliche Angriffe nach einigen Anfangserfolgen festgerannt. Dies war für Davout sehr ärgerlich. Nach kurzen Kämpfen hatte er Markgrafneusiedl eingenommen, es aber infolge der Gefahr, von den anderen Truppenteilen isoliert zu werden, wieder aufgegeben.

Frustriert warf Napoleon Davout vor, dass er gerade von ihm mehr erwartet hätte. Dies wurmte den Herzog von Auerstedt. Stets hatte das 3. Korps seine Aufgabe erfüllt, es würde auch diesmal nicht versagen.

Am nächsten Tag trachtete Napoleon danach, die Entscheidung herbeizuführen und an der gesamten Front anzugreifen. Herausra-

Der Aufmarsch der österreichischen und französischen Truppen am 6. Juli 1809, am zweiten Tag der Schlacht von Wagram

gende Bedeutung kam hierbei dem rechten Flügel unter den Angriffskolonnen Davouts und Oudinots zu. Der ersten Kolonne hatte Napoleon 35000 Mann gegeben, die zweite zählte 28000. Mit diesem Übergewicht auf seiner rechten Flanke musste der Sieg gelingen und Davout die Stellungen Rosenbergs bei Markgrafneusiedl über den Haufen werfen.

Aber es kam anders. Am zweiten Tag der Schlacht überraschten die Österreicher ihrerseits die Franzosen mit einem Generalangriff.

Um vier Uhr morgens attackierte Rosenberg Davout vor Markgrafneusiedl, als dieser noch mitten in der Aufstellung war und drang ihn derartig weit zurück, dass Napoleon mit zwei Kavalleriedivisionen zu Davout ritt, um ihn zu unterstützen. Zwar schlug Davout Rosenberg zurück, bevor der Kaiser zu ihm stieß. Aber trotzdem hatte Rosenberg erreicht, dass Davouts Angriffskolonnen in Unordnung gerieten und erneut Zeit brauchten, um sich zu ordnen. Nervös bedrängte Napoleon den Herzog von Auerstedt, sich auf den Feind zu stürzen. Aber Davout war kein Mann übereilter Angriffe. Kaltblütig machte er dem Kaiser klar, dass er noch zwei Stunden brauche, um seine Kolonne so zu platzieren, dass sie Markgrafneusiedl mit Erfolg erstürmen könne.

Dies passte Napoleon nicht. Er wollte den Angriff jetzt. Als Davout die Unmöglichkeit klar machte, diesem Befehl zu folgen, sah er die Argumente des Marschalls ein und hinterließ ihm noch eine Kavalleriedivision.

Dann ritt Napoleon wieder zu seinem Beobachtungspunkt, einem drei Meter hohen Erdhaufen bei Raasdorf in der Mitte der französischen Aufstellung.

Hier wurde er Zeuge mehrerer schwerer Fehlschläge.

Wieder stand die ganze Front in Feuer, wieder gelang es nicht, entscheidende Vorteile zu erkämpfen. Stattdessen errangen die Österreicher bedeutende Erfolge: Am linken Flügel der Franzosen stieß das 6. österreichische Korps unter Klenau über Stadlau auf Aspern vor. Nach heftigem Kampf überrannte es die Division Boudet und eroberte erst Aspern, dann Essling. Gleichzeitig verließ das 3. österreichische Korps Süßenbrunn und Leopoldau, um Breitenlee anzugreifen.

Bei Aderklaa, das die Österreicher am Morgen verlassen vorgefunden hatten, wurden Bernadottes Sachsen geschlagen. Panisch flüchteten sie vom Schlachtfeld, allen voran ihr Bernadotte, der noch am Vortag getönt hatte, dass er die Schlacht schon gewonnen hätte, wenn man ihn nur kommandieren ließe.

Nun hatte Erzherzog Karl den Sieg in der Hand. Das französische Zentrum war fast zerschlagen und nur durch Masséna vor dem vorzeitigen Zusammenbruch gerettet worden. Dem Marschall und General Molitor gelang es, Aderklaa zeitweise zurückzuerobern und so den österreichischen Vormarsch zu verzögern. Erst um 13 Uhr eroberten die Österreicher den Ort. Rechts vom Zentrum erging es den Franzosen kaum besser. Fast jeder ihrer Angriffe auf Deutsch-Wagram scheiterte.

Einzig Davout machte endlich Fortschritte, wenn auch verspätet. Dank seiner koordinierten Angriffe und einer weitumfassenden Überflügelung warf er die sich tapfer verteidigenden Österreicher nach wechselhaften Kämpfen aus ihren Stellungen am Rußbach und eroberte Markgrafneusiedl, dessen weithin sichtbarer Kirchturm in Flammen aufging.

Dies war der Moment, auf den Napoleon gewartet hatte. Mit einem Vorstoß einer gigantischen Infanteriekolonne unter General Macdonald wollte er das österreichische Zentrum durchbrechen. Doch wie bei Eylau scheiterte der Angriff dicht gestaffelter Infanteriemassen trotz der Unterstützung durch eine Batterie von 100 Geschützen im Kugel- und Kartätschenhagel der Feinde.

Mit einem Verlust von 6500 Toten und Verwundeten gelang es Macdonald nur, bis Süssenbrunn vorzustoßen. Erst als eine bayerische Division unter General Wrede und die Junge Garde die schweren Verluste Macdonalds ersetzten, machte er langsam Fortschritte.

Taktisch zwar eine Katastrophe, hatte der Angriff Macdonalds jedoch sein Gutes gehabt: Er hatte verhindert, dass der Erzherzog dem bedrängten Korps von Rosenberg bei Markgrafneusiedl Hilfe schicken konnte. Hier waren Davouts Manöver endlich von Erfolg gekrönt. Seine Frontalattacken sowie Friants und Morands Flankenangriffe trieben Rosenbergs Divisionen zurück. Die weitläufige Umgehung des linken österreichischen Flügels durch die Infanteriedivision von Morand sowie die Kavallerie unter Montbrun und Grouchy bedrohte die Rückzugslinie des Erzherzogs.

Als Oudinot infolge dieser siegreichen Offensivbewegung schließlich Baumersdorf und Deutsch-Wagram eroberte und Masséna Klenau bei Essling schlug, brach der Erzherzog am frühen Nachmittag die Schlacht ab.

Unter fortwährenden Rückzugsgefechten zogen sich die Österreicher geordnet vom Schlachtfeld zurück, die Franzosen folgten ihnen vorsichtig. Diesmal hatten sie die Scharte von Aspern ausgewetzt. Die Verluste waren ungeheuer: Die Österreicher hatten 24000 Tote, Verwundete oder Gefangene zu beklagen, die Franzosen an die 36000 Mann verloren.

Trotzdem blieb ein bitterer Beigeschmack: Die Siegesbeute betrug gerade mal eine Fahne, neun Kanonen und 15000 Gefangene.

Napoleon war enttäuscht, mehr noch: Er war wütend.

»Dieser Tag hat kein Ergebnis«, fauchte er.

Dies stimmt nicht ganz. Dass die blutigen Tage von Wagram überhaupt ein Resultat hatten, lag an Davout.

> Das Umgehungsmanöver und die Niederlage des linken österreichischen Flügels durch Davoust zwangen den Erzherzog Karl, sich mit seinem siegreichen rechten Flügel zurückzuziehen, aus Furcht, wir könnten in seinen Rücken fallen und ihn von Brünn abschneiden. Auf diese Weise kann man ohne Furcht vor Widerspruch behaupten, dass es Marschall Davoust war, der das Meiste zum Sieg von Wagram beitrug.[119]

Wieder war die Schlacht durch ein Flankenmanöver des eisernen Marschalls entschieden worden. Erneut hatte sich seine Hartnäckigkeit und taktische Umsicht bewiesen. Seine Infanterie hatte Hervorragendes geleistet, seine Offiziere wie die Löwen gekämpft. Viele waren verwundet. Gudin blutete aus vier Wunden, Friant war verletzt. Beinahe wäre auch der Herzog von Auerstedt ums Leben gekommen, als ihm sein Pferd unterm Leib erschossen wurde, was seine Truppen kurz erschreckte. Doch Davout wäre nicht Davout gewesen, hätte er dies zugelassen. Den Säbel in der Hand, führte er seine Truppen letzten Endes doch noch zum Sieg.

Es war jedoch ein grauenhafter Triumph, wie Cadet de Gassicourt in seinem Tagebuch feststellt:

> Das Feuer schwieg, als wir beim Kaiser anlangten. Die Österreicher zogen sich, von unserer leichten Kavallerie beunruhigt, nach Mähren zurück. Unsere Truppen schlugen ihre Biwaks auf dem verlassenen Schlachtfeld auf. Ich war erstaunt über die Menge Kugeln, mit denen der Boden bedeckt war, was mir aber am meisten Schmerz verursachte, war der Anblick der Verwundeten, denen keine Hilfe zuteil werden konnte und die langsam inmitten der von Granaten in Brand geratenen Kornfelder verbrannten. Die Armen stießen schreckliche Schreie aus […][120]

Der Tag von Wagram entschied den Krieg. Nachdem die Franzosen die Österreicher quer durch Böhmen gejagt hatten, endeten die Kampfhandlungen im vorzeitigen Waffenstillstand von Znaim, dem nach drei Monaten am 15. Dezember 1809 der Frieden von Schönbrunn folgte.

Der Friedensschluss hatte für Österreich katastrophale Folgen. Das Habsburgerreich verlor Galizien an das Großherzogtum Warschau, Salzburg und das Innviertel an Bayern. Darüber hinaus musste es Teile von Villach, Carnile und das rechte Save-Ufer abgeben. Des Weiteren musste Österreich eine exorbitante Kriegsentschädigung von 85 Millionen Francs zahlen. Der demütigendste Eingriff war die Beschränkung der österreichischen Armee auf 150000 Mann und die Schleifung ihrer Festungen.

Der Marschall kam auch dieser Pflicht mit größtem Eifer nach und wachte mit Argusaugen über die Einhaltung der Bestimmungen des Schönbrunner Friedensvertrags.

Dabei kamen ihm neben administrativen auch polizeiliche Aufgaben zu. Der Wiener Wald hatte sich infolge der Kampfhandlungen zu einem Eldorado von Marodeuren, Räubern, Dieben und Mordbrennerbanden entwickelt, die auf einzelne Soldaten Anschläge verübten und auch Zivilpersonen ermordeten und beraubten. Aufgrund eines Tagesbefehls vom 14. Mai waren mobile Kommandos in Stärke von 60 Mann aufgestellt worden, die über Recht und Ordnung wachten. Zudem nahmen diese Sonderkommandos auch die Rolle von mobilen Standgerichten wahr, die die einheimische Bevölkerung einschüchtern sollten. Immer wieder kam es zu Angriffen auf französische Beamte, wurden französische Zivilisten und Soldaten vom Mob getötet. Schon während des Vormarsches von Davout auf Wien hatte es in St. Pölten einen aufsehenerregenden Gerichtsprozess gegeben, weil mehrere Österreicher einige Franzosen erschlagen hatten.

In der folgenden Gerichtsverhandlung gegen 13 Österreicher waren vier von ihnen zum Tode verurteilt und sofort hingerichtet worden.

Eine Anekdote über Davout berichtet, dass zum Zeitpunkt seines Aufenthalts in St. Pölten zwei Einheimische nachts eine Karikatur mit der Überschrift »Justice de Davout« anbringen wollten, die zeigte, wie der Marschall die Leichen von vier Erhängten anstarrte. Die beiden Agitatoren wurden von der Polizei festgenommen und Davout vorgeführt. Der Marschall reagierte unerwartet. Er ließ die Gefangenen nicht erschießen, sondern nur verhaften.

Auf die erstaunte Frage eines Polizeioffiziers, warum er diesmal nicht das Todesurteil verhänge, antwortete der Marschall süffisant, dass er im Gegenteil eigentlich die beiden Delinquenten laufen lassen müsse, damit sie noch mehr dieser Karikaturen verbreiteten, die ihn als kinderfressenden Finstermann darstellten. Auf diese Weise wäre er nicht gezwungen, noch mehr von ihnen füsilieren zu lassen.

Ein zynisches Statement, das ein Streiflicht auf die dunkle Seite des Marschalls wirft. Der Davout-Biograf Frédéric Hulot hat die Episode als Gegenentwurf zur schwarzen Legende Davouts erzählt, die ihn zu einem zweiten Robespierre macht. Doch leider illutrierte die Karikatur genau das, was Davout auch war: ein gnadenloser Richter, der sich kaum Zeit für eine Anhörung nahm, um den Unglücklichen eine Chance zu geben, sich zu verteidigen. Es war eine besondere Art der Grausamkeit, die in der französischen Armee weit verbreitet war, aber nirgends so streng gehandhabt wurde wie unter Davout. Das Erschreckende an ihr war entgegen allen Gerüchten nicht die Anzahl der Gerichteten, sondern die Unverhältnismäßigkeit von Strafmaß und Delikt.

So wurde zum Beispiel ein Chasseur, der sich in den Schlachten von Jena, Eylau und Wagram ausgezeichnet hatte, dem Erschießungskommando überantwortet, weil er einem Plünderer eine Vase abgekauft hatte. Sicher hat Davout hier in Übereinstimmung mit geltendem Kriegsrecht gehandelt, das die Plünderei und den Ankauf von geraubter Ware bei Todesstrafe verbot. Trotzdem blieb der Akt selbst ein Verbrechen gegen die Menschlichkeit. Der Chasseur wurde sofort ohne jegliche gerichtliche Anhörung hingerichtet. Für die französische Armee war dies gar nicht so außergewöhnlich, wie man denken mag. General Dupont, einer der Helden von Dürrenstein, hatte sogar einen Soldaten erschießen lassen, weil dieser entgegen dem Verbot, während einer Ruhrwelle Obst zu sich zu nehmen, einen Apfel gegessen hatte. Und trotzdem hatte keiner von Napoleons Generälen so einen schlechten Ruf wie Davout, den man gemeinhin einen »Erschießer« oder »Henker« nannte. Für den anfänglich mit Davout befreundeten General Marmont war der Marschall ein grausamer Mann:

> Von blutdürstigem Charakter, unter dem geringsten Vorwand und ohne die geringste Form ließ er die Bewohner der eroberten Länder hängen. Ich habe in der Umgebung von Wien und Pressburg die Wege und Bäume mit seinen Opfern garniert gesehen.[121]

Davouts Adjutant Joséf Szymanowski erzählt in seinen Memoiren von einem Vorfall nach der Schlacht von Aspern, der ein erhellendes Licht auf Davouts Charakter wirft. Ein Wiener Postillon hatte einen Adjutanten Bernadottes mit dringenden Depeschen an Napoleon frühmorgens zum Donauufer gefahren. Der Adjutant war, als er an den Brücken nicht weiterkam, zu Davout gegangen, um nach einer Möglichkeit zu suchen, die Depeschen abzugeben. Bevor er ging, hatte er dem Postillon eingeschärft, auf ihn zu warten, was er alles Szymanowski erzählte. Man kann sich denken, was geschah. Der Postillon wartete, aber der Adjutant kam nicht wieder, sodass der Kutscher nach alter Wiener Sitte in sein Horn stieß. Was an sich völlig harmlos war, erwies sich an diesem Tag als tödliche Idee. Ein junger Wachsoldat hielt das Postsignal für einen Alarm und schoss in die Richtung, aus der das Horn ertönte.

Dies löste eine Panik unter der Truppe aus, die Hals über Kopf zum Gewehr griff und wild um sich feuerte, ohne überhaupt den Feind zu sehen.

Als Davout von dem Fall erfuhr, stand für ihn sofort fest, dass der Postillon absichtlich eine Panik ausgelöst hatte. Trotz aufrichtigster Beteuerungen wurde der Mann verhaftet und in Sekundenschnelle zum Tode verurteilt. Aber Szymanowski hatte Mitleid mit dem Mann und legte bei Davout ein gutes Wort für ihn ein:

> Ich erzählte ihm die ganze Angelegenheit und versicherte ihm, dass der Postillon unschuldig war. Er antwortete mir: »Indem Sie für den Angeklagten Partei ergreifen, machen Sie sich genauso schuldig wie er und setzen sich ebenfalls der Gefahr aus, sich zu belasten. Also verschwinden Sie und lassen Sie mich zufrieden!«
>
> Diese kalte Antwort des Marschalls empörte mich so sehr, dass ich ihn mit großer Erregung anschrie: »Das Blut dieses Unglücklichen, Vater von sechs Kindern, wird auf Sie zurückfallen, Herr Marschall!
>
> Auf diese Worte hin erhob sich der Marschall brüsk vom Stuhl und schrie: »Szymanowski! Sind Sie verrückt geworden?«
>
> »Nein, Herr Marschall«, antwortete ich, »aber ich kann nicht ohne Empörung ertragen, wie Sie eine derartige Unge-

rechtigkeit begehen!« »Na gut, hauen Sie ab, zum Teufel!«, murmelte er besänftigter.

Und ich, der ich diese letzten Worte als Zustimmung zur Begnadigung des Verurteilten auffasste, lief mit allen Leibeskräften zur Hinrichtungsstätte und kam gerade noch zur rechten Zeit, den Unglücklichen zu retten. Zuallererst wollte der Gendarmerieoffizier mir nicht glauben. Er ging mit mir zum Marschall, der dem Verurteilten die Freiheit wieder schenkte. Einige Stunden später rief Davout mich zu sich.

»Ich danke Ihnen, Szymanowski«, sagte er mit gerührter Stimme, »mich vor einer Ungerechtigkeit bewahrt zu haben, die das ganze Leben auf meinem Gewissen gelastet hätte. Mein Gott, wie leicht ist es doch, in diesem Handwerk grausam und hart zu werden. Und das, wo ich doch derjenige bin, der am wenigsten zur Grausamkeit neigt. Wenn ich in meiner Heimat in Savigny bin, weine ich, wenn ich ein Kind weinen sehe. Hier, im Krieg, wird der Mensch zur gefühllosen Bestie, unfähig zu irgendeinem Gefühl der Gnade. Sie haben mir wirklich einen großen Dienst erwiesen und ich danke Ihnen aus tiefstem Herzen.«[122]

Besser kann keine Anekdote den inneren Zwiespalt verdeutlichen, in dem sich Davout befand, und die Umstände klar machen, unter denen er handelte.

Im Februar 1810 hatte die Mission Davouts in Österreich und Bayern ein Ende. Nachdem Davout sich noch kurz in Regensburg aufgehalten hatte, erteilte der Kaiser ihm den Befehl, nach Paris zu kommen, was seiner Funktion als Oberbefehlshaber der Deutschlandarmee keinen Abbruch tat. Durch häufige Korrespondenz mit seinem Stellvertreter General Compans leitete Davout auch weiterhin die Geschicke seiner Armee. Nominell konnte er jedoch als Generaloberst der Garde seinen Dienst an der Seite des Kaisers versehen und endlich wieder im Kreis seiner Familie sein.

Davout kam nach Frankreich zurück wie ein Wikinger nach einer Beutefahrt. Ehrung auf Ehrung hatte er angehäuft, Triumphe in Preußen, Polen, Deutschland und Österreich errungen und seinen Besitz reichlich vermehrt. Die letzte Trophäe war ein weiterer

Louis Nicolas Davout, Fürst von Eckmühl, Herzog von Auerstedt und Marschall von Frankreich

Fürstentitel, der mit reichen Grundstücksschenkungen verbunden war. Davout durfte sich jetzt wegen seines entscheidenden Anteils am Sieg über die Österreicher in Bayern »Fürst von Eckmühl« nennen.

Der Titel selbst befriedigte ihn nicht sonderlich. Laut der Marquise von Blocqueville soll er die Ernennung zum Fürsten lakonisch mit den Worten: »Was soll der Unsinn? Ich habe doch schon einen Adelstitel!« bedacht haben.

Erwartete Davout für seine Dienste etwa doch eine hochwertigere – Fürsten- oder Königskrone? Jedenfalls versüßte Napoleon den Titel mit weiteren Gunstbezeigungen und einem feudalen Geschenk. Davout erhielt die ehemalige Residenz des Kölner Erzbischofs Schloss Augustusburg bei Brühl.

Ebenso wie die Verleihung des Fürstentitels, der wieder mit neuen Apanagen und neuen Kosten verbunden war, ließ ihn der Besitz des deutschen Schlosses emotional unberührt.

Langsam fühlte Davout die Last des Erfolgs und der Gefälligkeiten, mit denen ihn der Kaiser überhäufte.

Derartige Gunstbeweise zogen auch Pflichten nach sich. Im Jahr 1810 fand in Paris eine angebliche Traumhochzeit statt, die jedem einstigen Revolutionär wie ein Verbrechen an der Nation vorkommen musste: die Heirats Napoleons, der sich von Josephine hatte scheiden lassen, mit Marie-Louise, der Tochter des österreichischen Kaisers. Der Grund dafür lag hauptsächlich in Napoleons Kinderwunsch und in seinem Bestreben, die französische Hegemonie in Europa durch eine Allianz mit dem Hause Habsburg zu zementieren.

Dies war nicht nach dem Geschmack der Davouts, die Josephine viel verdankten und sie immer hochgeschätzt hatten, vor allem nicht nach dem Geschmack Aimées.

Es mag fast als Ironie des Schicksals gelten, dass ausgerechnet die Davouts dazu erkoren waren, eine Schlüsselrolle bei den Hochzeitsfeierlichkeiten zu spielen. Natürlich war dies eine große Ehre, die der Kaiser seinem Marschall erwies.

Der Herzog von Auerstedt begleitete den Kaiser nach Compiègne, um die achtzehnjährige Tochter Marie-Louise abzuholen, Aimée wohnte dem Empfang als eine der ersten Hofdamen des Kaiserreichs bei. Das Kleid, das sie damals trug, ist heute noch im Salle D'Eckmühl zu sehen. Es ist ein cremefarbiges Gewand mit kurzen, gepufften Ärmeln und hohem, geradem Ausschnitt, zu dem die Marschallin damals ein hochtailliertes, mit Gold und Silberfäden besticktes Tüllüberkleid trug, das eine schwere Schleppe hatte. Auch sonst konnte sich Aimée sehen lassen. An diesem Tag trug sie eine Brillantenkette um den Hals und Straußenfedern auf dem Kopf. Dagegen sah der Marschall in schwarzem Samtfrack mit dick gestickten goldenen Eichenblättern eher aus, als wenn er zum Begräbnis ginge. Dem etwas gehässigen Kommentar eines österreichischen Prinzen nach scheint ihm diese neue Garderobe nicht sonderlich gestanden zu haben:

> Man führte mich in einen Salon. Ich fragte: Sagen Sie, wer ist eigentlich der große Dicke mit dem Glatzkopf? Man antwortete mir, dass dies Davout sei [...][123]

Augenscheinlich hatte Davout während seiner letzten Feldzüge an Gewicht zugelegt und verlor dieses vermutlich nur kurz während des Russlandfeldzuges. Eine 1813 entstandene Karikatur aus der Zeit der Hamburger Belagerung zeigt einen schwerfälligen, wohlbeleibten Herrn mit dicken Brillengläsern, der durch die Straßen der Hafenstadt trottet.

Zurück zu den Hochzeitsfeierlichkeiten, die Tage andauerten. Obwohl sie jegliche Verpflichtung bei Hofe hasste, erwies sich Aimée mehr als ihr Mann als Profi der Etikette. Sie ließ Hochzeitsprozeduren wie die folgenden Feiern routiniert über sich ergehen. Abgesehen davon machte sie jedoch Dienst nach Vorschrift, was Davout manchmal sehr missfiel. Aimée war selten pünktlich und sträubte sich, wo sie nur konnte, am höfischen Leben teilzunehmen. Dies war nicht im Sinne des Marschalls, der oft dazu gezwungen war, seine Gattin an ihre Pflichten zu erinnern. Anders als sie konnte er sich seinen Verbindlichkeiten nicht entziehen. Mehrmals die Woche sah er den Kaiser in Paris oder Fontainebleau, riefen ihn seine Aufgaben an dessen Hof. Dabei teilte Davout den Widerwillen seiner Gattin gegen das Hofleben durchaus. Wann immer er konnte, blieb er Paris fern und verbrachte seine Tage mit Aimée in Savigny.

Beide liebten weder Prunk noch Pracht. Dies zeigte sich auch in der Pflege und Ausstattung ihres Anwesens in Savigny, wie Gräfin Potocka nach einem Überraschungsbesuch naserümpfend vermerkte:

> Man ließ mich einige unmöblierte Salons durchqueren; das Zimmer, das man mir zuwies, war kaum aufgeräumter als die vorigen, aber wenigstens gab es ein Sofa und Stühle! Die Marschallin ließ nicht lang auf sich warten. Ich bemerkte schnell, dass sie ihre Toilette extra für mich gemacht hatte, da sie noch einige Nadeln an ihrer Korsage befestigte.
>
> Nach einigen Minuten einer langweiligen Unterhaltung läutete sie, um ihren Mann kommen zu lassen. Dann führten wir unser gezwungenes Gespräch weiter. Nicht dass es Mme Davout an jener Art Esprit mangelte, der zwei Menschen derselben Klasse den Umgang miteinander erleichtert, aber es gab da eine gewisse Gefühlskälte, die man für Standesdünkel halten konnte. Sie verlor nie ihre Funktion als Marschallin aus den Augen; nie zierte ein gnädiges Lächeln die Züge ihrer herben Schönheit [...]
>
> Endlich kam der Marschall an, völlig verschwitzt, was seine Eile verriet. Ganz außer Atem setzte er sich hin. Das Taschentuch in der Hand haltend, um sich die Stirn zu trocknen,

> spuckte er hinein, um sich den Staub aus dem Gesicht zu wischen. Dieser soldatische Verzicht auf alle guten Manieren passte schlecht zu den vorzüglichen Umgangsformen seiner Gattin, sie war darüber sichtlich verärgert […][124]

So schrumpfen die Dinge, wenn man sie von nahem besieht. Der Marschall war als Privatmann weder ein reicher Bourgeois noch ein Grandseigneur, die Marschallin alles andere als eine Gesellschafterin aus Fleisch und Blut, aber doch zu gut erzogen, um dies ungebetene Gäste spüren zu lassen. Alles in Savigny war die Frucht harter Arbeit. Die Gräfin Potocka entstammte jedoch altem polnischen Hochadel, der riesige Latifundien sein Eigen nannte, und war eine bessere Haushaltung gewöhnt.

Zwei Welten waren aufeinandergetroffen, die unterschiedlicher nicht sein konnten. Davout hing sehr an seinem Mikrokosmos in Savigny und am Familienleben. Hier fand er Zeit, sich im Kreis seiner Lieben zu entspannen und Kraft zu schöpfen. Hier konnte er ungestört der Jagd und der Gartenarbeit nachgehen oder Rebhühner züchten.

Leider wurde diese ländliche Idylle bald durch einen tragischen Vorfall überschattet. Nur wenige Monate, nachdem Davout Paris wiedersah, starb im Juni 1810 sein einziger Sohn Napoleon. Dies kam für den Marschall nicht unerwartet. Ein merkwürdiges Ereignis hatte ihn vorgewarnt.

Im Jahre 1810 hatte die Marschallin dem Marschall einen wunderschönen Rosenzweig gegeben, der eine blühende Rose, zwei aufbrechende Blüten und eine geschlossene Knospe aufwies:

> »Schau, dies ist deine Frau, dies sind deine Töchter und das ist dein Sohn.« Der Marschall steckte sich den Zweig ins Knopfloch und setzte allein seinen Spaziergang fort. Als die Mittagsglocke läutete, kam er, der sehr pünktlich zu sein pflegte, nicht zum Mittagessen.
>
> Die verdutzte Marschallin ging, um ihn zu holen, und fand ihn deprimiert und aufgewühlt, wie er sich ins Gedächtnis rief, wo er die geschlossene Knospe verloren haben könnte. Darauf suchten alle im Haus mit Eifer nach der kleinen Rosenknospe, denn der Fürst von Eckmühl wurde sehr von seinen Dienern

> verehrt, aber das charmante Symbol des kleinen Napoleon blieb unauffindbar. Sechs Wochen später starb das prächtige Kind, der Stolz und die Freude seiner Eltern, an einem Hirnschlag.[125]

Wieder hing Trauerflor in Savigny. Wieder war ein Kind gestorben. Dem Marschall, dem beruflich so viel glückte, war in privater Hinsicht wenig Glück beschieden. Außerdem trugen die vielen Kindstode noch mehr dazu bei, dass Aimée depressiv wurde. Einzig der Umstand, dass ihr Ehemann wieder zu Hause war, erhellte ihr Gemüt.

Aber ein Unglück kommt selten allein. Nur zwei Monate später erfuhr Davout, dass es seiner Mutter Adelaïde in Ravières sehr schlecht ging. Der Herzog von Auerstedt reiste nach Ravières und kam gerade noch zur rechten Zeit, um seine Mutter sterben zu sehen.

In stummer Trauer nahm der Marschall im Kreise seiner Familie Abschied von seiner Mutter, die ihm immer eine gute Freundin gewesen war. Jetzt blieben dem Marschall nur noch Aimée, Josephine und Léonie sowie seine Geschwister. In einem Brief an seinen kränkelnden Bruder Alexandre erklärt der Marschall, wie er über den Tod seiner Angehörigen hinweggekommen ist:

> Ravières, den 8. September 1810
>
> Ich gestehe Ihnen, dass ich den Schmerz über den Verlust meines einzigen Sohnes nur durch die Vorstellung ertragen habe, für meine ausgezeichnete Frau und meine Töchter weiterleben zu müssen. Ohne diese Idee wäre mein Leben abscheulich gewesen […] Ahmen Sie mich nach; ziehen Sie wie ich das Unglück in Betracht, das uns gemeinsam betrifft: Unsere Mutter ist nicht mehr. Ich verlasse jetzt mit meiner Aimée, mit der ich mich in ihrem Zustand nicht lange hier aufhalten kann, Ravières […]
>
> Ihr ergebener älterer Bruder,
> Louis Davout[126]

Davout blieb nicht viel Zeit, zu trauern und seine Frau zu trösten. Die Unrast des Kaisers machte es dringend erforderlich, dass er sich wieder mehr mit Deutschland beschäftigte.

Obwohl Davout noch gern etwas länger seine Funktion als Generaloberst der Garde wahrgenommen hätte, nahm er sich der neuen Aufgabe mit Feuereifer an.

Die Kontinentalsperre war des Kaisers Steckenpferd, ein Wirtschaftsboykott sämtlicher englischer Waren auf dem europäischen Kontinent. Durch die Verschließung des europäischen Absatzmarktes wollte Napoleon den Erzfeind England, das von seinen Exporten lebte, in die Knie zwingen. Bisher jedoch war der Versuch weitgehend gescheitert, auch wenn die französische und deutsche Textilindustrie kurzzeitig davon profitiert hatte, dass die billige englische Massenware als Konkurrenz entfiel. Für die meisten europäischen Unternehmen und die Masse der Bevölkerung bedeutete die Kontinentalsperre den wirtschaftlichen Ruin. Ganze Branchen, die von den britischen Exportgütern abhängig waren, verarmten. Angesehene Handelshäuser gingen bankrott, weil sie keine Waren mehr bekamen. Die Zuckerwirtschaft, der Tee- und Kaffeehandel kamen weitgehend zum Erliegen. Die Landwirtschaft konnte ihr Getreide nicht mehr nach England exportieren; die Lieferanten von Holz, Hanf und Eisen blieben auf ihren Rohstoffen sitzen. Reedereien gingen bankrott, weil die Briten als Gegenmaßnahme ihre Schiffe kaperten. Durch die Wirtschaftskrise stieg die Inflationsrate.

Doch die Kontinentalsperre funktionierte nicht lückenlos. Immer wieder fanden die betroffenen Staaten Schlupflöcher und übernahmen Schmuggler die Versorgung der Bevölkerung mit wichtigen Konsumgütern.

Oft machten sich zum Beispiel norddeutsche Schmuggler in kühnen Nacht- und Nebelaktionen nach Helgoland auf, das nach der britischen Eroberung 1807 zum Eldorado des Schleichhandels wurde. Manchmal kam es vor, dass 300 bis 400 Schiffe vor Helgoland lagen. Nach einem Bericht Heinrich von Kleists befanden sich zu den besten Zeiten Helgolands Waren im Wert von 20 Millionen Pfund Sterling auf der Insel.

Kein Wunder, dass Napoleon dieses gigantische Schlupfloch ein Dorn im Auge war. Schon im April hatte er Davout geschrieben, dass er die Besetzung Helgolands erwäge, das Projekt dann jedoch fallen gelassen, weil er keine Chance sah, die von den Briten besetzte Insel zu erobern.

Doch der Kaiser suchte nach einer anderen Möglichkeit, den Briten und ihren Abnehmern zu schaden, und er fand sie.

Am 5. August 1810 erließ Napoleon ein Dekret, das die Einfuhr sämtlicher Kolonialwaren mit einem Zoll in Höhe von 50% belegte, auch wenn sie nicht aus englischen Häfen kamen. Damit ging er gegen den Trick vor, englische Güter als US-amerikanische Waren zu deklarieren und so auf legale Art und Weise in den norddeutschen Häfen weiterzuverkaufen.

Die Hamburger akzeptierten den Zoll und führten sofort riesige Warenvorräte an Rohzucker, Vanille, Kaffee und Baumwolle ein, die von amerikanischen Schiffen in Tönning zwischengelagert worden waren.

Dabei mussten sie einen überhöhten Obolus an die französische Verwaltung entrichten, die statt des Einfuhrzolls auch manchmal einen Teil der Rohware bekam. Dieser Anteil war dann sogar noch höher bemessen und konnte durchaus zwei Drittel der Einfuhrmasse betragen. Es war ein schlechtes Geschäft für die Hamburger, aber ein gutes für die Franzosen. Hier machte vor allem der französische Gesandte Bourrienne von sich reden, der durch Geschäfte wie diese zum Millionär wurde. Dies missfiel Napoleon, der Davout einschärfte, in Zukunft auf Bourrienne Acht zu geben.

Dieser Bourrienne war einst der Jugendfreund Napoleons und sein späterer Privatsekretär gewesen. Er hatte sich Davout dadurch zum Feind gemacht, dass er ihn Napoleon gegenüber ein »dummes Tier« nannte, was der damalige Erste Konsul Davout hintertrug.

Seitdem hasste Davout Bourrienne bis aufs Blut, was für den späteren Generalkonsul fatale Folgen haben sollte.

Nachdem er Militärgouverneur Hamburgs geworden war, brauchte der Unbestechliche nicht lange zu suchen, um den Schlichen Bourriennes auf die Spur zu kommen. Der französische Geschäftsträger war kein unbescholtener Mann. Schon 1802 hatte Napoleon sich gezwungen gesehen, ihn wegen dubioser Unterschlagungen zu entlassen. Das Gleiche geschah auch nach dem Amtsantritt Davouts in Hamburg, obwohl Davout Bourrienne noch nicht sofort überführen konnte.

Napoleon reichten oft Indizien. Dank Davout fiel der einstige Jugendfreund Bonapartes in Ungnade. Zwei Jahre später wurde er abberufen.

Jahre nach diesen Vorfällen rächte sich Bourrienne durch die Abfassung seiner Memoiren, in denen er Davout als pflichtbesessenen Finsterling darstellte, und legte somit den Grundstein für das negative Bild des Marschalls, wobei er nach außen hin sehr bemüht war, seiner Charakterschilderung des Fürsten von Eckmühl nicht den Anschein persönlicher Rache zu geben.

Doch noch war Davout nicht in Hamburg. Aus der Ferne befahl er seinen Generälen Compans und Friant, das am 19. Oktober 1810 erlassene Dekret von Fontainebleau umzusetzen, das die öffentliche Verbrennung aller noch vorhandenen englischen Waren in privater Hand vorsah.

In einem Brief an Friant machte der Marschall seinem General, dem die Klagen der von diesem seltsamen Autodafé Betroffenen seelisch zusetzten, klar, dass er ein Hardliner der Kontinentalsperre war und keine Ausnahmeregelung duldete.

Aber die Verbrennung britischer Güter war nicht der letzte Schlag, den Napoleon Norddeutschland versetzte. Um Verstößen gegen die Kontinentalsperre endgültig einen Riegel vorzuschieben, ließ Napoleon am 20. Dezember 1810 die Vereinigung Ostfrieslands, der Herzogtümer Lauenburg und Oldenburg sowie der Hansestädte Hamburg, Bremen, Lübeck und Lüneburg mit dem Kaiserreich verkünden.

Die vier Departements der Ost-Ems, Ober-Ems, Wesermündungen und Elbmündungen erhielten in Hamburg einen kaiserlichen Gerichtshof.

Das Departement der Elbmündungen zerfiel in vier Arrondissements: Hamburg umfasste die Stadt selbst und das alte hamburgische Gebiet, Lübeck wurde eins mit dem Herzogtum Lauenburg, Lüneburg bestand aus dem Viereck Artlenburg, Soltau, Rotenburg und Buxtehude, zum Arrondissement Stade zählte das Alte Land, Hadeln, das Amt Ritzebüttel und die Insel Neuwerk.

Es war ein Paukenschlag, der die Hamburger schwer erschütterte. Ab jetzt gehörte die Elbmetropole de jure zum französischen Kaiserreich.

Was jetzt nur noch fehlte, war ein unbestechlicher Verwalter, der mit Härte darüber wachte, dass endlich die Weisungen des Kaisers befolgt wurden. Napoleon brauchte nicht lang darüber nachzudenken, wer für diese Aufgabe am geeignetsten war: Die Wahl fiel auf den Fürsten von Eckmühl.

Mit Elan ging Davout die Aufgabe an. Noch vor seiner Ankunft im Februar wurde aus Hamburg eine französische Stadt. Der Senat wurde aufgelöst und ein provisorischer Munizipalrat ernannt. Verwaltung und Gerichtsbarkeit gingen an die Franzosen über. Dann kam das Personal: die zwei Staatsräte Chaban und Faure; der Präfekt der Elbmündungen, Baron de Conninck; der Generaldirektor D'Aubinosc, dann ein alter Bekannter des Marschalls aus den Tagen des Lagers von Brügge, Admiral Verhuel, und schließlich der Präsident des kaiserlichen Gerichtshofes: Baron de Serre. Sie alle bahnten Davout den Weg, der am 1. Februar 1811 nicht nur als Generalgouverneur des neu gegründeten Departements, sondern auch als Oberkommandierender des gerade eben ins Leben gerufenen »Beobachtungskorps der Elbmündungen« sein Amt antrat.

Der dänische Geschäftsträger in Hamburg Johann Georg Rist hat in eindringlichen Worten die Ankunft des Marschalls in der Hansestadt beschrieben:

> Der Marschall Davoust, Herzog von Auerstedt, Prinz von Eckmühl, kam zu Anfang Februar 1811 an. Schrecken ging vor ihm her; auch die französischen Beamten zitterten vor ihm. Ich glaubte, dem düsteren hohläugigen Alba zu begegnen, als ich am 10. Februar mich nach dem genannten Hotel du Gouvernement begab, das die Stadt seit längerer Zeit für die französischen kommandierenden Offiziere gekauft hatte. Aber man konnte nicht vollständiger getäuscht werden.
>
> Ich fand einen ansehnlichen, feisten Mann, mit breitem Rücken, weichem, glatten Gesicht, das mit einer spiegelblanken Glatze bis zum Hinterkopf in Verbindung stand, Glotzaugen und einem eher freundlichen und behaglichen, als strengen Gesichtsausdruck.

Das Ansehen täuschte nun abermals. Eckmühl war für einen modernen Franzosen ein ganz merkwürdiger Mann. Bei einer grenzenlosen, ja sklavischen Verehrung und Hingebung gegen seinen Herrn, deren er sich sogar zu rühmen pflegte, unter der er jedes Gefühl – »je tuerais mon frère, si L'Empereur l'ordonnait« – und sogar seinen Verstand gefangen nahm, äußerten sich jedoch eigentümliche, tiefere Charakterzüge, die ich noch an keinem Seinesgleichen gewahr geworden war.

Diese Hingebung war nicht bloß Maske, sie war aufrichtig und unbedingt, wie man sie etwa gegen ein sichtbares, göttliches Wesen empfinden könnte. Sie begnügte sich auch nicht mit bloßem Gehorchen, sondern ihr Bestreben ging, ohne alle Nebenabsicht und Beimischung, bloß auf Verherrlichung des Meisters hin und deutete zu dem Ende seine Handlungen und Absichten mit Aufwand alles Verstandes immer zum höchsten Ideal.

Dass dies Ideal nun kein anderes als das eines Kriegshelden war, der die Welt zu beherrschen bestimmt sei, ließ sich mit der kriegerischen Laufbahn, die jedes andere Element der Bildung ausschloss, entschuldigen. Einen anderen guten Charakterzug machte eine unbestechliche Uneigennützigkeit, die sich nie verleugnet hat, dann eine strenge unparteiische Gerechtigkeit in seinem Sinn, durchaus ohne alles Ansehen der Person; eine durchaus selbstvergessene, rücksichtslose Tätigkeit für den Dienst und das, was ihm die gute Sache war.

Vom frühen Morgen bis zum Abend nur in Geschäften lebend, mit Lust in ihnen wühlend, kannte er damals keine Belustigung, keine Zerstreuung, keinen Günstling. Ihm waren seine Umgebungen Werkzeuge und nichts als das, er behandelte sie bei jeder Gelegenheit, wo er Schlimmes ahnte oder sah, bis auf die ersten Generäle mit einer Härte und Geringschätzung, gegen die das achtungsvolle Betragen gegen mich und andere Geringere seltsam abstach. Er hatte sich ein System gemacht, welchem zufolge die überhandnehmende Laxheit der Grundsätze nur von oben herab durch die größte Strenge gesteuert werden konnte.[127]

Davout übernahm die Stadt, als sie schon im vollsten Niedergang war. Durch den Austausch der Beamtenschaft wurden die vormals Beamteten stellen- und einnahmenlos, der Handel lag brach, die Schiffe faulten im Wasser. Von 428 Zuckersiedereien hatten nur wenige überlebt, Kattundruckereien existierten keine mehr. Beschlagnahme und Warenvernichtung hatten Verluste in Höhe von 80 Millionen Mark gekostet. Auch konnte die Stadt die Zinsen der Kredite nicht mehr begleichen. Die Hamburger Bevölkerung suchte wieder mithilfe des Schmuggels dem Elend zu entrinnen. Nur gab es jetzt einen anderen Gegner als den in dieser Hinsicht gutmütigeren Bernadotte, der vor Davout Militärstatthalter in Hamburg gewesen war.

Der Fürst von Eckmühl war aus anderem Holz geschnitzt. Zudem hatte er die Bürde auferlegt bekommen, das französische Steuerrecht einzuführen und durchzusetzen. Dies umfasste ein ganzes Konglomerat an Abgaben. So wurden als direkte Steuern Grund-, Tür- und Fenstersteuern eingeführt und indirekte Steuern wie Stempel- und Schreibgebühren erhoben. Gleichzeitig erhoben die Franzosen Abgaben auf Wein, Bier, Branntwein und Tabak und führten die Konskription ein. Des Weiteren verschärfte Davout die Pressezensur und perfektionierte ein Spitzelsystem, das auf den Straßen und in den Wirtshäusern die Stimmung im Volk überwachte. Im Theater wurden Stücke von Schiller, Kotzebue und Shakespeare verboten. Begriffe wie »Freiheit«, »Vaterland«, »Tyrannei« und »Unterdrückung« waren tabu. Das Strafregister bezüglich Schmuggeln war drakonisch. Wurde der Schmuggler ertappt, drohte öffentliche Brandmarkung, leistete er bei seiner Verhaftung Widerstand, konnte er mit dem Tode bestraft werden.

Doch nicht immer wurde mit aller Härte durchgegriffen, auch von dem sonst so prinzipientreuen Marschall nicht. Als im Laufe des Jahres vier Bremer Schmuggelkapitäne zum Tode verurteilt werden sollten, die sich mit der Waffe in der Hand ihrer Verhaftung widersetzt hatten, ließ sich Davout durch die Tränen der Kapitänsfrauen erweichen. Er begnadigte die Schmuggler zu einer Zuchthausstrafe, weil ihr Delikt vor der Einführung der Todesstrafe begangen worden war.

Ansonsten hatte Davout alle Hände voll zu tun. Wie immer

berichtete er seinem Kaiser über die Zustände in Deutschland, vor allem in Preußen. Dabei bemerkte er ein Zunehmen der antifranzösischen Stimmung, die er für höchst gefährlich hielt. Aber der Kaiser wollte von derartigen Meldungen nichts wissen und rüffelte seinen Marschall, der ihn stets mit Nachrichten bombardierte.

> Paris, 2. Dezember 1811
>
> Ich bitte Sie, mir nicht wieder dergleichen Dichtungen zu unterbreiten. Meine Zeit ist zu kostbar, als dass ich sie mit der Beschäftigung solcher Albernheiten verlieren könnte. [...] All das dient nur dazu, mich meine Zeit verlieren zu lassen und meine Einbildungskraft mit sinnlosen Bildern und Annahmen zu beflecken.
>
> Napoleon[128]

Dabei war Davouts Zeit mindestens ebenso kostbar wie die des Kaisers. Im Auftrag seines Dienstherrn baute er den Kern einer neuen Riesenarmee auf, die in einem Feldzug gegen Russland Geschichte schreiben sollte: Die Grande Armée, die im Juni unter Einbeziehung aller in Deutschland verfügbaren Kräfte auf 200000 Mann, im März 1812 jedoch schon auf 300000 Mann veranschlagt wurde. Rechnet man die Kontingente der Verbündeten hinzu, zu denen Österreich, Preußen, das Großherzogtum Warschau, das Königreich Holland und die Rheinbundstaaten gehörten, so konnte Napoleon zuversichtlich sein, im Juni 1812 mit insgesamt 450000 Mann Russland angreifen zu können.

Es war die stärkste Armee, die Napoleon bisher auf europäischem Boden versammelt hatte, wobei Davouts 1. Armeekorps mit 70000 Mann die Speerspitze der Angriffsarmee bildete. Angesichts derartig gewaltiger Kriegsrüstungen war sich Napoleon sicher, Russland zu schlagen, das ebenfalls zum Krieg rüstete und eine gewaltige Armee an der Grenze aufmarschieren ließ. Anlass der Auseinandersetzung war die Aussetzung der Kontinentalsperre durch das Zarenreich. Die russische Wirtschaft war auf den Warenaustausch mit Großbritannien angewiesen und fast bankrott. Der Krieg entsprang insbesondere wirtschaftlichen Notwendigkeiten und war nicht mehr aufzuhalten. Die ohnehin brüchige Allianz zwischen Frankreich und Russland war Geschichte. Jetzt sprachen die Waffen.

IX
MIT OFFENEN AUGEN IN DIE KATASTROPHE

Schließt der Leser die Augen und denkt an den Russland-Feldzug Napoleons, so drängt sich ihm im allerersten Moment höchstwahrscheinlich folgende Assoziation auf: Durch klirrende Winterkälte schleppen sich Tausende von erschöpften und ausgemergelten Soldaten an zahllosen Leichen, Sterbenden und Pferdekadavern vorbei dem sicheren Tod entgegen. So zumindest ist der Russland-Feldzug hinsichtlich seiner historischen Ikonografie in west- und mitteleuropäischen Geschichtsbüchern überliefert.

In der visuellen Überlieferung dominieren die Bilder vom Untergang der Grande Armée an der Beresina, dann der Brand von Moskau und vielleicht noch streiflichtartig einige Szenen vom furchtbaren Gemetzel bei Borodino. Letzteres ist vor allem Tolstois »Krieg und Frieden« zu verdanken. Die ersteren Eindrücke verraten jedoch die Handschrift des großen Manipulators Napoleon Bonaparte, der im 29. Bulletin der Grande Armée sein eigenes Scheitern den widrigen Elementen anlastete.

Denn das von Eisblumen umrankte Gedächtnisbild trügt und beweist den Triumph des Klischees über die feine Zeichnung.

Eigentlich müsste das Bild, das sich das Kollektivgedächtnis vom Russland-Feldzug gemacht hat, ein Triptychon sein, das auf dem linken Bildflügel Tausende von Hitze- und Hungertoten zeigt, auf der Mitteltafel die Leichenhaufen des Massakers von Borodino vor dem brennenden Moskau abbildet, während der rechte Flügel den Untergang der Grande Armée in Eis und Schnee erzählt.

Doch zurück zum Beginn: Der Sommer 1812 war einer der heißesten und zugleich feuchtesten des 19. Jahrhunderts.

In ihm wurden sämtliche Grundsteine für die kommende Katastrophe gelegt, die im Winter ihren grausigen Abschluss fand.

Bei epochalen Konflikten dieser Art fehlt es nicht an Chronisten, die das Geschehen schildern. Auf der Ebene der Fiktion ist dies

Tolstoi, auf dem Gebiet des historischen Erlebnisberichts Graf Paul Philippe Paul de Ségur, dessen »Napoleon und die Große Armee in Russland« zu einem der ersten Sachbuchbestseller der Moderne wurde. Dabei war der Verfasser, der als Adjutant im kaiserlichen Stab selbst am Feldzug teilnahm, bemüht, eine ausgewogene Darstellung der Kriegsereignisse zu geben und die Vorgänge nicht zu glorifizieren. Natürlich ist Ségurs Buch im Stil der Zeit geschrieben. Zeile für Zeile ist das Epochale des Russland-Feldzugs zu spüren. Einige Vergleiche wirken antiquiert. Man muss Ségur nicht folgen, wenn er die Illias Homers bemüht und die aus allen Teilen Europas zusammengewürfelte Armee Napoleons mit der aus ganz Hellas ausgehobenen Streitmacht der Achäer vergleicht.

In der Armee, die Napoleon gegen Russland aufbot, befanden sich 300000 Franzosen, 180000 Deutsche (Rheinbunddeutsche, Preußen und Österreicher inbegriffen), 32000 Italiener, Tausende Polen und Litauer sowie diverse schweizerische, holländische, illyrische und spanisch-portugiesische Regimenter. Von diesen fast 600000 Mann gingen laut Ségur 480000 mit Napoleon über die Memel.

Es war eine gigantische Armee, die gegen den Zaren zog, nahezu furchterregend. Ihr gegenüber standen als Kampftruppen von Lemberg bis nördlich von Wilna 225000 Russen in drei großen Armeegruppierungen unter dem Oberbefehl des Zaren. Die größte von ihnen, die 1. russische Armee unter dem Kriegsminister und General Barclay de Tolly stand auf einem Raum von 100 Kilometern verteilt vor Wilna und zählte 128000 Mann. Sie deckte die Straße nach Moskau.

Die 2. russische Armee unter dem Befehl von Fürst Bagration stand im Raum zwischen Brest-Litowsk und der Memel, bereit, dem Gegner in die Flanke zu fallen, sollte er De Tolly angreifen. Sie zählte 52000 Mann.

Südlich der Pripjetsümpfe hatte General Tormassow mit ungefähr 45000 Mann Stellung bezogen, um entweder einen Angriff aus dem Großherzogtum abzuwehren oder selbst dort einzufallen, je nachdem wie es die strategische Lage erforderte. Zusätzlich verfügte der Zar über 28500 Soldaten in Finnland und über 54000 Soldaten in der Moldau-Walachei, wo gerade die Kämpfe gegen die Türken beendet wurden. Hinzu kamen zwei Reservekorps unter dem Kommando der Generäle Ertel und Möller-Sakomelski mit circa 100000 Mann.

Neben der Konzentrierung derartiger Armeemassen bestand die größte Herausforderung darin, diese geschlossenen Marschsäulen auf einer Front von 700 Kilometern gegen die feindliche Armee zu führen. Ein Feldzug von diesem Ausmaß bedurfte einer geschlossenen Führung und eines hervorragenden Versorgungs- und Kommunikationssystems. Hier war es trotz eifrigster Bemühungen Davouts schon im Vorfeld wegen ausgebliebener Materiallieferungen zu Missverständnissen mit dem Generalstab gekommen.

Als Napoleon in Marienburg eintraf, um Truppen sowie Magazine zu inspizieren, kam es zu einem schwerwiegenden Zwischenfall zwischen Davout und Berthier.

Ségur berichtet von dem Zerwürfnis, das uns der Marschall in seiner direkten Korrespondenz verschweigt. Seit Berthiers erwiesener Unfähigkeit in den Tagen vor Eckmühl hassten die beiden Männer einander bis aufs Blut.

Besonders deutlich zeigte das ein Vorfall, der sich anlässlich eines Empfangs in Paris zugetragen hatte, bei dem Davout den ihm jüngst verliehenen polnischen Adler-Orden trug. Der glitzernde Ordensstern erregte die Aufmerksamkeit des Generalstabschefs. Glaubt man der Version des Davout-Biografen Gabriel de Chénier, hat sich die Konversation ungefähr so zugetragen:

Berthier: »Sagen Sie, was ist das für ein schönes Spielzeug, das Sie da an Ihrer Brust tragen?«

Davout: »Das ist der polnische Adler-Orden!«

Berthier: »Und für was kriegt man den?«

Davout: »Ach, man muss nur eine Schlacht gewonnen haben.«

Die Entgegnung Davouts saß und war keineswegs so harmlos und naiv dahingesagt, wie uns die Tochter des Marschalls in ihrer biografischen Briefesammlung weismachen will.

Wie ein erfahrener Picador hatte der Marschall die Spitze geschickt dort gesetzt, wo sie am meisten traf: ins Herz der grenzenlosen Eitelkeit Berthiers. In Marienburg rächte sich dies jetzt.

Ségur, der bei den Besprechungen anwesend war, liefert uns einen Bericht, wie sich die Konversation in Marienburg abgespielt hat:

> Davoust sprach sich mit vieler Derbheit aus und ging so weit, dass er Berthier der Unfähigkeit oder der Verräterei beschuldigte. Beide waren in Drohungen gegeneinander ausgebrochen, und als hierauf Berthier abgetreten war, sagte Napoleon, von dem argwöhnischen Charakter Davousts angesteckt: »Es geschieht zuweilen, dass ich an der Treue meiner ältesten Waffengefährten zweifle, dies tut mir aber so wehe, dass ich mich beeile, einen so grausamen Argwohn wieder loszuwerden.«
>
> Während Davoust vielleicht das gefährliche Vergnügen genoss, seinen Feind gedemütigt zu haben, begab sich der Kaiser nach Danzig, und Berthier, voll Rachgier, folgte ihm dahin. Von da an schien Davoust von seinem Ruhm, seinem Diensteifer, von allem, was er zur Beförderung der neuen Unternehmung getan hatte und wodurch er sich hätte empfehlen sollen, nur Schaden zu haben.[129]

Davout sollte bald am eigenen Leibe zu spüren bekommen, dass er nur vordergründig als Sieger aus dem Konflikt mit Berthier hervorgegangen war. Hatte der Marschall den Vorteil des Verdienstes und der Fähigkeit, so waren Berthiers Waffen ungleich stärker: Er genoss das Vertrauen des Kaisers, befand sich stets in dessen unmittelbarer Nähe, reiste mit ihm in seiner Kutsche, fertigte Tag und Nacht Napoleons Befehle ab – und war ein Intrigant allererster Güte. Es dauerte nicht lang, bis Berthiers Einflüsterungen ihre Wirkung bei Napoleon zeigten. Gerüchte kursierten. Sie lauteten etwa so:

> Dieser Marschall, so hieß es, will alles vorausgesehen, alles angeordnet, alles getan haben. Ist denn der Kaiser nur Zeuge dieser Unternehmung? Soll Davoust allein die Ehre davon haben? »Es scheint in der Tat«, rief der Kaiser aus, »dass er es ist, der die Armee befehligt.«[130]

Damit war langsam, aber sicher der Grundstein zu Davouts Untergang gelegt. Hinzu kam die Rivalität, die Napoleon insgeheim dem Fürsten von Eckmühl gegenüber hegte. Hier war ein Mann, der es an strategischem und methodischem Sachverstand mit ihm aufnehmen konnte, der in Sachen Taktik und Logistik äußerst gewissenhaft war. Doch genau dies betrachtete Napoleon nicht als Stärke, sondern als Schwäche. Einer seiner Lieblingssätze war: »Auf dass man mir nicht von Lebensmitteln rede!«, was soviel bedeutet wie: was kümmert es mich, ob meine Armee hungrig ist. Ein derartiger Grundsatz stand in krassem Widerspruch zu den Prinzipien des Marschalls, der stets bemüht war, seine Männer gut zu ernähren. Davouts Fehler war, dass er aus seinen Verdiensten keinen Hehl machte und seine Rivalen entweder direkt brüskierte oder sich beim Kaiser über sie beschwerte. Meist hatte er in der Sache recht, doch es war die grobe und herrische Art, wie er es sagte, die zu vielen Feindschaften führte.

Der Marschall, dem seine Widersacher eine fast hündische Unterwürfigkeit gegenüber Napoleon unterstellten, war in Wirklichkeit ein stolzer Charakter, der sich nur von Napoleon, und sonst von keinem etwas sagen ließ. Aber auch gegenüber dem Kaiser erwies sich Davout keineswegs als buckelnder Diener. Oft widersprach er dessen Anordnungen und äußerte seine Meinung ganz offen.

Vorerst schien für Davout alles beim Alten. Der Kaiser ließ sich nicht anmerken, dass ihn Davouts Verhalten verstimmt hatte, und begab sich von Marienburg nach Danzig, von Danzig nach Königsberg. Anschließend reiste er nach Kowno, wo er mit der Grande Armée über die Memel zu gehen gedachte.

Für einen abergläubischen Mann wie Napoleon begann der Feldzug gegen Russland unter einem schlechten Vorzeichen. Tagelang hatte er seine Armee hinter der Memel gesammelt, ohne dass sie die Ufer des Grenzflusses sahen.

Dichte Waldgürtel säumten das Ufer, verbargen den Russen die Aufstellungsräume der Grande Armée, von der sie nur ahnten, dass sie existierte, ohne jedoch zu wissen, wo und wann genau sie zuschlagen würde.

Es war der Morgen des schicksalhaften 24. Juni, um zwei Uhr morgens, der Tag, an dem das Zarenreich angegriffen werden sollte. Napoleon stieg aus der Kutsche auf sein Pferd und begab sich im Schutze der Nacht in Begleitung seines Stabes zu einem Erkundungsritt an die Memel. Doch fast wäre der Feldzug beendet gewesen, noch bevor er begonnen hatte. Als Napoleon auf das Ufer zuritt, stürzte sein Pferd in der Dunkelheit und warf ihn ab. Für einen Augenblick herrschte Betroffenheit, dann rappelte der Kaiser sich wieder auf und ritt weiter, als ob nichts geschehen wäre. Aber in der Dunkelheit sprach Napoleons Adlatus Berthier das aus, was alle dachten. »Dies ist eine schlimme Vorbedeutung, ein Römer würde umkehren!«[131]

Schon in der darauffolgenden Nacht schlugen die Pioniere der Grande Armée bei Kowno (dem heutigen Kaunas) drei Schiffsbrücken über den Grenzfluss, der damals das Großherzogtum Warschau von Russland trennte.

Ohne auf Widerstand zu stoßen, fiel die Vielvölkerarmee in Russland ein. Speerspitze dieser Heeresmasse war das I. Korps unter Davout, das sich in sechs Divisionen unterteilte: fünf Infanteriedivisionen unter Friant, Gudin, Morand, Dessaix und Compans sowie eine Kavalleriedivision unter dem Kommando von General Pajol.

Diese 70000 Mann zählende Elitetruppe bildete eine eigene Armee in der Grande Armée und verfügte über die reichsten Vorräte und die beste Ausrüstung. Ob Uniformen, Schuhe, Gewehre, Marschausrüstung oder Munition: Der Fürst von Eckmühl hatte an alles gedacht, ja selbst Transportwagen nach eigenen Plänen bauen lassen. Seine Armee hatte er für 25 Tage verproviantiert, jede Kompanie hatte ihre Maurer, Bäcker, Schneider, Schuster, Waffenschmiede und Handwerker. Um das auf dem Weg geerntete Korn mahlen zu können, führten Davouts Männer sogar Handmühlen mit sich. Die Männer gehörten zu den bestausgebildeten Soldaten Europas und wurden von fähigen Generälen angeführt.

Fragte man die Soldaten des 1. Korps, zu welcher Armee sie gehörten, kriegte man auf den Straßen Russlands oft die Antwort: »Zu der Armee, wo man isst«, was eine klare Anspielung auf die oft desolate Nahrungsmittelversorgung bei anderen Armeekorps war. Aber diesmal sollte ein Teil des 1. Korps trotz der akribischen Vorbereitungen seines Marschalls ebenfalls Hunger leiden, auch wenn vorerst alles gut ausah.

Mit einer derartigen Truppe konnte der Kaiser eigentlich nicht verlieren. Ziel des Vorstoßes des 1. Armeekorps war Wilna, wo sich die Chausseen von Warschau nach Petersburg und Königsberg nach Moskau kreuzten.

Der Zar befand sich gerade auf einem Ball auf Schloss Zacrett bei Wilna, als ihn die Nachricht vom französischen Angriff erreichte.

Die Betroffenheit des Zaren war so gewaltig, dass das Fest sofort unterbrochen wurde. Wieder hatte Napoleon mit seiner Entschlossenheit und Schnelligkeit seine Feinde überrascht und dort zugeschlagen, wo sie es überhaupt nicht erwartet hatten.

Am nächsten Tag gab sich der Zar, der zugleich den Oberbefehl über alle russischen Truppen ausübte, selbstbewusst:

> Indem der Kaiser der Franzosen bei Kowno unsere Armee unversehens anfiel, hat er zuerst den Krieg erklärt. Angesichts der Tatsache, dass ihn nichts bestimmen kann, Frieden zu halten, bleibt uns nichts übrig, als unter der Anrufung der Hilfe des Allmächtigen, der Zeuge und Verteidiger der Wahrheit ist, der Streitmacht des Feindes die eigene Streitmacht entgegenzustellen. Es ist nicht nötig, die Oberbefehlshaber, die Korpsführer und die Soldaten an ihre Pflicht und Tapferkeit zu erinnern; das Blut der tapferen Slawen rollt in euren Adern. Krieger, ihr verteidigt Religion, Vaterland und Freiheit. Ich will die Waffen nicht niederlegen, solange ein einziger feindlicher Soldat auf dem Boden meines Reiches steht.[132]

Der Aufmarsch der Franzosen sah nach der Überquerung der Memel die schnelle Vernichtung der in Grenznähe vermuteten russischen Armeen vor, die sich nach einigen verlustreichen Schlachten mit Sicherheit schnell ergeben würden.

In der Tat gab es einen von Bennigsen und Bagration befürworteten Kriegsplan, der eine Offensive in Litauen vorsah und Napoleon somit in die Karten gespielt hätte.

Da jedoch Napoleon alle hinsichtlich des Angriffszeitpunkts und des Angriffsschwerpunkts überrascht hatte und im Vormarsch auf Wilna war, blieb den Russen nichts anderes übrig, als den Rückzug anzutreten und sich zur nächsten Verteidigungslinie zurückzuziehen: in das befestigte Lager von Drissa.

Die Idee zur Anlage dieses Lagers ging auf Generalleutnant von Phull zurück, einen deutschen Offizier in russischen Diensten, der schon 1806 bei Auerstedt gegen die Franzosen gekämpft hatte. Phull, der davon überzeugt war, dass die russische Armee sich nicht zum Angriff eignete, hatte den Bau eines befestigten Lagers mit Schanzen und Erdwerken empfohlen.

Diese Taktik orientierte sich an historischen Vorbildern. Durch die Errichtung eines festen Lagers bei Fürth hatte einst Wallenstein im Dreißigjährigen Krieg die taktisch überlegenen Schweden 1632 erfolgreich bekämpft. Ebenso war Friedrich der Große dank einem bei Bunzelberg errichteten befestigten Lager 1761 im Kampf gegen die Österreicher unbesiegt geblieben. Das eindrucksvollste Beispiel dieser erfolgreichen Verteidigungsmethode lieferten jedoch die jüngsten Ereignisse auf dem iberischen Kriegsschauplatz. Dort hatte sich eine von Arthur Wellesley – dem späteren Herzog von Wellington – befohlene britisch-portugiesische Armee hinter einer ausgebauten Linie aus Palisaden, Verhauen, Forts und Schanzen eingegraben und die französische Invasionsarmee zurückgeschlagen. Insbesondere hatte der Rückzug der Briten nach Torres Vedras den Zaren beeindruckt. Die Portugiesen und Briten hatten alles hinter sich zerstört oder verbrannt und so die nachrückenden Franzosen fast in den Hungertod getrieben.

Dieses Beispiel vor Augen, hatte der Zar Major von Phull den Auftrag gegeben, das Lager von Drissa anzulegen.

In diese Feste zog sich die 1. russische Armee zurück, und auch die 2. russische Armee unter Fürst Bagration wurde dorthin beordert.

Ohne ernstlich auf Widerstand zu stoßen, nahm die Armee Napoleons am 29. Juni Wilna ein, das die Russen fluchtartig verlassen hatten.

Als Napoleon erfuhr, dass Bagrations und de Tollys Armeen sich bei Drissa vereinigen wollten, teilte er Davouts Armeekorps auf. Er beraubte den Marschall seiner Divisionen Friant und Gudin, die er mit dem 1. und 2. Korps Murats weiter nördlich der russischen Hauptarmee hinterherschickte.

Dies bedeutete einen schweren Eingriff in die innere Geschlossenheit des 1. Korps. Nach nur fünf Tagen hatte Napoleon das von Davout so mühsam zusammengeschweißte, gut eingespielte 1. Korps auseinandergerissen. War dies die Strafe für den Affront von Marienburg, bei dem Davout Berthier brüskiert hatte? Vielleicht sogar der Neid des Kaisers auf Davouts Elitetruppe, wie die Marquise de Blocqueville Napoleon unterstellt?

Ganz abwegig ist dies nicht, doch es fehlen die Beweise.

Die Quellen lassen diesbezüglich keine Rückschlüsse zu. Eindeutig feststellbar ist jedoch, dass Davout kurz nachher auch noch Morand an Murat verlor und ihm nur noch die Divisionen Compans und Dessaix blieben, die nicht im Mindesten über die Kampfkraft der Truppen der Unsterblichen Drei verfügten. Vor allem die Division Dessaix blieb weit hinter den Erwartungen zurück. Sie bestand vornehmlich aus Holländern und zeigte bald, dass es mit der Marschdisziplin nicht weit her war. Auch verstand sich Davout nicht mit General Dessaix, der trotz seiner Namensverwandtschaft nicht im Mindesten über die militärischen Tugenden des bei Marengo gefallenen Freundes Desaix verfügte. Die Division Dessaix hielt nicht Schritt mit dem Marschtempo, war sehr undiszipliniert und plünderte, wo sie nur konnte.

Ungeachtet dieser Schwierigkeiten erhielt Davout die Aufgabe, mit den ihm verbliebenen Divisionen Compans und Dessaix auf Oschmiana vorzustoßen und der 2. russischen Armee unter Fürst Bagration den Weg nach Witebsk und Smolensk zu verlegen, während das Korps von Jérôme die flüchtende Armee auf Davout zutreiben sollte. Hierbei wurde Davout zusätzlich zu seiner leichten Kavallerie durch die Kavalleriedivision Claparède, die Gardelancierbrigade Colbert und das 3. Kavalleriekorps unter Grouchy unterstützt. Insgesamt betrug die Stärke des 1. Korps 35000 Mann.

Doch wie so oft zeigte sich, dass Napoleon sich geirrt hatte. Statt Bagration zum Kampf zu stellen, gerieten seine Truppen mit Barclays linkem Flügelkorps unter Dokturow ins Gefecht. Die Russen entzogen sich nach kurzem Scharmützel Davouts Angriff, verloren allerdings eine Gepäckkolonne an die Franzosen.

Angestachelt durch diesen Erfolg, stieß der Fürst von Eckmühl auf Minsk vor, das er ohne ernsthaften Widerstand einnahm. Hier fielen dem 1. Korps riesige Vorräte in die Hände, weil es den Bewohnern gelungen war, deren Vernichtung durch die Russen zu verhindern. Überhaupt wurden die Franzosen hier freundlich empfangen. Glockengeläut und Musik ertönte vor dem Rathaus, Blumen wurden gestreut – und Davout hielt eine Ansprache. In dieser Rede verkündete er den Bewohnern Minsks, dass die Franzosen gekommen wären, Polen entweder die alte Freiheit zurückzugeben oder mit ihren Gebeinen die Erde Russlands zu decken. Es waren düstere Worte, die der Marschall fand. Ihr dunkler Sinn wurde bald bittere Wahrheit.

In Minsk wartete Davout Nachrichten des Königs von Westfalen ab, um die nächsten Schritte der Hetzjagd auf Bagration abzustimmen. Doch Jérôme blieb nach der Überquerung der Memel untätig und machte nur langsam Fortschritte. Damit verpassten die Franzosen eine wertvolle Gelegenheit, die Armee Bagrations schon in den ersten zwei Wochen des Feldzugs abzuschneiden, wie ein Brief des russischen Feldherrn an den Zaren belegt, in dem Bagration die Stärke von Davouts Korps allerdings übertrieb:

> Ew. Kaiserlichen Majestät sind meine Voraussetzungen bekannt, welche mich hoffen ließen, Minsk zu erreichen und die Ursachen, welche mir nicht erlaubten, dies auszuführen. Während Davoust mit 60000 Mann und der König von Westphalen mit einem Heere, welches nach den Angaben Gefangener von gleicher Stärke war, mich auf allen Punkten verfolgten, habe ich, im festen Vertrauen auf die Tapferkeit der russischen Truppen, nie an die Zahl der Feinde gedacht, sondern alles aufgeboten, um, bei genauerer Ausführung der Entwürfe Ew. Majestät, dem Feinde auf seinem ersten Vordringen keine Gelegenheit zu irgendeinem Vortheile oder zur Gewinnung auch nur der geringsten Oberhand über die mir anvertrauten Truppen zu gewähren; aber die mir angewiesene Richtung nach Nowogrudek benahm mir nicht nur die Möglichkeit zu einer Vereinigung nach Minsk, sondern bedrohte mich noch mit dem Verluste allen Gepäcks und der Mittel zur Verpflegung des Heeres, so wie mit einer völligen Abschneidung aller Verbindungen mit der ersten Armee. Diese Lage, mit einem durch 10-tägige forcierte Märsche auf sehr sandigen Straßen erschöpften Heere, hielt ich für einen äußersten Notfall, in welchem auch Ew. Majestät mir den Rückzug über Bobruisk gestatteten [...][133]

Bagrations Armee war Jérôme und Davout entkommen. Diesmal hatte Napoleon nicht die Fähigkeit Bagrations, sondern die Inkompetenz seines Bruders Jérôme um einen wichtigen Erfolg gebracht. Statt von Anfang an gegen Bagration zu marschieren, hatte Jérôme herumgetrödelt und Napoleon im Unklaren über seine Bewegungen gelassen. Der jüngste Bruder Napoleons hatte, abgesehen von einem kurzen Intermezzo als nomineller Oberbefehlshaber der westfälischen Korps 1809, noch nie ein derartig verantwortungsvolles Kommando geleitet und zeigte sich diesem nicht gewachsen.

Es war eine jener typischen Entscheidungen Napoleons, die aus einer politischen Laune heraus geboren waren. Jérôme sollte sich etwas Ruhm erwerben, um vielleicht später einen guten König von Polen abgeben zu können. Die Polen, so räsonnierte Napoleon, liebten den Ruhm. Je mehr Jérôme davon erwarb, umso besser für ihn. Dies war eine leichtfertige Art, mit dem Großherzogtum umzugehen, und schadete sehr dem französischen Prestige. Bei der Durchreise durch das Großherzogtum hatte Napoleons Bruder keinen guten Eindruck hinterlassen und mit seiner dümmlichen Arroganz viele polnische Granden vor den Kopf gestoßen. Jérôme hatte alle Erwartungen vollauf bestätigt, wenn auch nur im Negativen.

In ganz Europa galt Napoleons Bruder als formvollendeter Kretin, der in Westfalen wegen seiner mannigfaltigen Scherze und verschwenderischen Feiern nur »König Lustig« genannt wurde. Diesem Ruf wurde Jérôme auch im Russland-Feldzug gerecht, wo er sich seine Zeit damit vertrieb, an einer Fensterbrüstung zu stehen und sich Flaschen zuwerfen zu lassen, die er wieder zurück auf den Boden eines Bauernhofes warf, wo sie zersprangen. Und als wär das nicht schon dumm genug, verwüstete er mit Säbelhieben einen Obstgarten. Als der unglückliche Besitzer einschritt und ihn fragte, warum er dies täte, antwortete Seine Majestät nur: »Damit jeder weiß, dass hier Krieg ist.«

Leider wussten das die Russen nur zu gut. Als der König von Westfalen endlich marschierte, hatte Bagration einen dreitägigen Vorsprung, der nicht wieder aufzuholen war. Die verzweifelten Versuche von Jérômes Kavalleriekommandanten Latour-Maubourg, die Russen doch noch zu erreichen, scheiterten in mehreren Reitergefechten am geschickten Widerstand von Platows Kosaken, von denen die polnischen Kavallerieregimenter fast vernichtet wurden.

Dies ließ den König von Westfalen vorsichtiger werden. Als Jérôme Bagration immer noch viel zu halbherzig verfolgte, entzog ihm Napoleon sein Kommando und unterstellte ihn im Falle der Vereinigung beider Armeekorps dem Oberbefehl Davouts, ohne seinen Bruder direkt davon zu unterrichten.

Dies übernahm der Fürst von Eckmühl, was sich aber als schwerer Fehler herausstellte.

Kindisch wie er war, ließ sich Jérôme eine solche Bevormundung nicht bieten.

Als Jérôme die Anordnung des Kaisers durch Davout erfuhr, legte er sofort das Kommando nieder und marschierte Hals über Kopf mit seiner königlichen Garde nach Deutschland ab. Seiner Auffassung nach konnte er es sich als König von Westfalen nicht zumuten lassen, von einem Marschall des Kaisers, und schon gar nicht von Davout, Befehle zu empfangen. Mit dem Marschall hatte Jérôme schon 1810 wegen Truppeneinquartierungen Schwierigkeiten bekommen, wobei Davout dem König gegenüber sehr ausfallend geworden war.

Allerdings spielte in den Beziehungen zu Davout mit Sicherheit auch eine große persönliche Antipathie eine Rolle. In Jérômes Körper steckte eine Kugel aus dem Pistolenlauf von Alexandre Davout, dem Bruder des Marschalls. Im Jahr 1800 war es aus unbekannter Ursache zu einem Ehrenhandel zwischen Alexandre Davout und dem Bruder des Kaisers gekommen, bei dem Davouts Bruder Jérôme direkt ins Brustbein getroffen hatte. Die Kugel hatte sich platt gedrückt und derartig verformt, dass es zu gefährlich gewesen wäre, sie herauszuholen. Sechzig Jahre nach Jérômes Tod sollte sie bei einer Autopsie Jérômes genau an dieser Stelle gefunden werden.

Kein Wunder also, dass Jérôme oder sogar Napoleon Vorbehalte gegenüber den Davouts hatten.

Das Verhalten des Königs von Westfalen hatte jedenfalls verheerende Folgen, denn er ernannte keinen seiner Offiziere zum Oberkommandierenden des 8. Korps. Wertvolle Zeit verstrich, die Bagration nutzte, um sich bei Bobruisk durch das einzige Nadelöhr aus der sich langsam schließenden Falle zu fädeln.

Napoleon kochte vor Wut. Und zwar nicht nur, weil Jérôme seinen Posten verlassen hatte, sondern weil Davout sich angemaßt hatte, seinem Bruder Befehle zu geben. Doch genau dies hatte Napoleon im Falle der Vereinigung des 8. mit dem 1. Korps angeordnet.

Davout hatte diese als gegeben angesehen, als die Spitzen der Truppen Jérômes Fühlung mit einigen seiner Truppenteile aufnahmen.

Die Kritik des Kaisers Davout gegenüber war ungerecht, jedoch symptomatisch dafür, wie Davout langsam, aber sicher in der Gunst Napoleons sank.

Trotzdem gab es nach Jérômes Versagen noch eine Chance, Bagration den Übergang über den Dnjepr zu verwehren. Wer nach Witebsk wollte, musste über Mohilew ziehen, wo sich weit und breit die einzige Brücke über den Dnjepr befand. Napoleon übertrug den Oberbefehl des 8. Korps an Junot, der sich zusammen mit dem Korps von Poniatowsky an die Fersen Bagrations heftete, während Davout Bagration den Weg abzuschneiden versuchte, indem er nach Mohilew marschierte.

Es wurde ein spannendes Kopf-an-Kopf-Rennen. In Eilmärschen eilten beide Armeen auf die wichtige Stadt am Dnjepr zu. Nur knapp gewann Davout den Wettlauf. Er eroberte Mohilew im Sturm und besetzte am 20. Juli den strategisch wichtigen Übergang, bevor Bagration ihn erreichen konnte.

Nur drei Tage später kam es vor der Stadt bei der Brücke von Saltanowka zur Schlacht. Wieder einmal befand sich Davout, der gerade mal über 20000 Mann verfügte, einer doppelt so starken Armee gegenüber. Unter geschickter Ausnutzung der Geländegegebenheiten hatte der Fürst von Eckmühl das Dorf Saltanowka verbarrikadiert, die Höhen hinter der Brücke mit Infanterie und Artillerie besetzt, Infanterieeinheiten in Wäldern verborgen und sogar in hochstehenden Getreidefeldern versteckt, damit sie nicht so schnell entdeckt werden konnten. Im Dorf selbst hatten die Franzosen einige der Häuser zu Blockhäusern umfunktioniert. Dies alles imponierte den Russen wenig. Übermütig forderte Bagration Davout auf, seine Truppen zurückzuziehen, damit es ihnen nicht schlecht erginge. Als Davout dies ablehnte, begann die Schlacht.

Sie wurde von den Russen mit viel Tapferkeit, aber wenig Klugheit geführt. Mit dem Kopf durch die Wand versuchten die Divisionen des russischen Korpskommandeurs Rajewski, sich den Weg zur Brücke freizuschlagen. Der Kampf wogte hin und her.

Fast hätte er Davout das Leben gekostet. Der Marschall hatte sich in einem Blockhaus in Saltanowka eingenistet, um die

Schlacht zu verfolgen. Er beobachtete den Kampf mit seinem Fernglas durch eine Dachluke und bückte sich gerade, als genau durch diese Fensteröffnung eine Kugel ins Haus einschlug. Wie schon in Auerstedt, Eylau, Regensburg und Wagram hatte der Fürst von Eckmühl erneut Glück. »Die Kugeln kannten ihn«, wie ein altes Soldatensprichwort dieser Tage zu besagen pflegte, und verletzten ihn nicht.

Durch diesen Vorfall ließ der Marschall sich nicht schrecken. Als er sah, dass die Angriffe der Russen schwächer wurden, ließ er seinerseits seine Divisionen vorrücken, und warf Rajewskis Korps zurück. Nun wurde Bagration langsam klar, dass er trotz doppelter Überlegenheit keinen Durchbruch erzielen konnte. Der russische Oberbefehlshaber gab den Kampf auf, machte kehrt und ging bei Nowoibikow über den Dnjepr.

Anschließend nahm er den Weg nach Smolensk, um sich dort mit Barclay de Tolly zu vereinen. Dieser hatte in der Zwischenzeit das Lager von Drissa aufgegeben und zog sich ebenfalls auf Smolensk zurück, wobei er fortwährend von Murats Vortrab bedrängt wurde. Zahlenmäßig zu schwach, Bagration zu folgen, blieb Davout in Mohilew stehen, um neue Befehle Napoleons abzuwarten. Taktisch hatten die Franzosen einen klaren Sieg errungen.

Von den Russen waren 1200 Mann auf dem Schlachtfeld geblieben. Die Franzosen hatten nach eigenen Angaben nur 900 Mann verloren.

Damit war Bagrations Versuch gescheitert, sich bei Witebsk mit der Armee Barclays zu vereinigen. Durch Davouts Widerstand wurde er gezwungen, sich nach Smolensk zurückzuziehen.

Da Davout jedoch in Mohilew blieb, weil er seine Truppen als zu schwach für die Verfolgung ansah, war die erste Phase des Feldzugs gescheitert und Bagration entkommen. Dies hieß Napoleon nicht gut, seiner Meinung nach hätte der Marschall Bagration energisch verfolgen müssen. Nun war die Gelegenheit verloren, Bagration zu vernichten.

Ein Historiker des 19. Jahrhunderts, Carl Bleibtreu, beurteilte diesen Verbleib von Davout in Mohilew als Vorentscheidung des Feldzugs:

> Wäre damals Davout ein Feldherr gewesen, so hätte Russland unterliegen müssen und die Weltgeschichte eine andere Wendung genommen.[134]

Dies ist ein vernichtendes Statement, das dem Marschall nicht gerecht wird. Während der ersten Phase der Verfolgung hatte nicht Davout, sondern Jérôme versagt. Im Laufe der zweiten Verfolgungsphase war Davout durch die Zersplitterung des 1. Korps zu schwach gewesen, um Fürst Bagration ernsthaft aufhalten, geschweige denn einkesseln zu können. Zudem wäre es unrealistisch gewesen, Bagration zu verfolgen, ohne die Intaktheit der Armee zu gefährden. Diese befand sich in einer desolaten Lage.

Die um sich greifende Auflösung der Grande Armée hatte bedenkliche Ausmaße angenommen.

Der Vormarsch hatte Napoleon Zehntausende seiner Männer gekostet. Entkräftung, Typhus und Hunger hatten die Grande Armée vorsichtigen Schätzungen zufolge um ein Drittel reduziert. Fast genauso schwer wog der Mangel an Pferden. Zudem kam es zu eigentümlichen Wetterlagen; so hatte ein stundenlanger Eisregen im Hochsommer über Nacht einige Tausend Tiere getötet, wie Oberst Boulart von der berittenen Gardeartillerie resigniert feststellte:

> Bei Tagesanbruch hatte sich der Sturm verzogen, aber es regnete immer noch. Was für ein Anblick bot sich mir! Ein Viertel meiner Pferde lag am Boden, einige tot oder sterbend, andere zitternd.[135]

Während Österreicher und Preußen jeweils an den Süd- und Nordflanken sicherten, marschierte die Grande Armée auf der Hauptstraße nach Witebsk weiter. Doch was sich hier durch die russische Sommerhitze quälte, hatte keine Ähnlichkeit mit einer siegreichen Armee, sondern glich eher einer geschlagenen Truppe auf der Flucht. Aufgrund des schnellen Vormarschs, der Hitze und des unreifen, grünen Roggens verendeten die Pferde reihenweise. Hafer war nicht aufzutreiben, und die Notlösung, die Pferde mit dem Dachstroh der russischen Häuser zu füttern, konnte nicht genutzt werden. Die Armee de Tollys hatte sämtliche Häuser am Wegesrand verbrannt. So blieb der französischen Armee nichts anderes übrig, als den infolge des späten Sommeranfangs noch grünen Roggen an die Tiere zu verfüttern, den sie jedoch nicht vertrugen.

Durch den Tod so vieler Zugtiere blieben ganze Transportkolonnen mit wertvollem Proviant liegen, was zu einer Hungerkatastrophe führte.

Teilnehmer des Feldzugs waren entsetzt über die schnell einsetzende Verwahrlosung und Demoralisierung der Einheiten. Wie Heuschrecken fielen sie über die Dörfer her und raubten die Landbevölkerung aus, nur um etwas zu essen zu bekommen.

Kaum war der Krieg eine Woche alt, da sah sich Napoleon nach der Besetzung von Wilna schon gezwungen, drei mobile Kolonnen zu bilden, um die sich rasch vermehrenden Banden von Marodeuren zu bekämpfen und standgerichtlich abzuurteilen. Dies bedeutete nichts anderes als die Erschießung der Delinquenten innerhalb von 24 Stunden.

> Wäre dieser Befehl streng ausgeführt worden, so hätte man 10000 der Soldaten erschießen müssen, denn das Umherstreifen war jetzt das einzige Mittel, nicht zu verhungern, weil Lebensmittel nicht mehr verteilt wurden. Man stellte nur die vor das Kriegsgericht, bei denen man gestohlene Gegenstände fand. Man verurteilte ihrer 80 zum Tode, erschoss aber nur zwei oder drei ganz besonders Schuldige.[136]

Soweit Oberst Chambray in seinen Memoiren. Folgt man Rehtwischs »1812–1815 – Geschichte der Freiheitskriege« handhabte Davout den Befehl durchaus streng. Als er nur wenige Tage später nach Minsk marschierte, traf er auf zwölf marodierende Kürassiere, die er sofort dem Standgericht überantwortete und erschießen ließ. Wieder zeigte sich Davouts Härte. Stand sie in einem Verhältnis zu dem begangenen Delikt? War es wirklich so, dass Soldaten nicht erschossen wurden, nur weil sie Mundraub begingen, wie Chambray erwähnt, oder hatten sie Übleres verbrochen?

Ein anderer Fall belegt klar, dass Chambray die Lage durch eine rosarote Brille sah. Als dem Fürsten von Eckmühl auf dem Marsch ein Soldat gemeldet wurde, der einem Bauern ein Huhn gestohlen hatte, ließ ihn der Marschall, ohne mit der Wimper zu zucken, hinrichten. Sicher, Davout handelte im Einklang mit dem Kriegsrecht.

Aber es scheint, dass er doch zu oft dem Abschreckungseffekt derartiger Hinrichtungen vertraute und dabei vergaß, dass Hunger sich nicht erschießen lässt. Das Urteil war grausam und hart, wusste der Fürst doch, dass zum Beispiel das 30. Linienregiment 30 Tage lang kein einziges Stück Brot gegessen hatte.

Bei anderen Einheiten sah es noch viel übler aus. Der Grund war in der Unfähigkeit der Etappe zu suchen, das Marschtempo der Armee zu halten. Napoleon hatte seinen Angriff überstürzt. Obwohl er um die schlechte Versorgungslage seiner Armee wusste, hatte er alles auf eine Karte gesetzt, in der Hoffnung, die Russen so schnell wie möglich schlagen zu können.

Hinzu kam die Taktik der Russen, das Land auf dem Rückzug systematisch zu verheeren. Wollte die Armee furagieren, musste sie eine Stunde von der Hauptstraße weg ins Hinterland vorstoßen, wo die Furageure oft in Hinterhalte gerieten, getötet oder gefangen genommen wurden. Meist fanden sie einfach nicht den Anschluss an ihre Truppe, die weitergezogen war, und wurden so automatisch zu Nachzüglern.

Der Kampf ums tägliche Brot, endlose Märsche und zermürbende Gefechte mit Kosaken brannten die Eroberer innerlich aus. Viele gaben sich den Tod, weil sie die Strapazen nicht mehr ertrugen.

Bis jetzt bewahrheitete sich bei diesem Feldzug die Soldatenweisheit der alten Grognards, der Brummbären: »Der Kaiser macht den Krieg mit unseren Beinen.«

Doch diesmal waren diese Härten weniger auf die Strategie Napoleons zurückzuführen als vielmehr auf die des Gegners, der sich vorerst nicht zum Kampf stellte und die Erde hinter sich verbrannte. Daraus zog man den Schluss, schneller als der Feind zu marschieren, ihm den Weg zu verlegen und, wenn möglich, ihn zur Schlacht zu stellen.

Dies hielten selbst die besten Truppen nur eine begrenzte Zeit aus. Die alles entscheidende Schlacht wurde zur Fata Morgana des Feldzugs und die jeweils nächstgelegene Stadt zum Trugbild des Sieges.

Die Stimmung der Grande Armée war hysterisch. Die Soldaten lebten, als ob jeder Tag der letzte wäre. Sie sehnten die alles erlösende Entscheidungsschlacht herbei, die, so waren sie sich sicher, nur mit ihrem Sieg enden konnte.

Endlich, nach einem Monat, befahl Napoleon der Armee, zu rasten, und wies ihr durch Berthier ihre Quartiere zu. Zwei Wochen lang ruhte sich das 1. Korps in einem Barackenlager am Dnjepr von den Strapazen des Feldzugs aus. In Witebsk zog Napoleon seine Einheiten wieder zusammen. Nach und nach stießen Nachzügler und Kranke wieder zu ihm. Endlich erreichten auch wieder Lebensmittel die ausgemergelten Kolonnen. Die Armee kam wieder zu Kräften. Das Wichtigste aber war, dass der Kaiser mit dem Gedanken spielte, in Witebsk das Ende des Feldzugs zu verkünden. In einem Kriegsrat stimmten Berthier und Daru dafür. Napoleons Stellung war hervorragend und wurde durch natürliche Grenzen gebildet. Entlang des Laufes der Düna und des Dnjepr standen Poniatowsky bei Mohilew, das 1. Korps unter Davout bei Orcha, Dubrowna und Luibowitschi. Ney, Murat, die italienische Armee und die Garde deckten den Raum zwischen Orcha, Witebsk und Surey. Aber Napoleon kam nicht mehr so weit, derartige defensive Überlegungen anzustellen.

Am 14. Juli 1812 erhielt er die Nachricht vom Friedensschluss zwischen Türken und Russen, was nichts anderes bedeutete, als dass die gegen die Osmanen eingesetzte Moldauarmee frei wurde, mit der auf dem russischen Kriegsschauplatz von nun an zu rechnen war. Verstärkte die Moldauarmee die 3. russische Armee unter Tormassow, so bedrohte sie den äußersten rechten Flügel der Grande Armée unter Schwarzenberg. Napoleon beschloss, dieses gar nicht erst abzuwarten, und befahl den Angriff auf Smolensk, wo sich am 4. August endlich die Armeen Barclay de Tollys und Bagrations vereinigt hatten.

Sofort gingen die Russen in die Offensive.

Am 8. August überraschte Kosakenhetman Platow eine Kavalleriedivision unter Sebastiani und schlug sie in die Flucht. Hierbei fiel den Siegern eine wertvolle Depesche von Murat an Sebastiani in die Hände. Aus ihr ging hervor, dass die Franzosen von dem Angriff gewusst hatten und sich über Einzelheiten der russischen Gegenoffensive im Klaren waren.

Vorsichtig wie Barclay de Tolly war, befahl er den Rückzug. Damit trat der Krieg in seine zweite Phase ein. Ungestüm stieß Napoleon nach.

Die Grande Armée nahm wieder die Verfolgung der Russen auf. Am 13. August zog Davout seine Korps bei Rajasna zusammen und ging auf drei Pontonbrücken über den Dnjepr. Wenig später vereinigten sich die Korps der Grande Armée vor Smolensk. Hier, vor einer der ältesten Städte Russlands, erwartete Napoleon die Entscheidungsschlacht, und dies nicht zu Unrecht, hatte doch der Zar selbst Smolensk als letzte Bastion der russischen Rückzugslinie bezeichnet.

Aber Barclay de Tolly dachte nicht im Traum daran, seine Armee bei Smolensk in die Falle gehen zu lassen. Geschickt platzierte er 30000 Mann unter dem Befehl von Dokturow in Smolensk, während er mit dem Rest der 1. russischen Armee Stellung auf dem Nordufer bezog. Die 2. Armee unter Fürst Bagration hatte Barclay de Tolly nach Dorogobusch gesandt. Sie hatte den Auftrag, die Straße nach Moskau zu decken und jeden Versuch einer feindlichen Flussüberquerung östlich von Smolensk aufzuhalten.

Von all dem ahnte Napoleon nichts. Wie besessen hatte er sich in die Idee verrannt, die Russen bei Smolensk zu schlagen, und wurde darin von Davout unterstützt, während Murat sich gegen einen Angriff auf die befestigte Stadt aussprach.

Aber Einwänden dieser Art schenkte Napoleon kein Gehör. Energisch verteilte er die Angriffsziele: Ney erhielt die Aufgabe, die Zitadelle zu erstürmen, Davout mit den Divisionen Friant und Morand sollte die Vorstädte einnehmen, die an die mittelalterliche Stadtmauer heranreichten.

Es wurde eine ebenso blutige wie unnütze Schlacht. Napoleon, der darauf brannte, die Russen zu vernichten, ließ den ganzen Tag Smolensk bestürmen. Die Russen verteidigten sich zäh. Sie machten sogar mehrmals Ausfälle, die ihnen herbe Verluste brachten, nahmen jedoch keine Schlacht an. Persönlich führten Morand, Friant und Davout ihre Männer an, jagten sie in die Vorstädte und rangen dort endlich nach stundenlangen Häuserkämpfen den russischen Widerstand nieder.

Aber es gelang ihnen nicht, die Stadt zu erstürmen.

Am Abend war Smolensk immer noch in russischer Hand. Von 30000 Russen waren 11000 gefallen oder außer Gefecht gesetzt. Es war ein blutiger Tag gewesen. Auf französischer Seite hatte vor allem das Korps Davouts mit fast 5000 Mann hohe Verluste erlitten. Die Aussicht auf den nächsten Tag war nicht dazu angetan, die Stimmung der Grande Armée zu heben.

Die Franzosen besaßen vor Smolensk keinen Belagerungspark, und die Durchschlagskraft der Zwölfpfünder reichte nicht aus, um in die starken Mauern der Stadt Breschen zu schießen. Die Stellung der Russen war stark, die Kampfmoral hoch. Die Verteidiger waren sich sicher, den französischen Angriffen noch einige Zeit standhalten zu können.

Ein Zufall kam den Franzosen zu Hilfe. Barclay de Tolly sah keinen weiteren Sinn mehr in der Verteidigung der Stadt und befahl, Smolensk aufzugeben. Die Besatzung war ratlos und tobte vor Wut. Vor und auf den Mauern lagen ihre toten Kameraden. Sollte dies alles umsonst gewesen sein? Ohne Einsicht in den höheren Sinn der Weisung ihres ungeliebten Oberbefehlshabers, der diese Schlacht wider besseres Wissen nur aufgrund des Drucks des Zaren geschlagen hatte, zogen die Verteidiger aus Smolensk ab. Bei ihrem Rückzug steckten sie die einst blühende Stadt in Brand, sodass sie bald lichterloh wie eine Fackel die Nacht erhellte.

Als die Franzosen am nächsten Tag Smolensk stürmen wollten, waren die Russen abgezogen. Alles, was Napoleon vorfand, waren verkohlte Trümmer.

Statt Freude über die Einnahme machte sich Ernüchterung breit. Wieder hatte sich Barclay de Tolly einer Entscheidungsschlacht entzogen. Eine Zeit lang schwankte der Kaiser, ob er hier haltmachen sollte, und fragte seine Marschälle, die sich zum Teil recht offen äußerten und den Abbruch des Feldzugs vorschlugen. Aber Napoleon entschied sich anders. Er wusste, dass die Armee nur noch durch die Hoffnung zusammengehalten wurde, nach einem entscheidenden Sieg über die Russen Moskau zu erobern und damit den Krieg zu beenden.

Die Jagd ging weiter. Schon der nächste Tag brachte Davout einen schmerzlichen Verlust.

Dies begann damit, dass der Rückzug Barclay de Tollys fast scheiterte. Statt sich in der Nacht über die Petersburger Straße von den Franzosen zu lösen, um dann später wieder auf die Straße nach Moskau abzuschwenken, war ein Teil der russischen Armee fast im Kreis marschiert und versehentlich der französischen Vorhut unter Ney entgegen gezogen. Zu allem Überfluss hatten sich auch die Transportkolonnen kaum fortbewegt. Durch den Rückstau gab es Verzögerungen auf der einzigen Straße nach Moskau. Hier steckte eine aus mehreren hundert Wagen bestehende Transportkolonne mit Gepäck und Verwundeten fest.

Das war die Gelegenheit, auf die Napoleon all die Wochen gewartet hatte! Jetzt konnte er zumindest Barclays Nachhut vernichten und seinen Tross erobern. Doch die Franzosen waren genauso überrascht wie die Russen, einander gegenüberzustehen, und der Kaiser erkannte die Gelegenheit nicht, die sich ihm bot.

Zwar griff Ney die russische Nachhut an, aber es geschah nur halbherzig, weil er eines der üblichen Nachtgefechte befürchtete. Als er endlich bemerkte, dass die Russen immer mehr Verstärkungen erhielten, forderte er seinerseits frische Truppen an.

Um seinen Rückzug zu decken, beauftragte de Tolly Tutschkow, mit seinem Armeekorps den Rückzug der Hauptarmee zu sichern und sich erst bei Lubin, dann bei dem Dorf Valutina Gora aufzustellen. Mit dem ihm eigenen Elan griff Ney die Front der russischen Verteidiger an und drängte sie über das Flüsschen Strogan, wo sie auf einem Hügel oberhalb der kleinen Brücke eine zweite Front bildeten. Hier kam Ney allein nicht weiter. Da ein Flankenstoß von Junot ausblieb, forderte er Verstärkungen an.

Napoleon schickte die Division Gudin, die sich am Abend zum Angriff entlang des Flussübergangs bei Valutina Gora entwickelte. Dort jedoch kam es zu einer Meinungsverschiedenheit zwischen Gudin und Ney, weil Gudin sich angesichts der russischen Feuerkraft weigerte, einen sinnlosen Frontalangriff zu unternehmen. Ney empfand dies als Angriff auf seine Person und wagte es, Gudin Feigheit zu unterstellen. Dies ließ Gudin nicht auf sich sitzen. In mehreren blutigen Angriffen führte er höchstpersönlich mit dem Säbel in der Hand seine Infanterie gegen den Feind, bis eine Granate unter ihm explodierte und ihn schwer verletzte. Zwar gelang es seiner Division, die von den Russen besetzte Höhe zu stürmen, doch die Verluste standen in keinem Verhältnis zum Gewinn.

Jetzt blieb den Franzosen nur noch eine Chance. Links von der russischen Stellung hatte Davout mit Morand die Situation ausgenutzt, um sich mit einem seiner typischen Flankenmanöver in die Seite des Feindes zu manövrieren. Schon war er bereit, zuzustoßen, als ausgerechnet der Kaiser, der dieses Manöver durch ein Fernglas verfolgt hatte, befahl, das Umgehungsmanöver einzustellen. Napoleon befürchtete, dass die Division Morands ihrerseits in der Flanke gefasst werden könnte, und ermöglichte so den Russen, unbehelligt abzuziehen.

Wieder hatte der Kaiser einen Fehler begangen, es sollte nicht sein letzter bleiben. Erneut waren gute Soldaten für nichts und wieder nichts gefallen. Die französischen Verluste wogen umso schwerer, als mit Gudin einer der besten Generäle Frankreichs im Sterben lag. Unverzüglich eilte Davout zu seinem Divisionär, den er unter seinen Generälen sowohl als Offizier wie auch als Mensch am meisten schätzte.

Der Besuch am Krankenbett Gudins erschütterte Davout schwer, wie ein Brief an Aimée bezeugt:

> Ich muss Dir leider einen ziemlich schlechten Auftrag geben, und zwar jenen, der Frau Gräfin Gudin das Unglück beizubringen, das Ihrem hochverehrten Mann in einem Gefecht widerfahren ist, in dem seine Division sich mit Ruhm bedeckte. Es wurde ihm ein Bein abgenommen und die Wade des anderen Beins durch eine Haubitzengranate zerschmettert, die neben ihm einschlug; es ist wenig wahrscheinlich, dass er sich davon erholt. Er hat die Amputation mit seltener Beherrschung ertragen; ich habe ihn wenige Stunden nach seinem Unglück gesehen, und er war es, der mich zu trösten versucht hat. Man rührt mir nicht leicht das Herz, aber wenn sich jemand meiner Wertschätzung und Freundschaft erfreut, ist es ganz Feuer und Flamme. Ich habe wie ein Kind geweint.[137]

Der Verlust Gudins beraubte die Grande Armée eines ihrer fähigsten Offiziere. Der Nachfolger des toten Divisionärs wurde General

Gérard, ein tüchtiger und tapferer Offizier, der jedoch nicht über die taktischen Gaben des Gefallenen verfügte.

Der Vormarsch ging weiter. Auf Davout warteten schwere Konflikte mit Murat, dem Kommandeur der Reservereiterei.

Der König von Neapel war von Napoleon dazu bestimmt worden, den Vormarsch auf Smolensk zu leiten, und sollte dabei von Davouts 1. Korps unterstützt werden. Eine schlimmere Auswahl hätte Napoleon nicht treffen können.

Keine Paarung war so ungeeignet zu funktionieren wie diese.

Auf der einen Seite stand der methodische, meist durch dicke Brillengläser blickende Davout, der Bürokrat unter den Marschällen.

Auf der anderen Seite war da Murat, der pfauenhafte, in Parfumwolken schwebende Draufgänger, der wie ein Zirkusreiter aussah. Meist trug er selbst entworfene Fantasieuniformen. Stets war er von einem exotisch aufgemachten schwarzen Trommler mit Turban begleitet. Dazu angedacht, Murats Erhabenheit als König von Neapel zu unterstreichen, machte der gemeinsame Auftritt ihn eher zur ausgemachten Karikatur eines Reiterführers. Hier schimmert die Exzentrik und verschwenderische Nonchalance etwa Fürst Pücklers durch, ohne dass Murat diesem Adeligen hätte das Wasser reichen können. Der gebürtige Provenzale war als Sohn eines Gastwirts für die geistliche Laufbahn bestimmt gewesen, hatte es sich jedoch anders überlegt und war noch vor der Revolution in die Armee eingetreten. Dort hatte er es zuerst nur bis zum Unteroffizier gebracht. Erst als er Napoleon kennengelernt hatte, war er mit ihm die Stufen des Erfolgs hochgestiegen. Seine famose Reiterattacke bei Abukir hatte die Schlacht entschieden, sein mutiges Eingreifen am 18. Brumaire Napoleon vor dem Dolch eines aufgebrachten Republikaners gerettet. Seitdem hatte er an jedem Feldzug Napoleons teilgenommen und sich überall ausgezeichnet. Nachdem ihn Napoleon mit dem Großherzogtum Berg ausgestattet hatte, war er 1808 König von Neapel geworden.

War Davout barsch und auf den ersten Blick wenig einnehmend, verkörperte Murat das genaue Gegenteil. Liebenswürdig im persönlichen Umgang, bestach er durch sein geselliges Auftreten. Beide, Davout und Murat, waren äußerst energisch und mutig. Murat neigte jedoch im Gegensatz zu Davout zu impulsivem und wenig überlegtem Handeln. Er war in der Tat der schlechtere Feldherr, wie sich noch im Laufe des Feldzugs erweisen sollte, aber er war ein charismatischer Truppenführer.

Eins kam noch hinzu: die Neigung Murats, Menschen- und auch Pferdeleben zu verschwenden. Coignet bezeichnete ihn sogar als den Henker der Reiterei:

> Durch oft nutzlose, lange Ritte oder langes Halten auf den Straßen überanstrengte er die Pferde, anstatt ihnen die nötige Ruhe zu geben und für Futter zu sorgen. Er dachte nicht daran, dass der Mann nur ein Pferd hatte, während er selbst jederzeit ein müdes Pferd gegen ein frisches austauschen konnte. Er besaß keine Voraussicht, war nur ein Mann des Augenblicks. Die ungeheuren Verluste an Pferden gleich zu Beginn des Feldzugs und auch späterhin warf man zum großen Teil seiner Schonungslosigkeit vor.[138]

Vergeblich hastete Murats Kavallerie mit Davouts Infanterie der russischen Hauptarmee hinterher. Stets waren sie zu spät. Es wäre müßig, an dieser Stelle jedes der unzähligen Gefechte und Scharmützel des Marsches nach Moskau aufzuführen. Fest steht, dass sich der französischen Armee dasselbe Bild wie schon 1805 in Süddeutschland und Österreich bot. Die Russen zogen sich zurück und lieferten, um neuen Vorsprung zu gewinnen, ein Nachzugsgefecht nach dem anderen. Auf diese Weise verlor Murat immer mehr Männer und Pferde. Kam er nicht weiter, rief er Davouts Infanterie zu Hilfe und verheizte sie genauso wie seine Kavallerie in sinnlosen Gefechten. Nacheinander eroberten die Franzosen die Städte Krasnoe und Wjasma und rückten weiter auf Moskau vor.

Es kam, wie es kommen musste. Nach mehreren Streitgesprächen gab Davout seinen Einheiten die Weisung, nur noch aus seiner Hand Befehle entgegenzunehmen und nicht mehr auf die Kommandos des Königs von Neapel zu hören.

Anlässlich eines unbedeutenden Scharmützels mit den Russen eskalierte der Konflikt zwischen dem König von Neapel und Davout. Vor den Augen Napoleons hielt der Fürst von Eckmühl dem König von Neapel eine Strafpredigt und setzte ihm auseinander, was für unnötige Verluste er dem Heer zufügte, indem er, ohne vorherige Aufklärung, jedes Mal wie ein Stier mit gesenkten Hörnern auf den Feind losging, der ohnehin nur bis zum Abend Widerstand leistete, um sich anschließend zurückzuziehen. Dies ließ sich Murat nicht bieten. Der Streit eskalierte. Beide Marschälle beleidigten sich aufs Heftigste, bis Napoleon den Streit beendete.

Als Murat wütend das Weite suchte, erklärte Napoleon Davout nachsichtig, dass zwar er mit Sicherheit der bessere Feldherr, Murat aber der geeignetere Mann für die Verfolgung sei. Trotzdem klärte der Kaiser nicht, wer denn eigentlich den Oberbefehl über die Vorhut hatte. Er unterstellte nur die Division Compans unter den Oberbefehl Murats. War dies von Napoleon als Kompromisslösung gedacht, so war ihr keine lange Lebensdauer beschieden.

Als am nächsten Tag Murat genau denselben Fehler noch einmal machte und die Division Compans beinahe in ein völlig unnötiges Gefecht mit der russischen Nachhut verwickelt worden wäre, ging Davout höchstpersönlich dazwischen und verhinderte dies.

Jetzt lief das Fass über. Die Auseinandersetzung zwischen beiden Kommandeuren wurde so heftig, dass sie sich körperlich angingen und der Kaiser selbst einschreiten musste. Schonungslos machte Davout dem König von Neapel in seiner brutal-direkten Art klar, dass er nichts von ihm als Truppenkommandeur hielt. Murat war außer sich und forderte Davout zum Duell. Doch Ehrenhändel ließen Davout seit eh und je kalt. Für ihn zählten in diesem Streit allein Argumente und das Leben seiner Männer, das durch Murats sinnlose Angriffe gefährdet war. Zudem stellte er Murat gegenüber klar, dass er ihm nichts zu befehlen hätte, weil er als König von Neapel überhaupt nicht sein Souverän sei.

Damit hatte der Fürst von Eckmühl recht. Leider fiel der Schiedsspruch Napoleons nicht so aus, wie Davout es sich erhofft hatte. Der Kaiser stimmte zwar in der Sache dem Fürsten von Eckmühl zu, persönlich fühlte er sich jedoch mehr zur Sache Murats hingezogen. Die Sache kann auf einen Punkt gebracht werden: Der Kaiser mochte Murat gern, Davout dagegen schätzte er, doch sein Charakter gefiel ihm nicht. Daran hatten all die Jahre und all die Leistungen des Burgunders nichts geändert. De facto war Davout jetzt Murat unterstellt. Der Fürst von Eckmühl hatte den Machtkampf verloren.

Ähnlich wie die Spannungen in der Grande Armée waren auch bei den Russen die Konflikte hochgekocht. Die Aufgabe Smolensks hatte die Absetzung von Barclay de Tolly als Oberbefehlshaber bewirkt. Zu groß war der Unmut geworden, zu groß die Sorge davor, dass auch Moskau dem Feind kampflos ausgeliefert werden würde. Die Bojaren wie auch viele der Fürsten waren das ewige Zurückgehen leid und wollten die Entscheidungsschlacht vor den Toren Moskaus. Am allermeisten die Moskauer selbst. Die einfachen Soldaten waren demoralisiert, das Offizierskorps murrte. Insbesondere der Zar war beschämt und verlangte die Entscheidungsschlacht. Jetzt endlich griffen die seit Wochen und Monaten geschürten Intrigen der altrussischen Generalität gegen Barclay de Tolly. Schweren Herzens setzte der Zar seinen Kriegsminister, den er gut leiden konnte, als Oberbefehlshaber ab und entschied sich aufgrund des öffentlichen Drucks für General Michail Kutusow. Zwar hielt er von ihm als Militär überhaupt nichts, aber Kutusow war beim einfachen Volk beliebt und wurde der Mann der Stunde.

Als Taktiker und General äußerst mittelmäßig, war er ein gerissener Fuchs. Nach außen hin gab er sich das Bild eines einfachen Russen, in Wirklichkeit lebte er in Saus und Braus das dekadente Leben eines Hochadeligen. Kutusow liebte gutes Essen, trank unmäßig und umgab sich gern mit jungen Offizieren des Hochadels.

Privat sprach er kaum Russisch, sondern wie fast alle Noblen Russlands Französisch. Er war ein hervorragender Unterhalter, ein guter Diplomat und der geborene Blender. Seine Schlachtberichte glichen stets den Abenteuern des Barons von Münchhausen. Siege wurden ins Bombastische erhöht, Niederlagen dreist weggelogen, oder, falls es sich nicht vermeiden ließ, kleingeredet. Nicht jeder schätzte ihn. Barclay de Tolly nahm sich vor Kutusow sehr in Acht und traute ihm nicht über den Weg.

Schon der Beginn seines Kommandos wirft ein bezeichnendes Licht auf ihn. Hatte er in Moskau noch getönt, dass es ab jetzt mit dem Rückzug vorbei sei, ließ er die zum Kampf bereit stehende Armee sofort nach Moskau kehrtmachen und den Rückzug antreten, bis er an der Moskwa bei einem Dorf namens Borodino Halt machte.

Hier wollte er die Schlacht schlagen, die über das Schicksal Russlands entscheiden sollte. Sofort ließ er Feldschanzen aufwerfen, Gräben und Wolfsgruben ausheben und in Moskau Milizen rekrutieren.

Um das Vorfeld ihrer Hauptstellung zu sichern, errichteten die Russen eine große Schanze bei Schewardino. Sie sollte die Annäherung der Franzosen verhindern, wurde jedoch schon am 5. September von der Division Compans im Sturm genommen, sodass Napoleon sich der russischen Hauptlinie annähern konnte. Die russischen Stellungen lehnten sich im Süden bei Utitza an der alten Smolensker Straße an und verliefen entlang des Semenowskojer Baches über das an der Moskauer Straße gelegene Dorf Borodino zu den Ufern der Kolotscha im Norden.

Im Vorfeld des unbedeutenden Baches Semenowskoja hatte Kutusow drei pfeilförmige Schanzen errichten lassen. Sie hatten die Form eines gleichschenkeligen Dreiecks. Sie wiesen mit der Spitze zu den Franzosen, waren hinten jedoch offen. Der Trick bestand darin, dass die Franzosen nur zwei von ihnen sehen konnten. Die dritte lag vor ihren Blicken verborgen etwas weiter hinten und konnte die beiden vorderen im Fall der Eroberung mit Artilleriefeuer bestreichen.

Da sich die Schanzen auf dem rechten Flügel der von Fürst Bagration befohlenen Armee befanden, wurden sie allgemeinhin die Bagrationsschanzen genannt.

Nördlich des Baches, in einem Winkel zwischen Moskauer Straße und Kolotscha, lag auf einem Hügel eine große Schanze, die nach ihrem Verteidiger Rajewski-Schanze genannt wurde. Verteidigt wurde diese Linie von der 1. Armee unter ihrem Führer Barclay de Tolly. Den Oberbefehl über alle Truppen führte Kutusow.

Dieser zeigte sich am 6. September wieder als großer Psychologe. In einer Ansprache an die Truppen knüpfte Kutusow geschickt an die tiefe Frömmigkeit des russischen Soldaten an und stilisierte die Schlacht gegen die Franzosen nicht nur zum Kampf um die Heimat, sondern zum Armageddon des ewigen Kampfes gegen den Antichrist. Weihrauch schwängerte die Luft. Tausende Soldaten fielen wie in einem Ruck auf die Knie, als die Popen das in Smolensk gerettete Bild der Heiligen Jungfrau durch die Reihen trugen. Tränen der Rührung ergriffen die russischen Soldaten, die aus voller Kehle heilige Lieder sangen und sich dabei bekreuzigten.

Hinter Wällen, Wolfsgruben und rasch aufgeworfenen Erdwerken erwarteten sie den Angriff der Franzosen, die sich mit ihren Verbündeten nervös auf den vermeintlichen Endkampf am nächsten Tag vorbereiteten.

Napoleon war erleichtert. Endlich bot sich ihm die lang ersehnte Entscheidungsschlacht. Jetzt stellte sich nicht mehr die Frage, ob man schlagen würde, sondern wie man den Feind besiegen könnte.

Gespannt ritt er aus sicherer Entfernung die Front der Russen ab. Als er wieder ins Hauptquartier zurückkam, stand sein Plan fest. Wie so oft bevorzugte Napoleon einen frontalen Schlagabtausch. Seine Angriffstaktik sah vor, den rechten russischen Flügel so gut wie unbehelligt zu lassen und durch den von den Bagrationsschanzen gedeckten linken russischen Flügel zu brechen. War dies erst gelungen, so ließ sich leicht die gesamte gegnerische Front zum Zentrum hin aufrollen und vernichten.

Hierzu musste in der Mitte das Dorf Borodino eingenommen werden und die italienische Armee unter dem Vizekönig von Italien Eugène Beauharnais die Rajewski-Schanze im Zentrum stürmen. Es war ein Entwurf, der sehr auf den Überraschungseffekt setzte und viele Opfer in Kauf nahm.

Aber Napoleon war nicht der Einzige, der sich Gedanken darüber machte, wie die russische Stellung zu brechen sei.

Am 6. September war auch Davout die feindlichen Stellungen abgeritten. Dabei hatte er festgestellt, dass die Russen den Wald östlich der Bagrationsschanzen nicht besetzt hatten und dahinter nur eine militärisch fragwürdige Einheit von 10000 Milizionären stationiert war.

Aufgeregt machte er sich zum Kaiser auf. Der Fürst von Eckmühl schlug Napoleon vor, den Feind durch Scheinangriffe in der Front zu fesseln, ihn währenddessen mit dem 1. Korps im Osten zu umgehen und Kutusow den Weg nach Moskau abzuschneiden. Es war das Manöver, das bei Auerstedt, Eylau und Wagram den Sieg gebracht hatte. Der Kaiser überlegte lang. Dann wandte er ein, dass diese Umgehung zu viel Zeit in Anspruch nehmen würde und dass das Korps sich verirren könnte.

Davout blieb weiterhin hartnäckig. Er schlug vor, dass er sich noch in der Nacht an die Spitze seines Armeekorps setzen könnte, um pünktlich um 7 Uhr dem Feind in seine linke Flanke zu fallen, wo die militärisch schwachen Moskauer Milizen postiert waren. Dann könnte er der Reihe nach die Schanzenlinie Bagrations angreifen und aufrollen.

Napoleon wurde unwirsch und lehnte Davouts Vorschlag wütend ab. »Sie! Sie sind immer dafür, den Feind an der Flanke zu umgehen!« Dann brach Napoleon das Gespräch ab und befahl Davout abzutreten.

Der Fürst von Eckmühl war ratlos und erkannte den Kaiser nicht mehr wieder. War dies noch der Mann, der bei Austerlitz, Jena, Eckmühl und Wagram gesiegt hatte?

Es war eine der größten Fehlentscheidungen in Napoleons Leben.

Die Schlacht, die sich an der Moskwa bei dem kleinen Dorf Borodino anbahnte, übertraf in ihrer monströsen Sinnlosigkeit alles Dagewesene. 130000 Franzosen standen 120000 Russen gegenüber, nur mit dem Unterschied, dass die Russen teilweise in gut gedeckten Stellungen lagen.

Von Wellington stammt der Satz »Eine Schlacht beschreiben? Genauso gut könnte man die Geschichte eines Balls erzählen.«

Die Schlacht von Borodino ist hier keine Ausnahme. Wir müssen uns an dieser Stelle auf Davouts Anteil an der Schlacht beschränken. Er war, wie man sich nach dem vorabendlichen Gespräch mit Napoleon denken kann, relativ bescheiden. Zusammen mit Ney war es ihm vorbestimmt, die Pfeilschanzen Fürst Bagrations zu nehmen. Nach einer Kanonade aus 100 Geschützen rückten die Divisionen Davouts zusammen mit denen Neys auf die östlichste Bagrationsschanze vor. Ein mörderischer Kugelhagel aus Kartätschenfeuer empfing Davouts Männer, welche die Schanze nach hartem Nahkampf eroberten. Dieser Erfolg währte nicht lang. Ein russischer Gegenangriff warf die Divisionen Compans und Dessaix nach nur einer halben Stunde wieder an den Waldrand zurück. In einem fortlaufenden Auf und Ab endloser Angriffe und Gegenangriffe hub entlang der gesamten Front ein mörderisches Ringen um die Bagrationsschanzen an. Der Reihe nach wurden Compans, Dessaix und viele andere verletzt. Davouts Generalstabschef Romoeuf hatte nicht so viel Glück. Während eines Gesprächs mit dem Marschall riss ihn mitten im Satz eine Kanonenkugel von Davouts Seite. Romoeuf starb sofort.

Doch nicht nur Davouts Männer fielen. Diesmal blieb dem Marschall das Glück von Mohilew nicht hold. Eine Kanonenkugel zerfetzte sein Pferd, das ihn unter sich begrub, und streifte ihn am Unterleib. Bei dem Sturz fiel Davout so hart auf den Bauch, dass seine im Gurt steckende Pistole durch die Wucht des Aufpralls zersprang. Bewusstlos blieb der Fürst von Eckmühl am Boden liegen.

Atemlos eilten seine Adjutanten zu ihm. Wie es aussah, war dem Marschall nicht mehr zu helfen. Schon wurde Murat der Oberbefehl über Davouts Truppen übertragen, als sich der Marschall unter heftigen Schmerzen wieder aufraffte. Wenn er eins nicht wollte, dann war es, dass Murat seine zusammengeschmolzenen Divisionen anführte.

Aber der Fürst von Eckmühl hatte an diesem Tag kein Glück. Eine Stunde später wurde er erneut verletzt. Diesmal traf ihn eine Kartätschenkugel am linken Oberschenkel. Wieder wollten seine Adjutanten ihn aus der Schlachtlinie bringen, erneut ließ er dies nicht zu. Trotz seiner üblichen Standhaftigkeit konnte er nicht verhindern, dass ein russischer Gegenangriff seine Divisionen von Neuem aus den Schanzen warf und der so teuer erkaufte Anfangserfolg null und nichtig wurde.

Nach Stunden harten Kampfes gingen die zuvor eroberten Bagrationsschanzen verloren, blieben aber noch Stunden lang umkämpft, bis die Franzosen sie doch noch nach blutigen Frontalangriffen von Infanterie und Kavallerie durchstießen. Hierbei wurde Fürst Bagration selbst tödlich verwundet und vom Schlachtfeld getragen. Anschließend gelang es Murat und Ney, nach pausenlosen Reiter- und Infanterieangriffen die russische Front zu durchbrechen und die feindlichen Truppenmassen, die Semenowskoje verteidigten, in die Flucht zu schlagen. Mit diesem Angriff hatten sich die Divisionen Neys, Murats und Davouts verausgabt.

Von diesem Zeitpunkt an verlagerte sich die Schlacht zum Zentrum hin. Hier spielte die große Schanze die zentrale Rolle und entpuppte sich als Bollwerk der Verteidigung, an dem sich Angriffswelle um Angriffswelle brach.

Es wurde der grausigste Ort der Schlacht. Nachdem Morand die Schanzen nach einem gescheiterten Sturmlauf genommen hatte, eroberten die Russen sie wieder zurück. Auch hier folgte Angriff auf Angriff. Zu acht oder zehn Mann stapelten sich die Toten in den Gräben und auf den Wällen der Schanze übereinander.

Reihenweise lagen die Toten zu beiden Seiten in bizarren Verrenkungen vor und in den Wolfsgruben, welche die Verteidiger noch am Vorabend der Schlacht ausgehoben hatten.

Angriff um Angriff wuchs die blutige Brüstung aus Menschenleibern immer höher, bis sie sich wie die Schlacke eines feuerspeienden Vulkans am Rand des Erdwerks absetzte. Schuss um Schuss färbte die Gesichter der russischen Verteidiger schwarz, sodass sie wie Teufel aussahen, die aus dem Innern der Hölle ans Tageslicht krochen. Pulverdampf legte sich schwer auf die Lungen der Verteidiger und brannte in den Augen. Verwundete mit zerschossenen Gesichtern, Männer ohne Arme und Beine lagen hilflos in der Schanze. Sie wurden von den Kämpfenden in den Brei getreten, der sich aus Bluttümpeln, Leichen, abgeschossenen Gliedmaßen und niedergehenden Kugeln am Boden der schwer umkämpften Erdfestung gebildet hatte.

Inmitten des Gewehr- und Geschützfeuers brüllten sich die Offiziere ihre Stimmen heiser. Trommelsignale drangen nicht mehr durch, Trompeten verstummten. Die Ohren Tausender ertaubten durch das schrille Zischen der Granaten und Kanonenkugeln, die von allen Seiten auf die Schanze zuflogen und dort blutige Lücken in die dichten Reihen der Verteidiger rissen. Noch flatterte die von Kugeln zerfetzte Fahne des Zarenreichs unerschütterlich auf der Wallkrone, als endlich die Entscheidung fiel und ein kombinierter Angriff von General Caulaincourts Kürassieren und Eugènes Infanteristen von drei Seiten die Verteidigung durchbrach. Die Erstürmung der Rajewski-Schanze und die Einnahme des Dorfes Semenowskoje entschieden die Schlacht.

Langsam zogen sich die Russen zurück, wobei ihr Rückzug geordnet verlief.

Als die Sonne an jenem heißen Sommertag über dem Schlachtfeld sank, lagen über 45 000 Russen und 28 000 Franzosen tot oder verwundet auf den blutigen Feldern an der Moskwa. 60000 Kugeln hatte allein die französische Artillerie verschossen, 1400000 Schüsse die französische Infanterie abgegeben.

Borodino wird heute immer als Sieg »klein« geschrieben. Sicher, es war ein Pyrrhussieg. Aber anders als Eylau zog es den Fall einer Hauptstadt nach sich. Tausende Russen flohen in Panik aus Moskau, und Napoleon konnte nach klassischem Kriegsbrauch mit Recht hoffen, Sieger zu sein. In Wirklichkeit hatte der Sieg die Grande Armée davor bewahrt, auseinanderzufallen und sich aufzulösen. Moskau, das war das Ziel gewesen, der Siegespreis der Schlacht.

Nachdem er seinem Heer Zeit gelassen hatte, sich auszuruhen, setzte Napoleon die Verfolgung der Armee Kutusows fort. Dieser sagte sich, dass eine gute Lüge besser sei als eine schlechte Wahrheit, und gaukelte der Moskauer Bevölkerung vor, bei Borodino siegreich gewesen zu sein. Erst im letzten Moment, als man die Truppenspitzen der Franzosen bemerkte, wurden den Moskauern die Lügen Kutusows schmerzlich klar.

Doch da trugen die Münchhausiaden Kutusows, die sich wie ein Lauffeuer durch das Zarenreich verbreitet hatten, schon erste Früchte. Ausgerechnet am Tag, an dem Moskau fiel, wurden in St. Petersburg Dankgottesdienste zu Ehren des vermeintlichen Siegers von Borodino abgehalten.

Wie anders sah doch in Moskau die Realität seines Sieges aus! Während in St. Petersburg die Popen würdig zum Altar schritten, brach in Moskau Panik aus. Menschen liefen kopflos in ihre Häuser, um ihre Siebensachen zu packen, Söhne trugen ihre kranken Mütter huckepack durch die Straßen, reiche Bourgeois warfen sich auf ihre Pferde und peitschten sich den Weg durch die fliehende Bevölkerung frei. Wer schwach war, den drängte man ab. Viele verarmte Alte wurden im Getümmel zertrampelt. Innerhalb weniger Stunden herrschte auf den Straßen Moskaus das Chaos.

Wie immer heftete sich Murat kopflos an die Fersen der Russen. Verblendet von der wahnwitzigen Idee, als Erster Moskau betreten zu können, jagte er dem Feind nach. Tatsächlich erreichte Murat die Stadt, als die Flüchtlingstrecks fliehender Moskowiter und Kosaken sich miteinander in heillosem Wirrwarr verschränkten.

Schon nahmen einzelne französische Offiziere ganze Kompanien oder Züge von russischen Kosaken und Linieninfanteristen gefangen. Aber anstatt die Gunst der Stunde zu nutzen und die Kosaken anzugreifen, gefiel sich Murat zum Erstaunen der Russen darin, den edlen Ritter zu spielen.

Er schloss einen Waffenstillstand ab, der den Russen erlaubte, unbehelligt abzuziehen, und feierte das Ende des Krieges. Wie Murat dachten viele in der Grande Armée, selbst Davout. Jetzt, wo die Hauptstadt erobert war, so lautete die einhellige Meinung vom einfachen Soldaten bis zum Kaiser, musste der Zar Frieden schließen. Vergessen war jene Äußerung des Zaren, der geschworen hatte, weiterzukämpfen, bis kein einziger Feind mehr auf Russlands Boden sei.

Napoleon dachte an jenem Tag, an dem er die Schlüsselübergabe Moskaus erwartete, nicht im Traum daran.

Doch anstatt von einer verängstigten Schar Honoratioren mit den Schlüsseln der Stadt begrüßt zu werden, musste der Kaiser mit seinen Marschällen ungläubig feststellen, dass man ihm die Gaben des Triumphes verweigerte. Einzig das kräftige »Vive L'Empereur!« seiner Truppen bezeugte, dass er die Stadt tatsächlich erobert hatte. Schweigend ritt der Kaiser mit seinem Gefolge durch die leer gefegten Straßen der Vorstädte Moskaus, bis er den Kreml erreichte. Überall bot sich dasselbe Bild. Bis auf seine Soldaten, die entweder seinen Zug sicherten, oder in den Nebenstraßen ihr Quartier bezogen, zeigten sich ihm fast keine Zivilisten. Einzig die Armen und viele Ausländer, meist Händler, waren in Moskau geblieben. Der Rest, die vornehmen Bürger und Adeligen, hatte es vorgezogen, zu fliehen. Bei einer ursprünglichen Bevölkerung von 300000 Menschen waren dies nach heutigen Schätzungen immer noch 100000, die sich jedoch in ihren Häusern verbargen.

Es war ein leerer Sieg, der noch am selben Tag durch einige Rauchwolken verdüstert wurde, die sich in den Himmel kräuselten. Anfangs verstreut, flammten im Laufe der Nacht überall im Stadtgebiet Feuersäulen auf, die sich nach und nach auf ganze Stadtteile ausbreiteten. Als der Tag anbrach, ragten nur noch die Turmspitzen des Kremls aus einem Wolkenmeer, das sich wie ein Trauerflor über die sterbende Stadt legte. Was Generationen innerhalb von Jahrhunderten geschaffen und bewahrt hatten, wurde in nur drei Tagen durch eine Feuerwalze gigantischen Ausmaßes verzehrt. Inmitten dieses Infernos kämpften hastig zusammengetrommelte Feuerwehren mit Eimern verzweifelt gegen die prasselnden Feuerwände an, die turmhoch aus den brennenden Häusern in den Himmel schossen, um mit atemberaubender Geschwindigkeit die nächste Häuserzeile zu erfassen. Die Feuerspritzen hatten die Russen entweder mitgeführt oder unbrauchbar gemacht.

Kaum angekommen, sahen sich die fremden Eroberer dazu gezwungen, dem Feuer zu entfliehen und erneut auf Quartiersuche zu gehen. Erst als nach vier Tagen wieder Regen fiel, erstickten die Brände. Die Bilanz war verheerend. Von zehn Häusern standen neun nicht mehr.

Am 17. September schrieb Davout seiner Aimée aus Moskau von dem Brand und kam klar auf den Punkt, wer ihn verursacht hatte:

> Das Feuer wurde auf Befehl der russischen Regierung gelegt; über hundert Brandstifter wurden verhaftet und haben erklärt, dass sie auf Befehl gehandelt hätten. Man erfasst kaum die Absicht einer derartigen Grausamkeit, die Russland mehr Schaden verursacht als vier verlorene Schlachten.[139]

Die Brandstifter, meist kürzlich befreite Strafgefangene, wurden in die finsteren Kellergebäude des Kremls gebracht. Den Drahtzieher jedoch kriegten die Franzosen nicht zu fassen. Dieser war niemand anders als der Gouverneur Moskaus, Rostoptschin, der die Stadt dem Feind nicht kampflos preisgeben wollte.

War es Rostoptschins Absicht gewesen, den Franzosen durch den Brand von Moskau ernsthaft zu schaden, so hatte das Vorhaben seinen Zweck verfehlt. Obwohl die meisten Bewohner Moskau verlassen hatten und viele Magazine in Brand geraten waren, litt die französische Armee hier keine Not. Da viele Moskauer überstürzt geflohen waren und keine Zeit gefunden hatten, ihre privaten Vorräte zu zerstören, fand sich genug Nahrung in den Kellern und Speichern der unversehrt gebliebenen Wohnhäuser und Adelspaläste. Besonders die Kirchen hatten es den Franzosen angetan. Dort ließ sich gute Beute machen, wie Coignet berichtet, der mit der Garde nach Moskau gekommen war. Hierin tat sich besonders ein Oberst hervor, dem die Räumung der vom Brand gefährdeten Hospitäler oblag, was Coignets Vorgesetzten allerdings nur mäßig interessierte.

> Der Oberst allein hatte drei Burschen. Er verstand es, sie zu verwenden. Während er uns Adjutanten die ganze Last der anderweitigen Unterbringung der Kranken überließ, ging er seinen Privatgeschäften nach. Wie ein Einbrecher zog er abends mit seinen drei Burschen aus. Hauptsächlich hatte er es auf die Kirchen abgesehen, in denen viele in Silber getriebene Bilder seine Habsucht erregt hatten. Er ließ sie abnehmen und in eine Werkstatt schleppen, wo er alle die Heiligen Männer und Frauen im Schmelztiegel zu Silberklumpen verwandelte [...]
>
> Oh, er war ein geriebener Spitzbube! Er hatte auch schon so ein niederträchtiges Gaunergesicht. Dieser elende Kirchenräuber hat den französischen Namen geschändet. Aber Gott hat ihn gestraft. Ich habe gesehen, wie er später bei Wilna erfroren niedersank und von seinen drei Burschen bis aufs Hemd ausgeplündert wurde.[140]

Davout hatte andere Sorgen. Immer noch laborierte er an seinen Verletzungen, die ihn daran hinderten, zu Pferde zu sitzen. Noch war er genötigt, lang ausgestreckt in einem der röhrenförmigen Munitionswagen herumzufahren, den die Soldaten wegen seiner Form »Wurst« nannten.

Die Grande Armée nutzte die Zeit und richtete sich in den Ruinen Moskaus ein, so gut es ging. Vor allem stärkte der Rücklauf unzähliger Verwundeter die Reihen des 1. Korps.

> General Friant ist seit gestern hier. Seine Wunde hat sich gut entwickelt: In 15 oder 20 Tagen wird sie vernarbt sein, genauso wie die von General Morand, der wieder das Kommando seiner Division übernommen hat; die Wunde von General Compans hat sich sogar noch besser entwickelt, in sieben oder acht Tagen wird er sich völlig erholt haben. Jeden Tag gewinnt das 1. Korps erneut an Stärke durch die große Anzahl der Genesenen, die wieder zurückkommen. Wir kleiden uns gut mit dem, was wir aus

> den Flammen gerettet haben. Wir werden bald wieder genauso gut aussehen wie damals, als wir in Hamburg waren […][141]

So wie Davout dachten viele. Eigentlich warteten die Franzosen nur noch darauf, bald wieder nach Frankreich zurückzumarschieren. Für viele war klar: Der Zar war geschlagen, der Friedensschluss nur noch eine Frage der Zeit. Es sollte anders kommen. Am 18. Oktober überfiel Kutusow die bei Tarutino sorglos lagernde Kavallerie unter Murat und schlug den König von Neapel vernichtend. Dies war für Napoleon das unmissverständliche Zeichen, dass der Zar nicht daran dachte, Frieden zu schließen.

Napoleon ordnete den Rückzug an, der zu einem der größten Desaster der Kriegsgeschichte wurde. Vorerst schien jedoch alles gut zu gehen.

Langsam sammelten sich die beutebeladenen Transportkolonnen der Grande Armée in Moskau. Viel war nicht geblieben von denen, die einst die Memel überschritten hatten. Ganze 90000 machten sich auf den Weg nach Polen, wie sie meinten. Vielen war es vorbestimmt, noch nicht einmal den Dnjepr zu erreichen, was nur zum Teil an der Kälte lag.

> Man bemerkte vor allem eine sehr große Menge Stabswagen; viele Generale, die sich bisher mit einem Wagen begnügt hatten, nahmen jetzt mehrere mit, während viele Offiziere, die sich bisher mit einem Wagen begnügt hatten, jetzt jeder einen besaßen. Die Marketender transportierten statt Lebensmittel geplünderte Gegenstände. Alles war damit beladen, Privatgespanne, Proviantwagen, sogar die Fuhrwerke der Artillerie und der Feldlazarette. Der Reiter hängte seine Trophäen auf sein Pferd, der Infanterist, ein Opfer seiner Habsucht, krümmte sich unter der Last seines Tornisters; zwei neue Transporte, der eine mit Trophäen, der andere mit der Kriegskasse folgten der Armee […][142]

Der Abmarsch Napoleons verlief trotz der Langsamkeit der schwer bepackten Kolonne zuerst planmäßig. Statt die Straße des Anmarsches zu nehmen, wählte Napoleon die Route nach Kaluga aus, wo sich ein riesiges russisches Versorgungslager befand. Dem Kaiser gelang es sogar, die Russen über die von ihm eingeschlagene Richtung des Rückmarsches einige Zeit zu täuschen und unbehelligt die Straße nach Kaluga einzuschlagen. Doch beim strategischen Knotenpunkt Malo-Jaroslawez hatte die Glückssträhne Napoleons ein Ende.

Hier fiel die eigentliche Vorentscheidung, die den Fehlschlag des Russland-Feldzugs vollends zur Katastrophe machte. In einer achtzehnstündigen Schlacht trotzte die Armee des Vizekönigs von Italien zusammen mit dem 1. Korps von Davout sämtlichen Angriffen der zahlenmäßig weit überlegenen Russen, bis die Nacht einfiel. Taktisch ein Erfolg, erwies sich der Kampf um Malo-Jaroslawez strategisch als Katastrophe. Durch den hartnäckigen Widerstand der Russen sichtlich beeindruckt, war der Kaiser ratlos, ob er weiter nach Kaluga vorstoßen sollte, und berief einen Kriegsrat ein.

Hierbei wurden drei Marschrouten erörtert: der Rückzug über Petersburg, der Weitermarsch auf Kaluga und der Rückweg nach Mojaisk über die Moskauer Straße, den die Armee schon für den Hinmarsch genommen hatte. Den ersten Weg schlug der Kaiser aus, weil er ihm zu riskant schien, dem zweitem stimmte er nicht zu, weil er weitere Kämpfe beinhaltete. Napoleon entschied sich für die Smolensker Straße als Ausweg.

Wieder war es Davout, der dem Kaiser widersprach. Seiner Meinung nach gab es für die Grande Armée noch eine andere Rückzugsmöglichkeit. Davout schlug vor, die Straße nach Medyn zu nehmen, die drei Tagesmärsche kürzer war als die von Napoleon anvisierte Strecke. Außerdem stünde in Jelnja eine französische Division bereit, um die Grande Armée zu verstärken.

Davout hatte kaum das Wort geführt und seine Ansicht vertreten, als Murat ihn unwirsch unterbrach und ihm vorhielt, dass der Weg, den Davout vorschlage, die große Gefahr berge, von den Russen während des Marsches angegriffen zu werden. Davout hielt dagegen, dass die von ihm vorgeschlagene Strecke kürzer sei und die Armee durch ein Gebiet käme, das die Russen noch nicht verwüstet hätten.

Aber Napoleon hatte wieder kein Gehör für die weisen Ratschläge Davouts und entschied sich für Murats Vorschlag.

Der Rat Murats war katastrophal. Die Straße nach Smolensk hatte auf dem Hinmarsch schon so gelitten, und bot so wenig Möglichkeiten zur Nahrungsaufnahme, dass sich der Hunger bald wieder einstellte. Vor allem sah man sich gezwungen, das Schlachtfeld von Borodino zu überqueren, wo Tausende von Verwesenden noch unbestattet so lagen, wie sie an jenem 7. September gefallen waren. Leichengestank verpestete die Luft, den Überlebenden wurde speiübel. Außerdem bedrückte die Armee der Anblick so vieler Kameraden, die, wie es schien, für nichts gefallen waren.

Zum Glück für die Überlebenden vollzog sich der Rückzug in seiner ersten Phase nach Plan. Die Armee marschierte in Staffeln, ein Armeekorps nach dem anderen auf einer langen, schmalen Straße. Noch lebten die Menschen von dem aus Moskau mitgenommenen Proviant, die Pferde fanden noch genügend Futter. Einzig das Wetter gab Anlass zur Sorge. Frost wechselte mit Regen. Mal taute es, mal waren die Wege spiegelglatt. Vor allem die Pferde und Wagen der schwer bepackten Nachhut unter Davout blieben im Schlamm stecken und kamen nicht vorwärts.

Während der ersten Tage, in denen es noch Verpflegung gab, blieb die Marschordnung leidlich erhalten. Einzig die Kosaken wurden zum Problem. Unermüdlich umschwärmten sie die Marschkolonnen, in der Hoffnung Beute zu machen. Oft sah sich Davout gezwungen, eine Verteidigungsstellung einzunehmen und den Angriffen zu begegnen. Bald hinkte der Marschall mit der Nachhut stark hinterher. Dies ging Napoleon zu langsam. Er machte dem Fürsten Vorwürfe, überängstlich zu sein, und gab ihm durch Berthier den Rat, in Karreeordnung zu marschieren, ganz so wie sie es damals in Ägypten im Kampf gegen die Mamelucken gemacht hatten.

Langsam wurde Davout in der Armee zum Sündenbock für alles, wie Ségur feststellt:

> Die ganze Armee, und besonders das Korps des Prinzen Eugen, stimmte in diese Klagen ein und sagte, Davoust, eigensinnig und voller übertriebener Ordnungsliebe, habe sich schon bei der Abtei Kolozkoje vom Feinde einholen lassen und elende Kosaken durch einen Rückzug, Schritt für Schritt in Bataillonsvierecken, geehrt, als wenn sie Mamelucken wären; erst nachdem Platow diese dichten Massen von weitem her angeschossen, habe der Marschall dem Feinde einige dünnere, leichtbeweg-

> liche Linien und mit augenblicklichem Erfolg auch einiges Geschütz entgegengestellt, durch dergleichen Manöver und durch regelmäßige Fouragierungen aber viel Zeit verloren, die auf dem Rückzug immer kostbar sei, besonders in einem verwüsteten Lande, wo das beste Manöver darin bestehe, dass man so schnell wie möglich von der Stelle komme.[143]

Davout versuchte sich vergeblich gegen diese Vorwürfe zu verteidigen. Seine systematische Vorgehensweise fand bei Napoleon kein Verständnis, obwohl die Anordnung, sich im Karree zurückzuziehen sogar vom Kaiser selbst stammte.

Dass die Nachhut zu langsam marschierte, lag auch daran, dass sie vor allem schweres Beutegut transportierte und von Tausenden von Nachzüglern umschwirrt wurde, die den Vormarsch behinderten. Dass Davouts Vorsicht berechtigt gewesen war, zeigte sich, als ihn General Miloradowitsch mit seinem Korps bei Wjasma angriff. Nur dank der Hilfe der Armeekorps des Vizekönigs Eugène, von Marschall Ney und Fürst Poniatowsky gelang es dem 1. Korps, sich vom Feind zu lösen und die rettende Stadt zu erreichen.

Dabei passierte dem Marschall ein blutiger Schnitzer. Als das 1. Korps sich vor den russischen Verfolgern nach Wjasma hinein flüchtete, gab es durch ein unglückliches Manöver den Russen Gelegenheit, es unter Feuer zu nehmen, was vielen das Leben kostete. Dies löste zeitweise eine Panik unter Davouts Truppen aus, wie Ney am 4. November Napoleon gegenüber in einem Brief bemerkte:

> Bessere Dispositionen hätten ein günstigeres Resultat geben können. Das Ärgerlichste für mich ist, dass meine Truppen Zeugen der Unordnung des 1. Corps waren: dieses traurige Beyspiel erschütterte das Moralische des Soldaten. Ich darf EW. Majestät die Wahrheit nicht verhehlen, und kann nicht umhin, zu erklären, wie schwer es mir auch wird, die Dispositionen eines meiner Cameraden zu tadeln, dass ich nicht für den Rückzug verantwortlich sein kann, als ob ich ihn allein befehligte [...][144]

Einen Tag später übernahm Ney die Führung der Nachhut. Doch ihm erging es nicht besser als Davout. Unter unausgesetzten Attacken der Kosaken schleppte sich die Grande Armée inmitten von

Napoleon und seine Marschälle auf dem Rückzug in Russland

Schneeschauern und eisigen Wintertemperaturen am 9. November nach Smolensk. Von ungefähr 90000 Mann, die aus Moskau abgezogen waren, fehlte die Hälfte. 138 Geschütze waren verloren. Aus Mangel an Pferden und Munition mussten in Smolensk weitere 140 Geschütze zurückgelassen werden. Die Lage war hoffnungslos.

Trotz der in Smolensk vorhandenen Verstärkungen und Magazine konnte Napoleon im Traum nicht daran denken, Smolensk zu halten.

In der Zwischenzeit hatte Fürst Wittgenstein nördlich der Rückzugslinie erst Polozk erobert, dann Witebsk genommen. Südlich der Todesroute näherte sich Admiral Tschitschagow zusammen mit den Truppen Tormassows der Beresina, um der Grande Armée den Rückzug abzuschneiden.

Hastig versorgten sich die Truppen mit dem Notwendigsten an Verpflegung, Waffen und Munition. Vielen gelang noch nicht einmal das. Die Magazine waren schlecht verwaltet, teils von den jeweils vorweg marschierenden Staffeln geplündert worden. Aber Davout hatte diesmal Glück. Sein Korps fand tatsächlich noch Proviant in den Magazinen Smolensks vor. Die Disziplin brach zusammen, das Korps fiel über die Magazine der Stadt her und geriet mit der Nachhut unter Ney in Streit, als diese ihren Proviant forderte. Stellvertretend für ihr Korps gerieten beide Marschälle in Harnisch. Diesmal ging der Streit ohne Duellforderungen vonstatten und Ney und Davout einigten sich. Da Ney den Befehl erhalten hatte, die Befestigungswerke von Smolensk zu sprengen, zog Davout vorher ab.

Bei Krasnoe lief er in eine Falle des russischen Hauptheeres, das vorher schon das 4. Korps unter Eugène Beauharnais stark dezimiert hatte. Davout hatte nur noch 10000 Kämpfer, und fast ebenso viele Nachzügler, die seine Operationen gegen die Russen behinderten. Die Chancen waren gleich null. Unentwegt griffen die Russen das 1. Korps an, das sich zwar tapfer wehrte, aber dem Ansturm sicher erlegen wäre, wenn nicht Napoleon kehrtgemacht hätte und Davout zu Hilfe gekommen wäre. Mit knapper Not entging der Fürst von Eckmühl der tödlichen Falle, wobei er viele persönliche Sachen verlor. Die Briefe Aimées, wie Heiligtümer gehütet, und sein Marschallstab fielen den Feinden in die Hände. Obwohl sich Davout mit seinem Korps durchgeschlagen hatte, waren dies Zeichen einer klaren Niederlage.

Krasnoe wurde auch in anderer Hinsicht das persönliche Waterloo Davouts. Dies hängt mit Neys verantwortungslosem Verhalten zusammen. Anstatt wie von Davout angeraten, Smolensk rechtzeitig zu verlassen und so an Davouts Kolonne, die ihn bei Krasnoe/Orsza erwartete, aufzurücken, ließ sich Ney alle Zeit der Welt und ließ Davout noch melden, dass kein Kosak der Welt ihn daran hindern würde, seinen Auftrag befehlsgemäß zu erfüllen.

Davout wartete auf Ney, so lange es ging. Als aber die russische Armee ihn einzuschließen drohte, zog er sich im allerletzten Moment zurück und marschierte nach Orsza, wo sich das französische Hauptquartier befand. Hier wurden ihm schwere Vorwürfe gemacht. Eine Welle der Empörung schlug dem Marschall entgegen. Murat und Berthier, und vor allem Napoleon, überzogen ihn mit Kritik. Wütend, ja fast hasserfüllt, bezichtigten sie ihn, Ney im Stich gelassen zu haben. Davout verteidigte sich, so gut er konnte. Aber gegen den Wutanfall des Kaisers, der ihn förmlich zusammenschrie, war er machtlos. Jedermann wähnte Ney verloren.

Am 19. und 20. November ging das französische Heer bei Orsza über den Dnjepr, nur Davout musste noch auf Neys Rückkehr warten.

Erst am nächsten Tage folgte er, nachdem sich der bereits auf dem rechten Flussufer verloren geglaubte Ney wieder eingefunden hatte. In seinem Leichtsinn war Ney zu spät aus Smolensk aufgebrochen und hatte den Weg nach Orsza durch die Armee Kutusows versperrt gefunden. Nach mehreren fehlgeschlagenen Durchbruchsversuchen war er der völligen Vernichtung nur durch einen wahnwitzigen, nächtlichen Übergang über die Eisschollen des Dnjepr entgangen, bei dem ungefähr zweitausend Mann durchs Eis brachen und ertranken.

Davout, so schien es, war rehabilitiert. Doch seine Feinde, Berthier und Murat, hatten ihr Ziel erreicht und ihn völlig diskreditiert. Der Held des Feldzuges wurde der törichte Ney. In seinem Heroismus hatte er nicht nur das Leben der von ihm befehligten Männer gefährdet, sondern auch das der Soldaten Davouts, die so lange wie möglich angesichts des Feindes auf ihn gewartet hatten.

Statt ihn heftig für seine Ignoranz zu tadeln, wurde Ney wegen seiner vermeintlichen Heldentat vom Kaiser gelobt. Dabei hätte er seinem Korps die gewaltigen Verluste erspart, wäre er rechtzeitig abmarschiert.

Insgesamt kostete die Schlacht von Krasnoe die Franzosen 6000 Tote, 26000 Gefangene und 200 Kanonen.

Bei den folgenden Gefechten und Schlachten, vor allem beim Übergang über die Beresina, tat sich Ney besonders hervor, indem er zusammen mit den Marschällen Oudinot und Victor die von allen Seiten anstürmenden Russen zurückschlug. Doch die eigentlichen Helden jener qualvollen Tage, die verhinderten, dass die Russen tatsächlich die Grande Armée vernichteten, waren General Eblé und seine Pioniere. Allen Unbilden zum Trotz bauten sie Stunde um Stunde im eisigen Wasser stehend aus den Holzhütten mehrerer Dörfer zwei Bockbrücken, die immerhin 40000 Mann, bewaffnete Soldaten wie Nachzügler, die Flucht über den Fluss ermöglichten.

Und Davout? Er spielte an der Beresina und in den folgenden Dramen des Russland-Feldzugs keine bedeutende Rolle mehr. Weder beim Übergang der Beresina noch in den folgenden Wintertagen sah man ihn sich auszeichnen, obwohl er wie immer aufopferungsvoll seinen Dienst versah.

Einzig zwei Ereignisse ragen hier heraus: der Abschied Napoleons und der letzte Konflikt mit Murat.

Wie schon in Ägypten verließ Napoleon die Armee vorzeitig, als sie noch um ihr Überleben kämpfte. Mit dem Übergang über die Beresina und der Ankunft in Wilna war die Armee noch lange nicht in Sicherheit. Doch die Zeit drängte. In Paris hatte es einen Umsturzversuch gegeben und es musste den aufkommenden Gerüchten von einer desaströsen Niederlage etwas entgegengesetzt werden. Insbesondere musste dringend eine neue Armee aufgebaut werden. Deswegen wollte Napoleon so schnell wie möglich weg. Zum letzten Mal berief er am 5. Dezember in Smorgoni eine Sitzung seiner Marschälle ein.

Als er Davout sah, begrüßte er ihn mit offenen Armen und fragte ihn, warum er ihn nicht öfter an seiner Tafel gesehen hätte. Davout entgegnete distanziert, dass er glaubte, Seiner Majestät zu missfallen, was Napoleon theatralisch abstritt. Offensichtlich brauchte er Davout, vor allem dessen Umsicht, strategisches Know-how und Organisationstalent. Warum, stellte sich sofort heraus.

Kaum hatte Napoleon seine Marschälle begrüßt, da erklärte er ihnen, er werde die Armee verlassen und nach Frankreich reisen. Die Marschälle waren perplex, ja geschockt. Wie würde das die Armee aufnehmen? Napoleon setzte ihnen auseinander, dass er den König von Neapel zu seinem Nachfolger ernannt hätte, was nicht bei allen, vor allem nicht bei Davout, Zustimmung fand.

Jeder wusste, dass Murat der denkbar falscheste Mann war, wenn es darum ging, einen Rückzug zu bewerkstelligen und eine neue Armee aus dem Boden zu stampfen. Aber der Kaiser ließ sich nicht davon abbringen und blieb bei seinem Entschluss.

Wie ein Verfemter verließ Napoleon am 5. Dezember klammheimlich in der Nacht die Armee. Auf dem Weg nach Frankreich diktierte er das 29. Bulletin der Grande Armée, in dem er seine Niederlage zugab, wobei er jedoch dem russischen Winter die Schuld an der Misere gab. In schneller Fahrt gelangte er über Wilna, Warschau, Slogan, Dresden, Erfurt und Mainz in der Nacht vom 18. Dezember nach Paris.

Auf diese Weise blieben ihm die Ereignisse von Wilna erspart. Hier vollzog sich zwischen dem 8. und 10. Dezember der letzte Akt des Untergangs der Grande Armée. Es waren die kältesten Nächte des Winters überhaupt, mit Temperaturen bis minus 37 Grad Celsius. In nur 24 Stunden starben Tausende auf den Straßen, in den Häusern und Höfen. Reihenweise rafften die eisigen Temperaturen die Soldaten hin. Die einst lebenslustige Stadt wurde zum Schauplatz des Grauens, über den sich bald eisiges Schweigen legte.

Dabei trug keinesfalls nur die Kälte Schuld an der Katastrophe. Das Unglück war größtenteils selbst gemacht.

Der Gouverneur der Stadt, Dirk van Hogendorp, hatte sorgfältig geeignete Maßnahmen ergriffen, um Reste der Armee aufzunehmen. Was ihm jedoch entgegenmarschierte, hatte mit einer Armee nichts mehr zu tun. In den Einheiten war fast jeglicher Zusammenhalt zusammengebrochen. Unfähig den Flüchtlingsstrom zu kanalisieren, verloren Murat, Berthier und Hogendorp den Kopf und zeigten sich ihrer Verantwortung nicht gewachsen. Die Bewohner flüchteten sich in ihre Häuser und verschlossen der Armee die Türen, sodass die Halberfrorenen durch die Straßen irrten. Dennoch war dies nur ein Teil des Skandals.

Die eigentliche Katastrophe bestand darin, dass viele derjenigen, die sich bis in die litauische Hauptstadt durchgekämpft hatten, angesichts gefüllter Lebensmittellager erbärmlich verhungerten. Weder die Verwaltungsbeamten, noch Murat ließen die Magazine öffnen. Sie blieben geschlossen, weil die Verwaltungsbeamten sich auf Förmlichkeiten beriefen und Ausschweifungen der halb verhungerten Truppen befürchteten. Auf diese Weise blieben wärmende Gebäude geschlossen und Vorräte unangetastet, mit denen man 36 Tage lang 100000 Mann hätte versorgen können.

Dieser Zynismus verursachte den Tod von einigen tausend Soldaten.

Das alles war Murat egal. Er verließ Wilna, das ihm zur Verteidigung anvertraut worden war, nach nur einem Tag Aufenthalt.

Der König von Neapel hatte keine Lust, so Murat wortwörtlich, »in diesem Pisspott zu krepieren«. Er reiste schleunigst weiter und entzog sich seiner Verantwortung.

Damit nahm die Katastrophe von Wilna ihren Lauf. Doch es waren nicht nur ausgemergelte, verwahrloste Truppen, die zu Hunderten vor und in der litauischen Hauptstadt auf die Straßen niedersanken. Auch frische Truppen traf es hart. So wurden zwei Regimenter blutjunger Neapolitaner sinnlos verheizt, weil sie mit viel zu dünner Kleidung in einer Auffangstellung den Zug der Armee sichern sollten.

Davout erlebte das Desaster mit eigenen Augen, konnte es aber nicht mehr verhindern.

Seit der Beresina war es still um ihn geworden. Stets an der Spitze oder bei der Nachhut des 1. Korps marschierend, versuchte er alles Menschenmögliche, seine Truppe zusammenzuhalten, konnte jedoch dem Chaos nicht mehr entgegenwirken, weil die Kraft dazu fehlte. Davout war ernsthaft erkrankt und nur noch ein Schatten des Mannes, der noch vor fünf Monaten stolz an der Spitze von 70000 Mann über die Memel gegangen war.

Sein Aufzug war jämmerlich wie der seiner Männer, doch er schleppte sich weiter. Nach Wilna bestand das einst 70000 Mann starke 1. Korps nur noch aus wenigen hundert Mann. Nachdem sie endlich bei Kowno die Memel überschritten hatten, waren sie voller Hoffnung, dass die Qual endlich ein Ende hätte. Vergebens, der Krieg ging weiter, obwohl Kutusow selbst wenig Neigung verspürte, den Franzosen nachzusetzen. Die Hoffnung der Franzosen, mithilfe der preußischen Kontingente unter General Yorck eine Verteidigungslinie aufbauen zu können, erfüllte sich nicht.

In der Konvention von Tauroggen erklärte Yorck am 30. Dezember 1812 ohne vorherige Abstimmung mit dem preußischen König seine Streitmacht für neutral, was de facto einen Abfall der preußischen Truppen von Frankreich bedeutete. Der Moment konnte nicht besser sein. Die Niederlage, die Napoleon gegen Russland erlitten hatte, war vollkommen. Von 480000 Mann, die einst die Memel überquert hatten, waren über 400000 umgekommen oder in Gefangenschaft geraten. Rechnet man die Einbußen der Verstärkungen hinzu, betrugen die Verluste eine halbe Million

Menschen. Ähnlich desaströs verhielt es sich hinsichtlich der Zugtiere der Artillerie und der Reittiere. Hier verzeichnete die Verlustliste 300000 tote Pferde, die in wenigen Monaten durch die europäische Pferdezucht nicht so leicht zu ersetzen waren. Was die Artillerie anbetrifft, so hatten die Franzosen 1000 Geschütze verloren.

Nur neun Geschütze und 40000 Mann kamen aus Russland zurück. Es war die vollkommenste Niederlage, die ein Heer bis dahin je erlitten hatte.

Nach diesem Blutzoll war nicht mehr an einen geordneten Widerstand an der Memel zu denken. Nach kurzer Ruhepause zogen die Franzosen weiter. In Gumbinnen kam es zu einem weiteren Eklat zwischen Davout und Murat. Der sonst so tapfere Murat quittierte den Dienst. Um sich zu rechtfertigen, führte er an, dass er als Souverän Neapels nicht Frankreich, sondern Neapel gegenüber eine Verantwortung habe und deswegen ab jetzt vom Oberkommando über die Grande Armée absähe, ja, dass es ihm nicht länger möglich sei, einem Unsinnigen zu dienen, dessen Sache verloren wäre. Hätte er nicht die Anträge der Engländer abgewiesen, wäre er noch ein genauso großer König wie der König von Preußen und der Kaiser von Österreich.

Angesichts einer derartigen Pflichtvergessenheit nimmt es nicht wunder, dass Davout erneut die Klingen mit Murat kreuzte, wie Ségur anschaulich beschreibt:

»Der König von Preußen und der Kaiser von Österreich«, erwiderte er in barschem Tone, »sind Herrscher von Gottes Gnaden, durch die Länge der Zeit und die Gewohnheit der Völker. Aber Sie sind ein König nur durch die Gnade Napoleons und durch das Blut der Franzosen. Nur durch Napoleon und durch den Bund mit Frankreich können Sie es bleiben. Es ist der schwärzeste Undank, der sie verführt!«

Murat schwieg betroffen. Diesmal wusste Davout die Mehrheit der Marschälle und Generäle auf seiner Seite. Davout konnte es sich nicht verkneifen, Murat damit zu drohen, dem Kaiser davon Bericht zu erstatten.

Es war eine letzte Genugtuung, einen seiner erbittertsten Gegner so kleinmütig zu sehen.

Die Auseinandersetzung Murats mit Davout in Gumbinnen war die letzte streitbare Begegnung dieser Art. Der König von Neapel blieb bei seinem Vorsatz. Er trat von seinem Kommando zurück und ritt mit seiner Bedeckung nach Süden. Davout sollte ihn nie wiedersehen.

Mit Murats Abfall von Napoleon wurde der Oberbefehl wieder vakant. Sein Nachfolger wurde Eugène Beauharnais, was die Armee mit Erleichterung bemerkte. Da aufgrund der neuen politischen Veränderungen in Europa Ostpreußen nicht mehr zu halten war, ging die Armee hinter die Weichsel zurück, um eine neue Verteidigungsposition einzunehmen.

Davout reiste im Schlitten nach Thorn, das zum Sammelpunkt seines Korps bestimmt worden war. Dort fand er endlich wieder Gelegenheit, Aimée einen Brief zu schreiben. In diesem fasste er kurz seine Erlebnisse seit dem Auszug aus Moskau zusammen:

Thorn, 24. Dezember 1812

> Es wurde höchste Zeit, meine liebe Freundin, dass ich ankam. Ich hoffe, dass mich einige Tage der Ruhe wiederherstellen werden, dass die Mattigkeit, unter der ich leide, nur auf meine Erschöpfung zurückzuführen ist. Ich hätte mich niemals für so stark gehalten. Ich bin sicher vier Fünftel des Weges von Moskau zu Fuß gegangen.[145]

Davout war fiebrig, erschöpft und bedurfte der Ruhe. Doch der Kaiser gewährte Davout keine Atempause. Als Einziger von Napoleons Generälen erhielt er nicht die Erlaubnis, Frau und Kind wiederzusehen. Stattdessen musste Davout sich zusammen mit Eugène um die Verteidigung Deutschlands kümmern. Hier drohte nicht nur Gefahr durch Russen und Preußen, das mittlerweile unverhohlen zum Krieg gegen Frankreich rüstete, sondern zeichnete sich auch die Gefahr eines Volksaufstands ab. Als gefährlichster Brandherd sollte sich in dieser Hinsicht Hamburg erweisen.

X

AUF VERLORENEM POSTEN – DIE BELAGERUNG VON HAMBURG

Zu Ottensen auf der Wiese
Ist eine gemeinsame Gruft;
So traurig ist keine wie diese
Wohl unter des Himmels Luft.
Darinnen liegt begraben
Ein ganzes Volksgeschlecht,
Väter, Mütter, Brüder,
Töchter, Kinder, Knaben
Zusammen Herr und Knecht.

Die rufen Weh zum Himmel
Aus ihrer stummen Gruft,
Und werden's rufen zum Himmel,
Wenn die Trommet' einst ruft.

Wir haben gewohnt in Frieden
Zu Hamburg in der Stadt,
Bis uns daraus vertrieben
Ein fremder Wüterich hat.

Er hat uns ausgestoßen
Im Winter zur Stadt hinaus,
Die hungernden, nackenden, bloßen,
Wo finden wir Dach und Haus?

Wo finden wir Kost und Kleider,
Wir zwanzigtausend an Zahl? –
Die ander'n schleppten sich weiter,
Wir blieben hier zumal.
Die ander'n nahmen die Britten
Und and're die Dänen auf;
Wir brachten mit müden Schritten
Bis hieher uns'ren Lauf.

Wir konnten nicht weiter keuchen,
Erschöpft war unsere Kraft;
Frost, Hunger, Elend und Seuchen,
Sie haben uns hingerafft.

Ein ungeheurer Knäuel,
Zwölfhundert oder mehr;
Es zieht sich über den Gräuel
Ein dünner Rasen her.

Der deckt nun uns're Blöße,
Ein Obdach er uns gab;
Man merkt des Jammers Größe
Nicht an dem kleinen Grab.

Dieses Gedicht, das von Friedrich Rückert, einem der großen Dichter der Befreiungskriege, stammt, trägt den Titel »Die Gräber von Ottensen«. Es beschreibt eine humanitäre Katastrophe, die sich während der Belagerung von Hamburg in den Jahren 1813–1814 ereignete. Während dieser Zeit starben vor den Toren Hamburgs 1138 aus der Hansestadt ausgewiesene Hamburger – der Dichter machte 1200 daraus – an Fleckfieber, Hunger oder Kälte. Sie wurden zuerst in Ottensen begraben, später jedoch umgebettet und auf dem Friedhof von St. Nikolai in Hamburg bestattet. Für die Zeitgenossen jener fürchterlichen Ereignisse stand sofort fest, wer den Tod so vieler Unschuldiger zu verantworten hatte. Der »Wüterich«, von dem Rückert in seinem Gedicht spricht, war für sie niemand anderes als der Fürst von Eckmühl, aus dem der Hamburger Volksmund in Anlehnung an Davouts Neigung zum Jähzorn »De Wut« machte. Schon in den ersten Jahren seines Gouvernats hatte die feindliche Propaganda für ihn wenig schmeichelhafte Beinamen gefunden, diesmal jedoch sollten der Fantasie keine Grenzen gesetzt sein. Die Härten und Grausamkeiten während der Hamburger Belagerung wurden in Deutschland vollends zum Grabstein des Leumunds des Marschalls, der im Grunde genommen selbst das Opfer umwälzender politischer Entwicklungen wurde.

Denn nach der Nachricht von der Niederlage Napoleons in Russland überschlugen sich die Ereignisse in Deutschland.

In Hamburg verbreitete sich die Kunde vom Untergang der Grande Armée am 24. Dezember 1812 wie ein Lauffeuer und löste großen Jubel aus. Hatte man am 6. Dezember in Hamburg noch gezwungenermaßen den französischen Sieg von Borodino gefeiert, so stellte sich schnell ein Stimmungsumschwung ein.

Weihnachtsgeschenke wurden gekauft, die Festtage ausgiebig gefeiert. Sensationslüstern lauschten die Hamburger den Gräuelgeschichten zurückkehrender Russlandveteranen, die traumatisiert von den Grausamkeiten des Feldzugs berichteten. Die Führer des hamburgischen Widerstands – Perthes, Hess und Mettlerkamp – witterten plötzlich Morgenluft, während Bürgermeister Armandus Augustus Abendroth zur Mäßigung aufrief. Doch Abendroth warnte vergebens. Als sich in Hamburg das Gerücht verbreitete, dass die Russen vor den Toren der Stadt stünden, sprang am 24. Februar 1813 der Funke der Rebellion, der schon zuvor Lüneburg erfasst hatte, auch auf Hamburg über.

Gerade als die Franzosen mehrere Geldfässer abtransportieren wollten und eine Abteilung zwangsrekrutierter Männer verschifft werden sollte, machte sich der Unmut in schweren Krawallen Luft. Schutzleute wurden verjagt, Zollbeamte verprügelt und erschlagen. In ihrer Wut waren die Aufrührer wie entfesselt und schreckten noch nicht einmal mehr davor zurück, die Adler des Imperiums von ihren Sockeln herunterzureißen und zu zertreten. Sämtliche französische Wappen, Inschriften, Kokarden und Kaiserbilder wurden vernichtet. Vergeblich versuchte Augustus Armandus Abendroth, die Aufständischen zur Ruhe zu mahnen. Er wurde mit Steinen beworfen und nicht angehört.

Der Aufstand brach jedoch genau so schnell zusammen, wie er entflammt war. Dänische Husaren aus Altona halfen den Franzosen, den Aufstand zu unterdrücken. Zwanzig der Rädelsführer wurden verhaftet, sechs davon erschossen. Doch die knapp 1200 Mann starke Besatzung der Franzosen machte sich keine Illusionen, die große Stadt gegen eine derartig aufsässige Bevölkerung halten zu können. Als sich plötzlich das Gerücht verbreitete, dass die Russen kämen, verließen die letzten Franzosen Hamburg und rückten am 12. März durch das Steintor ab.

Beim Auszug kamen dem französischen General Carra St. Cyr prophetische Worte über die Lippen: »Leben Sie wohl, meine Herren, und auf Wiedersehen in zwei Monaten!«

Nur fünf Tage später, am 17. März, sprengten dreißig Kosaken in die Stadt. Sie wurden mit Jubel begrüßt und durch Freudenschüsse und Festbeleuchtung gefeiert. Am folgenden Tag hielt Oberst Tettenborn, ein geborener Deutscher, mit weiteren 1500 Kosaken, Kalmücken und einer Handvoll russischer Dragoner und Husaren seinen Einzug.

Jetzt war die Stadt außer Rand und Band. Mit Glockengeläut, Kanonendonner, sogar Ehrenjungfrauen wurden die Befreier begrüßt und Tettenborn abends ins Theater eingeladen. Damit nicht genug. Als Tettenborn aus dem Theater kam, spannte man seine Pferde aus und trug ihn auf Schultern in seine Wohnung. Allem Anschein nach wähnten die Hamburger, die verhasste Herrschaft der Franzosen wäre schon Vergangenheit.

Die Ereignisse waren in der Tat höchst ermutigend. Am selben Tag, an dem Tettenborns Reiterei in Hamburg einzog, erklärte König Friedrich Wilhelm III. von Preußen auf Druck der Bevölkerung Frankreich den Krieg. Die nationale Erhebung gegen Napoleon hatte begonnen und zwang die Franzosen, sich überhastet hinter die Elbe zurückzuziehen.

Nur einen Tag später sah sich Davout 480 Kilometer elbaufwärts gezwungen, vor den angreifenden Russen aus Dresden abzurücken. Doch bevor er aus der Elbmetropole abzog, musste er noch eine heikle Aufgabe erfüllen, wie er Aimée schildert.

> Dresden, der 19. März 1813
>
> Ich werde in ein oder zwei Stunden unserem geachtetsten und besten Verbündeten [gemeint ist der König von Sachsen, Anm. d. Verf.] einen schweren Schmerz zufügen. Die schöne Brücke von Dresden, die 500 Jahre alt ist und als eine der größten Sehenswürdigkeiten Deutschlands gilt, wird in die Luft gejagt […]. In zwei Stunden werde ich von ganz Dresden verflucht sein, und, was mich sehr schmerzt, ich werde das Herz dieses alten und würdevollen Souveräns schwer verletzt haben. Es ist eines der Ereignisse meines Lebens, das mich am meisten bewegt, aber die Pflicht geht nun einmal vor […][146]

Die Gewissensbisse blieben, doch die Brücke wurde gesprengt, genauso wie die Brücke bei Meißen, die der Marschall sechs Tage zuvor zerstört hatte. Zum Glück für Dresden waren es nur ein Brückenpfeiler und zwei Brückenbogen, die der Fürst von Eckmühl in die Luft gehen ließ, sodass das Wahrzeichen Dresdens bald wiederhergestellt werden konnte.

Strategisch war die Zerstörung der Elbbrücke fast ohne Wert. Durch die kontrollierte Sprengung gewannen die Franzosen nur wenig Vorsprung vor den Russen.

In diesem Zusammenhang ist jedoch ein Vorfall bemerkenswert, der auf Davout wie auch seine blaublütigen Feinde aus dem europäischen Hochadel ein bezeichnendes Licht wirft.

> Ich habe in Dresden den entthronten König von Schweden getroffen, der durch die Welt als Graf von Gottorp reist.
>
> Er empörte sich [über die Sprengung der Brücke; Anm. d. Verf.], ging zu den Vorposten; ich musste ihm zu verstehen geben, wegzugehen; er hat sich daraufhin zurückgezogen, aber mir gerade eine Duellforderung geschickt. Ich bewahre dieses kuriose Schriftstück für dich auf, das ein Monument des Irrsinns ist. Da haben wir schon den zweiten Souverän, der Dei-

nem Louis das Leben nehmen will (gemeint ist der König von Preußen).[147]

Davout irrte. Es war sogar schon der dritte Souverän, der ihn zum Duell forderte, rechnet man Murat als König von Neapel in den Kreis der wütenden Duellsüchtigen ein.

Aber Davout hatte keine Zeit für Ehrenhändel. Die Russen nahten, er musste fort.

Der Fürst von Eckmühl zog sich mit seinen Männern elbabwärts nach Magdeburg zurück, wo ihn eine Kalesche mit neuer Kleidung erreichte, die ihm Aimée auf seine Bitte hin zugeschickt hatte.

Im April erhielt Davout endlich ein Kommando, das seiner alten Verantwortung würdig war. Auf Napoleons Geheiß bekleidete er wieder das Kommando über die 32. Militärdivision, die das Gebiet der einst von ihm verwalteten Departements in Norddeutschland umfasste. Dieses hatte er zwar de jure innegehabt, de facto aber wegen des Russland-Feldzugs nicht ausüben können. Der dringlichste Auftrag Davouts war die Rückeroberung Hamburgs. Sofort betraute der Marschall General Vandamme mit dieser Aufgabe. Dieser Vandamme war alles andere als ein leicht zu führender Offizier und in der Armee nahezu verschrien.

Seine Art, zu kommandieren, bildete einen seltsamen Kontrast zum Fürsten von Eckmühl. Wo Davout energisch auf Zucht und Ordnung achtete, ließ Vandamme die Zügel schleifen. Der General selbst war die Undiszipliniertheit in Person und ein rücksichtloser Truppenführer, dem das Leben seiner Männer nichts galt. Er scherte sich nicht darum, ob seine Truppe plünderte, mordete oder im feindlichen Feuer krepierte. Aber Vandamme war ein guter Soldat und Taktiker, er besaß Kampfgeist und wusste seine Männer in der Schlacht zu führen – und er hatte Respekt vor Davout.

Deswegen funktionierte die Zusammenarbeit zwischen Vandamme und dem Marschall, obwohl es mehrfach zu Spannungen zwischen beiden kam. Doch entgegen seiner Gewohnheit ließ Davout Vandamme gewähren, der sich mit 25 000 Mann von Bremen nach Hamburg aufmachte.

Angesichts von Napoleons Kriegsrüstungen musste man auch in Hamburg mit einem baldigen Angriff der Franzosen rechnen. Was die Russen anbetraf, so war der anfänglichen Begeisterung für sie bald die Ernüchterung gefolgt.

Nach dem Einzug Tettenborns waren keine Verstärkungen gekommen. Da der Reiterführer wusste, dass seine Schwadronen nicht im Mindesten in der Lage waren, Hamburg zu verteidigen, forderte Tettenborn die Errichtung eines Freikorps. Daraufhin wurden die »Hanseatische Legion« und die »Hamburger Bürgergarde« gegründet. Obwohl beide Einheiten den Hamburg-Bezug suggerieren, war die Hanseatische Legion von Anfang an ein Freikorps im Dienst des Zaren. Was dies hieß, zeigte sich bald. Tettenborn war alles andere als ein uneigennütziger Held. Kaum dass die Hanseatische Legion gegründet und mithilfe von Spendengeldern ausgerüstet war, forderte er erhebliche Soldzuschläge für seine Offiziere und sich. Damit nicht genug. Tettenborn drohte sogar Bürgermeister Abendroth, ihn nach Sibirien zu verschleppen, sollten die geforderten Zusatzleistungen nicht freiwillig erbracht werden.

Mit der Hamburger Bürgergarde verhielt es sich anders. Sie war tatsächlich eine Miliz im Dienste der Hansestadt und in einer Stärke von sechs Bataillonen zu je 1200 Mann vorgesehen, was der Senat am 26. März publizierte. Die Kommandeure waren bald gewählt. Hess wurde ihr Chef, Major des Stabes der Buchhändler Perthes und Mettlerkamp. Nach wenigen Tagen waren 3000 Mann zusammen, die kaum Zeit hatten, zu exerzieren, da die Franzosen im Anmarsch waren.

Der erste Zusammenstoß zwischen Franzosen und Alliierten erfolgte in Niedersachsen. Am 29. März marschierte General Morand – ein Namensvetter des gleichnamigen Generals des legendären 3. Korps – mit 4000 Mann nach Lüneburg, wo ebenfalls ein Volksaufstand die französische Besatzung vertrieben hatte. Er wurde am 2. April vernichtend von Dörnberg geschlagen, selbst schwer verletzt und mit 2580 Mann gefangen genommen, was in Hamburg bejubelt wurde. Aber Dörnbergs Triumph währte nur kurz. Schon am 3. April zog er sich auf Boizenburg zurück, als Davout ihm mit 16900 Mann entgegen marschierte.

In der Zwischenzeit bauten die Hamburger fieberhaft provisorische Feldbefestigungen in Harburg, auf Wilhelmsburg und auf dem Hamburger Grasbrook aus. Sie wurden gerade noch rechtzeitig fertig, um den ersten Angriffen der Franzosen zu begegnen. Doch die Hamburger Bürgergarde, die Hanseatische Legion und die Russen Tettenborns waren kein ernsthafter Gegner für die Truppen Vandammes. Am 29. April nahmen die Franzosen Harburg per Handstreich, in der zweiten Maiwoche fielen nach kurzen Kämpfen Wilhelmsburg und die restlichen Elbinseln in die Hand Vandammes. Vom 15. bis zum 27. Mai unternahmen es die Franzosen, Hamburg systematisch zu bombardieren.

> Hamburg wurde nun beschossen. Vom 22. auf den 23. Mai flogen fünfhundert Bomben über unsere Stadt. Die kleinen Kinder meiner Eltern nebst Betten und Leinwandzeug kamen zu den Großeltern nach Wandsbek. In einer Stube unseres Hauses waren Strohsäcke ausgebreitet. Wir schliefen darauf, und alle Müden legten sich bei Tag und Nacht darauf, um sich auszuruhen. Das Bombardement begann zu drei Zeiten: des Nachts um zwölf Uhr, des Mittags und in den frühen Abendstunden, so dass sich die Tageseinteilung danach richtete. So lebten wir eine Woche.
>
> Es kamen viele herzzerreißende Szenen vor, aber auch viele komische. Kein Mensch durfte sich auf der Straße blicken lassen, ohne von den Wachen zum Arbeiten gezwungen zu werden. Alle Häuser in der Hälfte der Stadt, die dem Grasbrook zunächst waren, wurden mit Mist belegt und mit nassen wollenen Tüchern behängt. Zu uns kamen viele Männer, die Gefühle für ihre Vaterstadt hatten und gern etwas für sie tun wollten. In unserem Hause waren sehr viele Waffen, die unter sie verteilt wurden. Als sie alle geworden waren, kam ein dicker, reicher Hamburger, ein Herr Wattenbach, und wollte auch dem Vaterland ein Opfer bringen. Er ging hochbegeistert über die Straße, wurde aufgegriffen und musste einen Blockwagen mit Mist aufladen. Das kühlte ihn ab.[148]

Abgesehen von dem taktischen Bombardement, das militärisch nur den Sinn hatte, den Widerstandswillen der Abtrünnigen zu brechen, wurde das Schicksal Hamburgs durch die Entscheidung Dänemarks besiegelt, das Bündnis mit Frankreich weiterhin aufrechtzuerhalten.

Als Tettenborn dies bekannt wurde, sah er die Unhaltbarkeit Hamburgs ein und verließ die Stadt am 30. Mai mit seinen Reitern. Mit dem Abgang Tettenborns brach die Verteidigung der Hansestadt zusammen. Im Schlepptau der abziehenden Russen zogen auch die Hanseatische Legion und viele Hamburger ab. Die Bürgergarde zerschlug frustriert ihre Waffen und löste sich auf. Kurzfristig übernahmen die Dänen die Stadt, um sie jedoch schon am 31. Mai Davout zu überlassen, der mittlerweile zu Vandamme gestoßen war. Noch am Abend des 31. Mai zogen die Franzosen wieder in Hamburg ein. Das Intermezzo des Hamburger Aufstands fand ein unwürdiges Ende.

Den Bewohnern der freien Hansestadt sollte bald klar werden, dass auf sie ein grässliches Strafgericht wartete. In zwei Depeschen, von denen die erste chiffriert, die zweite unchiffriert war, hatte Napoleon Davout noch Anfang Mai aufgefordert, der Stadt und den Aufständischen drakonische Strafen aufzuerlegen. Dies war jedoch selbst Davout zu hart gewesen.

Die Marquise de Blocqueville berichtet von einem angeblichen Brief, der sich im Besitz des Historikers Villemain befunden haben soll. In diesem Brief, so Villemain an die Marquise, habe Davout Napoleon die Ausführung seiner Befehle verweigert.

> Niemals werden Majestät aus mir einen Herzog von Alba[149] machen! Eher würde ich meinen Marschallstab zerschmettern, als dass ich Befehle befolgte, deren Ausführung Ew. Majestät als Erste bereuen würde. Der Krieg ist schon ohne diese unnötigen Grausamkeiten schrecklich genug [...][150]

Legende oder Wahrheit? Der Brief, den die Marquise de Blocqueville erwähnt, ist nicht im Nachlass aufgetaucht und klingt auch gar nicht nach Davouts Diktion. In seinen Briefen an den Kaiser wählte der Fürst von Eckmühl stets eine sachliche Sprache. Befand er sich im Widerspruch zu Napoleon, versuchte er stets, den Kaiser mit Argumenten von seinen Ansichten zu überzeugen. Wahrscheinlicher ist, dass ein solcher Brief zwar geschrieben, aber nie abgeschickt wurde.

Der Schriftwechsel zwischen Davout, Berthier und Napoleon ist im Gegensatz zu dem oben zitierten Brief bekannt. Hier seien ein paar Auszüge der chiffrierten Depesche zitiert, welche die Rachgier des Kaisers deutlich hervortreten lassen.

> Waldheim, 7. Mai 1813
>
> Sie werden auf der Stelle alle Subjekte Hamburgs verhaften lassen, die als Senatoren für Hamburg tätig waren. Sie werden diese an eine Militärkommission übergeben und die fünf Hauptschuldigen erschießen lassen. Die anderen werden Sie in Begleitung einer starken Eskorte nach Frankreich schicken, damit diese in einem Staatsgefängnis festgehalten werden. Sie werden die Stadt entwaffnen, sie werden alle Offiziere der Hanseatischen Legion erschießen lassen, und Sie werden all diejenigen, die in ihr gedient haben, nach Frankreich schicken, damit diese auf die Galeeren kommen. Sie werden eine Liste der Rebellen erstellen, und zwar von 1500 der reichsten Individuen der 32. Militärdivision, die sich unbotmäßig verhalten haben; Sie werden sie verhaften, Sie werden ihr Hab und Gut beschlagnahmen, von dem der Staat Besitz ergreifen wird. Sie werden eine Kontribution von 50 Millionen von den Städten Hamburg und Lübeck erheben. Sie werden alle Maßnahmen ergreifen, diese Summe zu veranlagen, damit sie sofort bezahlt wird.
>
> […] All diese Maßnahmen, Fürst, sind streng zu befolgen. Der Kaiser lässt Ihnen keine Möglichkeit, nur eine zu verändern. [151]

Davout war geschockt. Die Waldheimer Depesche war nicht nur ein blutrünstiges Pamphlet napoleonischen Willens, sondern auch eine Kampfansage an den Marschall, der zum bloßen Henkersknecht Napoleons degradiert werden sollte. Doch war dies wirklich die Sprache Napoleons? Sicher ging Berthier nicht so weit, die Befehle Napoleons, zu verfälschen, aber der imperativische, beinahe hasserfüllte Ton der Depesche verrät eindeutig die Handschrift von Davouts Todfeind Berthier.

Aber der Marschall war nicht der Mann, der sich so einfach zum Kettenhund Napoleons machen ließ. Dessen Befehle waren zwar unmissverständlich, aber kaum ausführbar. Zudem waren alle Gesuchten entflohen. Viele von ihnen, wie Perthes, hatten Zuflucht in

Dänemark gefunden, was sich der Fürst von Eckmühl in einer Entgegnung an Berthier zunutze machte.

> Hamburg, 31. Mai 1813
>
> Wenn der Kaiser unbedingt auf die prompte Ausführung der harten Strafmaßnahmen gegen sie [die Entflohenen] besteht, bitte ich Eure Hoheit um Befehle von Eurer Majestät, die mich dazu bevollmächtigen, diese offiziell bei der dänischen Regierung zu reklamieren.[152]

Davouts Antwort fand ihren Weg zum Kaiser, Napoleon sah von der Verfolgung der Geflohenen ab. Auch die Weisung, jeden Offizier der Hanseatischen Legion erschießen zu lassen, verpuffte, weil Davout zu bedenken gab, dass die meisten Offiziere der Legion mit den Russen geflohen und die wenigen gefangenen Offiziere fast alle Preußen wären. Damit rührte der Marschall an einen wunden Punkt. Würde man diese Gefangenen erschießen, so waren erhebliche Folgen für die französischen Offiziere zu befürchten, die während des Krieges in Gefangenschaft geraten waren oder geraten würden. Die Massenhinrichtung war damit hinfällig geworden.

Indem Davout die Befehle Napoleons immer wieder hinterfragte, ignorierte er die Floskel, die besagte, dass der Kaiser nicht die kleinste Abänderung seiner Befehle wünsche. Wo er konnte, spielte der Marschall auf Zeit. Diese Taktik rettete vielen Menschen das Leben. Letztendlich wurde keiner der ursprünglichen Hinrichtungsbefehle umgesetzt.

Die mäßigende Einflussnahme des Marschalls hatte das Blutbad verhindert. Sie war zum einen der Tatsache geschuldet, dass die Befehle nicht ausführbar waren, zum anderen dem Widerwillen Davouts, sie auszuführen.

Darüber hinaus beeinflussten auch die Briefe seiner Frau zunehmend seine Handlungen. Einer der Briefe Aimées erreichte sozusagen im »Kassiber« den Marschall und entging der Kontrolle des allmächtigen Schwarzen Kabinetts, durch das Napoleon auch den Schriftverkehr seiner Generäle und Marschälle ausspionieren ließ.

> Ich beginne damit, zu bekennen, dass ich dein Kommando der 32. Militärdivision nicht mag; deine Befugnisse sind unbe-

> schränkt, aber nur um Schlechtes zu tun; du wirst daraus nicht den geringsten Nutzen ziehen [...]
>
> Sicherlich wirst du nicht mehr so viele Neider haben, wenn du nur noch solche Gelegenheiten haben wirst, deinem Fürst und Vaterland zu dienen.[153]

Mit dieser Analyse hatte Aimée Davout ins Schwarze getroffen. So pflichtbewusst wie der Fürst von Eckmühl auch war, so hatte er doch auch Verständnis für die Lage der Hamburger. Statt die Exekution unzähliger Hamburger anzuordnen, erließ Davout in Abstimmung mit dem Kaiser Mitte Juli eine zeitlich begrenzte Generalamnestie für alle am Aufstand Beteiligten mit Ausnahme der Rädelsführer. Diese Maßnahme hatte den Erfolg, dass viele Hamburger, die sich aus Angst vor den Franzosen im dänischen Holstein niedergelassen hatten, wieder nach Hamburg zurückkehrten.

Das Vorhaben des Kaisers, von Hamburg 50 Millionen an Kriegskontributionen einzutreiben, war völlig unrealistisch. Der erste Zahlungsplan scheiterte sofort.

Nach mehrmaligem Hin und Her legte Davout Hamburg am 7. 6. 1813 als Strafe für den Aufstand eine außerordentliche Strafkontribution in Höhe von 48 Millionen Franken auf.

Der neue Plan Napoleons, die Zahlung in sechs Raten innerhalb eines Monats abzuwickeln, schlug ebenfalls fehl. Die Stadt war einfach nicht in der Lage, eine derartig gewaltige Summe so schnell aufzubringen, was Davout dazu veranlasste, einen anderen, vergleichsweise humanen Zahlungsplan zu entwerfen.

Ein Drittel des fälligen Betrags sollte am 12. Juni in bar, das zweite Drittel in Bankguthaben und das letzte Drittel in Wechseln auf Paris abgetragen werden. Im Falle der Nichtzahlung drohte den Hamburgern die Beschlagnahme beweglicher und unbeweglicher Güter.

Doch Davout musste die Erfahrung machen, dass auch dieser moderatere Entwurf nicht der Realität entsprach. Als am 12. Juni noch nicht einmal ein Drittel der ersten Rate eingetrieben war, nahm Davout 35 der reichsten Kaufleute in Geiselhaft nach Harburg und erzwang so die Zahlung von 2 Millionen Franken in bar und weiteren 2,13 Millionen aus Bankguthaben und Wechseln.

Doch diese Gewaltmaßnahme war keine Lösung. Aufgrund der Zahlungsschwierigkeiten der Stadt reduzierte Napoleon die Gesamtsumme der Strafkontribution.

Am 16. 7. 1813 setzte Napoleon folgenden Zahlungsmodus fest: Die erste Rate in Höhe von 10 Millionen wollte der Kaiser sofort, und zwar in bar; 20 Millionen sollten zehn Monate lang vom 1. Oktober bis zum 1. August 1814 in monatlichen Raten von 2 Millionen abgetragen werden. Die Bezahlung weiterer 15 Millionen konnte in Form von Waren wie Kleider, Kattun, Branntwein, Wein und Gewürze erfolgen. Die restlichen 3 Millionen bestanden aus Warenlieferungen, Futter und anderem durch die Stadt Hamburg an die 32. Militärdivision.

Über die Zahlung der ausstehenden Raten wachte die unter der Leitung des Finanzintendanten Chaban zusammengetretene Handelskammer. Nachdem das Finanzproblem vorerst gelöst war und 10 Millionen nach weiteren harten Repressalien eingetrieben wurden, schickte der Fürst die Summe ins Hauptquartier Napoleons. Die Geldnot des Kaisers war gelindert, jedoch ohne dass Davout einen Nutzen davon gehabt hätte. Als der November anbrach, wurde in Hamburg langsam das Geld knapp.

Um diesen Mangel zu beheben, ließ Chaban den privaten Bankschatz der Hamburger in Höhe von 7506956 Mark Banko beschlagnahmen: Diese Maßnahme zog eine schwere Inflation nach sich, die sich auf die Preise der Grundnahrungsmittel auswirkte, die jetzt in die Höhe schnellten. Trotzdem war fürs Erste genügend Geld im Umlauf, was die Finanznot seiner Truppen linderte.

Nun konnte sich Davout voll und ganz der Befestigung Hamburgs widmen. Obwohl die Hamburger im Mai noch unter Tettenborns Leitung versucht hatten, ihre seit 1804 teilweise niedergelegten Verteidigungswerke notdürftig auszubessern, fand Davout nicht viel vor, was er für eine Verteidigung benutzen konnte.

Der Plan Napoleons sah vor, aus Hamburg eine Festung zu machen, die sich mindestens zwei Wochen lang gegen einen feindlichen Angriff halten konnte. Hinzu kam eine weitere Schwierigkeit. Napoleon wollte nur einen geringen Teil des Armeekorps – es sollte ab dem 1. Juli den Namen »13. Armeekorps« tragen – zur Bemannung der Festung zurücklassen. Nach seinen Vorstellungen würden

6000 Mann ausreichen, um die Festung zu verteidigen. Aber mit 6000 Mann ließ sich nicht das gesamte Stadtgebiet der 127 000-Seelen-Stadt nach herkömmlicher Art gegen einen Angriff sichern.

Der Ausbau eines klassischen Festungsgürtels mit Forts, Bastionen, Ravelins, Kurtinen, Redans und sonstigen Festungswerken hätte unter normalen Voraussetzungen fast zehn Jahre Bauzeit und eine Besatzung von 40 000 Mann erfordert. Um diesen Aufwand zu vermeiden, kam Napoleon auf die Idee, Hamburg und Harburg zu Brückenköpfen auszubauen, die aus einer Kette von Schanzen, Wällen, Gräben, Blockhäusern und Sperrforts bestanden.

Die Brücke, die von Hamburg über Wilhelmsburg nach Harburg führen sollte, war auf eine Länge von 7,5 Kilometer angelegt, gemessen vom Brooktor bis zum Schloss Harburg. Ihr strategischer Zweck war nicht nur, beide Elbufer miteinander zu verbinden, sondern auch beide Brückenköpfe im Falle eines Angriffs sofort mit Truppen unterstützen zu können. Bei dieser Konzeption kam der Insel Wilhelmsburg eine entscheidende Rolle zu. Als wichtiger »Brückenpfeiler« der Wehranlage war sie der neuralgischste Punkt und musste ebenfalls schwer befestigt werden.

Vor Davout lag eine gewaltige Aufgabe.

Auf der Harburger Seite befand sich ein Schloss, das durch schwache Umwallungen gedeckt war, und der strategisch wichtige, aber bisher unbefestigte Schwarze Berg. Auf der Hamburger Seite existierten zwar noch einige Reste der einst mächtigen Festungswälle und Schanzen der Barockzeit, doch war das meiste verschwunden oder durch die Entfestung von 1804 in eine andere Bebauungsform übergegangen. Auf den Kurtinen und Bastionen promenierten sonntags Hamburger Bürger. In den Gräben oder auf dem Festungsglacis der einstigen Festung waren Gärten entstanden. Erdwerke und Pfeilschanzen waren niedergelegt und neue Durchstiche der Wälle vorgenommen worden. Die Festungsgräben selbst waren ausgetrocknet. Im Vorfeld der einstigen Festung waren Dörfer und neue Siedlungen entstanden und an die einstigen Verteidigungswerke herangewachsen. Wo einst freies Schussfeld geherrscht hatte, beengten junge Bäume die Sicht. Natürliche Erhebungen oder Hindernisse gab es nur wenige. Die einzige nennenswerte Erhebung war der Hamburger Berg, der von dem expandierenden Vergnügungsviertel St. Pauli langsam zugewuchert wurde. Davout stand viel Arbeit bevor, wollte er die Anforderungen des Kaisers erfüllen, der von ihm forderte, am Tag nach Erhalt der Depesche binnen 24 Stunden 10000 Arbeiter zu rekrutieren.

Zu diesem Zweck blieb dem Marschall nichts anderes übrig, als ein Heer von Tagelöhnern zum Dienst zu pressen. Gegen einen Tageslohn von einem Franken gewann er die durch die Kontinentalsperre verarmten Arbeiter und Handwerker der Elbestadt teils freiwillig, teils zwangsverpflichtet zur Mitwirkung. Bald war Hamburg eine Baustelle, auf der ungefähr 6000 Arbeiter unter der Bewachung der französischen Soldaten arbeiteten. Da nicht genug Hamburger sich freiwillig meldeten, kamen die auf acht bis 14 Tage zwangsverpflichteten Arbeiter teilweise von weit her: Lübeck, Bremen und Lüneburg. Die Arbeit war knochenhart und für viele Hamburger ungewohnt.

> Zu den Befestigungen gehörten denn nun vor allen Dingen die verschiedenen Schanzen und das Demolieren (das heißt Abbrechen oder Niederreißen) der Häuser außerhalb des Tores, sowie das Umhauen aller großen Bäume. Die ganze Umgegend musste rasiert werden, um dem Feinde jedes unbemerkte Ranschleichen unmöglich zu machen. »Das Schanzen« (dieses Aufwerfen von Erdwällen) hatte wenigstens das Gute, dass eine Menge Arbeiter, die bei den damals stockenden Geschäften gewiss brotlos geworden wären, doch nun Beschäftigung fanden und ihren täglichen Unterhalt verdienen konnten, denn sie erhielten pro Tag einen Franken, also achtzig Pfennig, was natürlich im ganzen die Stadt bezahlen musste. Später hörte man freilich mitunter die Klage, dass die Franzosen ihnen das Geld doch nicht auszahlten, eine Unordnung, welche in Kriegszeiten nichts Ungewöhnliches ist.
>
> […] Das Demolieren war nun gar eine traurige Sache. Im weiten Umkreise um die Stadt wurden alle Häuser abgebrochen; es erstreckte sich dies bis etwa an die Hammer Kirche, in Billwärder bis an die grüne Brücke, an der Elbe bis an Rothenburgsort, außerhalb des Dammtors bis Harvestehude.[154]

Eine Stadt niederzureißen ist eine Sache, eine Festung zu bauen, noch eine ganz andere. Aber Davout hatte dafür seine Spezialisten. Oberst de Ponthon leitete den Bau der Festungswerke, der Artilleriegeneral Jouffroy den Ausbau der Geschützstellungen, Eisengießereien und Schmieden.

Was die Konstruktion der Elbbrücken anbetraf, so war sie fest in der Hand eines Zivilisten, des Chefingenieurs der Brücken- und Chausseeverwaltung, Jousselin. Der Major der Pioniere Vinache war für den Zitadellenbau zuständig.

Unter der Leitung dieser fähigen Männer wuchsen Blockhäuser, Forts und Schanzen in die Höhe. Spitzpfähle wurden in den Boden gerammt, Festungsgräben mit Wasser befüllt, Flatterminen platziert und Wolfsgruben ausgehoben. Tag für Tag wuchsen die Brücken, deren Bau man am 28. Juni begonnen hatte, Meter für Meter in die Marsch und Elbe hinein. Nach 83 Tagen war die Elbbrücke zwischen Hamburg und Harburg fertig.

2214 Zimmergesellen, 1228 Tischler, 220 Arbeiter und 1800 Soldaten an den Rammen hatten sie fertiggestellt. Genau genommen bestand diese Brückenverbindung aus vier einzelnen Brücken. Die Brücke wurde nur durch die Norder- und Süderelbe unterbrochen, die mittels zweier Seilzugfähren überquert werden konnten.[155]

Diese Brücken waren klug durchdacht und für alle Truppengattungen gangbar. Sie hatten an ihren Enden befestigte Brückenköpfe und Schießscharten an den Seiten, um feindliche Landungstruppen unter Feuer nehmen zu können.

Was den Stand der Befestigungen anging, so ragten auf dem Hamburger Gebiet nebst den nach außen gerichteten Verteidigungswerken zwei Bollwerke hervor, die als Zwingburgen gegen die Hamburger Bevölkerung gedacht waren. Aus den Bastionen Albertus und Casparus sowie dem vorgelagerten Hornwerk war, durch Palisaden und erhöhte Wälle verstärkt, eine Zitadelle erwachsen, die das Hafenviertel beherrschte. Eine andere Trutzburg befand sich zwischen der Großen und der Binnenalster. Sie vereinigte ebenfalls zwei Bastionen, von denen aus Kanonen und Mörser auf die Stadt zielten.

Vor dem Dammtor, Millerntor, Brooktor und Steintor waren außerhalb des Stadtgrabens Wälle aufgeworfen. Ein Blockhaus schützte den Oberhafen am Stadtdeich. Das Hornwerk und die Sternschanze waren wieder instand gesetzt worden, die Große Alster durch eingerammte Pfähle gesperrt. Schanzen und Bastionen schützten das linke und rechte Alsterufer. Ebenso waren die Elbinseln sowie alle strategisch wichtigen Zugänge und Brücken zur Stadt verschanzt.

Auf diese Weise war in Hamburg, Wilhelmsburg und Harburg eine moderne Festungseinheit entstanden, die den Marschall mit großer Zuversicht erfüllte, einem feindlichen Angriff wochenlang standzuhalten. Ende August standen 147 Geschütze in Batterien auf den Wällen der Festung. Anfang Dezember, zu Beginn der Belagerung, sollten es 350 Festungsgeschütze und 76 bespannte Feldgeschütze sein.

Inmitten dieses eifrigen Treibens erhielt Davout die freudige Nachricht, dass Aimée ihn besuchen käme.

Grund für diesen Besuch war der Waffenstillstand von Pläswitz, der am 4. Juni 1813 die Kampfhandlungen zwischen Frankreich und den Rheinbundstaaten auf der einen und Russland und Preußen auf der anderen Seite unterbrach. In diesem ersten Feldzug des Jahres 1813 hatte Napoleon den Alliierten gezeigt, dass immer noch mit ihm zu rechnen war. Am 2. Mai 1813 hatte er die Preußen und Russen bei Großgörschen geschlagen, am 21./22. Mai bei Bautzen über die Koalition gesiegt. Aber die Siege waren verlustreich gewesen. Beide kriegsführenden Parteien waren am Ende ihrer Kräfte angelangt und brauchten dringend eine Pause, um Verstärkungen an sich zu ziehen und neu aufzurüsten.

Den Preußen und Russen war schmerzlich klar geworden, dass sie ohne Verbündete nicht siegen konnten. Auch Napoleon hatte die Erkenntnis gewonnen, dass es für Frankreich unmöglich war, die Koalition ohne weitere Bundesgenossen zu schlagen.

Und so kam es, dass Preußen und Russland wie auch Frankreich zeitgleich um die Gunst Österreichs und Dänemarks sowie Schwedens buhlten. Das Resultat ist bekannt. Schweden und Österreich schlugen sich auf die Seite von Preußen und Russland, Dänemark auf die Frankreichs.

Das Zeitfenster, das Aimée Davout ermöglichte, ihren Mann zu besuchen, blieb von diesen Ereignissen unberührt. Der Waffenstillstand lief erst am 16. August ab und hatte eine sechswöchige Kündigungsfrist. Genug Zeit, wenige Wochen familiärer Heiterkeit zu genießen.

> Dieser Waffenstillstand gibt mir die Hoffnung, meine Aimée mit unseren drei Ältesten zu küssen. Ich zweifle nicht daran, dass du die Gelegenheit nutzen wirst, um zu deinem Louis zu kommen.[156]

Doch so schnell, wie der Fürst von Eckmühl sich seine Familie herbeiwünschte, kam sie nicht. Die Marschallin reiste grundsätzlich nicht gern und brauchte immer viel Zeit für die Vorbereitung. Vermutlich fiel ihr der Abschied von Jules schwer, dem jüngsten Sohn des Marschalls, den Davout gar nicht kannte, weil er erst im Dezember 1812 geboren worden war. Jules blieb deswegen in Frankreich, wo er noch im selben Jahr nach der Rückkehr Aimées durch einen Unfall starb.

Am 21. Juli war es dann so weit, konnte Davout endlich seine Familie, die er ein Jahr lang nicht mehr gesehen hatte, in die Arme schließen. Der Zeitpunkt der Reise war gut gewählt, obwohl der Fürst von Eckmühl viel zu tun hatte. Die Anwesenheit seiner Familie gab dem einsamen Mann, der in seiner Freizeit den »Don Quijote« zu lesen begonnen hatte, wieder neuen Auftrieb. Seitdem er aus Russland zurückgekommen war, hatte Davout keinen Tag Pause gehabt.

Aimée blieb mit den Kindern mehrere Wochen und feierte mit ihrem Mann sogar den Geburtstag des Kaisers, der diesmal auf den 10. August vorverlegt wurde, weil einen Tag nach dem eigentlichen Geburtstag Napoleons der Waffenstillstand von Pläswitz ablief.

Als der Tag der Abreise kam, begleitete sie der Marschall bis nach Harburg und verabschiedete sie schweren Herzens. Trotz des Abschiedsschmerzes glaubten beide, dass Frankreich den Krieg gewinnen und sie sich bald wiedersehen würden. Doch Aimée und der Marschall irrten sich. Erst zehn Monate später sollten sie sich im Juni 1814 wieder in die Arme schließen können.

Noch am selben Abend bereitete sich Davout darauf vor, Hamburg zu verlassen und am alles entscheidenden Feldzug teilzunehmen, der, wie er immer noch hoffte, den Sieg über die Koalition bringen würde. Diese bestand jetzt aus Österreich, Russland, Preußen und Schweden.

Die Truppenstärke der Alliierten war furchterregend: fast an die 500000 Mann.

Dem gegenüber konnte Napoleon nur 400000 Mann aufstellen, Davouts Korps eingerechnet. Der Plan des Kaisers sah vor, die Armeen der Alliierten einzeln zu schlagen, bevor sie sich vereinen konnten. Damit die schwedische Armee und die bei Berlin stehende preußische Armee unter von Bülow nicht in die Kämpfe in Sachsen eingreifen konnten, sollten Oudinot und Davout ihre Kräfte binden: Oudinot durch einen Angriff auf Berlin, Davout durch einen Zug gegen Mecklenburg und Pommern.

Insgesamt standen dem Fürsten von Eckmühl für diese Aufgaben etwa 43000 Mann zur Verfügung: die 3. Division unter General Loison, die 40. Division unter General Thiébault, die 50. Division unter General Vichery und ein dänisches Korps unter Prinz Friedrich von Hessen.

Von diesen 43000 Mann waren jedoch 8000 in Hamburg gebunden, und weitere 3000 Soldaten lagen in den Dörfern und Städten der 32. Militärdivision. Hinzu kamen Ausfälle durch hohe Krankenstände, die aufgrund des grassierenden Fleck- und Nervenfiebers 5000 Mann betrugen, die in Hospitälern und Lazaretten lagen. Insgesamt hatte Davout nur 27000 Mann von zweifelhafter Kampfkraft.

Nach wie vor bestanden Davouts Truppen aus blutjungen 16- bis 17-jährigen Konskribierten, die teilweise so kümmerlich aussahen, dass die baumlangen Dänen ihren Spott mit ihnen trieben, was oft zu Schlägereien führte. Diese Schwäche betraf insbesondere Davouts Infanterie. Die Artillerie zeigte sich in bester Verfassung, hatte erfahrene Bedienungsmannschaften. Das Sorgenkind des Marschalls war die Kavallerie. Sie hatte zu wenig Pferde und kaum erfahrene Offiziere.

Demgegenüber sah es beim Gegner besser aus. General von Wallmoden war ein erfahrener Offizier. An Infanterie war er Davout unterlegen, dafür hatte er mehr Kavallerie, unter anderem Tettenborns Kosaken. Alles in allem verfügten die Alliierten über etwa 27000 Mann.

Der Feldzug begann am 17. August 1813 mit einem Vorstoß Davouts auf Lauenburg an der Elbe. Hier hatten die Verbündeten auf einer Anhöhe gegen Hamburg hin eine Verteidigungsstellung bezogen, die durch hastig aufgeworfene Schanzen leidlich befestigt worden war. Sie wurden in einem von beiden Seiten heftig geführten Gefecht nach zwei Tagen genommen und Lauenburg erobert. Die Alliierten flüchteten hinter die Stecknitz, gefolgt von den Franzosen, die auf Schwerin vorstießen, das sie nach einigen kleineren Gefechten unterwegs am 23. August besetzten. Hier sammelte Davout seine Truppen und wartete die Ergebnisse von Oudinots Vorstoß ab, um dann weiter auf Stettin vorzustoßen und vielleicht das belagerte Danzig zu entsetzen. Aber daraus wurde nichts.

Am selben Tag, an dem Davout Schwerin besetzte, erlitt Oudinot bei Großbeeren vor den Toren Berlins eine entscheidende Niederlage, die die Pläne Napoleons zunichte machte. Daraufhin zog sich Davout hinter die Stecknitzlinie zurück, die aus dem Flüsschen Delvenau, den Lauenburger Seen und dem alten Stecknitzkanal bestand, der von Lauenburg nach Lübeck führte und dort in die Trave floss. Hier legte er eine Verteidigungslinie an. Die Gegend war dafür gut geeignet. Dichte Wälder und eine Seenkette ließen einem aus Osten vorstoßenden Angreifer nur wenig Raum für die Offensive. Sein Hauptquartier richtete Davout in Ratzeburg ein, von wo er von September bis November 1813 meist untätig den weiteren Verlauf des Feldzugs in Sachsen abwartete, was ihm seitens der Alliierten die Spitznamen »Robinson« und »Der Eremit von Ratzeburg« eintrug.

In Sachsen war Napoleon zunächst siegreich gewesen. In der zweitägigen Gewitterschlacht von Dresden hatte er Ende August die Österreicher und Russen vernichtend geschlagen. Bei der anschließenden Verfolgung war jedoch das Armeekorps von General Vandamme bei Kulm vernichtet und gefangen genommen worden. Zur gleichen Zeit war die Boberarmee Macdonalds von Blücher an der Katzbach und wenig später Marschall Ney bei Dennewitz bezwungen worden.

Damit hatten die Alliierten Napoleons Erfolg bei Dresden völlig zunichte gemacht. Jetzt gab es für den Kaiser nur noch eine Wahl.

Entweder zog er sich hinter die Elbe zurück oder er wagte die Entscheidungsschlacht. Napoleon wählte die letzte Option und verlor die Völkerschlacht bei Leipzig, die ihn in letzter Konsequenz nicht nur Deutschland, sondern seine Herrschaft kostete.

Während im Osten Deutschlands das Schicksal Europas entschieden wurde, verharrte Davout weiterhin in Ratzeburg. Es war ein kleiner Krieg, den der Marschall führte. Begrenzte Scharmützel und Aufklärungen waren an der Tagesordnung.

Nur einmal, am 16. September, flackerten im Norden schwere Kämpfe auf. Aufgrund der Tatsache, dass die Alliierten durch Streifzüge immer wieder Davouts Verbindungen nach Magdeburg störten, erteilte der Marschall General Pécheux den Auftrag, mit einer Brigade bei Zollenspieker über die Elbe zu gehen und das linke Elbufer bis Magdeburg hin von den Alliierten zu säubern.

Doch was als Überraschung angedacht war, verkehrte sich ins Gegenteil. Der Kurier, der Pécheux weitere Befehle von Davout übermitteln sollte, wurde abgefangen und Wallmoden über den Plan informiert.

Am 16. September zog Wallmoden dem ahnungslosen Pécheux, der ungefähr 4000 Mann kommandierte[157], mit dreifacher Übermacht entgegen und schlug die Franzosen in der Schlacht an der Göhrde nach erbitterten Kämpfen. Dennoch gelang es Pécheux, sich mit den Trümmern seiner Brigade zu retten, was ihm Davouts Lob einbrachte.

Pécheux hatte sich über Stunden gegen eine Übermacht gehalten und war erst kurz vor Einbruch der Dunkelheit bezwungen worden. Dies imponierte Davout, der am selben Tag nur halbherzig einen Vorstoß auf Zarrentin gemacht hatte.

Trotz dieses Achtungserfolgs war Pécheux' Mission ein herber Fehlschlag. Der Sieg der Alliierten bewirkte die Unterbrechung der Operationslinie von Hamburg nach Magdeburg. Mehr als zuvor beschränkte sich Davout jetzt darauf, die Stecknitzlinie auszubauen, welche die Alliierten auch in der Folgezeit nicht bezwingen konnten.

Da dem Marschall in seiner hervorragenden Defensivstellung nicht beizukommen war und er sich nicht vom Fleck rührte, versuchten es die Verbündeten mit Propaganda.

In Lüneburg erschien am 23. September die von Varnhagen von Ense verfasste Schrift »Zeitung aus dem Feldlager«, in der Davout – dort »Davoust« geschrieben – zur Zielscheibe beißenden Spotts wurde. Vor allem wurde seine Entschlusslosigkeit parodiert, seine angebliche Feigheit, sich zum Kampf zu stellen:

5. *Davout bekommt keine Liebesbriefe mehr.* Aus Nr. 1 der »Zeitung aus dem Feldlager«

Schreiben aus Ratzeburg, den 21. September.

In seiner Stellung zwischen den Seen befand sich der Marschall Davout nicht übel; er wusste, dass hier die fürchterlichen Kosaken nicht so leicht Zugang finden könnten.

Eines nun war dem Marschall ungemein verdrießlich und auf keine ersinnliche Weise abzuändern. Die Kosaken nämlich hatten seine ganze Heeresmacht dergestalt umgeben und abgeschlossen, dass er wie auf einer Insel zu leben schien und nur selten etwas von der übrigen Welt erfuhr. Ein Berliner Zeitungsblatt wurde zum Leckerbissen, um dessentwillen man alles in Bewegung setzte, ja sogar die unschuldige Jugend aussandte, wiewohl vergebens, denn die Kosaken lieferten jeden Boten unfehlbar in das Hauptquartier des Generals Tettenborn ab. Die Berliner Zeitung hätte man dem neugierigen Marschall nun wohl schon gönnen dürfen, und es war nicht zu befürchten, dass sie durch übergroße Freude über die darin mitgeteilten Nachrichten ihm schädlich werden könnte; allein er erhielt die Zeitung nun einmal nicht und war genötigt, seine Neuigkeiten zu erfinden ...

Endlich aber, als die Kosaken auch sein häusliches Glück unterbrachen und statt seiner die zärtlichen Briefe seiner Gattin annahmen, konnte er sich nicht länger halten, sondern schrieb, nachdem er lange vergebens auf Briefe gehofft und keinen erhalten hatte, endlich an den General Tettenborn, er möchte ihm doch den einzigen Gefallen tun und ihm den Briefwechsel mit seiner Frau nicht ganz und gar hemmen. Wiefern sich der General Tettenborn hierzu verstanden habe, ist uns nicht bekannt; allein gleich nach diesem Bittschreiben gelangte aufs neue ein

> Brief der Frau Marschallin in seine Hände und er wollte denselben gutmütiger Weise dem Marschall wirklich zukommen lassen; allein der Kosak, der ihn überbringen sollte, verbreitete solchen Schrecken, dass Franzosen und Marschall und Dänen und Landgraf eilig von Schwerin aufbrachen und den armen Briefträger ganz außer Atem brachten. Hierüber ärgerlich, hat der General Tettenborn sich nun vorgenommen, dass in Zukunft der Marschall seine Briefe kann abholen lassen.
>
> Madame Davout schreibt ihrem Manne unter anderem: Ich hoffe, Dich bald im Schoße Deiner Familie wiederzusehen, deren Seele Du bist und wo man Dich lieber hat, als an jedem anderen Orte. – Es ist allerdings ein reizendes Bild – den sanften Marschall in der Rolle des Beglückers seiner Familie zu sehen – Wir sind überzeugt, dass alle Länder, wenn sie den Marschall nur erst im häuslichen Schlafrock und Nachtmütze, die ihn nach Aussage der Marschallin so hübsch aussehen lassen, gesehen hätten, ihn ebenso lieben müssten wie die Marschallin![158]

Die teilweise plumpen Artikel verfehlten ihr Ziel, auch wenn Davout sich tief verletzt darüber zeigte, dass die feindlichen Blätter auch nicht vor seiner Frau und Familie Halt machten.

> Diese Sorten von Menschen mokieren sich über Gedanken, die sie nicht mit ihrem Raubgeiste schätzen können. Zum Beispiel werden sie nicht begreifen, dass man in seinem Innern einen sehr zärtlichen Charakter für seine Frau und seine Kinder haben und dabei ein strenger Anführer sein kann, zumal gegen diese elenden Abenteurer. Ich bin streng und sogar sehr streng aus Pflicht, und ich werde alles tun, was meine Pflichten mir vorschreiben, um dem Kaiser Hamburg zu erhalten und Holstein zu decken.[159]

Diese Haltung verstand nicht jeder. Vor allem sein Divisionsgeneral Thiébault, der Davout nicht ausstehen konnte und mit ihm mehr als einmal aneinandergeraten war, missbilligte die Entscheidung des Marschalls, untätig an der Stecknitzlinie stehenzubleiben. Thiébault war der Meinung, dass das 13. Korps sich nach Frankreich durchschlagen müsse, und schlug Loison vor, auf eigene Faust nach Frankreich zu ziehen. Loison war die Sache zu heikel. Was Thiébault da vorhatte, war eindeutig Hochverrat.

Zum Glück für beide wurde ihnen die Verantwortung abgenommen. Am 11. November erhielt der Marschall endlich eine chiffrierte Depesche Napoleons. In dieser Depesche forderte der Kaiser den Fürsten auf, sich, sollte der Feind ihn nicht mit Übermacht bedrohen, mit allen verfügbaren Kräften nach Frankreich zurückzuziehen und in Hamburg nur eine schwache Garnison zurückzulassen.

Doch die Chance war vertan, die Möglichkeit dahin. Als Napoleons Nachricht Davout erreichte, marschierte bereits die alliierte Nordarmee unter Bernadotte, der 1810 von Karl XIII. von Schweden zum Thronfolger gemacht worden war, auf dem linken Elbufer heran und schnitt somit jegliche Rückzugsmöglichkeit zum Rhein ab. Der Marschall reagierte sofort.

Am 13. November gab er das Lager bei Ratzeburg auf und steckte es in Brand. Kurz darauf trennten sich die Dänen von den Franzosen und zogen nordwärts, um Holstein zu decken. Am 16. November ließ Davout den Belagerungszustand für Hamburg ausrufen. Es war derselbe Tag, an dem Bernadotte mit der Nordarmee von Hannover aufbrach, um zur Niederelbe zu marschieren. In einem wuchtigen Angriff stießen die Russen von Süden aus auf die Elblinie vor. Stade wurde angegriffen, Cuxhaven eingenommen. Am 29. November stand Bernadotte bei Boitzenburg Davout gegenüber, einen Tag später ging General Woronzow über die Elbe, woraufhin sich Davout am 30. November von der Stecknitz hinter die Bille zurückzog, die im Osten von Hamburg in die Elbe fließt. Dort wartete er die weitere Entwicklung ab. Als die schwedisch-russischen Truppen unter Bernadotte weiter vorrückten und die Temperaturen unter den Gefrierpunkt fielen, zog sich Davout am 3. Dezember 1813 nach Hamburg zurück, aus Sorge, die Russen könnten die vereisten Flussläufe der Bille überqueren. Die Belagerung hatte begonnen.

In Hamburg war die Festung inzwischen so gut wie fertig, genauso wie die Elbbrücken von Hamburg nach Harburg. Überall am Stadtrand waren Verhaue, Forts, Schanzen und Wälle mit freiem

Das Niederbrennen des Krankenhofs in Hamburg zwischen dem 3. und 6. Januar 1814

Schussfeld entstanden. Aber dies war Davout nicht genug. Im Dezember erweiterte er das Schussfeld erneut um 500 Meter und ließ alle Häuser schleifen, die sich innerhalb dieser Distanz befanden. Insgesamt gingen bei der Rayonnierung im Vorfeld der Verteidigungsanlagen im Jahr 1813 841 Häuser, 108 Fabriken, 454 Buden und sogar die Kirche auf dem Hamburger Berg in Flammen auf.

Die Folgen für die Bevölkerung waren Hunger und Elend. Allein in St. Pauli irrten 6000 Obdachlose umher und bettelten um eine Unterkunft.

Slums wurden aus dem Boden gestampft. Erdlöcher dienten als Wohnung, Gräber als Vorratsspeicher. Kirchhöfe wurden zu Garküchen. Überall entstanden Lauben aus Baumästen. Viele derjenigen, die sich so vor der Witterung zu schützen versuchten, verhungerten oder erfroren.

Die Ankunft der Hauptarmee Davouts brachte einen Mangel an Unterkunftsräumen mit sich, sodass die französische Verwaltung die Soldaten in öffentliche Gebäude einziehen ließ, die die Kaufleute nicht mehr besuchten. Die Börse sowie das Waisen- und Armenhaus wurden zu Kasernen, die Kirchen zu Ställen und Lagerräumen. Kranke, Waisenkinder und Irre wurden nach Eppendorf geschafft.

Den ganzen Sommer lang hatte sich der Fürst gewissenhaft auf eine lange Belagerung vorbereitet. Davout hatte Getreide und gepökeltes Fleisch für 30000 Mann einlagern lassen und 5000 Zentner Mehl besorgt. Des Weiteren waren Rinder-, Schweine- und Schafsherden aus Lauenburg, Niedersachsen und Holstein nach Hamburg eingetrieben worden. In den Scheunen und Ställen lagerten für die 4000 Pferde der Kavallerie Hafervorräte für sechs Monate.

Die Hamburger hatte Davout dazu aufgefordert, sich bis zur nächsten Ernte mit Lebensmitteln und Feuerung zu versorgen. Jetzt, im Winter, ließ er Zettel verteilen, auf denen »die gesammelten Vorräte anzugeben waren«. Doch den meisten Hamburgern war es zu großen Teilen nicht möglich gewesen, sich für sechs Monate mit Essbarem und Feuerholz einzudecken. Sie hatten nichts, was sie ansammeln konnten.

Während das Elend in der Hansestadt von Tag zu Tag zunahm, verhandelte Davout mit Bernadotte über das Schicksal seiner Armee. Bernadotte hatte Davout zu verstehen gegeben, dass er ihm den Abzug nach Frankreich ermöglichen würde, wenn er sich darauf einließe, ihm Hamburg zu übergeben. Doch Davout war gewarnt. Er kannte Bernadottes Verschlagenheit und wusste, dass dieser Hamburg als Faustpfand für künftige Verhandlungen mit Dänemark nutzen wollte. Auch war ihm eine einseitige Garantie des schwedischen Kronprinzen, die nicht in Übereinkunft mit Russen, Österreichern und Preußen getroffen worden wäre, zu riskant. Davout verwarf den Vorschlag des schwedischen Kronprinzen, der sich nunmehr an die Verfolgung der abziehenden Dänen machte und die Belagerung Hamburgs der 30000 Mann starken russischen Armee aus Polen unter General Levin Bennigsen überließ.

Dieser hatte vom Zaren den Auftrag erhalten, nach Hamburg zu marschieren und es zu erobern. Dies war an sich noch nicht bedrohlich. Als aber die Elbe zufror und den Verbündeten dadurch der Angriff auf die Stadt außerordentlich erleichtert wurde, machte Davout am 18. Dezember bekannt, jeder, der sich nicht auf ein halbes Jahr versorgt habe, solle in den nächsten zwei Tagen auswandern. 4000 Hamburger taten dies tatsächlich, die anderen blieben, weil sie nicht die Mittel hatten, zu fliehen.

Die Situation spitzte sich zu, als die Nachricht nach Hamburg durchdrang, dass die Russen am 24. Dezember schon in Bergedorf standen. Jetzt musste der Fürst von Eckmühl handeln. Vor den Stellungen am Ufer mussten die Hamburger jetzt das Eis der Elbe aufhacken und die Wälle mit Wasser übergießen, um so einen glatten Eispanzer herzustellen, damit der Feind die Wälle nicht erklimmen konnte.

Weihnachten 1813 erfolgte die Austreibung. Soldaten, Wächter und Armenpfleger griffen die nicht Versorgten in ihren Wohnungen und Schlupfwinkeln auf und brachten sie in die Petrikirche, wo die Armen bis zum nächsten Morgen bewacht wurden. Am ersten Weihnachtstage führten sie die Kürassiere bei grimmiger Kälte aus der Stadt hinaus nach Altona, wo schon viele Flüchtlinge weilten.

> Es war ein Anblick zum Erbarmen, wie nun am zweiten Weihnachtstage alles abzog. Die Tore waren von zehn bis zwei Uhr offen. In dieser Zeit musste alles zur Stadt hinaus. Sehr viele Familien zogen mit Sack und Pack bei uns vorbei, viele mussten sich mit ihren kleinen Kindern schwer schleppen und wünschten doch wenigstens auch noch etwas von ihren Kleidern mitzunehmen. Manche Familien zogen mit fünf oder sechs kleinen Kindern bei uns vorüber. Mann und Frau trugen jeder eines auf dem Arm, und die übrigen, jedes mit einem kleinen Bündel bepackt, hingen sich ihnen an Arm und Kleider. Dieser Anblick drang mir bis ins Innerste der Seele und wird mir unvergesslich sein. Jeder trennte sich mit schwerem Herzen, das zeigten die rot geweinten Augen oder das laute Schluchzen, mit welchem die meisten von dannen zogen. Viele gingen ganz ohne Geld in die Weite; bei andern wird der kleine Reisepfennig bald verzehrt sein. Die Nacht, die uns ins neue Jahr führt, soll wieder zu neuen strengen Untersuchungen angewendet werden, und wer sich dann noch gegen des Prinzen Befehl in der Stadt befindet, soll den äußersten Strafen ausgesetzt sein.

Die am 24. Dezember 1813 von Davout vertriebenen Hamburger in der St. Petri-Kirche

Das Regiment Davouts war hart. In nur drei Tagen wurden über 15 000 Bewohner dazu genötigt, Hamburg zu verlassen. Trotzdem sind die Anekdoten, dass Davout jede Woche mehrere Menschen hinrichten ließ, Teil der später einsetzenden Gräuelpropaganda gegen ihn. Die meisten Opfer der Belagerung forderten das Fleckfieber, der Hunger und die Kampfhandlungen.

Trotz des Exodus der Armen herrschte in der Festung Hamburg

bald allergrößte Not. Das Zusammengepferchtsein so vieler Menschen, die kaum Möglichkeiten zur Körperhygiene hatten, förderte den Ausbruch einer Fleckfieberepidemie. Auch wütete die Ruhr unter den Belagerten. In der Hochphase der Seuchen starben täglich 60 bis 70 französische Soldaten. Ihre Leichen wurden nackt in verdeckten Karren zum Steintor herausgeschafft und auf dem Armenfriedhof verscharrt. Zeitweise ging sogar das Gerücht um, dass Davout selbst am Fleckfieber erkrankt sei, was er jedoch dementierte.

Zusätzlich zu den Krankheiten begannen die Hamburger und Davouts Soldaten, bald zu hungern. In den Straßen untersuchten Hungernde den Kehricht nach erfrorenen Kartoffeln oder sonstigen essbaren Abfällen. Erstarrte krochen in soeben erstochene Pferde, um sich zu wärmen. Auch der Marschall aß Pferdefleisch, um allen mit gutem Willen voranzugehen. Nach den Strapazen in Russland war er abgehärtet und manches gewohnt. Die Kranken ließ Davout zu den Bürgern bringen, um ihnen bessere Pflege zu gewähren. Vier Genesende verpflegte er selbst in seinem Haus. Ungeachtet dessen forderten auch die Kämpfe um Hamburg ihren Blutzoll von den Belagerten. Am 5. Januar stürmten die Russen Eimsbüttel, am 16. Horn, und am 26. Januar eroberte Bennigsen durch einen ungestümen Angriff Hamm, indem er die französischen Vorposten überrumpelte. Einige hundert Franzosen wurden gefangen, die anderen flüchteten zurück. Darauf gewann Bennigsen Moorwerder und Moorfleth. Ein Handstreich auf Harburg scheiterte an der entschlossenen Abwehr der Franzosen. Doch dies waren nur Geplänkel.

Der schwerste Angriff erfolgte am 9. Februar 1814. Bennigsen verfolgte mit dieser Angriffsbewegung mehrere Ziele: Harburg zu erobern, Wilhelmsburg einzunehmen oder zumindest, falls beide Vorhaben nicht gelängen, eine der Brücken zu zerstören, um später desto leichter Harburg einnehmen zu können. Zu Beginn ließ sich Bennigsens Angriff gut an. Über die zugefrorene Elbe hinweg griffen die russischen Angriffskolonnen die französischen Vorposten auf Wilhelmsburg an, warfen sie und eroberten nach hartem Kampf die mit Artillerie gespickten Schanzen. Fast wären diese ihnen in die Hände gefallen. Aber im letzten Moment schritt Davout höchstpersönlich ein, schlug die Russen mithilfe eiligst hinzugezogener Reserven in die Flucht und eroberte die Wilhelmsburger Schanzen zurück. Es war ein hartes Gefecht. Zeitgleich hatten die Russen auch Harburg angegriffen, waren aber auch dort letztendlich abgeschlagen worden.

Insgesamt hatten die Russen nach Angabe der Franzosen 1000 Tote und Verwundete, während Bennigsen später behauptete, nur an die 300 Mann verloren zu haben. Davouts Schätzungen nach betrugen die eigenen Verluste ungefähr 800 Mann.

Aber Bennigsen ließ nicht locker und griff am 17. Februar ein zweites Mal Wilhelmsburg an. Diesmal hatte Davout seine Männer besser auf ein Nachtgefecht vorbereitet. Bei diesem Angriff wichen die französischen Vorposten nach vorgetäuschtem Widerstand kontrolliert zurück, wobei sie den Feind nach sich zogen. Als die Russen in Schussweite waren, zischten Brandraketen über ihre Köpfe hinweg. Es waren französische Nachbauten der Congreve-Raketen, die durch die Nacht sprühten und langsam hinter den russischen Linien niederbrannten. Doch Davout war gründlich und verließ sich nie nur auf ein Mittel. Als sich die französischen Vorposten zurückzogen, setzten sie mit Brennstoff getränkte Misthaufen in Brand, die sich sofort entflammten und wie Fackeln das Schlachtfeld erleuchteten. Inmitten dieses flammenden Infernos waren die Russen chancenlos. Nur zu deutlich hoben sich ihre Truppenmassen vor den Augen der französischen Kanoniere von den Feuerwänden ab.

Noch ehe die verdutzten Angreifer überhaupt die Flucht nach vorn ergreifen konnten, ging ein Kartätschen- und Kugelhagel auf sie nieder, sanken ganze Reihen und Rotten auf das Eis der Elbe.

Wieder schlug ein Angriff Bennigsens fehl. Doch einen Teilerfolg hatten die Russen erzielt. Auf der Harburger Seite war es ihnen gelungen, einige Joche der Brücke zu zerstören. Dies wäre Bennigsens Chance gewesen, einen ersten Einbruch in die französischen Stellungen zu erzielen. Davout bewahrte jedoch den Überblick. Ein Gegenangriff ließ die Russen das Weite suchen. Der Brückenkopf Harburg hielt.

Von nun an trat die Belagerung auf der Stelle. Bennigsens Winteroffensive war ganz und gar gescheitert. Als am 23. März das

Tauwetter einsetzte, ergriff Davout die Initiative und überquerte die Elbe, um Heu für die hungernden Pferde seiner Kavallerie einzuholen. Die Aktion war ein voller Erfolg, die Russen wurden überall geschlagen.

Die Leidenstage Hamburgs waren jedoch gezählt. Das Schicksal der Handelsstadt wurde nicht an der Elbe, sondern in Paris entschieden. Hier war Napoleon nach wechselhaften Kämpfen der Übermacht erlegen und von seinen Generälen gestürzt worden. Die alliierten Heere hatten Paris eingenommen, Napoleon dem Kaiserthron entsagt und Ludwig XVIII. den Thron bestiegen. Langsam verbreitete sich die Sensation in Europa, bis auch Bennigsen und wenig später Davout es durch die Russen erfuhr. Aber der Marschall hatte Austerlitz nicht vergessen, kannte die Kriegslisten der Russen.

Der Fürst von Eckmühl misstraute der Fühlungnahme seines Gegners. Vergeblich bemühte sich Bennigsen persönlich um Friedensverhandlungen. Davout lehnte dies erst kategorisch ab, schickte dann jedoch seinen Stellvertreter Loison ins Lager, um die Bedingungen der Russen zu erfahren. Doch die Unterhandlungen stagnierten, selbst als die Russen den dänischen Oberst Aubert einschalteten. Verschiedene Versuche, Davout von der Glaubwürdigkeit der Niederlage Napoleons zu überzeugen, scheiterten, da die Überbringer in den Augen des Marschalls nicht glaubwürdig waren. Hinzu kam, dass die Russen trotz der Unterhandlungen weiter Handstreiche auf die Festung verübten, ohne jedoch nennenswerte Erfolge zu erzielen.

Dabei ragte ein Vorfall heraus, der später gravierende Konsequenzen für Davout haben sollte.

Als der russische Oberbefehlshaber weiße Fahnen mit goldenen Lilien und der Inschrift: »Es lebe König Ludwig XVIII.!« vor den Verteidigungswerken Hamburgs aufziehen ließ, um auf möglichst symbolträchtige Weise den Machtwechsel klar zu machen und im Schutz der Parlamentärflagge einige Befestigungswerke in Besitz zu nehmen, befahl Davout, auf die Fahne zu schießen. Der Vorfall zeigte dem Marschall, dass Bennigsen es nicht ehrlich meinte. Den sich verbreitenden Nachrichten vom Sturz Napoleons schenkte er nach wie vor keinen Glauben, bis sein königstreuer Cousin, der

Staatsrat François Davout, ihn am 28. April 1814 aufsuchte und ihm Briefe Aimées und Zeitungen aushändigte. Nun galt das Gerücht der Niederlage als bestätigt. Die Ankunft eines Bevollmächtigten der provisorischen Regierung, Foucher du Careil, bestätigte vollends den in Frankreich erfolgten Machtwechsel. Am 29. April ließ Davout die Garnison Hamburgs zusammentreten und auf den neuen Souverän Ludwig XVIII. vereidigen.

Ab jetzt gab es nur noch Formalitäten zu klären. Doch Foucher du Careil war nicht befugt, das Schicksal des 13. Korps zu verhandeln. Dies oblag erst General Gérard, der als Divisionsgeneral einst unter Davout gedient hatte. Er löste Davout als Oberkommandierenden des Korps ab und unterhandelte fortan mit Bennigsen im Namen von Ludwig XVIII. die Kapitulationsbedingungen.

Am 28. Mai 1814 wurde die Stadt den Belagerern gegen eine ehrenvolle Kapitulation übergeben.

Unter dem Kommando von General Gérard marschierte das 13. Korps vom 28. bis 31. Mai mit 25632 Mann, 5333 Pferden und 90 Kanonen aus. 1000 Angestellte waren schon vorher mit ihren Frauen und Kindern in mehreren Schiffen nach Frankreich befördert worden. Die Bilanz der Belagerung war erschreckend. Gefallen waren 4600, desertiert nur 400 und in den Lazaretten gestorben 7799 Soldaten.

Kurz zuvor war Davout schon mit den ersten Abteilungen der Franzosen abgezogen. In Frankreich empfing ihn ein Brief Ludwigs XVIII., der ihm untersagte, Paris zu betreten und ihn vom königlichen Hof verbannte, weil er auf die Bourbonenfahne geschossen und die Bank von Hamburg beschlagnahmt habe. Zudem sei der französische Name durch seine Missetaten in Hamburg jetzt in aller Welt verhasst. Dass Hamburg tatsächlich unter den Befestigungsmaßnahmen Davouts gelitten hatte, war unbestreitbar, folgt man dem Bericht des dänischen Diplomaten Johann Georg Rist:

> In Graus und Schutt lag Billwärder, Hamm, die Raabe mit allen Häusern und Gärten nach Harvestehude hin, der Grindel, der Hamburgerberg: Nirgends war ein Dach geblieben; schwarze Mauern vergegenwärtigten jene Schreckensnächte, wo der Horizont den Winter hindurch von Flammen gerötet war. Keines

> Baumes, noch der Gärten war geschont worden; niedriges Gesträuch und Unkraut wucherten auf den Trümmern. Aus den losen Steinen hatten verarmte Familien hier und da zwischen den Ruinen sich eine kleine Schutzwehr gegen das Wetter erbaut. Die Lustgärten und Prachtsäle, wo viele Kinder um die wohlhabenden Besitzer geschwärmt, wo ich mit Freunden lustig geschmaust hatte, ja auch die Stellen, wo sie gestanden, waren nicht wieder zu finden. Die durch reichen Baumwuchs abgestuften und dem Auge vergrößerten Räume lagen in kahler Nähe und Kleinigkeit da. Ich hatte schon bei meiner Anwesenheit im Mai den Gräuel gesehen, indem ich einige Stunden in Hamburg zugebracht hatte, das im Innern nur verödet, sonst wenig verändert war. Aber welche Zugänge! Ich kannte die vielfachen Windungen des Haupttores, jede durch Waffenplätze, Blockhäuser und Wachen bestrichen, nicht wieder. Zwischen diesen bedeckten Gängen, diesen Doppelreihen von Palisaden, diesen ungeheuren Erdaufwürfen, welche in so kurzer Zeit die ganze Oberfläche der freundlichen Umgebung verändert hatten, glaubte man sich in irgendeiner fremden Zitadelle zu befinden.[160]

Mit der Ankunft in Frankreich war für Davout die Hamburger Episode noch nicht vorbei. Eine Propagandaschlacht sondergleichen erfasste jetzt Deutschland und Frankreich. Der Verteidiger Hamburgs wurde zur Spottfigur Deutschlands, seine Zeit in Hamburg zur Schreckensherrschaft deklariert. In sogenannten »Davoutiana« wurde seiner angeblichen Terrortaten in Deutschland gedacht. Jede Untat napoleonischer Truppen auf deutschem Gebiet wurde ihm zur Last gelegt. Die alten Feindbilder schimmerten durch: Davout in einer Reihe mit Mélac, dem Mordbrenner von der Pfalz, und Tilly, dem Zerstörer Magdeburgs. Sogar der »Robespierre von Hamburg« wurde er genannt, in Anspielung auf vermeintliche Hinrichtungswellen, die angeblich Tausenden das Leben gekostet hätten.

Schriften wie »Leben und Thaten des Tyrannen Davoust« (anonym), »Hamburg – Ein Aufruf an die Gerechtigkeit« (Theodor von Haupt) oder »Hamburgs tiefste Erniedrigung in den letztverflossenen Jahren« (Senator Westphalen) – um nur einige zu nennen –

versuchten, aus Davout einen Massenmörder und willenlosen Erfüllungsgehilfen Napoleons zu machen.

Betrachtet man jedoch die zusammengestellte Liste und das vermeintliche Ausmaß von Davouts angeblichen Massenhinrichtungen, so sind die Vorwürfe entweder schnell zu widerlegen oder zumindest leicht zu relativieren.

Davout wurde das Opfer alliierter Propaganda. Er selbst berichtet in seinem Mémoire au Roi von 32 Hinrichtungen vor und während der Belagerung, von denen nur zwölf deutsche Zivilisten betrafen, die restlichen zwanzig Angehörige der Festungsgarnision. Die Delikte waren unterschiedlich, doch allen ist gemein, dass sie nach gängigem Kriegsrecht hart bestraft wurden. So wurde ein Bauer erschossen, weil er aufs Eis gegangen war, zwei Hamburger wurden wegen illegalen Waffenbesitzes hingerichtet, ein anderer wegen Mordes usw. Doch die verhängten Strafmaße machen Davout längst nicht zu einem Robespierre oder Herzog von Alba. Ersterer ließ in Frankreich mehrere tausend Menschen hinrichten, zweiterer hat fast 18000 Holländer allein mit Blutgerichten getötet.

Die deutschen Historiker Carl Henke und Paul Holtzhausen haben unabhängig voneinander schon zu Beginn des 20. Jahrhunderts Davouts Angaben bestätigt und ihn völlig rehabilitiert. Dies soll nicht heißen, dass die Vorwürfe keine Grundlage hätten. Nur die Gewichtung ist falsch. Die einheimische Bevölkerung hatte von Davout nichts zu befürchten, so lange sie sich an das verkündete Kriegsrecht hielt. Weder nahmen Plünderungen noch willkürliche Beschlagnahmungen oder Gewalttätigkeiten gegen die unterworfene Bevölkerung überhand. Ganz im Gegenteil, der Marschall war in seiner Rechtsprechung äußerst korrekt und verfuhr gemäß den Paragrafen und ihm gestellten Aufgaben. Wer vor ihm besonders Angst haben musste, waren die eigenen Soldaten. Betrachtet man allein die von ihm genannte Zahl an Hingerichteten, so fällt auf, dass zwanzig von ihnen Soldaten oder französische Zivilisten im Dienst der Armee gewesen waren.

Doch das interessierte den französischen König nicht. Noch bevor Davout überhaupt einen Fuß auf französischen Boden setzen konnte, wurde er vom Dienst suspendiert und auf Halbsold gesetzt. Darüber hinaus wurde er aus Paris verbannt, und man beschied ihm, vorerst in Savigny Quartier zu nehmen, um dort in einer Rechtfertigungsschrift Stellung zu den Vorwürfen zu nehmen. Vergeblich versuchte der Marschall, sich in einer Denkschrift an den König unter dem Titel »Mémoire au Roi« zu verteidigen:

> Ich war hart, das ist wahr, aber von einer Härte, die nur aus Worten bestand, die sich in mein System der Täuschung fügten, das ich in all den Ländern anwandte, wo ich kommandierte. Dort ließ ich Gerüchte meiner Strenge verbreiten, weit entfernt davon, diese selbst zu zerstören, um mir die schmerzliche Pflicht zu ersparen, einige Exempel zu statuieren.[161]

Ludwig XVIII. verzieh Davout nicht, auf die Bourbonenfahne geschossen und die Gelder der Bank von Hamburg beschlagnahmt zu haben. Davout wurde während der 1. Restauration nicht rehabilitiert. Als einziger der in Frankreich verbliebenen Marschälle huldigte er nicht dem König. Er blieb auf Halbsold in Savigny und verbrachte dort im Kreis seiner Lieben ein ruhiges Leben, bis Napoleon im März 1815 aus Elba kam und die Herrschaft des schwachen Bourbonenkönigs hinwegfegte.

Noch einmal raffte sich Davout auf, dem Vaterland zu dienen. Der Marschall wurde beim Kaiser vorstellig und fragte um ein Feldkommando an, was Napoleon geflissentlich ignorierte. Stattdessen machte der Kaiser ihm den Vorschlag, Kriegsminister zu werden, was Davout mit Nachdruck ablehnte.

Napoleon zog alle Register. Er brauchte einen fähigen Organisator. Viele seiner einstigen Getreuen lebten nicht mehr oder hatten sich für den König entschieden.

»Ich bin allein. Wollen Sie mir nicht helfen?«

Davout half – ein letztes Mal. Über Nacht stampfte er Versorgungslager aus dem Boden und füllte Magazine auf, rief Konskribierte und Freiwillige zu den Waffen und beaufsichtigte den Bau von Festungen um Paris, bis ihn die Nachricht erreichte, dass Napoleon bei Waterloo geschlagen war.

Womit wir wieder beim Beginn unserer Geschichte wären.

Die nachfolgenden Jahre von 1815 bis 1823 verbrachte Davout weitgehend in Savigny. Nur einmal, im Dezember 1815, stand er für kurze Zeit im Rampenlicht, als er seinem alten Kameraden Ney beisprang, der wegen Hochverrats am König angeklagt war.

Ney hatte innerhalb eines Jahres das Kunststück fertiggebracht, zusammen mit Marschall Marmont erst Napoleon zu stürzen, dann den Bourbonen die Treue zu schwören und sich während der Hundert Tage wieder Napoleon anzuschließen. Jetzt wurde ihm der Prozess gemacht. Davout sagte zu Gunsten Neys aus und übernahm als ehemaliger Kriegsminister Napoleons allein die Verantwortung für alle Taten der Marschälle. Dies war eine heroische Geste, doch vergebliche Liebesmüh. Der Tod Neys war beschlossene Sache, sein Hochverrat offenkundig. Er hatte König Ludwig kurz nach der Landung Napoleons versprochen, diesen in einem Käfig gefangen nach Paris zu führen, sich dann aber auf seine Seite geschlagen. Nur zwei Tage darauf wurde Ney zum Tode verurteilt und erschossen.

Aber Davouts Auftritt bei Gericht hatte Wellen geschlagen. Der König war erzürnt. Davout verlor all seine Titel und wurde verbannt. Ein halbes Jahr lang wohnte er bei einem Cousin seiner Frau in einer normannischen Kleinstadt.

Die Strafe war nicht so gelinde, wie es aussah. Davout verlor alle Bezüge. Nur Aimée war es zu verdanken, dass die Davouts über die Runden kamen. Sie verkaufte Schmuck und Silber, ja vermietete sogar die Stadtresidenz der Davouts: das Hotel de Monaco in Paris.

Doch die Zeit arbeitete für Davout. Nur ein halbes Jahr später erlaubte ihm der König, nach Savigny zurückzukehren.

Schon 1817 wurde der Fürst von Eckmühl vollkommen rehabilitiert und Ritter des Ordens vom Heiligen Ludwig. Davout schwor dem König den Treueeid und erhielt von Neuem einen Marschallstab. Nach zwei weiteren Jahren wurde er Pair und Mitglied der Senatskammer.

Die restlichen Jahre hätten glücklich für den Marschall verlaufen können, hätte nicht wieder ein schwerer Schicksalsschlag seine Seele verfinstert. Im Jahr 1821 verstarb nicht nur Napoleon auf Sankt Helena, sondern auch seine heißgeliebte Tochter Josephine, die eine Woche zuvor von einem Sohn entbunden worden war. Dies war ein schwerer Schock für Davout, von dem er sich nicht mehr erholte.

Nur zwei Jahre später starb er mit 53 Jahren an einer nicht näher definierten »Lungenkrankheit«, vermutlich an Tuberkulose.

SCHLUSSBETRACHTUNG

Es ist ein einzigartiges Leben, das Louis Nicolas Davout geführt hat, an Abenteuern und Fährnissen überbordend wie ein Roman von Stendhal. Stets ist Davout in Bewegung, nie herrscht Stillstand. Ab 1792 vergeht für Davout kein Jahr, ohne dass seine Existenz auf dem Spiel steht oder er in Lebensgefahr ist. Doch was durfte ein Revolutionsgeneral und späterer Marschall Napoleons auch anderes erwarten?

Davout platzte vor Ehrgeiz. Für ihn gab es nur einen Weg, und der führte nach oben, in die Nähe des mächtigsten Menschen seiner Zeit: Napoleon Bonaparte.

Ihm diente er, durch ihn wurde er einer der höchsten und reichsten Offiziere Frankreichs. Doch die Früchte seiner Siege, Adelstitel und Geldgeschenke wurden von den damit verbundenen Kosten aufgefressen. Unter dem Kaiser dienen zu müssen, war nur auf den ersten Blick ein lukratives Geschäft. Der Weg war steinig. Die Verdienste wurden teuer erkauft und endeten mit völliger Abhängigkeit von der Gunst des Soldatenkaisers.

Dies war nicht immer so. Als die Koalitionskriege begannen, hatte sich Davout nicht im Dunstkreis Bonapartes befunden und auch ohne ihn auf den Schlachtfeldern Europas geglänzt. Früh durch Desaix protegiert, war er auf den Kriegsschauplätzen in Belgien und Deutschland zu einem äußerst fähigen Offizier herangereift. Es war jedoch erst die Ägyptenexpedition, die dem jungen Mann aus dem Burgund zum Durchbruch verhalf und ihn unter die ersten Soldaten Frankreichs katapultierte. Seit jener Zeit verband sich der rasante Aufstieg Davouts mit dem Stern Napoleons.

Diese schicksalhafte Koexistenz wurde zum Grundstein von Davouts atemberaubender Karriere. Aus dem jungen Brigadegeneral wurde ein glühender Verehrer des Ersten Konsuls und späteren Kaisers Napoleon Bonaparte.

In ihm sah Davout den Retter des Vaterlands und den Bezwinger der Erzfeinde Frankreichs. Nicht, dass Davout Napoleon vergötterte, aber er wurde einer seiner glühendsten Anhänger, bis er bei ihm in Ungnade fiel. Umgekehrt war es anders. Davout fiel Napoleon erst aufgrund der Fürsprache Desaix' auf. Zuerst zeigte er sich nicht sonderlich beeindruckt von ihm. Erst durch seine erfolgreichen Kämpfe gegen die Mamelucken und die Gegnerschaft zu Kléber gelang es Davout, sich langsam die Gunst Napoleons zu erwerben.

In diesem Zusammenhang ist ein Umstand bemerkenswert: die instinktive Antipathie Napoleons gegen Davout. Der Kaiser schätzte den Burgunder, mochte ihn aber nicht. Abgesehen von ihrem symbiotischen Zusammenwirken im Krieg gegen die Feinde Frankreichs ging die persönliche Beziehung beider Männer nie sehr weit über das Dienstverhältnis hinaus, auch wenn Napoleon Davout mit Aimée verheiratete. Doch gerade in diesem Kontext erwuchsen erste Spannungen. Dies lag an der Expedition nach Santo Domingo, in der Aimées Bruder General Leclerc von Napoleon herzlos im Stich gelassen wurde. Aimée verzieh dem Ersten Konsul und späteren Kaiser nie, ihren Bruder in den Tod geschickt zu haben. Wo sie konnte, verweigerte sie sich erfolgreich der allzu großen Vereinnahmung durch die Bonapartes, was ihrem ehrgeizigen Gatten oft missfiel.

Die Beziehungen Davouts zu Napoleon waren nicht besonders herzlich. Anders als Berthier gelang es dem Marschall nicht, zum Vertrauten Napoleons zu werden. Napoleon suchte mit Davout nur das Gespräch, wenn es um Strategie und taktische Grundsätze ging. Der Kaiser sah in ihm einen fähigen Ratgeber und hervorragenden General, jedoch keinen Freund.

Ob Davout freundschaftliche Gefühle für Napoleon gehegt hat, ist nicht bekannt. Auf den ersten Blick sind seine Briefe an Aimée voll des Lobes für den Kaiser und wahre Hymnen der Bewunderung. Bei näherer Lektüre drängt sich jedoch dem Leser der Eindruck auf, als sei so mancher Brief gar nicht für Aimée, sondern für den geheimdienstlichen Mitarbeiter geschrieben, der im Auftrag Napoleons mutmaßlich Davouts Briefe öffnete. Dass dies im Kaiserreich gang und gäbe war, beweist die Existenz eines »Schwarzen

Kabinetts« (Cabinet noir), das rund um die Uhr mit der Öffnung derartiger Sendungen beschäftigt war. Dies war in einer Diktatur wie dem Kaiserreich nichts Ungewöhnliches. Davout selbst benutzte diese Vorgehensweise, zusätzliche Informationen über persönliche Widersacher oder Feinde des Kaiserreichs zu gewinnen.

Angesichts derartiger Methoden darf bezweifelt werden, ob Davouts Begeisterung für den Kaiser wirklich so weit ging, ihm Frau und Kinder zu opfern, wie ihm sein Erzfeind Bourrienne später unterstellte. Sicher ist, dass er bis zuletzt alles für die Größe Frankreichs tat, und dieses Frankreich hielt Davout bis 1815 auch für das Frankreich Napoleons.

Erst nach Russland flaute die Begeisterung des Marschalls für den Kaiser deutlich ab. 1815 flackerte sie noch einmal kurzfristig auf. Diesmal eher in Form eines Strohfeuers, das sich rasch verzehrte. Nach Waterloo wurde dem Marschall schlagartig die Kleinheit der einstigen Lichtgestalt Napoleon Bonaparte klar. Der Kaiser war ein Schatten seiner selbst und hatte jeglichen Bezug zur Realität verloren. Schlimmer noch, er war bereit, Frankreich dem Erhalt seiner Dynastie zu opfern. Dies musste verhindert werden.

Davout tat dies, und zwar mit der ihm eigenen Schroffheit und Energie, Eigenschaften, die für eine solche Tat auch erforderlich waren. Und somit wurde er zum Mann der Stunde, obwohl ihn Fouché nur als Werkzeug benutzte, wie er später feststellen musste. Dem von Napoleon später geäußerten Vorwurf, Davout hätte aus Opportunismus gehandelt, kann hier widersprochen werden, ohne aus ihm einen Heiligen zu machen. Alle Handlungen des Marschalls nach der zweiten Abdankung Napoleons widerlegen dies. Davout zog keinen Gewinn daraus, Napoleon erst nach Malmaison und dann zur Abfahrt aus Frankreich genötigt zu haben.

War es vielleicht Opportunismus gewesen, weswegen er sich Napoleon angeschlossen hatte, so kann dies im Fall der Entmachtung Napoleons weitgehend verneint werden.

Vielmehr spielten Patriotismus und die Einsicht, sich in das Unvermeidbare fügen zu müssen, die entscheidende Rolle. Der Krieg, dies war Davout mehr als klar, war endgültig verloren, und jegliches Weiterkämpfen eine sinnlose Verschwendung von Menschenleben. Nach seiner Überzeugung konnte Frankreich einzig ein Machtwechsel vor der Besetzung durch die Alliierten retten. Obwohl die Mitglieder der provisorischen Regierung Carnot keineswegs bereit waren, einen Bourbonen als Herrscher zu dulden, entschied sich Davout unter dem Einfluss Fouchés und Oudinots für den König. In ihm sah er das einzige Mittel, den Krieg vorzeitig zu beenden und das Heimatland vor Besetzung und Zerschlagung durch die Alliierten zu bewahren. Doch dies war nicht das einzige Motiv der Handlung Davouts. Viel mehr fürchtete er die Schrecken des Bürgerkriegs, der insbesondere im royalistisch geprägten Süden durch blutige Massaker aufloderte.

Der Vorwurf des Verrats an Napoleon, die Bezichtigung des Opportunismus kann demnach entkräftet werden. Ein Opportunist sichert sich immer Vorteile, stellt sich mit den neuen Machthabern nicht nur gut, sondern geht oft gestärkt aus der neuen Lage hervor. Dies tat Davout nicht. Der Fürst von Eckmühl war schon immer ein schlechter Geschäftsmann gewesen und sollte dies auch weiterhin bleiben, denn er zog keinerlei Vorteil aus dem Machtwechsel.

Im Gegenteil: Davout gehörte zu den Geschädigten. Der Gang der Dinge zeigt schnell, dass Fouché und der Bourbonenkönig ihn systematisch getäuscht hatten, indem sie zwei Kardinalforderungen des Marschalls aushebelten. Der Abzug der französischen Truppen aus Paris war nur gegen die Zusicherung erfolgt, dass die Alliierten Paris nicht besetzen würden. Der ursprünglich stattgegebenen Forderung nach einer Generalamnestie für alle Offiziere, die sich im März 1815 für Napoleon erklärt hatten, wurde nach Auflösung der Loire-Armee im Juli 1815 nicht entsprochen. Diese Verstöße konnte man jedoch nicht Davout anlasten.

Dass der Marschall kein Nutznießer des neuen Systems wurde, zeigt schon allein der weitere Gang der Dinge. Kaum war er aus Paris ausgerückt und hatte die Loire-Armee aufgelöst, da fand er sich in einer Situation wieder, die er noch aus der Revolutionszeit gut kannte: in einer Art Exil, das sich in Form eines halbjährigen Hausarrests in Louviers zeigte.

Mit Davouts Karriere ging es also nicht bergauf, wie bei so manchem Marschallkollegen, sondern massiv bergab.

Wieder fand sich Davout in politischen Wirrnissen wieder, die ihm noch aus der Anfangszeit seiner Karriere vertraut waren.

Zweimal war Davout verhaftet gewesen, 1790 in Arras und 1792 zusammen mit seiner Mutter in Auxerre. Einmal war er in Kriegsgefangenschaft geraten. Mehrmals hatte er es vorgezogen, sich wegen politischer Wirren zu seiner Mutter nach Ravières zu flüchten.

Als König Ludwig XVIII. von Frankreich den alten Bourbonenfeind amnestierte, ihn von Neuem zum Marschall machte und Davout wieder am gesellschaftlichen Leben teilhaben konnte, wechselte er nicht erneut die Fahne. Getreu seinen Prinzipien blieb der Marschall in seinem tiefsten Innern ein Mann des Kaiserreichs, auch wenn der König ihn später sogar zum Pair ernannte. Davouts Blick war rückwärtsgewandt, am öffentlichen politischen Leben nahm er kaum noch Teil, obwohl er sogar den Kammern angehörte.

Stattdessen kümmerte sich der Marschall um sein Familienleben. Die wenigen verbleibenden Jahre genoss Davout im Kreis seiner Familie und auf dem Anwesen in Savigny.

Doch selbst hier blieb ihm kein Kummer erspart. 1821 starb seine Lieblingstochter Josephine an den Folgen einer Geburt, was den Marschall schwer erschütterte. Von nun an war Davout ein gebrochener Mann. In den folgenden zwei Jahren bis zu seinem Ableben zog er sich immer mehr in sich zurück, nahm kaum noch am gesellschaftlichen Leben teil.

Der Tod Josephines war einer von vielen Todesfällen, die die Familie Davout seit 1803 in Mitleidenschaft gezogen hatten. Fast scheint es so, als lastete ein Fluch auf der Familie des Marschalls. Von acht Kindern, die Aimée Davout gebar, wurden vier nicht älter als zehn. Josephine starb mit sechzehn und Louis, der viel geliebte Sohn, schied mit 42 aus dem Leben. Einzig zwei Töchter lebten noch, als Aimée Davout 1867 ins Grab sank. Einer davon, der Marquise de Blocqueville, verdanken wir maßgeblich Einsicht ins Familienleben Davouts. Ohne sie hätten wir nie den Privatmann Davout kennengelernt, der sich so seltsam bürgerlich gegen den gebieterischen Kriegshelden Davout ausnimmt.

Sein Charakter hatte viele Facetten. Auf der einen Seite war er prinzipientreu, aufrichtig und integer, auf der anderen Seite unbeherrscht, wild und manchmal grausam. Zu seinen Soldaten verhielt sich Davout wie ein Vater, doch seinen Offizieren gegenüber konnte er despotisch sein. Verfehlungen und Fehler wurden grob angesprochen und sofort abgestraft, unfähige oder feige Offiziere geächtet, meist versetzt oder entlassen. Disziplinarverstöße bestrafte Davout nach dem gängigen Reglement der französischen Armee, Delikte wie Plündern oder Vergewaltigungen ahndete er konsequent mit der Todesstrafe.

Er war bekannt als »Fusilleur«, als jemand, der seine Soldaten schnell vors Erschießungskommando schickte. Oft zeigte er sich schonungslos. Seine Härte bestand nicht darin, mit Lust an der Grausamkeit Böses zu tun, sondern in der unerbittlichen Anwendung des Kriegsrechts. Meist betraf dies Plünderer, Diebe und Mörder, manchmal aber auch unglückliche Zivilisten, die für Spione gehalten wurden.

In den Memoiren verschiedener Veteranen der Napoleonischen Kriege wird Davouts Name zu oft in diesem Zusammenhang erwähnt, als dass dies nur die Frucht übler Verleumdungen seitens seiner Feinde sein könnte.

Man muss jedoch eins bedenken: Zur Zeit der Napoleonischen Kriege war Plünderung kein Kavaliersdelikt, sondern brutaler Raub. Oft schlossen sich die Marodeure zu regelrechten Banden zusammen, die ganze Landschaften verheerten, die Bauern totschlugen, das Vieh von den Weiden trieben und die Dörfer verbrannten.

Es war eine harte und grausame Zeit, in der Davout lebte. So nimmt es nicht wunder, dass auch er bald hinsichtlich der vielen begangenen Grausamkeiten verrohte und zu immer drakonischeren Mitteln greifen musste, um die Disziplin zu wahren.

Durch die strenge Befolgung drakonischer Disziplinarmaßnahmen ging es der Bevölkerung der okkupierten Gebiete unter Davout im Vergleich zu anderen Armeekorps gut. Befolgten sie seine Regeln, sorgte er bestens für sie. Im Gegensatz zu den meisten Oberbefehlshabern war Davout ehrlich und ein integrer Mann, der sich nichts zuschulden kommen ließ und das Land, in dem er stationiert war, nicht ausplünderte. Vor allem war er ein herausragender Organisator, der eine Armee auszurüsten verstand.

Diese hervorragenden Eigenschaften litten sehr unter Davouts harten Umgangsformen. Davout war ein spröder Charakter mit teilweise rüden Manieren. Er konnte sehr schroff sein. Dadurch schuf er sich viele Feinde. Zu ihnen zählten unter anderen der einstige Privatsekretär Napoleons, Louis Antoine Fauvelet de Bourrienne; das »Schandmaul des Kaiserreichs«, General Thiébault; die Marschälle Bernadotte, Marmont und Murat sowie Generalstabschef Berthier. Der größte Widersacher Davouts war später Napoleon selbst. Er bekämpfte in Davout einen in erster Linie unbotmäßigen Offizier, der es an Respekt gegenüber der neugeborenen Hierarchie des Kaiserreichs fehlen ließ.

So empörte den Kaiser die Taktlosigkeit Davouts gegenüber seinem Generalstabschef Berthier, gegenüber Murat und seinem Bruder Jérôme, dem König von Westfalen. Zweifelsohne kam noch ein Gefühl der Rivalität hinzu. Napoleon liebte keine Generäle oder Marschälle, die auf Augenhöhe mit ihm waren und seinen Ansichten widersprachen. Außerdem mischte sich Davout in alles ein, bombardierte den Kaiser mit Ratschlägen und Informationen.

Auch war Napoleons Gunst generell nur kurzlebig. So ließ er Augereau nach der Schlacht bei Eylau fallen und enthob Masséna nach den erfolglosen Kämpfen bei Torres Vedras des Kommandos. Davout war ein ähnliches Schicksal beschieden. Er wurde noch während des Rückzugs aus Moskau zum Sündenbock des Russland-Feldzugs, und im Frühjahr 1813 degradierte ihn der Kaiser vollends, indem er ihm kein großes Feldkommando mehr gab. Vergleicht man die Machtfülle Davouts vor Beginn des Russland-Feldzugs mit seinem Kommando der 32. Militärdivision, wird der Rückschlag nur allzu deutlich. Die Rückeroberung Norddeutschlands und die Verteidigung Hamburgs waren zwar wichtig, aber hinsichtlich der Fähigkeiten eines Davout keine adäquate Aufgabe für den Marschall, der vorher eine Elitearmee von 70000 Mann kommandiert hatte.

Dies stürzte Davout in eine tiefe Sinnkrise, die dafür mitverantwortlich war, dass er den Feldzug in Deutschland nicht mit dem von ihm gewohnten Elan führte.

Doch dies waren Vorgänge, die sich der Öffentlichkeit entzogen und hinter den Kulissen abspielten.

In Deutschland sah man in dem einst siegreichen Marschall immer noch den eifrigen Gefolgsmann Napoleons. Für sie war der französische Kriegsheld in allererster Linie der Sieger von Auerstedt, ein unbarmherziger Verfechter der Kontinentalsperre, der

Zerstörer der uralten Elbbrücke von Dresden und der grausame Verteidiger Hamburgs. Es dauerte nicht lang, bis die Gräuelpropaganda in vollster Blüte stand. Spottnamen wie »Der Mordbrenner-Marschall«, »Der Henker Hamburgs« und die plattdeutsche Verballhornung »Dee Wut« (Die Wut) zeichneten vom Prinzen von Eckmühl das Bild eines blutrünstigen Menschenfressers.

Dies verwundert nicht. Schon zu Lebzeiten hatte Davout stets für widersprüchliche Reaktionen hinsichtlich seiner Person gesorgt. Während seine Soldaten ihn verehrten, fürchteten ihn seine Offiziere.

Zu Zeiten des Konsulats verachtete die Umgebung Napoleons ihn. Napoleon selbst bezeichnete ihn oft als »wildes Tier« und missbilligte Davouts heruntergekommenes Aussehen, änderte jedoch bald aufgrund der Fürsprache von Davouts Freund Junot seine Meinung über ihn. Zwischen 1800 und 1812 erfreute sich Davout der Gunst des Ersten Konsuls und späteren Kaisers. Danach fiel er 1813/1814 in Ungnade, um sich 1815 wieder zu ungeahnten Höhen emporgehoben zu sehen und Kriegsminister zu werden. Dies kittete jedoch nur für kurze Zeit den Bruch zwischen dem Marschall und Napoleon. Als Davout Napoleon im Juli 1815 zwang, erst Paris, dann Frankreich zu verlassen, verzieh ihm der Kaiser dies nie. Für Napoleon war Davout ein Verräter.

Hier ist Napoleon ungerecht, ja undankbar. Stets hatte sich Davout mit Feuereifer in den Dienst des Empire gestellt. Ohne seine taktische Finesse und ausgesprochene Hartnäckigkeit wären die Triumphe von 1805, 1806, 1807 und 1809 nicht denkbar gewesen.

Ohne den von Natur aus kurzsichtigen Burgunder wäre Austerlitz bestenfalls nur eine gewonnene Schlacht unter vielen gewesen, schlimmstenfalls sogar eine verheerende Niederlage geworden. Es war nicht Napoleon, der 1806 im Krieg gegen Preußen den alles entscheidenden Sieg errang, sondern Davout. Ebenfalls ist es dem Marschall zu verdanken, dass die Schlacht bei Eylau 1807 nicht zum Cannae der Grande Armée wurde und dass Napoleon 1809 den Krieg in so kurzer Zeit gegen Österreich gewann.

Das Debakel des Russland-Feldzugs wäre vielleicht vermieden worden, hätten alle Marschälle ein so vorbildlich gerüstetes Armeekorps wie Davout gehabt und so auf Disziplin geachtet. Wäre Napoleon 1812 bei Borodino auf den Schlachtplan des Marschalls eingegangen, vielleicht hätte Napoleon sogar den Krieg gegen Russland gewonnen.

Damit wird klar, dass Napoleon mit Davout einen vollendeten Feldherrn an seiner Seite hatte. Dieser war weit davon entfernt, bloßer Befehlsempfänger oder gar »Meisterschüler« des Kaisers zu sein, wie selbst einige Biografen des Marschalls heute noch fahrlässig behaupten. Davout war kein Satrap Napoleons, sondern ein verantwortungsvoll operierender Feldherr mit großer Eigeninitiative und einem klaren Blick für die taktischen Möglichkeiten.

Niemand unter den Marschällen Napoleons beherrschte gleichermaßen den Angriffs- wie den Verteidigungskrieg, besaß annähernd sein Organisationsgeschick und sein logistisches Wissen. Davout war in der Lage, nicht nur ein Armeekorps von 70000 auszurüsten, sondern auch als Kriegsminister eine ganze Armee aus dem Boden zu stampfen, alles Fähigkeiten, die ungeheuren Weitblick erfordern und für moderne Kriege unerlässlich sind.

Keiner hatte seine Männer besser im Griff als Davout. Niemand unter Napoleons Marschällen war integrer und pflichtbewusster als jener äußerlich so unkriegerisch wirkendende, uneitle Burgunder mit Glatze und dicken Brillengläsern, der doch so oft so klar sah und sich nicht scheute, unbequeme Wahrheiten auszusprechen.

Mit Recht reklamiert Henri Beyle, besser bekannt unter seinem Künstlernamen »Stendhal«, in Davout einen der am meisten missverstandenen Charaktere der napoleonischen Epoche zu sehen. Stendhals Meinung nach wurde Davout in seiner Bedeutung unterschätzt, weil sein Charakter »Eigenschaften aufwies, die dem Franzosen für gewöhnlich fehlen, nämlich: Kaltblütigkeit, Klugheit und Festigkeit«.

Dies waren auch Eigenschaften, über die Napoleon im hohen Maße verfügte. Im Gegensatz zum Kaiser besaß Davout noch zwei Charakterzüge, die Napoleon vermissen ließ: methodische Gründlichkeit und Vorsicht.

Im Gegensatz zu Napoleon kalkulierte Davout immer die Gegenschläge des Feindes ein und rechnete mit Überraschungen. Im Vorfeld eines Gefechts oder einer Schlacht machte er sich immer mithilfe von Spionen, Streifpartien und Gefangenenbefragungen ein genaues Bild von der Lage.

Dies unterscheidet ihn fundamental von Napoleon, der zum Risiko neigte und den Feind oft unterschätzte, was dazu führte, dass der Kaiser mehrmals im Laufe seiner Karriere die eine oder andere böse Überraschung auf dem Schlachtfeld erlebte.

Schon bei Marengo war es den Österreichern gelungen, ihn vollständig zu überraschen und fast zu schlagen.

Bei Austerlitz war dies ebenso. Es kann heute aufgrund der Thesen des französischen Historikers Jacques Garnier stark bezweifelt werden, dass die verbündete österreichisch-russische Armee in eine exakt vorausberechnete Falle ging. Vielmehr häufen sich die Indizien, dass Napoleon den feindlichen Gegenstoß woanders erwartete und auch hinsichtlich des Ortes und des Zeitpunkts der Offensive überrascht wurde.

Im Gegensatz zu seinen Kontrahenten konnte er jedoch auf seine Unterfeldherren, vor allem auf Soult und Davout, voll und ganz zählen und die Fehler der Alliierten zu seinem Vorteil ausnutzen.

Auch bei Eylau hätte die völlig unerwartete russische Offensive unter Bennigsen fast verhängnisvolle Konsequenzen gehabt.

Zwei Jahre später führte die falsche Lagebeurteilung des Kaisers bei Aspern zum Verlust eines Armeekorps.

Bei Wagram verhielt es sich nicht anders. Fixiert auf seine Operationen hatte Napoleon nicht die Möglichkeit in Betracht gezogen, nach seinem Übergang über die Donau selbst angegriffen zu werden. Doch genau dies tat Erzherzog Karl von Österreich am zweiten Tag der Schlacht von Wagram, die er nur knapp verlor.

Napoleon beging demnach nicht erst bei Waterloo große Fehler, sondern schon lange vorher. Der Nimbus seiner Unbesiegbarkeit beruhte schlichtweg darauf, dass er die Presse beherrschte und sich mithilfe seiner Armeebulletins eine Aura der Genialität zulegte.

Daraus ergibt sich: Als Stratege war Napoleon ein Gigant – als Taktiker Mittelmaß.

Spötter behaupteten sogar, er wäre nicht einmal in der Lage gewesen, eine Brigade im Feld zu kommandieren. Davout verkörperte in dieser Hinsicht das krasse Gegenteil seines Kaisers. Als Taktiker wesentlich erfahrener und raffinierter als Napoleon, konnte er sich als Stratege nicht mit ihm messen.

Dafür fehlte ihm die geniale Kühnheit, die Napoleon so auszeichnete, jene strategische Vision, die nur das große Ganze sah und sich nicht um die konkrete Umsetzung scherte.

Davout dachte nicht in diesen Größenordnungen. Er war der Mann der Umsetzung, der Apologet des taktischen Details.

Um so zu denken wie Napoleon, mangelte es ihm an jener rücksichtslosen Menschenverachtung, die den Tod Tausender nicht nur in der Schlacht, sondern schon während endloser Märsche hinnahm.

Napoleon sollte an seiner eigenen zynischen Vermessenheit scheitern, und Davout sollte völlig unerwartet an der Seite Fouchés zu einem der Stolpersteine des Korsen werden.

Damit hatte Napoleon nicht gerechnet. Nie hätte er im Traum gedacht, dass ausgerechnet Davout sich für Frankreich entscheiden und gegen ihn wenden würde.

Ausgerechnet jenes »taktische Detail« hatte der große Kaiser übersehen.

ANMERKUNGEN

1 Blocqueville, Le Maréchal Davout, Bd. 1, S. 427.
2 Picard, Dictionnaire de la Grande Armée, S. 552.
3 Als Illyrien oder Illyrische Provinzen bezeichnete man während der Napoleonischen Kriege das heutige Dalmatien, Kroatien und einen Teil Tirols und Kärntens.
4 Houssaye, La seconde abdication, S. 43 f.
5 Masson, Le Général Comte Flahaut, S. 33–34.
6 Houssaye, a.a.O., S. 102.
7 Hourtoulle, Davout Le terrible, S. 379.
8 Hourtoulle, a.a.O., S. 382.
9 Napoleon auf St. Helena
10 Das Salische Recht schloss Frauen grundsätzlich von der Thronfolge aus und erfuhr in Frankreich eine besondere Auslegung. Seit Jahrhunderten besagte diese Interpretation, dass die zukünftige Thronfolgerin oder Frau des französischen Königs, auch wenn sie ursprünglich Ausländerin war, nach Sitte und Mode »Französin« sein musste. Aus diesem Grund streifte Marie Antoinette in der deutschen Pavillonhälfte ihre alte Haut – und somit ihre Heimat – ab und ging dann in die französische Pavillonhälfte, um sich neu einzukleiden. Jetzt erst, nachdem sie ihrer Heimat auch körperlich entsagt hatte, konnte Marie Antoinette von Habsburg dem Protokoll nach als echte Französin gelten.
11 Bis heute folgen viele Biografen Davouts der irrigen Meinung, dass der Name Davout ursprünglich »D'Avoust« oder »Davoust« gelautet hätte. Dies ist schlichtweg falsch. Die Geburtsurkunde des Marschalls vom 11. 07. 1770 beweist eindeutig das Gegenteil. Davout schrieb sich immer »Davout« und änderte – auch dies ist der Kolportage einiger Biografen Davouts zuzuschreiben – seinen adeligen Namen nicht aufgrund zu befürchtender Repressalien während der Revolution von »D'Avout« in »Davout« um. Es handelt sich hier um eine phonetische Verballhornung, die schon vorher eingetreten war.
12 Bei Davouts Vater verhält es sich hinsichtlich der Schreibweise seines Nachnamens ähnlich wie bei seinem Sohn, wobei neben Davout, Davoult allerdings die Variante D'Avoust vorherrscht. Der Einfachheit halber und um keine Verwirrung entstehen zu lassen, wird hier D'Avoust für den Vater, Davout für Louis Nicolas verwendet.
13 Service Historique de la Défense (SHD) Xc 50.
14 Joly, Le Maréchal Davout, S. 5.

15 Chénier, Davout, S. 21f.
16 ebd.
17 Reichel, Davout et l'art de la guerre, S. 120.
18 Reichel, a.a.O., S. 130.
19 Reichel, a.a.O., S. 198.
20 Blocqueville, Le Maréchal Davout, Bd. 1, S. 330.
21 Charles-Antoine Morand, Lettres sur L'expédition d'Égypte, S. 42.
22 Napoleon Bonaparte, Brief an das Direktorium, 24. 7. 1799.
23 Denon, Mit Napoleon nach Ägypten, S. 232.
24 Reichel, Davout et l'art de la guerre, S. 282.
25 Legat, Avec Bonaparte en Orient, S. 125.
26 Denon, Mit Napoleon in Ägypten, S. 233.
27 La Jonquière, »L'expédition d'Egypte«, Bd. 3, S. 559.
28 La Joncquière, a.a.O., S. 645.
29 Wencker-Wildberg, Napoléon, Band 5–6, S. 100.
30 La Jonquière, L'Expedition d'Égypte, Bd. 5, S. 444 und 447.
31 Reichel, Davout et l'art de la guerre, S. 291.
32 Gachôt, Le Télégraphe Optique, S. 133.
33 Montegut, Davout, S. 138.
34 Vigier, Davout, Maréchal D'Empire, Bd. I, S. 92.
35 Marmont, Memoiren, Bd. 4, S. 109.
36 SHD K1 50.
37 Desmarest, Quinze ans de haute police sous Napoléon, S. 72.
38 Seume, Spaziergang nach Syrakus, S. 480.
39 Thiers, Geschichte des Konsulats und des Kaiserreichs, 15. Teil, S. 8.
40 Blocqueville, Le Maréchal Davout, Bd. 1, S. 67.
41 Vigier, Band I, S. 131.
42 Blocqueville, a.a.O., S. 370.
43 Coignet, Von Marengo nach Waterloo, S. 84.
44 Korporal Jean Pierre Blaise, 108. Linienregiment der Infanterie am Abend der Schlacht von Austerlitz.
45 Mayerhofer v. Vedropolje, Der Marsch des Korps Davout von der Isar nach Wien, S. 373.
46 Mayerhofer v. Vedropolje, a.a.O., S. 380.
47 ebd.
48 Janetschek, Die Schlacht bei Austerlitz, S. 43.
49 Mayerhofer v. Vedropolje, a.a.O., S. 372.
50 Mayerhofer v. Vedropolje, a.a.O., S. 544.
51 Janetschek, Die Schlacht bei Austerlitz, S. 39.
52 Wencker-Wildberg, Napoleon – die Memoiren seines Lebens, Bd. 9, S. 125f.
53 Manceron, Austerlitz, S. 201.
54 Garnier, Austerlitz, S. 215f.
55 ebd.
56 Ségur, Die Erinnerungen des Generals Grafen von Ségur, S. 276.

57 Manceron, Austerlitz, S. 233.
58 Blocqueville, Le Maréchal Davout, S. 193.
59 Wencker-Wildberg, Napoleon – die Memoiren seines Lebens, Bd. 9, S. 153.
60 Blocqueville, Le Maréchal Davout, S. 237.
61 Chavenon, Aimée Davout, S. 60.
62 Lettow-Vorbeck, Der Krieg von 1806 und 1807, Bd. 1, S. 115.
63 Lettow-Vorbeck, a.a.O., S. 164.
64 Lettow-Vorbeck, a.a.O., S. 109.
65 Blocqueville, Le Maréchal Davout, S. 201.
66 Thiers, Band 6, 21. Teil, S. 104.
67 Davout an Berthier, 3. November 1806.
68 Wenzlik, Handrick, Die Schlacht von Auerstedt, S. 140.
69 Adam, Historique du 111e régiment d'infanterie, S. 28–31.
70 Höpfner, Der Krieg von 1806/1807, S. 452.
71 Krippendorf, Kriegsbegebenheiten, S. 36f.
72 Wencker-Wildberg, Napoleon – die Memoiren seines Lebens, Bd. 9, S. 292.
73 Charrier, Davout, S. 178.
74 Wencker-Wildberg, a.a.O., S. 300.
75 Blocqueville, Le Maréchal Davout, S. 433.
76 Thiers, Geschichte des Konsulats und Kaiserreichs, 21. Teil, Leipzig 1847.
77 Jacques Garnier, Les Bulletins de la Grande Armée, 5. Bulletin de la campagne de 1806, S. 243.
78 ebd.
79 Anonymus, Fragmente, 1807, S. 33.
80 Mazade, Correspondance du Maréchal Davout, Bd. 1, S. 278.
81 Anonymus, Fragmente, S. 46.
82 Vigier, Davout Maréchal D'Empire, S. 230.
83 Blocqueville, Le Maréchal Davout, S. 240.
84 Blocqueville, Le Maréchal Davout, S. 247.
85 Reichel, Davout et l'art de la guerre, S. 294.
86 Bowden, Marshal Louis Davout and his 3rd Corps, S. 106f.
87 Bowden, a.a.O., S. 116.
88 Coignet, a.a.O., S. 108.
89 Coignet, a.a.O., S. 119.
90 Balzac, Oberst Chabert, S. 27f.
91 Marbot, Memoiren des Generals Marcellin Marbot, S. 306f.
92 Bowden, a.a.O., S. 160.
93 Bowden, a.a.O., S. 153.
94 Coignet, a.a.O., S. 115.
95 Lettow-Vorbeck, Der Krieg von 1806 und 1807, Bd. 2, S. 130.
96 Pasquier, Memoiren, S. 301.
97 Weimar, Der russische General von Bennigsen, S. 55.

98 Hardenberg, Memoiren, Bd. 3, S. 327.
99 Weimar a.a.O., S. 56.
100 Bowden, a.a.O., S. 161.
101 Hourtoulle, a.a.O., S. 165.
102 Thiébault, Mémoires, Bd. 5, S. 369.
103 Hourtoulle, a.a.O., S. 167.
104 Kollecko/Dachgruber, 200 Jahre Marchfeldschlachten, S. 99.
105 Louis Guillaume Otto, Graf von Mosloy, französischer Gesandter am Bayrischen Königshof 1803–1809, später zwischen 1811–1813 am kaiserlichen Hof in Wien.
106 Pelet, Feldzüge Napoleons, Journal des Opérations du III. Corps, S. 313.
107 Charrier, a.a.O., S. 314.
108 Pelet, a.a.O., S. 338.
109 Mazade, Correspondance de Napoléon, Bd. 2, S. 485.
110 Pelet, a.a.O., S. 339.
111 Szymanowski, Souvenirs de deux généraux polonais, S. 46.
112 ebd.
113 Mazade, a.a.O., S. 487.
114 Mazade, a.a.O., S. 488.
115 Pelet, a.a.O., S. 340.
116 Aus: Die Zeiten, Archiv für die neueste Staatengeschichte und Politik, S. 143.
117 ebd.
118 Wencker-Wildberg, a.a.O., S. 307.
119 Szymanowski, a.a.O., S. 62.
120 Wencker-Wildberg, a.a.O., S. 310.
121 Marmont, Memoiren des Herzogs von Ragusa, Bd. 6., S. 118.
122 Szymanowski, a.a.O., S. 60f.
123 Chavenon, Aimée Davout, S. 67.
124 Blocqueville, Le Maréchal Davout, Bd. 2, S. 170.
125 Montégut, Le Maréchal Davout, S. 116f.
126 Blocqueville, Le Maréchal Davout, Bd. 2, S. 385f.
127 Dirksen, Ein Jahrhundert Hamburg, S. 66.
128 Yorck von Wartenburg, Napoleon als Feldherr, Bd. 2, S. 97.
129 Ségur, Napoleon und die Große Armee in Russland, S. 12.
130 ebd.
131 Ségur, a.a.O., S. 25.
132 Rehtwisch, 1812–1815, Geschichte der Freiheitskriege, S. 220.
133 Danilewski, Geschichte des Vaterländischen Krieges 1812, S. 172.
134 Bleibtreu, Marschälle, Generale, Soldaten Napoleons I., S. 284.
135 Boulart, Mémoires militaires, S. 240f.
136 Rehtwisch, a.a.O., S. 222.
137 Vigier, Davout, Bd. II, S. 91.
138 Coignet, a.a.O., S. 197.

139 Blocqueville, Le Maréchal Davout, Bd. 3, S. 170f.
140 Coignet, a.a.O., S. 186.
141 Blocqueville, a.a.O., S. 177.
142 Chambray, Geschichte des Russlandfeldzugs, II, S. 3.
143 Ségur, a.a.O., S. 171.
144 Chambray, a.a.O., S. 125f.
145 Blocqueville, a.a.O., S. 195f.
146 Blocqueville, a.a.O., S. 291f.
147 Blocqueville, a.a.O., S. 293.
148 Dirksen, Ein Jahrhundert Hamburg, S. 78.
149 Der Herzog von Alba war ein spanischer Feldherr, der als Statthalter der Niederlande in den Jahren 1567 bis 1573 ein Schreckensregiment führte.
150 Blocqueville, a.a.O., S. 207.
151 Mazade, Correspondance de Napoléon, Bd. 4, S. 134.
152 Mazade, a.a.O., S. 139.
153 Blocqueville, a.a.O., S. 59.
154 Dirksen, a.a.O., S. 81.
155 Henke, Davout und die Festung Hamburg, S. 78.
156 Blocqueville, a.a.O., S. 350.
157 Ein erstes Flugblatt der Alliierten vom 19. September beziffert Pécheux' Truppenstärke auf 7000 Mann. Dies scheint übertrieben angesichts der Gesamtstärke der Franzosen. Das Mémoire Davouts gibt deutlich geringere Truppenstärken an. Tatsache ist, dass Pécheux acht Infanteriebataillone und vier Schwadronen kommandierte, die zehn Kanonen mit sich führten.
158 Pierer, Der Feldzug des Corps des Generals Grafen Ludwig von Walloden-Gimborn, S. 138.
159 Bertheau, Die Franzosenzeit in Lauenburg, S. 86.
160 Dirksen, a.a.O., S. 86.
161 Blocqueville, Le Maréchal Davout, Bd. 1, S. 36.

DANKSAGUNG

Hiermit bedanke ich mich bei folgenden Personen, die mir während der Arbeit am Buch mit Rat und Tat zur Seite gestanden haben. Mein Dank gilt:

Susann Schindler und Christine Mangold für erste textkritische Blicke und Anmerkungen; Olivia Hernandez von der Regensburg Tourismus GmbH für ihre mannigfaltigen Kontakte zur bayerischen Reenactmentszene; Herrn Franz Spacek sowie den ehrenamtlichen Mitarbeitern des Historischen Museums Hassenhausen für die winterlichen Schlachtfeldbegehungen bei Eggmühl und Auerstedt, Herrn Dr. Christian Bauer für ethische und philosophische Anregungen zum Thema »Der Feind«, die sehr erhellend waren. Weiteren Dank möchte ich den Mitarbeitern des Davout-Museums von Savigny-sur-Orne und des Historischen Museums in Auxerre für ihren unermüdlichen Einsatz aussprechen, das Andenken an Marschall Davout mit Leben zu erfüllen. Ihre Vorträge und Literaturtipps waren dem Buch sehr zuträglich.

GLOSSAR

B

Bastion: Vorspringendes Bollwerk einer Festung, meist nach hinten offenes Werk mit fünf Ecken zur Deckung des Walls.

Belagerungspark: Die Gesamtheit aller Waffen und Geräte, die zur Belagerung einer Festung bestimmt sind, sowie deren Aufbewahrungsort.

Blockhaus: Kleines Stein- oder Holzhaus, das zur Verteidigung mit Kanonen und Gewehren eingerichtet ist, oftmals mehrstöckig, fast turmartig gebaut.

Bresche: gewaltsam gerissene oder geschossene Lücke in einer Mauer oder im Wall einer Festungsanlage. Breschen werden angelegt, um die Festung durch diese Lücke stürmen zu können.

Brückenkopf: Ursprünglich ein eigenständiges auf dem jenseitigen Ufer errichtetes Werk vor einer Brücke auf der Feindseite, später der erkämpfte Geländestreifen auf einem gegenüberliegenden Ufer, der den Übergang einer nachfolgenden Armee über einen Fluss deckt und von dem aus weiter ins Landesinnere vorgedrungen werden kann.

Bulletin: ursprünglich »Wahlzettel«, unter Napoleon der öffentlichkeitswirksam publizierte Armeebericht.

D

Demolition: Zerstörung einer Festung.

Detachieren: Abkommandieren.

Detachement: Ein für eine bestimmte Aufgabe abkommandierter, kleiner Truppenteil.

Dragoner: Ursprünglich berittene Infanterie (bis ins späte 18. Jahrhundert gemischte Kampfweise), später in Europa eigenständige Kavalleriegattung.

E

Escarpe oder »Eskarpemauer«: innere Mauer oder Böschung des Festungsgrabens.

F

Face: Die dem Angreifer zugekehrten Seiten eines Werkes.

Feste: Größeres vorgeschobenes Befestigungswerk, welches aus »aufgelockerter, verstreuter Bebauung des Geländes« besteht, also mehreren einzelnen, teilweise miteinander verbundenen Werken.

Flesche: Ein üblicherweise nur aus zwei Facen bestehendes Werk, das im Gegensatz zur Demi-lune und zum Ravelin vor dem Graben errichtet wird.

Fort: Kleineres selbstständiges, zu einem Festungsgürtel gehörendes vorgeschobenes Werk, zur Sicherung strategisch wichtiger Orte im Vorfeld einer Festung.

Furia Francesa: »Französische Wut«, der sprichwörtliche Elan französischer Truppen beim Angriff.

G

Glacis: Die früher durch Ausheben des Festungsgrabens entstandene Erdanschüttung vor dem Graben, die so flach abfällt, dass sie dem Feind keine Deckung bietet.

H

Hornwerk: Vor dem Graben befindliches Außenwerk, das aus zwei durch eine Kurtine verbundenen Halbbastionen besteht; durch zwei gerade Linien eingefasst.

Husaren: Ursprünglich eine ungarische berittene Miliz, später leichte Kavallerie, gut geeignet für Aufklärungs- und Kommandoaktionen hinter den Linien, später Elitereiterei.

K

Kasematte: Beschusssicherer Raum in einer Festung, meist unter der Erde oder im Wall.

Kompanie: etwa 150 Mann Infanterie.

Konskription: Von lat. »Aufzeichnung«. Die Aushebung der gemusterten männlichen Bevölkerung eines Landes zum Wehr- oder Kriegsdienst nach Altersklassen mit der Möglichkeit, sich freizukaufen oder einen Ersatzmann zu stellen.

Kurtine: Wallabschnitt zwischen zwei Bastionen oder anderen Bollwerken

M

Minengang: Von der Contre-Escarpe abzweigender Gang, zum Anzünden von Sprengsätzen unter dem angreifenden Feind.

P

Palisade: Dichte Reihe aus angespitzten, in die Erde gerammten Holzstämmen mit der Funktion eines Walles.

Pallasch: Ursprünglich ungarisches Reiterschwert mit gerader Klinge sowie Parierkorb und Mittelstange als Handschutz. Im Gegensatz zum Degen verfügt der Pallasch über eine breitere Klinge, der Unterschied zum Säbel ist, dass der Pallasch besser zum Stich geeignet ist.

R

Ravelin: Selbstständiges Werk im Graben vor einer Kurtine mit drei- oder fünfeckigem Grundriss, etwas niedriger als die benachbarten Bastionen.

Rayon: Das vor der Festung liegende Schussfeld, für das Beschränkungen hinsichtlich von zivilen Bauwerken bestehen.

Redoute: Schanze mit meist viereckigem oder trapezförmigem Grundriss.

S

Sappe: Laufgraben eines Angreifers.

Schanze: Befestigungsanlage aus Erde.

Schleifung: Systematische Zerstörung einer Festung, meist infolge von Friedensverträgen.

T

Tirailleure: Plänkler, Infanteristen, die in aufgelöster Form in Schützenschwärmen oder kleinen Gruppen zu je vier Mann kämpfen.

Tirailleurgefecht: Feuergefecht mit dem Ziel, die feindlichen Linien durch ein beweglich geführtes Feuer unter Ausnutzung jeglicher natürlicher Deckung zu zermürben und in Auflösung zu bringen. Auf französischer Seite führten Gruppen, Züge, ganze Kompanien oder Bataillone das Plänklergefecht, während die Alliierten in der Anfangsphase der Napoleonischen Kriege meist Jäger- oder Schützenkompanien dafür verwendeten.

W

Werk: Überbegriff für eine einzelne Befestigungsanlage, wie z.B. Bastion, Fort, Blockhaus, Schanze oder Ravelin. Der Begriff bezeichnet auch ab Ende des 19. Jahrhunderts eine Kette von Verschanzungen und kleinen Forts.

Wolfsgrube: Grube mit einem mit der Spitze nach oben eingesetzten Holzpfahl.

Z

Zitadelle: Selbstständige Festung innerhalb einer Stadt, meist als Zwingburg gegen eine aufsässige Bevölkerung oder als letzter Rückzugsort gegen äußere Feinde gedacht.

LITERATURVERZEICHNIS

1) Biografien Davout

Blocqueville, Adélaïde-Louise, Marquise de: Le Maréchal Davout, Prince D'Eckmühl raconté par les siens et par lui-même. Bände 1–4. Paris 1879/1880

Charrier, Pierre: Le Maréchal Davout. (La bibliothèque Napoléon: Série Biographies). Paris 2005

Chavenon, Marie-José: Aimée Davout. Maréchale et Princesse. Haroué 2013

Chénier, Louis-Gabriel de: Histoire de la vie militaire, politique et administrative du maréchal Davoust, duc d'Auerstedt, prince d'Eckmuhl. Paris 1866

Gallaher, John: The Iron Marshal. A biography of Louis N. Davout. New York 1976

Hourtoulle, François-Guy: Davout le terrible. Paris 1975

Hulot, Frédéric: Le Maréchal Davout. Paris 2002

Janvier, Jacques-André: Le Maréchal Davout et sa famille à Savigny-sur-Orge. Essômes 1951

Joly, Charles: Le Maréchal Davout, Prince D'Eckmuhl. Auxerre 1864

Montégut, Émile: Le maréchal Davout, son caractère et son génie. Paris 1882

Reichel, Daniel: Davout et l'art de la guerre. Neuchatel/Paris 1975

Vigier, Henri/Masson, Frédéric: Davout Maréchal d'Empire, Bände 1 und 2. Paris 1898

2) Biografien allgemein

Gillet, Jean-Claude: La part d'ombre des maréchaux de Napoléon. Paris 2012

Lentz, Thierry: Napoléon diplomate. Paris 2012

Madelin, Louis: Fouché. Frankfurt a.M. 1975

Masson, Frédéric: Le général comte de Flahaut, une rectification, Paris 1881

Presser, Jacques: Napoleon. Die Entschlüsselung einer Legende. Reinbek bei Hamburg 1979

Rivollet, Georges: Général de Bataille Charles Antoine Louis Morand, Comte d'Empire, 1771–1835, généraux Friant et Gudin. Paris 1963

Rothenberg, Gunther E.: Napoleon's great Adversaries. The Archduke Charles and the Austrian army, 1792–1814. London 1982

Tulard, Jean: Napoléon, chef de guerre. Paris 2012
Tulard, Jean: Napoléon, les grands moments d'un destin. Paris 2006

3) Lexika

Chandler, David G.: Dictionary of the Napoleonic Wars. New York 1979
Picard, Alain: Dictionnaire de la Grande Armée. Paris 2002

4) Memoiren und Schmähschriften

Barras, Paul: Memoiren. Stuttgart [u.a.] 1895
Boulart, Jean François: Mémoires militaires du Général Boulart sur les guerres de la République et de l'Empire, Paris o.J.
Coignet, Jean Roch: Von Marengo bis Waterloo, Memoiren des Capitain Coignet, Stuttgart 1910
Davout, Louis Nicolas: Memoire des Herrn Marschall's Davout, Fürsten von Eckmühl, an den König, nebst officiellen Actenstücken. Hamburg 1814
Desmarest, Pierre Marie: Témoignages historiques, ou quinze ans de haute police sous Napoléon, Paris 1833
Denon, Vivant: Mit Napoleon in Ägypten, Lenningen 2006
Haupt, Theodor von: Hamburg und der Marschall Davoust. Aufruf an die Gerechtigkeit. [Hamburg] 1814
Kircheisen, Friedrich M. (Bearb.): Die Erinnerungen des Generals Grafen Paul Philipp von Ségur, Adjutanten Napoleons I. Hamburg 1908
Krippendorf, Johann Adam: Schilderungen der merkwürdigsten Kriegsbegebenheiten bei Auerstedt, Auerstedt 2006
Marbot, Jean-Baptiste-Antoine-Marcellin de: Memoiren des Generals Marcellin de Marbot, 1. Band. Stuttgart 1907
Marmont, Auguste Frédéric Louis: Mémoires du Maréchal Marmont, Duc de Raguse de 1792 à 1841, Livres I–XIII, Paris 1857
Meister, Werner: Die Schlacht bei Auerstedt am 14. Oktober 1806. Schilderungen der merkwürdigen Kriegsbegebenheiten bei Auerstedt. 2. Aufl. Auerstedt 2006
Morand, Charles Antoine: Lettres sur l'Expédition d'Égypte, La Vouivre 1998
Müffling, Friedrich Carl Ferdinand von: Operationsplan der preußisch-sächsischen Armee im Jahr 1806. Schlacht von Auerstedt und Rückzug bis Lübeck. Weimar 1807
Pasquier, Etienne Denis de: Mémoires du chancelier Pasquier, Paris 1893
Seume, Johann Gottfried: Spaziergang nach Syrakus im Jahre 1802, Braunschweig 1803.
Szymanowski, Józef/Turno, Charles: Souvenirs de deux généraux polonais au service de la France. Paris 2001
Stutterheim, Karl Freiherr von: Die Schlacht bey Austerlitz. Mit Bewilligung des Verfassers, eines oesterreichischen Offiziers vom ersten Range und Augenzeugen dieses am 2. Dec. gelieferten Treffens. Dresden 1806

Thiébault, Paul-Charles-François: Mémoires du Général Baron Thiébault, Bd. 5, Paris 1895
Wencker-Wildberg, Friedrich: Napoleon. Die Memoiren seines Lebens, Bände 1–14. Hamburg [u.a.] 1929–1931

5) Militärtaktische Abhandlungen und Dissertationen

Béraud, Stéphane: La révolution militaire napoléonienne, Tome I. et II. »Les manoeuvres« et »Les batailles«. Paris 2007 und 2013
Bruce, Robert B. et al.: Fighting Techniques of the Napoleonic Age. Equipment, combat skills, and tactics 1792–1815. New York 2008
Elting, John R.: Swords around a throne. Napoleon's grande armée. London 1997
Gachôt, Henri: Le Télégraphe Optique de Claude Chappe, Saverne 1967
Griffith, Paddy: French Napoleonic Infantry Tactics, 1792–1815. Oxford 2009
Haythornthwaite, Philip: The Russian Army of the Napoleonic Wars. Tome 2 – Cavalry. London 1987
Höfler, Edmund: Der Feldzug vom Jahre 1809 in Deutschland und Tyrol. Mit besonderer Beziehung auf die Taktik; mit Benützung neuer bayerischer Quellen. Augsburg 1858
Höpfner, Eduard von: Der Krieg von 1806/1807, Bände 1–2, Berlin 1850
Hofschröer, Peter: Prussian Napoleonic Tactics 1792–1815. Oxford 2011
Hollins, David: Austrian Commanders of the Napoleonic Wars 1792–1815. Oxford 2004
Janetschek, Clemens: Die Schlacht von Austerlitz, Brünn 1898
Junkelmann, Marcus: Rundweg Schlacht bei Eggmühl, 22. April 1809. Schierling 2009
Lombarès, Michel de: Histoire de l'artillerie française. Paris 1984
McNab, Chris: Armies of the Napoleonic Wars. Oxford/New York 2009
Mechel, Christian von: Soldaten- und Plotons-Schule für die Infanterie aus dem französischen Reglement vom 1. August 1791. Basel 1799
Meißner, Hans-Reinhard: Preußen und seine Armee. Von Valmy bis Waterloo. Stuttgart 2011
Osburg, Wolf-Rüdiger: Die Verwaltung Hamburgs in der Franzosenzeit 1811–1814. (Rechtshistorische Reihe, Band 66), Frankfurt a. M./Bern [u.a.] 1988
Pelet, Jean Jacques, Feldzüge des Kaisers Napoleon in Deutschland, Italien und Polen im Jahre 1809, Bd. 2, Stuttgart 1824
Picard, Commandant L.: La cavalerie dans les guerres de la Révolution et de l'Empire, Tome I et II. Paris 2000
Pohle, Hans: Geschichte in Bildern. Die Napoleonischen Kriege. Band I, Ausrüstung und Strukturen beteiligter Armeen. Leipzig 2003
Rousselot, Lucien: Napoleons Armee 1800–1815. Berlin 2010
Von der Goltz, Colmar Freiherr von: Von Roßbach bis Jena und Auerstedt. Ein Beitrag zur Geschichte des preußischen Heeres. Berlin 1906

Ders.: Kriegsgeschichte Deutschlands im 19. Jahrhunderts. I. Teil: Im Zeitalter Napoleons. Berlin 1910

Weimar, Walter: Der russische General Baron von Bennigsen im Kriege von 1806 und 07 nach seiner eigenen Darstellung und im Urteil der Zeitgenossen. Inaugural-Dissertation, Greifswald 1911.

6) **Monografien**

Anonymus: Fragmente aus dem Tagebuch eines preußischen Regimentsschreibers über die Begebenheiten des 14. Oktobers 1806 und der folgenden Tage, 1807

Anonymus: Le Robespierre de Hambourg démasqué, réponse à une brochure intitulée: »Hambourg et le maréchal Davoust« par un ancien fonctionnaire français. Paris 1814

Anonymus: Der Feldzug des Corps des Generals Grafen Ludwig von Wallmoden-Gimborn an der Niederelbe und in Belgien in den Jahren 1813 und 1814. Altenburg 1848

Arnold, James R.: Marengo and Hohenlinden. Napoleon's rise to power. Barnsley 2005

D'Aubert, Jacques: Denkschrift über die Ereignisse welche sich auf die Wiederbesetzung von Hamburg durch die Franzosen beziehen. Leipzig 1825

Balzac, Honoré de: Oberst Chabert. Stuttgart 2012

Bertheau, Friedrich: Die Franzosenzeit in Lauenburg. Eine Denkschrift zur hundertjährigen Feier der Befreiung von der französischen Herrschaft. Ratzeburg 1913

Chandler, David G.: The campaigns of Napoleon. London 1967

Choury, Maurice: Les grognards et Napoléon. Paris 1968

Dachgruber, Peter/Kolecko, Peter: 200 Jahre Marchfeldschlachten. Aspern und Wagram 1809–2009. Gnas 2009

Dirksen, Victor: Ein Jahrhundert Hamburg, 1800–1900. München 1926

Duffy, Christopher: Austerlitz 1805. London 1977

Dupuy, Trevor N.: The battle of Austerlitz. Napoleon's greatest victory. New York 1968

Dumas, Mathieu: Précis des événements militaires ou essais historiques sur les campagnes de 1799 à 1814. Tome II, campagnes de 1806 et 1807. Paris 1824

Garnier, Jacques: Austerlitz, 2 décembre 1805. Paris 2005

Götz, Robert: 1805 Austerlitz. Napoleon and the destruction of the third coalition. London 2005

Hahn, Julius: Als Deutschland erwachte. Aus Hamburgs Schreckenstagen. Hamburg 1913

Henke, Carl: Davout und die Festung Hamburg-Harburg 1813–1814. Berlin 1911

Hoffmann, Gabriele: Die Eisfestung. Hamburg im kalten Griff Napoleons. München 2012

Höhn, Reinhard: Scharnhorsts Vermächtnis. Bonn 1952

Holzhausen, Paul: Davout in Hamburg. Ein Beitrag zur Geschichte der Jahre 1813–1814. Mühlheim (Ruhr) 1892

Hourtoulle, François-Guy: Austerlitz. The Empire at it's Zenith. Paris 2003

Ders.: Borodino – the Moskova. The battle for the redoubts. Paris 2000

Ders.: Wagram. The Apogee of the Empire. Paris 2005

Ders.: From Eylau to Friedland. 1807. The Polish campaign. Paris 2007

Ders.: Iéna – Auerstaedt – Le triomphe de l'Aigle. 1807. Paris 1998

Houssaye, Henry: Iéna et la campagne de 1806. Paris 1912

Houssaye, Henry: La seconde abdication – La terreur blanche. Paris 1905

Kagan, Frederick W.: The End of the old order. Napoleon und Europa 1801–1805. Cambridge, Mass. 2006

Klein, Tim: Die Befreiung 1813–1814–1815. Urkunden, Berichte, Briefe mit geschichtlichen Verbindungen. Ebenhausen b. München 1913

Koch, Hannsjoachim W.: Die Befreiungskriege. 1807–1815. Napoleon gegen Deutschland und Europa. Berg 1998

La Joncquière, Capitaine de: L'expédition d'Égypte, Bände 1–5, Paris 1907

Legat, Michel: Avec Bonaparte en Orient, Témoignages 1798–1799, Bernard Giovangeli Éditeur, 2012

Lettow-Vorbeck, Oscar von: Der Krieg von 1806 und 1807. Bd. 1–4. Berlin 1891–1896

Lieven, Dominic: Russland gegen Napoleon. Die Schlacht um Europa. München 2011

Manceron, Claude: Austerlitz. Verviers 1960

Naulet, Frederic: Eylau (8. février 1807). La campagne de Pologne, des boues de Pultusk aux neiges d'Eylau. Paris 2007

Pohle, Hans: Die Schlachten bei Jena und Auerstedt 1806. Leipzig 2006

Ségur, Philippe Paul Graf von: Napoleon und die große Armee in Russland. Bremen 1978

Slovák, Alois/Janetschek, Clemens: Die Schlacht bei Austerlitz. 2. December 1805. Brünn 1898

Spacek, Franz: Meine Heimat vor 200 Jahren. Ein Bilderbuch zu Napoleons Schlacht von Eggmühl am 22. April 1809. Schierling 2009

Tamera, Carl: Befreiungskriege 1813–1814–1815. München 1914

Tulard, Jean: Histoire de Napoléon par la peinture, Belfond 1991

Voss, Christian Daniel: Die Zeiten, oder Archiv für die neueste Staatengeschichte und Politik. Zehntes Stück. Leipzig 1809

Wenzlik, Detlef/ Handrick, Wolfgang: Die Schlacht von Auerstedt 14. Oktober 1806. (Die Napoleonischen Kriege, Bd. 22). Hamburg 2006

Yorck von Wartenburg, Hasso L.D. Graf: Napoleon als Feldherr. Bände 1 und 2. Berlin 1901

Zamoyski, Adam: 1812. Napoleons Feldzug in Russland. München 2012

Zweig, Stefan: Joseph Fouché. Bildnis eines politischen Menschen. Frankfurt a. M. 2010

7) Quellensammlungen, Schlachtenatlanten, Gesamtdarstellungen

Bowden, Scott: Napoleon's Finest. Marshal Louis Davout and his 3rd Corps Combat Journal of Operations, 1805–1807. Madison, Wis. 2006

Bulletins de la Grande Armée: Campagne d'Austerlitz – 1805. St. Martin 1999

Dürrich, Ferdinand von: Atlas der Schlachten, Treffen und Belagerungen aus der Geschichte der Kriege von 1792–1815. Freiburg i. Br. 1857

Garnier, Jacques: Les bulletins de la Grande Armée. Les campagnes de Napoléon au jour le jour. Saint-Cloud 2013

Mazade, Charles de (Ed.): Correspondance du Maréchal Davout, Prince D'Eckmühl. Ses Commandements, son ministère, 1801–1815. Tome I–IV. Paris 1885

Thiers, Adolphe: Geschichte des Konsulats und Kaiserreichs, Bände 1–23. Leipzig 1845

8) Zeitschriftenaufsätze

Anonyma: Anekdoten zur Charakteristik Napoleons, seiner Dynastie, Marschälle, Generale und Zeitgenossen. Erstes und zweites Heft. Leipzig 1814

Höjer, Thorvald Thorvaldson: »Bernadotte und Davout im Winter 1813/1814«, in: Zeitschrift des Vereins für Hamburgische Geschichte 36 (1937), S. 111–130

Mayerhofer v. Vedropolje, Eberhard: »1805 Der Marsch des Korps Davout von der Isar nach Wien«, in: Strefflers Militärische Zeitschrift 1, H. 2 u. H. 3 (1912)

Schmidt, Anton-Heinz: Der Balkentelegraf von Claude Chappe. Ein Meilenstein in der Geschichte der Nachrichtenübermittlung. Aigen-Voglhub 2007

Stubbe da Luz: »Le Maréchal Davout, ›Le Beau siége d'Hambourg‹ en 1813/14 et ›Le nom français‹«, in: Francia – Forschungen zur westeuropäischen Geschichte, 36 (2009), S. 181–207

BILDNACHWEIS

Seite 101, 125, 173, 190, 195, 256, 274: © ullstein bild – Roger-Violett. – Seite 123: A.-L. d'Eckmühl, Marquise de Blocqueville, Le Maréchal Davout, prince d'Eckmühl, raconté par les siens et par lui-même, Tome IV, Un dernier Commandement. L'Exil et la mort, Paris 1879/1880. – Seite 138, 152: Louis Nicolas Davout, Opérations du 3e Corps, 1806–1807, Rapport du Maréchal Davout, duc d'Auerstaedt, Paris 1896. – Seite 145, 150: Armand-Augustin-Louis de Caulaincourt, Unter vier Augen mit Napoleon, Denkwürdigkeiten des Generals Caulaincourt Herzogs von Vicenza, Großstallmeister des Kaisers, Bielefeld 1937 – Seite 188: Colmar Freiherr von der Goltz, Kriegsgeschichte Deutschlands im neunzehnten Jahrhundert, I. Teil, Im Zeitalter Napoleons, Berlin 1910. – Seite 215: Victor Dirksen, Ein Jahrhundert Hamburg, 1800–1900, München 1926. – Seite 229, 359: © ullstein bild. – Seite 266: »http://www.emersonkent.com/images/battle_of_wagram.jpg7 – Seite 325: © ullstein bild – Nowosti/RIA Novosti. – Seite 356: © ullstein bild – histopics.

Sollten trotz unserer intensiven Bemühungen nicht alle Bildrechte Berücksichtigung gefunden haben, bitten wir die entsprechenden Rechteinhaber, sich an den Verlag zu wenden.

PERSONENVERZEICHNIS